Luxus und Integration

Luxus und Integration

Materielle Hofkultur Westeuropas vom 12. bis zum 18. Jahrhundert

Herausgegeben im Auftrag des
Deutschen Historischen Instituts London
von Werner Paravicini

R. Oldenbourg Verlag München 2010

Bibliografische Information der Deutschen Nationalbibliothek

Die Deutsche Nationalbibliothek verzeichnet diese Publikation in der Deutschen Nationalbibliografie; detaillierte bibliografische Daten sind im Internet über <http://dnb.d-nb.de> abrufbar.

Rosenheimer Straße 145, D-81671 München
Internet: oldenbourg.de

Umschlaggestaltung: Dieter Vollendorf
Umschlagabbildung: Abraham Bosse, Le courtisan suivant le dernier édit, Radierung, 1633

Gedruckt auf säurefreiem, alterungsbeständigem Papier (chlorfrei gebleicht).
Satz: Typodata GmbH, München
Druck: Grafik + Druck, München
Bindung: Thomas Buchbinderei, Augsburg

ISBN: 978-3-486-59651-9

Inhalt

Zwischen Ökonomie und Ehre

Zwischen Erfolg und Mißerfolg

Schluß

Vorwort

Weshalb muß eigentlich dieser empörende, geldverschlingende, Schulden schaffende Luxus bei Hofe herrschen, den wir hier bis 1793, dort bis 1870, anderswo wiederum bis 1918 und manchen Orts, mit steigender Kritik betrachtet, sogar bis in die Gegenwart beobachten können? Es erscheint uns selbstverständlich, daß das Schönste, Größte, Kostbarste nicht nur „herrlich", sondern königlich ist, vom *royal in-folio* großer Bücher bis zum Kir Royal.

Dahinter versteckt sich eine Praxis, die es erst einmal zu erkunden und dann zu verstehen gilt. Die Idee, der materiellen Hofkultur ein internationales Kolloquium zu widmen, entstand in Berlin, im Kopf von Joachim Ehlers und seiner Schülerin Sybille Schröder[1] am Friedrich-Meinecke-Institut der Freien Universität Berlin, als die genauere Untersuchung der englischen *Pipe Rolls* zeigte, wie unerwartet dicht und wertvoll doch der materielle Austausch zwischen dem englischen Hof und dem Hof Heinrichs des Löwen im 12. Jahrhundert war. Hagen Schulze, damals Direktor des Deutschen Historischen Instituts London, an zeitenübergreifender europäischer Geschichte stets interessiert, war schnell für die Sache gewonnen. Hinzugezogen wurde der Autor dieser Zeilen, zu dieser Zeit Direktor des Schwesterinstituts in Paris. Sorgsam in London gepflegte Beziehungen hatten zur Folge, daß sogar ein königlicher Tagungsort gefunden wurde: Cumberland Lodge im Windsor Great Park mit seinen großen Eichen, eine dem Herrscherhause nahestehende Stiftung. Keiner der Teilnehmer wird die philanthropisch-aristokratische Atmosphäre dieses Hauses vergessen, und ebensowenig die Tatsache, daß nach dem sonntäglichen Gottesdienst in der nahen königlichen Privatkapelle von Royal Lodge, wo Haydns „Gott erhalte Franz den Kaiser" bzw. „Einigkeit und Recht und Freiheit" auf der Orgel erklang, wir der Königin vorgestellt wurden. Aufmerksam richtete sie an eine Teilnehmerin die Frage, was denn das Thema unseres Treffens sei. „Court society" lautete die Antwort, worauf die Königin viel verschweigend nur „My Dear!" sagte.

Dort also, vom 1. bis 4. Juli 2004 fand die Tagung statt. Erst jetzt erscheinen die Akten. Andreas Gestrich, Hagen Schulzes Nachfolger in London, hat die Hand darüber gehalten, Karsten Plöger, damals Organisator der Tagung, hat, solange seine Mitarbeiterzeit am Londoner Institut währte, die Redaktion übernommen,[2] Markus Mößlang und Jane Rafferty führten sie fort zu gutem Ende. Joachim Ehlers und Hagen Schulze baten mich darum, die Herausgabe zu übernehmen und dieses Vorwort zu schreiben. Amtswechsel, Verlagswechsel, Abgabetermine, Sprachenfragen (die Übersetzungen ins Deutsche fertigte an Thomas Gruber, Merton College, Oxford), all dies hat zu den Verzögerungen geführt, die den Band

---

1 Vgl. SYBILLE SCHRÖDER, Macht und Gabe. Materielle Kultur am Hof Heinrichs II. von England (Historische Studien, Bd. 481), Husum 2004.

2 Er hat auch einen Tagungsbericht in englischer Sprache verfaßt, der in den Mitteilungen der Residenzen-Kommission 15 (2005) Nr. 1, S. 31–36 erschienen ist.

erst gut fünf Jahre nach dem Ereignis erscheinen lassen, unter Verlust der Beiträge von Jeroen Duindam[3], Leonhard Horowski[4] und Malcolm Vale.[5]

Doch kommt er nicht zu spät. Zwar liegen jetzt in der steigenden Flut von Veröffentlichungen zur Hofkultur neue Forschungen zum fürstlichen Schatz vor[6] und die ersten zusammenfassenden Darstellungen zum Mittelalter sind erschienen, von Malcolm Vale, von Werner Rösener (der ein Kapitel „Luxus, Konsum und höfische Sachkultur" bietet) und Karl-Heinz Spieß.[7] Aber das Thema bleibt frisch[8] und die geleistete Arbeit von Wert.

Die Tagung wurde in vier Fragestellungen und Sitzungen eingeteilt, die nun auch den vorliegenden Band gliedern:

„Zwischen Dienst, Fest und Zeitvertreib" (1) versucht der Spannung nachzugehen, die zwischen dem tatsächlichem Dienst, der mit Waffe, Geld und Rat zu leisten war, und dem herrenmäßigen Dasein des besseren, schöneren Lebens und der Notwendigkeit bestand, jeden Aufenthalt bei Hofe zu einem Ereignis zu machen oder auch nur Stillstand und Langeweile zu vermeiden.

„Zwischen Dotation, Salär, symbolischem und realem Kapital" (2) lotet den Abstand aus, der zwischen Ehrengeschenk und Tagelohn (z. B. drei Sous pro Per-

---

3 Sein Vortrag mit dem Titel „Honorary Service, Family Networks, Power Systems at 17th and 18th-Century Courts, especially Bourbon and Habsburg" wurde nicht zur Veröffentlichung eingereicht. Vgl. JEROEN DUINDAM, Vienna and Versailles. The Courts of Europe's Dynastic Rivals, 1550–1780, Cambridge 2003.

4 LEONHARD HOROWSKI, Der Preis des Erfolgs. Gunst, Kapital und Patrimonialisierung am Hof von Versailles (1661-1789), in: Zeitschrift für Historische Forschung 36 (2009), S. 71-92.

5 MALCOLM VALE, Ritual, Ceremony and the ‚Civilising Process', in: Steven Gunn und Antheun Janse, The Court as a Stage. England and the Low Countries in the Later Middle Ages, Woodbridge 2006, S. 13–27.

6 Dazu demnächst LUCAS BURKART, CAROLA FEY und UTE KÜMMEL in den Akten des Kolloquiums „Kulturtransfer an deutschen Fürstenhöfen des späten Mittelalters und der Frühen Neuzeit", Greifswald, 14.–15. März 2008 (vgl. Mitteilungen der Residenzen-Kommission 18 (2008), Nr. 1, S. 43–48), sowie bereits LUCAS BURKART, Schatzinszenierungen: Die Verwendung mittelalterlicher Schätze in Ritual und Zeremonie, in: Edgar Bierende u. a. (Hrsg.), Riten, Gesten, Zeremonien, Berlin 2008, S. 253–288.

7 MALCOLM VALE, The Princely Court. Medieval Courts and Culture in North-West Europe 1270–1380, Oxford 2001; WERNER RÖSENER, Leben am Hof. Königs- und Fürstenhöfe im Mittelalter, Ostfildern 2008, hier S. 124–154; KARL-HEINZ SPIESS, Fürsten und Höfe im Mittelalter, Darmstadt 2008. Vorher schon in gesamteuropäischer Perspektive: JOHN ADAMSON (Hrsg.), The Princely Courts of Europe. Ritual, Politics and Culture under the Ancien Régime 1500–1750, London 1999; ARTHUR G. DICKENS (Hrsg.), The Courts of Europe. Politics, Patronage and Royalty, 1400–1800, London 1977. Kunsthistorisch orientiert: CHRISTIAN FREIGANG und JEAN-CLAUDE SCHMITT (Hrsg.), Hofkultur in Frankreich und Europa im Spätmittelalter (Passagen, Bd. 11), Berlin 2005.

8 Vgl. mit reichen Literaturangaben ANDREAS BIHRER, Curia non sufficit. Vergangene, aktuelle und zukünftige Wege der Erforschung von Höfen im Mittelalter und in der Frühen Neuzeit, in: Zeitschrift für Historische Forschung 35 (2008), S. 235–272. Noch nicht erschienen sind die Akten der Kolloquien „Luxusgegenstände und Kunstwerke vom Mittelalter bis zur Gegenwart. Produktion – Handel – Formen der Aneignung" (Trier, 12.–14. Juni 2008) und „Luxury in the Low Countries. Miscellaneous Reflections on Dutch and Flemish Material Culture (1400–2000)" (Brüssel 21.–22. Nov. 2008).

son oder Pferd am burgundischen Hof), zwischen Bezahlung in Land oder Geld einerseits und Prestige, Protektion und Ehre andererseits bestand.

Dem wird „Zwischen Ökonomie und Ehre“ (3) weiter nachgegangen: Einerseits soll der Herr guter Hausvater sein, seine Rechnungen selber prüfen und nicht alles den Verwaltern überlassen;[9] andererseits hat er freigebig zu sein und stets Ehre höher als Gut zu achten, im Extremfall also „unökonomisch“ zu handeln, wenn es um Rang und Ansehen geht.[10]

„Zwischen Erfolg und Mißerfolg“ (4) versucht schließlich zu ermitteln, ob die große Investition in die materielle Erlesenheit des Hofes in Qualität und Quantität eine gute Anlage war und das gewünschte Ergebnis gebracht hat.

Berichterstatter der einzelnen Sitzungen waren Gert Melville, Karsten Plöger und Wolfgang Reinhard. Die Teilnehmer kamen aus fünf Ländern: England, Frankreich, den Niederlanden, Österreich und Deutschland. Behandelt wurden auch Polen-Litauen und die avignonesische Kurie. Gerne hätten wir Italien und Spanien einbezogen, doch muß sich beschränken, wer überhaupt etwas bewirken will. Die Hoffnung richtete sich auf die Zukunft. Hier die Liste der Eingeschriebenen:

Ronald G. Asch (Freiburg i. Br.)
Rainer Babel (DHI Paris)
Beatrix Bastl (Wien)
Katia Béguin (Paris I)
Almut Bues (DHI Warschau)
Jeroen Duindam (Utrecht)
Caspar Ehlers (MPIG Göttingen)
Joachim Ehlers (FU Berlin)
Ulf Christian Ewert (Chemnitz)
John B. Gillingham (Brighton)
Jan Hirschbiegel (Kiel)
Leonard Horowski (TU Berlin)
Valeska Koal (DHI Paris)
Fredérique Lachaud (Paris IV)
Nicolas Le Roux (Paris IV)
Gert Melville (TU Dresden)
Hans Ottomeyer (DHM Berlin)
Werner Paravicini (DHI Paris)
Wolfgang Reinhard (Freiburg i. Br.)
Werner Rösener (Gießen)
Karl-Heinz Spieß (Greifswald)

---

[9] Vgl. Harm v. Seggern und Gerhard Fouquet (Hrsg.), Adel und Zahl. Studien zum adligen Rechnen und Haushalten in Spätmittelalter und früher Neuzeit, Ubstadt-Weiher 2000; Mark Mersiowsky, Finanzverwaltung und Finanzkontrolle am spätmittelalterlichen Hofe, in: Gerhard Fouquet u. a. (Hrsg.), Hofwirtschaft. Ein ökonomischer Blick auf Hof und Residenz in Spätmittelalter und Früher Neuzeit (Residenzenforschung, Bd. 21), Ostfildern 2008, S. 171–190.

[10] Siehe dazu jetzt Fouquet u. a. (Hrsg.), Hofwirtschaft.

Barbara Stollberg-Rilinger (Münster)
Malcolm G.A. Vale (St John's College, Oxford)
Stefan Weiß (Augsburg/DHI Paris)
Wolfgang Wüst (Erlangen)

Das Deutsche Historische Institut in London hat die Tagung ausgerichtet und zum Druck gebracht, das Friedrich-Meinecke-Institut der Freien Universität Berlin und das Deutsche Historische Institut in Paris haben bei der Organisation geholfen (auch das DHI Warschau war beteiligt), die Fritz Thyssen Stiftung zu Köln trug einen Teil der Kosten und Cumberland Lodge hat in unnachahmlicher, höfischer Weise uns alle betreut. Hoffen wir, daß der Tagungsband so schön geworden ist wie die Tagung selbst es war.

Werner Paravicini

Einleitung

Joachim Ehlers

Hofkultur – Probleme und Perspektiven

Von dem gelehrten Walter Map († 1209/10) wird oft das Bekenntnis zitiert, daß er nicht wisse, was ein Hof sei, obwohl er doch an einem Hof lebe und über ihn schreibe. Sieht man aber genauer hin, so wird deutlich, daß er präziser definiert als mancher unserer Kollegen: Der Hof sei „instabil und wechselvoll, ortsgebunden und wandernd, und in der Verschiedenheit seiner Zusammensetzung sich selbst oft unähnlich. [...] Wenn wir ihn verlassen, kennen wir ihn genau; wenn wir nach einem Jahr zurückkehren, treffen wir auf neue Gesichter, und wir selbst sind neu. Wir finden Einheimische von Fremden verdrängt und Herren von ihren Dienern. Der Hof ist derselbe geblieben, aber seine Mitglieder haben gewechselt."[1] Die gleiche Beobachtung macht wenig später der deutsche Dichter Walther von der Vogelweide († ca. 1230) und bringt sie mit deutlichen Worten aufs Pergament: „Wer an den Ohren krank durch ein Leiden ist, das ist mein Rat, der lasse den Hof von Thüringen am Wege liegen, denn wenn er dorthin kommt, dann wird er wirklich vollends taub. Ich habe mich ins Gedränge gestürzt, bis ich nicht mehr konnte: Eine Schar zieht hinaus, die andere hinein, Nacht und Tag. Ein großes Wunder ist es, das da jemand noch etwas versteht."[2] Die beiden Namensvettern waren Experten: Walter Map als Hofkleriker des Bischofs Gilbert Foliot zunächst in Hereford, dann in London, vor allem aber seit 1173 bei König Heinrich II.; Walther von der Vogelweide als Dichter, der an den Höfen der Babenberger Herzöge in Wien, beim staufischen König Philipp von Schwaben, den Kaisern Otto IV. und Friedrich II., bei Markgrafen, Erzbischöfen und Bischöfen für sein tägliches Brot singen mußte.[3]

Ihre Beobachtungen sind weit mehr als Genrebilder, denn sie erfassen einen der wichtigsten Aspekte des Hofes und seiner Kultur. Höfe waren immer auf ihre Herren bezogen, auf Könige und Fürsten, die bis ins späte Mittelalter ihre Standorte häufig und über große Distanzen hinweg wechseln mußten, so daß auch ihre Umgebung sich oft veränderte, nicht nur im Hinblick auf die Zusammensetzung, sondern auch hinsichtlich der Größe. Diese Höfe besaßen seit der Karolingerzeit mit der Hofkapelle ihren harten Kern, der für Gottesdienst, Verwaltung und in wachsendem Maße auch für Wissenschaft, Literatur, Kunst oder Bautätigkeit zu-

1 WALTER MAP, De nugis curialium [D. V, c. 7], hrsg. v. Montague Rhodes James, Oxford 1983, S. 500 [dt. Übersetzung d. Verf.].

2 WALTHER VON DER VOGELWEIDE, Thüringer Hofschelte [vv. 1–7], in: Günther Schweikle (Hrsg.), Walther von der Vogelweide, Werke, Bd. 1: Spruchlyrik, Stuttgart 1994, S. 88.

3 Als *cantor Waltherus de Vogelweide* steht er in den Reiserechnungen des Passauer Bischofs Wolfger von Erla, der ihm Geld für einen Pelzrock schenkte: L. PETER JOHNSON, Vorgreifliche, kuriose und nicht zusammenhängende Gedanken zu Wolfger von Erla als Mensch und Mäzen, in: Egon Boshof und Fritz Peter Knapp (Hrsg.), Wolfger von Erla, Bischof von Passau und Patriarch von Aquileja als Kirchenfürst und Literaturmäzen, Heidelberg 1994, S. 281–299.

ständig war; seit der ersten Hälfte des 12. Jahrhunderts vermitteln englische Quellen gute, wenn auch in ihrer Präzision nicht immer richtige, Vorstellungen über den Aufbau der *domus regis*,[4] bald darauf werden in Deutschland die vier großen Hofämter Schenk, Truchseß, Marschall und Kämmerer zur Regel.[5] Immer aber blieben Gestalt und Wirkung eines Hofes von der Handlungsfähigkeit seines Herrn abhängig, von seiner Kraft, Entscheidungen allein zu treffen oder von dem Zwang, die Großen seines Territoriums an ihnen zu beteiligen. Deshalb ist der Hof ein Zentrum für die Akkumulation von Macht und von Menschen, die an ihr teilhaben, deshalb ist er Ort der Hierarchie und Kampfplatz der Konkurrenz. Konnten Höfe unter diesen Bedingungen Loyalität auf Dauer hervorbringen? War es den Herren möglich, diese ihnen nahestehenden, mit Ämtern und Würden versehenen Menschen zu integrieren? Der Versuch einer Antwort auf solche Fragen muß zeigen, wie Höfe zu Mittelpunkten des Handelns wurden und Funktionen im Sinne ihres Herrn erfüllen konnten.

Hier tun sich Forschungslücken auf, mindestens in Deutschland. Peter Moraw hat darauf hingewiesen, daß für die klassische Staats- und Institutionengeschichte das Thema „Hof“ gar nicht diskussionswürdig gewesen wäre und in die Zuständigkeit der vielen Literatur- und der wenigen Kulturhistoriker gehörte;[6] als vor zehn Jahren das Buch von Werner Paravicini über die ritterlich-höfische Kultur des Mittelalters erschien, gab es Bedenken, dies sei doch antiquarische Geschichtsforschung im Stil des 19. Jahrhunderts und erfasse nur einen Teil der ganzen Wirklichkeit des Lebens, um die es dem Historiker doch immer gehen müsse.[7] Es besteht aber keine Gefahr, daß die international blühende Hofforschung in Deutschland zwischen den Zähnen des 19. Jahrhunderts und denen der Postmoderne zermalmt wird, denn es gibt einerseits hinreichend viel Forschung zu einzelnen Höfen,[8] genug Arbeiten zur Kommunikations- und Repräsentations-

---

4 CHARLES JOHNSON, Introduction, in: ders. (Hrsg.), Dialogus de Scaccario/Constitutio Domus Regis, Oxford 1983, S. XI–LII, hier S. XXIII–XXVII; HOLGER KRUSE, Amt und Gagen. Die täglichen Gagenlisten des burgundischen Hofes (1430–1467) und der erste Hofstaat Karls des Kühnen (1456) (Pariser Historische Studien, Bd. 4.), Bonn 1996; CORDELIA BEATTIE, ANNA MASLAKOVIC und SARAH REES JONES (Hrsg.), The Medieval Household in Christian Europe, c. 850–c. 1550. Managing Power, Wealth, and the Body, Turnhout 2003.

5 WERNER RÖSENER, Hofämter an deutschen Fürstenhöfen, in: Deutsches Archiv für Erforschung des Mittelalters 45 (1989), S. 485–550; THOMAS ZOTZ, Hof und Hofordnung vor der Zeit der Verschriftlichung, in: Holger Kruse und Werner Paravicini (Hrsg.), Höfe und Hofordnungen 1200–1600, Sigmaringen 1999, S. 65–73.

6 PETER MORAW, Zur Einführung, in: ders. (Hrsg.), Deutscher Königshof, Hoftag und Reichstag im späteren Mittelalter, Stuttgart 2002, S. VII–X, hier S. VII f.

7 WERNER PARAVICINI, Die ritterlich-höfische Kultur des Mittelalters, München 1994. Kritische Bemerkungen dazu von Michael Borgolte (FRANKFURTER ALLGEMEINE ZEITUNG vom 19. Januar 1995) wurden wenige Tage später am gleichen Ort von Karl Ferdinand Werner zurückgewiesen.

8 PETER GANZ, Friedrich Barbarossa: Hof und Kultur, in: Alfred Haverkamp (Hrsg.), Friedrich Barbarossa. Handlungsspielräume und Wirkungsweisen des staufischen Kaisers (Vorträge und Forschungen, Bd. 40.), Sigmaringen 1992, S. 623–650; KARL LEYSER, Friedrich Barbarossa – Hof und Land, in: ebd., S. 519–530; URSULA PETERS, Fürstenhof und höfische Dichtung. Der Hof Hermanns von Thüringen als literarisches Zentrum (Konstanzer Universitätsreden, Bd. 113), Konstanz 1989; HANS MARTIN SCHALLER, Das geis-

geschichte,[9] genug Substanz also, um zu zeigen, daß mittelalterliche Lebenswirklichkeit wohl auf keinem anderen Gebiet so eindringlich und anschaulich erfaßt werden kann wie hier. Man muß allerdings deutlich sagen, daß es dabei in erster Linie nicht um Alltag und Befindlichkeit der großen Mehrheit der Bevölkerung geht, aber manchmal ist eben auch die „Theory of the Leisure Class" im Sinne von Thorstein Veblen ein durchaus legitimer Orientierungsrahmen für die Forschung.[10] Die Defizite der Forschung ergeben sich eher aus der großen Reichweite und Bedeutung mündlicher Kommunikation, die naturgemäß keine oder nur wenige indirekte Spuren hinterlassen hat, so daß die klassischen, philologisch bestimmten Methoden historischer Arbeit bei weitem nicht mehr ausreichen. Defizite ergeben sich auch aus der Quellenlage mit ihrer national differenzierten Berichterstattung, deren Intensität bei anglonormannischen, angevinischen und französischen Autoren deutlich größer ist als bei deutschen Chronisten und entsprechend mehr Informationen liefert; wo ein westlicher Autor wie Johann von Salisbury ausführliche Schilderungen bieten würde, sagt Albert von Stade über die Braunschweiger Hochzeitsfeier Heinrichs des Löwen mit der englischen Königstochter Mathilde nur, daß sie prächtig (*magnifice*) gewesen sei.[11] Andererseits retardiert die didaktisch-ausführliche Beschreibung von Waffen, Rüstungen, Pferdegeschirren, Tischzier und Kleidung in den deutschen Epen die Handlung bisweilen über den guten Willen des modernen Lesers hinaus. Diese „Schneiderstrophen" interessierten aber die Zeitgenossen, weil sie den Lebensstil der feinen Leute kennenlernen wollten. Die Kategorie des „Fremden" spielt dabei eine große Rolle: Der Import aus dem Orient für Westeuropa allgemein, für Deutschland

---

tige Leben am Hofe Kaiser Ottos IV., in: Deutsches Archiv für Erforschung des Mittelalters 45 (1989), S. 54–82; BERND SCHNEIDMÜLLER (Hrsg.), Die Welfen und ihr Braunschweiger Hof im hohen Mittelalter, Wiesbaden 1995; MARTIN AURELL (Hrsg.), La cour Plantagenêt (1154–1204), Poitiers 2000; WERNER PARAVICINI, Menschen am Hof der Herzöge von Burgund, Stuttgart 2002; WILHELM WEISE, Der Hof der Kölner Erzbischöfe in der Zeit Friedrich Barbarossas (Studia Humaniora, Bd. 38), Düsseldorf 2004; JOACHIM EHLERS, Heinrich der Löwe, München 2008, S. 229–268 (Hof und Herrschaft) und S. 269–316 (Patron und Stifter); vergleichender Überblick bei WERNER RÖSENER, Leben am Hof. Königs- und Fürstenhöfe im Mittelalter, Ostfildern 2008.

9 JOACHIM BUMKE, Höfische Kultur. Literatur und Gesellschaft im hohen Mittelalter, 2 Bde., München 1986; ders., Höfische Kultur. Versuch einer kritischen Bestandsaufnahme, in: Beiträge zur Geschichte der deutschen Sprache und Literatur 114 (1992), S. 414–492; JEAN FLORI, Essor de la chevalerie, XIe–XIIe siècles, Genf 1986; HEDDA RAGOTZKY und HORST WENZEL (Hrsg.), Höfische Repräsentation. Das Zeremoniell und die Zeichen, Tübingen 1990; JOCHEN LUCKHARDT und FRANZ NIEHOFF (Hrsg.), Heinrich der Löwe und seine Zeit. Herrschaft und Repräsentation der Welfen 1125–1235. Katalog der Ausstellung Braunschweig 1995, 3 Bde., München 1995.

10 THORSTEIN VEBLEN, The Theory of the Leisure Class, New York 1899 [deutsch: Theorie der feinen Leute. Eine ökonomische Untersuchung der Institutionen, Frankfurt am Main 1986]; WIM BLOCKMANS und ANTHEUN JANSE (Hrsg.), Showing Status. Representation of Social Positions in the Late Middle Ages (Medieval Texts and Cultures of Northern Europe, Bd. 2), Turnhout 1999; MARY DOUGLAS und BARON ISHERWOOD, The World of Goods. Towards a History of Consumption, London 1996.

11 Annales Stadenses auctore M. Alberto [zu 1168], hrsg. v. Johann Martin Lappenberg (MGH SS, Bd. 16), Hannover 1859, S. 271–379, hier S. 346.

daneben mindestens so sehr das französische Vorbild.[12] Zur feinen Lebensart gehört aber auch der Überfluß, das schlichte Protzen mit der Quantität, das den Chronisten beeindruckt: Für den berühmten Mainzer Pfingsthoftag Friedrich Barbarossas 1184 „waren zwei große, innen geräumige Häuser errichtet, überall mit Sitzstangen versehen, die vom Dach bis zum Fußboden … mit Hähnen und Hühnern angefüllt waren; das erregte allgemeine Verwunderung, denn man glaubte kaum, daß es auf der Welt so viele Hühner gäbe."[13] Hofforschung braucht deshalb den Zugang über Texte und Gegenstände, sie zieht ihr Wissen aus den Wörtern, den Sachen und den Bildern, deshalb ist sie interdisziplinär und muß es bleiben, wenn sie zu dauerhaften Ergebnissen kommen will. Vieles steckt hier noch so in den Anfängen, daß eher additiv als integriert geforscht wird.[14] Und noch ein Zweites sei gleich zu Anfang festgestellt: Nicht der Einzelfall darf faszinieren, sondern gesucht wird das Typische, das sich Wiederholende und deshalb Konventionelle, denn daran können die Trends abgelesen werden, langfristig geltende Tendenzen, oder, wenn das Wort nicht zu vermeiden ist, der Alltag am Hof.[15]

Für den Einblick in die Genese der Höfe als politische und kulturelle Zentren sind Beobachtungen aufschlußreich, die sich an deutschem Material des 12. Jahrhunderts machen lassen. In Deutschland verlor das Lehnrecht vor allem auf der Ebene des weltlichen Fürstentums seine bindende Kraft und mußte von neuen Formen einer Herrschaft durch Konsens ersetzt werden, wie sie insbesondere Friedrich Barbarossa praktiziert hat und die sich besonders in der ersten Zeit seiner Regierung auf die Zusammensetzung des Hofes ausgewirkt hat.[16] Die Suche

---

[12] CONSTANCE B. BOUCHARD, „Strong of Body, Brave and Noble". Chivalry and Society in Medieval France, Ithaca 1998; WERNER PARAVICINI, Deutsche Adelskultur und der Westen im späten Mittelalter, in: Joachim Ehlers (Hrsg.), Deutschland und der Westen Europas im Mittelalter (Vorträge und Forschungen, Bd. 56), Stuttgart 2002, S. 457–505; WERNER PARAVICINI und JÖRG WETTLAUFER (Hrsg.), Erziehung und Bildung bei Hofe, Stuttgart 2002; JAN ULRICH KEUPP, Verhöflichte Krieger? Überlegungen zum ‚Prozeß der Zivilisation' am stauferzeitlichen Hof, in: Johannes Laudage und Yvonne Leiverkus (Hrsg.), Rittertum und höfische Kultur der Stauferzeit, Köln 2006, S. 217–245.

[13] Arnoldi Chronica Slavorum [3,9], hrsg. v. Georg Heinrich Pertz (MGH SSrerGerm, Bd. 14), Hannover 1868, S. 88; JOSEF FLECKENSTEIN, Friedrich Barbarossa und das Rittertum. Zur Bedeutung der großen Mainzer Hoftage von 1184 und 1188, in: Arno Borst (Hrsg.), Das Rittertum im Mittelalter. Darmstadt 1976, S. 392–418; PETER MORAW, Die Hoffeste Friedrich Barbarossas von 1184 und 1188, in: Uwe Schultz (Hrsg.), Das Fest. Eine Kulturgeschichte von der Antike bis zur Gegenwart, München 1988, S. 70–83 und 425–428.

[14] GERHARD JARITZ, Zur materiellen Kultur des Hofes um 1200, in: Gert Kaiser und Jan-Dirk Müller (Hrsg.), Höfische Literatur, Hofgesellschaft, Höfische Lebensformen um 1200 (Studia Humaniora, Bd. 6), Düsseldorf 1986, S. 19–38; REINHARD BUTZ, JAN HIRSCHBIEGEL und DIETMAR WILLOWEIT (Hrsg.), Hof und Theorie. Annäherungen an ein historisches Phänomen, Köln 2004.

[15] WERNER PARAVICINI (Hrsg.), Alltag bei Hofe, Sigmaringen 1995.

[16] ALHEYDIS PLASSMANN, Die Struktur des Hofes unter Friedrich I. Barbarossa nach den deutschen Zeugen seiner Urkunden (MGH Studien und Texte, Bd. 20), Hannover 1998; JOACHIM EHLERS, Heinrich der Löwe in den Urkunden Friedrich Barbarossas, in: Frühmittelalterliche Studien 36 (2002), S. 355–377; THEO KÖLZER, Der Hof Kaiser Barbarossas und die Reichsfürsten, in: Moraw (Hrsg.), Königshof, S. 3–47.

nach einem solchen Konsens war aber langwierig und gelang nicht immer, denn die Partner waren hohe Aristokraten, die ihren Rang und ihr Ansehen über alles stellten und deshalb Dinge taten, die nach modernen Vorstellungen von Staatsräson und pragmatischer Politik höchst unvernünftig sein konnten.[17] Nach den Regeln der mittelalterlichen Adelsgesellschaft aber wäre es für diese Leute sehr unzweckmäßig gewesen, sich anders zu verhalten, denn vom Rang eines Mannes hing alles ab: Das Recht auf Mitsprache; die Chance, überhaupt angehört zu werden, die Fähigkeit zum Behaupten der eigenen Herrschaft gegen Rivalen und damit das Festhalten jener materiellen Basis, die wiederum Voraussetzung des gesellschaftlichen Ranges war.

Deshalb gab es deutliche Wechselwirkungen zwischen realer politischer Macht und der Fähigkeit, diese Macht repräsentativ vorzuführen und darzustellen. Das gilt keineswegs nur für das Verhältnis zwischen König und Fürsten, denn jeder dieser Großen hatte innerhalb seines eigenen Territoriums mit den Vertretern regionaler Adelsfamilien umzugehen, mit geistlichen und weltlichen Herren, denen gegenüber er sich genau so verhielt und verhalten mußte, wie es im großen Maßstab des Reiches der König gegenüber Bischöfen, Herzögen, Markgrafen und anderen Mächtigen tat. In dieser Gruppe hielten auf Dauer nur solche Leute ihre Position, die durch Auftreten und Gefolge als Herren zweifelsfrei erkannt und akzeptiert wurden, ausgestattet im übrigen mit der Fähigkeit, Akzeptanz im Falle des Konflikts zu erzwingen.

Wir sollten deshalb nicht die Rolle der Gewalt in dieser Gesellschaft unterschätzen. Unsere Vorstellungen von ritterlicher Zivilisation und höfischer Kultur werden von den vielen Zeugnissen stark formalisierter Verhaltensweisen bestimmt und sind deshalb zwar nicht schlechthin falsch, aber sie dürfen nicht darüber hinwegtäuschen, daß solche Formen wie ein fragiler Schleier über die alltäglichen Zwänge einer hochmilitarisierten Gesellschaft gebreitet waren. Wenn immer wieder betont wird, daß der Hof das Gute, Schöne, Edle, Vorbildhafte, Ehrenhafte und Reiche verkörpern soll im Gegensatz zur bösen, gemeinen, verachtenswerten und armseligen Umwelt, so müssen Innensicht und Außensicht in den Berichten der erzählenden Quellen und der höfischen Literatur genau unterschieden werden.[18] Scharfe Konkurrenz der Führungskräfte untereinander kennzeichnete eine politische Ordnung, innerhalb derer dem König ebenso wie den Fürsten eine vorsichtig zu gebrauchende Möglichkeit geboten wurde, durch Patronage loyale

---

[17] KNUT GÖRICH, Die Ehre Friedrich Barbarossas. Kommunikation, Konflikt und politisches Handeln im 12. Jahrhundert, Darmstadt 2001.

[18] URSULA PETERS, Literatur in der Stadt. Studien zu den sozialen Voraussetzungen und kulturellen Organisationsformen städtischer Literatur im 13. und 14. Jahrhundert, Tübingen 1983; CLAUS UHLIG, Hofkritik im England des Mittelalters und der Renaissance. Studien zu einem Gemeinplatz der europäischen Moralistik, Berlin 1973; KLAUS SCHREINER, ‚Hof' (curia) und ‚höfische Lebensführung' (vita curialis) als Herausforderung an die christliche Theologie und Frömmigkeit, in: Kaiser und Müller (Hrsg.), Höfische Literatur, S. 67–139; URBAN KÜSTERS, Liebe zum Hof. Vorstellungen und Erscheinungsformen einer „höfischen" Lebensordnung, in: ebd., S. 141–176; THOMAS ZOTZ (Hrsg.), Fürstenhöfe und ihre Außenwelt. Aspekte gesellschaftlicher und kultureller Identität im Spätmittelalter, Würzburg 2004; RÜDIGER SCHNELL, Die höfische Kultur des Mittelalters zwischen Ekel und Ästhetik, in: Frühmittelalterliche Studien 39 (2005), S. 1–100.

Kräfte zu fördern und dadurch ihr Ansehen zu steigern, anderen durch Verlust der Huld des Herrn ihren Rang zu entziehen, notfalls mit Hilfe der Konkurrenten.[19]

Es war deshalb nicht in jedem Falle ratsam, zu Hofe zu gehen, denn das konnte Abhängigkeiten schaffen oder zumindest bei Beobachtern einen entsprechenden Eindruck erwecken. Schließlich verfolgte der Adel beim Aufbau seiner Landesherrschaften verschiedene Strategien, konnte sich vom König fernhalten und ungestört bleiben oder die Nähe des Königs suchen, um gefördert zu werden. Freiwillige und unfreiwillige Präsenz sind zu unterscheiden, denn in Deutschland wurde die Zahl der unfreien Ministerialen nicht nur an Fürstenhöfen größer, sondern sie stieg auch in der Umgebung des Königs.[20] War das aber ein Krisensymptom der Monarchie oder nur ein Hinweis auf andere Mittel des Regierens? Immerhin hüteten Reichsministerialen den Sohn des Königs oder die Reichsinsignien, so daß der Königshof neue Institutionen gebildet hat. Wenn solche Ämter und Funktionen auch nach Herrscherwechseln erhalten blieben, wenn es im Spätmittelalter dazu noch personelle Kontinuität bestimmter Familien in den Ämtern gab,[21] dann war das für eine Wahlmonarchie von großer Bedeutung, denn in der *curia regis* wurde das Reich konkret und anschaulich. Besonders die führenden Personen des Hofes konnten mehrere Funktionen ausüben, waren letztlich für alles zuständig, wie auch der König oder der Fürst multifunktional und allzuständig gewesen ist. Es empfiehlt sich deshalb nicht, den Hof, zum mindesten den des Mittelalters, mit allzu pragmatisch-rationalen Kategorien zu analysieren und ihn damit zu überfordern in einer Zeit, in der nicht immer die Bedeutung des Amtes das Ansehen einer Person bestimmte, sondern umgekehrt der Rang des Inhabers dem Amt Gewicht geben konnte. Welche Motive gab es überhaupt für Hofpräsenz?

Der Zwang zur permanenten Steigerung der eigenen Autorität durch Repräsentation konnte sehr verschieden dosiert sein und hing nicht zuletzt davon ab, was man nötig hatte. Es gab schließlich nicht nur die Konkurrenz innerhalb eines Hofes, sondern auch Konkurrenz der Höfe untereinander. Heinrich der Löwe entwickelte in dieser Hinsicht größere Anstrengungen als Friedrich Barbarossa, die Herzöge von Burgund mußten intensiver demonstrieren, daß sie in die Spitzengruppe der europäischen Fürsten gehörten als der Kaiser, dessen Legitimität gleichsam von Natur aus und von Anfang an selbstverständlich war. Deswegen konnte Philippe de Commynes beim Treffen Kaiser Friedrichs III. mit Karl dem Kühnen in Trier 1473 beobachten, daß „die Deutschen die Pracht und die Reden des Herzogs verachteten, weil sie sie für Hochmut hielten. Die Burgunder verach-

---

19 GEORGES DUBY, The Culture of the Knightly Class. Audience and Patronage, in: Robert L. Benson und Giles Constable (Hrsg.), Renaissance and Renewal in the Twelfth Century, Cambridge, Mass. 1982, S. 248–262.

20 BENJAMIN ARNOLD, German Knighthood, 1050–1300, Oxford 1985.

21 KARL HEINZ SPIESS, Königshof und Fürstenhof. Der Adel und die Mainzer Erzbischöfe im 12. Jahrhundert, in: Ernst-Dieter Hehl, Hubertus Seibert und Franz Staab (Hrsg.), Deus qui mutat tempora. Menschen und Institutionen im Wandel des Mittelalters. Festschrift für Alfons Becker zu seinem 60. Geburtstag, Sigmaringen 1987, S. 203–234.

teten das kleine Gefolge des Kaisers und die armselige Kleidung."[22] Das erstaunt nicht bei einem Herrscher wie Friedrich III., der einen auswärtigen Gesandten statt in großer Audienz allein empfangen und ihn auffordern konnte, ohne Umschweife zur Sache zu kommen, möglichst in deutscher Sprache; der die Nürnberger bat, zur Vorbereitung seines Besuches einen Garten im Bereich der Burg anzulegen, in dem er Hühner aufziehen könne, eine große Menge Küken habe er sich dafür schon besorgt.[23] Zwischen den Idealvorstellungen vom Hof und seiner empirisch wahrzunehmenden Wirklichkeit konnten erhebliche Lücken klaffen;[24] Walter Maps lobende Beschreibung der Hofhaltung Heinrichs I. war Kritik an Heinrich II.,[25] und nicht immer war der eleganteste Ritter auch der beste König.[26]

Um Menschen an den Herrn zu binden, mußte dessen Hof attraktiv sein und das um so mehr, je massiver er auf Helfer angewiesen war, je intensiver er danach strebte, die einzige zentrale Figur in einem gegebenen Raum zu sein, je stärker er in diesen Raum hinein und auf seine Bewohner wirken wollte. Mittels des Hofes versuchte der Herr, potentielle Gegner einzubinden und konstituierte ein Gefolge, mit dem er sich bei Rechtshandlungen, Reichsversammlungen oder beim Empfang von Gesandtschaften umgab und mit dessen Größe und Ausstattung er seinen Rang dokumentieren konnte. Er beteiligte an der Macht und kontrollierte zugleich diese Teilhaber, indem er Hofämter vergab; er eröffnete damit Möglichkeiten zum Aufstieg durch Nähe zum Herrn und verschaffte dem so Ausgezeichneten Distanz gegenüber Konkurrenten, die nicht am Hof Fuß fassen konnten; er gab den Mitgliedern seines Hofes Gelegenheit, ihre Rivalen zu beobachten und sie auf der Jagd nach der Gunst des Herrn zu übertreffen. Weil dieses Verhalten der Kurialen einen ständigen Druck auf den Herrn erzeugen konnte, mußte es diesem gelingen, ein höfisches Milieu zu schaffen und den Wunsch zu wecken, daran teilzuhaben.[27] Bei der Konstituierung dieses Milieus war die Selektion entscheidend, denn wenn der Hof im Sinne der Macht und Repräsentation funktional sein sollte, mußte der Zustrom von Leuten eingedämmt werden, die dafür ungeeignet waren. Der Begabung des Herrn, Menschen an sich zu binden, mußte seine Kraft zum Abstoßen

---

22 Philippe de Commynes, Mémoires [II,8], hrsg. v. Joël Blanchard, Paris 2001, S. 193.

23 Karl-Friedrich Krieger, Der Hof Kaiser Friedrichs III. – von außen gesehen, in: Moraw (Hrsg.), Königshof, S. 163–190, bes. S. 164–169; Paul Joachim Heinig, Kaiser Friedrich III. (1440–1493). Hof, Regierung und Politik (Forschungen zur Kaiser- und Papstgeschichte des Mittelalters, Bd. 17, 1–3), Köln 1997.

24 Gisela Drossbach, Sciencia de regimine domus regis: Der Hof zwischen Ideal und Wirklichkeit in der „Yconomica" Konrads von Megenberg, in: Kruse und Paravicini (Hrsg.), Höfe, S. 23–36; Jaritz, Kultur, S. 21 ff.

25 Frédérique Lachaud, Order and disorder at court: the ordinances for the royal household in England in the twelfth and thirteenth centuries, in: Kruse und Paravicini (Hrsg.), Höfe, S. 103–116.

26 Jean Flori, Richard Cœur de Lion. Le roi-chevalier, Paris 1999, S. 259–285; Ralph V. Turner, The Reign of Richard Lionheart, Harlow 2000, S. 241–248.

27 Christiane Raynaud, Le prince ou le pouvoir de séduire, in: Michel Balard (Hrsg.), Le princes et le pouvoir au moyen âge, Paris 1993, S. 261–284; David Crouch und William Marshal, Court, Career and Chivalry in the Angevin Empire, 1147–1219, London 1990; Andrea Bischof, Erziehung zur Männlichkeit. Hofkarriere im Burgund des 15. Jahrhundert, Ostfildern 2008.

der Unerwünschten entsprechen. Um aus der Fluktuation ein Mittel der Herrschaft zu machen,[28] mußte der Fürst Menschenkenntnis und Herzenskälte miteinander verbinden.

Bei der Konstituierung dieses höfischen Milieus[29] konnte von der Hofkapelle ausgegangen werden, den *clerici curiales* im älteren Sinne, die häufig in den Kapiteln hofnaher Kirchen organisiert waren. Ihr Anteil an den Aktivitäten des Herrn bei der Stiftung liturgischer Bücher, von Altargerät, Paramenten und Neubauten war groß und hatte Auswirkungen auf Produktion und Kunsthandel. Als Träger der fürstlichen Verwaltung haben die Hofkleriker seit dem 12. Jahrhundert zunehmend gelehrtes und literarisches Format erworben. Durch ihre Beschäftigung schuf der Hof nicht nur Positionen für wissenschaftlich Gebildete, sondern er förderte damit auch die Professionalisierung der Wissenschaft, indem er deren soziale Verankerung außerhalb der kirchlichen Hierarchie möglich machte.

Nicht nur den neuen Typus der *clergie* aber brauchte der Hof. Es wuchs der Stab von Spezialisten für das Transportwesen und für die Pferde, für den Bau von Zelten und die Pflege des dafür notwendigen Geräts; der Hof beschäftigte Wachpersonal und Jäger, Ärzte und Astrologen, Hofnarren, Zwerge und Riesen, Musiker und Dichter. Bauleute und Handwerker arbeiteten an Bauten zum Wohnen und Befestigen, an der Raumausstattung durch Holz, Textilien, Leder, Metall oder Kacheln. Insofern hatte der Hof auch seine alltägliche und oft genug graue Seite, die aber bewältigt werden mußte, vor allem beim reisenden Hof,[30] ja es gab gar nicht den einen Hof schlechthin, sondern eigentlich nur seine verschiedenen institutionellen Erscheinungsformen: Den „täglichen Hof“ und den „Kernhof“ mit dem wichtigsten, fast immer um den Herrn versammelten Personenkreis, ferner die „Außenhöfe“, zu denen an bestimmten Orten die Großen der Regionen kamen; es gab mehrere Stufen der Erweiterung bis hin zur größtmöglichen, dem „Hoftag“, mit einem so überregionalen Einzugsbereich, daß der Hof darin nahezu verschwand.[31]

Zum höfischen Milieu gehörte Förderung von Literatur;[32] was das für uns bedeutet, lehren Walters Ohrenschmerzen in Thüringen: Die vom Hof lebenden Dichter reflektierten und kritisierten ihn, verschaffen uns auf diese Weise Einblicke und regen die Frage an, wer die von ihnen produzierten Werke eigentlich rezipiert hat. Es bedurfte dafür einer gewissen personellen Kontinuität, denn

---

[28] Peter Johanek, Höfe und Residenzen, Herrschaft und Repräsentation, in: Eckhard Conrad Lutz (Hrsg.), Mittelalterliche Literatur im Lebenszusammenhang, Fribourg 1997, S. 45–78, hier S. 48–52.

[29] Charles Stephen Jaeger, The Origins of Courtliness. Civilizing Trends and the Formation of Courtly Ideals, 939–1210, Philadelphia 1985; Malcolm Vale, The Princely Court. Medieval Courts and Culture in North-West Europe, Oxford 2001.

[30] Paravicini, Alltag; Elsbeth Andre, Ein Königshof auf Reisen. Der Kontinentaufenthalt Eduards III. von England, 1338–1340 (Beihefte zum Archiv für Kulturgeschichte, Bd. 41), Köln 1996.

[31] Joachim Ehlers, Der Hof Heinrichs des Löwen, in: Schneidmüller (Hrsg.), Welfen, S. 43–59; Christian Hillen, Curia Regis. Untersuchungen zur Hofstruktur Heinrichs (VII.), 1220–1235, nach den Zeugnissen seiner Urkunden, Frankfurt am Main 1999.

[32] Joachim Bumke, Geschichte der deutschen Literatur im hohen Mittelalter, München 1990, S. 37 ff.; ders., Mäzene im Mittelalter, München 1979.

Dichtung mußte verstanden werden, vor allem aber brauchte der Hof ein gewisses intellektuelles Niveau.[33] Dieses Niveau zeigte sich unter anderem beim Aufwand, den der Fürst für Sammlungen zu treiben bereit war, welche Reliquien er besaß, wie groß seine Bibliothek war und ob er sie ergänzte, welche Kuriositäten er selbst von Reisen besonders aus dem Orient mitgebracht oder als Geschenke empfangen hatte.

Entscheidend war letztlich, ob es gelang, distinktive Verhaltensformen auszubilden und über längere Zeit aufrecht zu erhalten. Das begann bei der Eßkultur, die sich über die Notwendigkeit der Versorgung mit Nahrungsmitteln erhob, geschultes Küchenpersonal und verfeinerte Zubereitungsart der Speisen verlangte. Auch war auf die Exklusivität der Zutaten Wert zu legen, seltenes Fleisch, Edelfische und exotisches Gewürz zu verwenden, man brauchte hochwertig verarbeitetes Geschirr und Tischsitten, die den Mißbrauch des Tafeltuches als Transportmittel für nach dem Essen mitgenommenes Geschirr ausschlossen. Den bisweilen ungeheuren Qualitätsunterschied zwischen den Mahlzeiten des Personals und denen der Herren beklagte Peter von Blois in seinem berühmten 14. Brief über den *curialis*.[34] Die hofspezifischen Merkmale setzen sich bei der Kleidung fort, dem wohl wichtigsten Medium zur Darstellung und Vermittlung von Unterschieden durch Material und Farbe, durch Applikationen wie Edelsteine oder Schellen, durch Parfümierung, so daß Auge, Ohr und Geruchssinn zugleich affiziert wurden. In enger Nachbarschaft zur Kleidung steht die Heraldik als Bild- und Zeichensystem zur Darstellung von Rangmerkmalen[35], wie es besonders beim Turnier,[36] aber auch bei Festen, bei der Ritterweihe und für die Grablege eingesetzt wurde. Nicht vergessen sollte man allerdings, daß dies alles auch den Zweck hatte, die unendliche Langeweile eines zeremoniell geregelten Hoflebens jedenfalls zeitweise zu unterbrechen. Aber auch Zeitverschwendung ist Luxus.

---

[33] RETO R. BEZZOLA, Les origines et la formation de la littérature courtoise en Occident, 500–1200, 3. Teil: La société courtoise, Bd. 1: La cour d'Angleterre comme centre littéraire sous le rois angevins, 1154–1199; Bd. 2: Les cours de France, d'Outre-Mer et de Sicile au XIIe siècle, Paris 1963; JOHN F. BENTON, The Court of Champagne as a Literary Center, in: Speculum 36 (1961), S. 551–591; D.H. GREEN, Vrumen rîtr und guote vrouwen / und wîse phaffen. Court Literature and its Audience, in: Volker Honemann u. a. (Hrsg.), German Narrative Literature of the Twelfth and Thirteenth Centuries, Tübingen 1994, S. 7–26; PETER JOHANEK, Kultur und Bildung im Umkreis Friedrich Barbarossas, in: Haverkamp (Hrsg.), Barbarossa, S. 651–677; ECKART CONRAD LUTZ, Literatur der Höfe – Literatur der Führungsgruppen. Zu einer anderen Akzentuierung, in: Nigel Palmer und Hans-Jochen Schiewer (Hrsg.), Mittelalterliche Literatur und Kunst im Spannungsfeld von Hof und Kloster, Tübingen 1999, S. 29–52; DIETER KARTSCHOKE, Deutsche Literatur am Hof Heinrichs des Löwen?, in: Johannes Fried und Otto Gerhard Oexle (Hrsg.), Heinrich der Löwe. Herrschaft und Repräsentation (Vorträge und Forschungen, Bd. 57), Ostfildern 2003, S. 83–134, hier S. 111 ff.

[34] PETER VON BLOIS, Petri Blesensis Epistolae, hrsg. v. Jean Paul Migne, Paris 1855, Sp. 47–50.

[35] MICHEL PASTOUREAU, Traité d'héraldique, Paris 1993; LUTZ FENSKE, Adel und Rittertum im Spiegel früher heraldischer Formen und deren Entwicklung, in: Josef Fleckenstein (Hrsg.), Das ritterliche Turnier im Mittelalter. Beiträge zu einer vergleichenden Formen- und Verhaltensgeschichte des Rittertums (Veröffentlichungen des Max-Planck-Instituts für Geschichte, Bd. 80), Göttingen 1985, S. 75–160.

[36] FLECKENSTEIN (Hrsg.), Turnier; DAVID CROUCH, Tournament, London 2005.

Dieses Milieu, diese Hofgesellschaft, entwickelte die Neigung, sich selbst zu reproduzieren und brachte Formen einer spezifischen Erziehung zum Erlernen der *curialitas*[37] hervor, wobei aber die von Chrétien de Troyes geforderte Harmonie von *chevalerie* und *clergie* immer gefährdet blieb und seit der Renaissance dem Dualismus von Adel der Geburt und Sozialprestige des humanistisch Gebildeten erlag.[38]

Damit der Hof als Gerichts- und Verwaltungszentrum funktionieren konnte, war seine Nähe zu bevölkerungsstarken Zentren wichtig, wie überhaupt das Phänomen der „großen Stadt" seit dem 12. Jahrhundert immer mehr Aufmerksamkeit verlangt. Die Stadt wird zur Versorgung des Hofes herangezogen: Für das Pfingstfest von 1306 in Westminster bringt König Eduard I. das Getreide und das Fleisch aus dem Ertrag seiner Domäne, 200 Tonnen Wein (25 000 Liter) liefert der Constable von Bordeaux, aber das Tafelgeschirr und die Ausstattung der Küchen stellt der Rat von London, und die Fische, die Textilien, die vielen Geschenkobjekte kaufte der Hof auf dem städtischen Markt.[39] Paris und London als wirtschaftliche und demographische Brennpunkte, als Residenzen und künftige Hauptstädte haben auch auf die materielle Kultur der beiden Königshöfe gewirkt, auf ihre Möglichkeiten zum Demonstrieren von Exklusivität durch Erwerb und Verschenken von Stoffen, Gewändern, Goldschmiedearbeiten, Büchern und Bildern. In der großen Stadt gab es das professionelle Wissen, das zur Aufrichtung und Prüfung von Qualitätsstandards notwendig war; im Handelsbürgertum fanden sich die Kenner, denen der Hof seine Einkäufe übertragen konnte, weil sie die Verbindungen und das Qualitätsbewußtsein dafür hatten; in der Stadt schließlich arbeitete ein gehobenes Handwerk, das seine Standards durch die Erwartungen des Hofes verbesserte, weil es mit solchen Aufträgen rechnen konnte. Köln als die einzige große Stadt des römischen Reiches nördlich der Alpen war im Vergleich mit Paris und London königsfern, kleinere Städte wie Erfurt oder Augsburg dagegen sahen den König mitunter für längere Zeit, neben der Haupt- und Residenzstadt einer Königsdynastie stand mitunter die Haupt- und Residenzstadt für das Reich: Mün-

---

[37] MAURICE KEEN, Chivalry, New Haven 1984; PETER GANZ, curialis/hövesch, in: Kaiser und Müller (Hrsg.), Literatur, S. 39–56; FLORI, Essor de la chevalerie, S. 223–230; JOSEF FLECKENSTEIN (Hrsg.), Curialitas. Studien zu Grundfragen der höfisch-ritterlichen Kultur (Veröffentlichungen des Max-Planck-Instituts für Geschichte, Bd. 100), Göttingen 1990; HORST WENZEL, Hören und Sehen, Schrift und Bild. Kultur und Gedächtnis im Mittelalter, München 1995, S. 128–192; THOMAS ZOTZ, Ritterliche Welt und höfische Lebensformen, in: Josef Fleckenstein (Hrsg.), Rittertum und ritterliche Welt, Berlin 2002, S. 173–229.

[38] AUGUST BUCK, „Arma et litterae" – „Waffen und Bildung". Zur Geschichte eines Topos (SB der Wissenschaftlichen Gesellschaft an der Johann Wolfgang Goethe-Universität Frankfurt am Main, Bd. 28,3), Stuttgart 1992; ALDO D. SCAGLIONE, Knights at Court. Courtliness, Chivalry and Courtesy from Ottonian Germany to the Italian Renaissance, Berkeley 1991; JOACHIM BUMKE, Höfischer Körper – Höfische Kultur, in: Joachim Heinzle (Hrsg.), Modernes Mittelalter. Neue Bilder einer populären Epoche, Frankfurt am Main 1994, S. 67–102; WERNER PARAVICINI und JÖRG WETTLAUFER (Hrsg.), Erziehung und Bildung bei Hofe, Stuttgart 2002.

[39] CONSTANCE BULLOCK-DAVIES, Menestrellorum multitudo. Minstrels at a royal feast, Cardiff 1978, S. 1–9; PETER JOHANEK, Residenzenbildung und Stadt bei geistlichen Fürsten im Nordwesten Deutschlands, in: Historia urbana 5 (1997), S. 91–108.

chen für die Wittelsbacher, Prag für die Luxemburger, Heidelberg für die Pfälzer, Nürnberg und Frankfurt für alle.[40] Unter dem Aspekt der Beziehung des Hofes zur Stadt ist das von erheblicher Bedeutung.[41]

In diesem Band wird noch mehrfach auf solche Relationen eingegangen, unter anderem auch deshalb, weil es um die Frage gehen muß, ob dem Hof und seiner materiellen Kultur eine Tendenz zur Ortsfestigkeit innewohnen,[42] weil dem repräsentativen Aufwand eine kritische Masse an Material entsprach, das immer schwieriger zu transportieren war und auch wegen der feinen Verarbeitung den Gefahren langer Wege nicht mehr als nötig ausgesetzt werden sollte. Dem steht freilich die Beobachtung entgegen, daß Karl IV. und Maximilian Residenz- und Reiseherrschaft parallel fortentwickelt haben und einer der Kritikpunkte an Wenzel seine Unbeweglichkeit gewesen ist.[43]

Mit der Frage nach der integrierenden Bedeutung des Luxus für die Hofgesellschaft ist auch das Problem verbunden, wie mit Luxus umgegangen wurde: Beim gemeinsamen Handeln im Dienst und in festlicher Gesellschaft, beim Schenken und bei der Art, wie man sich Geschenke machte. Wir wollen aber auch wissen, wie teuer das alles gewesen ist und wohin es am Ende geführt hat. Nicht ganz im Sinne einer Kosten/Nutzen-Bilanz, aber doch mit dem Blick für Erfolg und Mißerfolg. Methodisch bewegen wir uns auf dem Boden der Forschung zur materiellen Kultur des Mittelalters und sind uns bewußt, daß hier die großen Synthesen noch fehlen.[44] Deshalb sind wir neugierig zu erfahren, wie zuverlässig die literarischen Quellen hinsichtlich der materiellen Kultur in den verschiedenen Zeitstufen vom 12. bis zum 18. Jahrhundert sind, in welchem Verhältnis Realität, Ideal, ge-

---

40 Peter Moraw, Was war eine Residenz im deutschen Spätmittelalter?, in: Zeitschrift für historische Forschung 18 (1991), S. 461–468.

41 Klaus Grubmüller, Der Hof als städtisches Literaturzentrum, in: Hans Fromm (Hrsg.), Befund und Deutung. Zum Verhältnis von Empirie und Interpretation in Sprach- und Literaturwissenschaft, München 1979, S. 405–427; Knut Schulz, Residenzstadt und Gesellschaft vom Hoch- zum Spätmittelalter, in: Klaus Flink und Wilhelm Janssen (Hrsg.), Territorium und Residenz am Niederrhein, Kleve 1993, S. 211–227.

42 Peter Ganz, Heinrich der Löwe und sein Hof in Braunschweig, in: Dietrich Kötzsche (Hrsg.), Das Evangeliar Heinrichs des Löwen. Kommentar zum Faksimile, Frankfurt am Main 1989, S. 28–41; Bernd Ulrich Hucker, Kaiser Otto IV (MGH Schriften, Bd. 34), Hannover 1990, S. 58–73; Bernd Schneidmüller, Der Ort des Schatzes. Braunschweig als brunonisch-welfisches Herrschaftszentrum, in: Joachim Ehlers und Dietrich Kötzsche (Hrsg.), Der Welfenschatz und sein Umkreis, Mainz 1998, S. 27–50; ders., Burg – Stadt – Vaterland. Braunschweig und die Welfen im hohen Mittelalter, in: Fried und Oexle (Hrsg.), Heinrich der Löwe, S. 27–81.

43 Moraw, Residenz.

44 Forschungsstand bis 1986 bei Jaritz, Kultur, S. 22ff.; Helmut Hundsbichler, Gerhard Jaritz und Thomas Kühtreiber (Hrsg.), Die Vielfalt der Dinge. Neue Wege zur Analyse mittelalterlicher Sachkultur, Wien 1998; Leonie von Wilckens, Die textilen Künste. Von der Spätantike bis um 1500, München 1991; E. Jane Burns, Courtly Love undressed. Reading through Clothes in Medieval French Culture, Philadelphia 2002; John Clark (Hrsg.), The Medieval Horse and its Equipment, c. 1150–c. 1450, London 1995; Mechthild Müller, Die Kleidung nach Quellen des frühen Mittelalters. Textilien und Mode von Karl dem Großen bis Heinrich III., Berlin 2003; Alan Williams, The Knight and the Blast Furnace. A History of Metallurgy of Armour in the Middle Ages and the Early Modern Period, Leiden 2003.

normte Typik oder Übertreibung zueinander stehen[45] Wir glauben zu wissen, welche Bedeutung für die Bindung an den Herrn und für die Hierarchiebildung bei Hofe die nach Wert gestaffelte Gabe hatte,[46] aber wir brauchen sehr viel mehr Konkretes über die Form des Einsatzes solcher Mittel. Der Luxus förderte Integration und Distinktion, aber er durfte nicht den ganzen Hof im Übermaß erfassen, es durfte nicht vorkommen, daß der Landgraf „mit stolzen Helden sein Vermögen verbraucht“, wie Walther von der Vogelweide kritisch anmerkt.[47] In diesem Sinne fragen wir auch nach Maß und Zahl, wohl wissend, daß *moderatio* eine aristokratische Tugend ist.

---

[45] Dazu JOHANEK, Höfe, S. 50–56.

[46] MARCEL MAUSS, Essai sur le don, Paris 1950; ULF-CHRISTIAN EWERT und JAN HIRSCHBIEGEL, Gabe und Gegengabe – Das Erscheinungsbild einer Sonderform höfischer Repräsentation am Beispiel des französisch-burgundischen Gabentausches zum neuen Jahr um 1400, in: Vierteljahrschrift für Sozial- und Wirtschaftsgeschichte 87 (2000), S. 5–37; GADI ALGAZI, VALENTIN GROEBNER und BERNHARD JUSSEN (Hrsg.), Negotiating the Gift: Pre-Modern Figurations of Exchange (Veröffentlichungen des Max-Planck-Instituts für Geschichte, Bd. 188), Göttingen 2003; JAN HIRSCHBIEGEL, Étrennes. Untersuchungen zum höfischen Geschenkverkehr im spätmittelalterlichen Frankreich der Zeit König Karls VI. (1380–1422) (Pariser Historische Studien, Bd. 60), München 2003; SYBILLE SCHRÖDER, Macht und Gabe. Materielle Kultur am Hof Heinrichs II. von England (Historische Studien, Bd. 481), Husum 2004.

[47] MAP, De nugis curialium, S. 88.

Zwischen Dienst, Fest und Zeitvertreib

Werner Rösener

Hofämter und Hofkultur an Fürstenhöfen des Hochmittelalters

Giselbert von Mons, Kanzler am Hennegauer Fürstenhof, schildert in seiner Hennegauer Chronik die Reise des Grafen Balduin V. zum berühmten Hoftag Kaiser Friedrichs I. in Mainz 1184 mit folgenden Worten:

> Der Graf von Hennegau aber machte sich zu diesem Hoftag auf, zusammen mit einigen tüchtigen und vornehmen Männern, die mit Seidengewänder angetan waren [...] Über Namur, Lüttich, Aachen und Koblenz traf der Graf am Tag vor Pfingsten ein, mit großer und kostbarer Ausrüstung, mit viel Silbergeschirr und anderem Bedarf und mit stattlich gekleideter Dienerschaft. [...] Dort hatte der Graf von Hennegau zahlreichere und schönere Zelte als die übrigen. Nun versammelten sich zum Hoftag aus dem ganzen Reich diesseits der Alpen Fürsten, Erzbischöfe, Bischöfe, Äbte, Herzöge, Markgrafen, Pfalzgrafen, ferner Grafen, Edelherren und Ministerialen [...] Am Pfingstsonntag aber trugen Kaiser Friedrich, Kaiser der Römer, und seine Frau, Kaiserin Beatrix, mit großer und gebührender Feierlichkeit die Kaiserkrone. [...] Am Pfingstmontag wurden König Heinrich und der Schwabenherzog Friedrich, die Söhne des Kaisers, zu Rittern geweiht. Zu ihren Ehren gaben sie und alle Fürsten und andere Edelleute viele Geschenke an Ritter, Gefangene und Kreuzfahrer, Gaukler und Gauklerinnen, nämlich Pferde, kostbare Gewänder, Gold und Silber.[1]

In dieser Chronikstelle werden bereits viele Aspekte und Probleme angesprochen, die für uns im Kontext der Hofkultur des Hochmittelalters von Interesse sind: die Bedeutung von Hoftagen, die Teilnahme unterschiedlicher Adelsgruppen, die integrierende Funktion von Hoffesten, der Geschenketausch, die Inszenierung herrscherlicher Macht und die Außenwirkung von Hoffesten. Nach Giselbert waren am Mainzer Hoftag 70000 Ritter beteiligt – eine Zahl, die gewiß übertrieben ist, aber dennoch die Größe der ritterlichen Versammlung erahnen läßt.[2]

Unter Friedrich I. Barbarossa erreichte die ritterliche Hofkultur in der zweiten Hälfte des 12. Jahrhunderts zweifellos einen ersten Höhepunkt ihrer Entwicklung.[3] Der Königshof des Stauferherrschers setzte sich wie der Hof seiner Vorgänger im deutschen Königtum aus weltlichen und geistlichen Personen zusam-

---

1 LÉON VANDERKINDERE (Hrsg.), La chronique de Gislebert de Mons, Brussel 1904, S. 156.

2 Ebd., S. 157. Zum Mainzer Hoftag: KARL HAMPE, Deutsche Kaisergeschichte in der Zeit der Salier und Staufer, 12. Aufl., Darmstadt 1981, S. 205; JOSEF FLECKENSTEIN, Friedrich Barbarossa und das Rittertum. Zur Bedeutung der großen Mainzer Hoftage von 1184 und 1188, in: Festschrift für Hermann Heimpel, Bd. 2, Göttingen 1972, S. 1023–1041; HEINZ WOLTER, Der Mainzer Hoftag von 1184 als politisches Fest, in: Detlef Altenburg, Jörg Jarnut und Hans-Hugo Steinhoff (Hrsg.), Feste und Feiern im Mittelalter, Sigmaringen 1991, S. 193–199; WERNER RÖSENER, Die Hoftage Kaiser Friedrichs I. Barbarossa im Regnum Teutonicum, in: Peter Moraw (Hrsg.), Deutscher Königshof, Hoftag und Reichstag im späteren Mittelalter (Vorträge und Forschungen, Bd. 48), Stuttgart 2002, S. 359.

3 Zur ritterlich-höfischen Kultur des Hochmittelalters: JOACHIM BUMKE, Höfische Kultur. Literatur und Gesellschaft im hohen Mittelalter, München 1986, S. 276–379; JOSEF FLECKENSTEIN (Hrsg.), Curialitas. Studien zu Grundfragen der höfisch-ritterlichen Kultur, Göttingen 1990; WERNER PARAVICINI, Die ritterlich-höfische Kultur des Mittelalters, München 1994, S. 19–45.

men.[4] Zum engeren Hof des Königs gehörten neben den Hofgeistlichen und den Mitgliedern der Hofkanzlei vor allem die Inhaber der weltlichen Hofämter, an deren Spitze vier Hofbeamte standen: der Truchseß (*dapifer*), der Kämmerer (*camerarius*), der Schenk (*pincerna*) und der Marschall (*marescalcus*).[5] Diese obersten Hofämter waren unter Barbarossa in der Hand bedeutender Vertreter der Reichsministerialität, die gerade in der zweiten Hälfte des 12. Jahrhunderts einen großen Einfluß am Königshof erlangten, wie z. B. Markward von Annweiler, Kuno von Münzenberg und Werner von Bolanden.[6] Die Inhaber der vier Reichshofämter waren zugleich die vornehmsten Berater des Königs am alltäglichen Hof und wurden mit wichtigen politischen und diplomatischen Aufgaben betraut.

Der Hof des deutschen Königs, der unter den Bedingungen des hochmittelalterlichen Reisekönigtums eine hohe Mobilität beweisen mußte, bildete auch den Kern der Hoftage, wie er beim erwähnten Mainzer Hoftag von 1184 in Erscheinung trat. Auf den personalen Bezügen, auf dem unmittelbaren Kontakt zwischen König, Fürsten und adeligen Herrschaftsträgern in den einzelnen Reichsteilen, beruhte die Verbindung von Königshof und Reich.[7] Königsbesuche in den Pfalzen und die Abhaltung von Hoftagen in unterschiedlichen Orten boten Chancen zur Integration und Kommunikation. Wies der alltägliche Hof des Königs durch die zahlreichen Besucher und Gäste eine hohe Fluktuation auf, so wurde diese bei Hoftagen noch bedeutend gesteigert, wenn Fürsten und Vasallen den König in großer Zahl aufsuchten. Der Glanz prachtvoller Hoffeste mit Schwertleiten, Turnieren und Jagden verschaffte vielen Hoftagen eine zusätzliche Attraktivität, so daß es den Fürsten, Dynasten und Rittern schwer fiel, sich derartigen Zusammenkünften zu entziehen.

Am Mainzer Hoftag von 1184 nahmen fast alle bedeutenden geistlichen und weltlichen Fürsten des Stauferreiches mit umfangreichen Begleitmannschaften teil, wie Giselbert von Mons berichtet: Der Herzog von Böhmen erschien mit 2000 Rittern, Herzog Leopold von Österreich mit 500 Rittern, der neue Sachsenherzog Bernhard mit 700 Rittern, Pfalzgraf Konrad, des Kaisers eigener Bruder, mit mehr als 1000 Rittern sowie Landgraf Ludwig von Thüringen ebenfalls mit mehr als

---

4 Vgl. Theo Kölzer, Der Hof Kaiser Barbarossas und die Reichsfürsten, in: Moraw (Hrsg.), Deutscher Königshof, S. 3–48; Karl Leyser, Friedrich Barbarossa – Hof und Land, in: Alfred Haverkamp (Hrsg.), Friedrich Barbarossa, Handlungsspielräume und Wirkungsweisen des staufischen Kaisers (Vorträge und Forschungen, Bd. 40), Sigmaringen 1992, S. 519–530.

5 Werner Rösener, Hofämter an mittelalterlichen Fürstenhöfen, in: Deutsches Archiv für Erforschung des Mittelalters 45 (1989), S. 506–508; Paul Schubert, Die Reichshofämter und ihre Inhaber bis um die Wende des 12. Jahrhunderts, in: Mitteilungen des Instituts für Österreichische Geschichtsforschung 34 (1913), S. 444–446.

6 Karl Bosl, Die Reichsministerialität der Salier und Staufer, Bd. 1, Stuttgart 1950, S. 140–143; Julius Ficker, Die Reichshofbeamten der staufischen Periode, Wien 1862, S. 447–549; Günther Bradler, Studien zur Geschichte der Ministerialität im Allgäu und in Oberschwaben, Göppingen 1973, S. 503–512.

7 Vgl. Rösener, Die Hoftage Kaiser Friedrichs I. Barbarossa, S. 365–369; Karl-Heinz Spiess, Der Hof Barbarossas und die politische Landschaft am Mittelrhein, in: Moraw (Hrsg.), Deutscher Königshof, S. 49–76; Thomas Zotz, Curia regis, in: Lexikon des Mittelalters 3 (1984), S. 373–375; Thomas Michael Martin, Auf dem Weg zum Reichstag 1314–1410, Göttingen 1993, S. 35.

1000 Rittern.[8] In der Begleitung der einzelnen Fürsten reiste demnach ein zahlreiches Gefolge von Vasallen, ritterlichen Ministerialen und Dienstleuten zum Hoftag des Königs. Die Prachtentfaltung geistlicher Fürsten bei der Reise zu Hoftagen stand gegenüber dem Aufwand weltlicher Reichsfürsten keineswegs zurück. Als Erzbischof Albero von Trier sich 1149 zum Hoftag König Konrads III. nach Frankfurt begab, nutzte er die willkommene Gelegenheit zur fürstlichen Repräsentation und Selbstdarstellung. Er fuhr nämlich mit der erstaunlichen Zahl von 40 Wohnschiffen über Mosel und Rhein an den Hoftagsort Frankfurt heran und wurde von einem großartigen Gefolge von Vasallen, Rittern und Geistlichen begleitet, darunter acht Grafen und zwei Herzögen.[9] Die genaue Erfassung der Hoftagsteilnehmer und Besucher am Königshof ist in der Regel schwierig, da uns von den meisten Hoftagen des Königs im 11. und 12. Jahrhundert weder ausführliche Berichte noch Verzeichnisse von Teilnehmern überliefert sind.

Unter Friedrich I. war der deutsche Königshof nicht nur ein politisches Macht- und Kommunikationszentrum des Reiches, sondern strahlte als Mittelpunkt höfisch-ritterlicher Kultur auch auf seine Außenwelt aus.[10] Vielfältige Impulse der ritterlichen Hofkultur gingen seit 1156 vom burgundischen Raum auf den staufischen Königshof aus, nachdem Friedrich Barbarossa sich mit Beatrix, der burgundischen Fürstentochter, verheiratet hatte. Die Kaiserin Beatrix war am Stauferhof längere Zeit die entscheidende Person, die französische Hofkultur nach Deutschland vermittelte.[11] Die Staufer, die mit dem französischen Königshaus der Kapetinger in traditioneller Freundschaft verbunden waren, spielten bei der Rezeption der französischen Ritterkultur offenbar eine wichtige Vermittlerrolle und hielten früher als andere Fürstengeschlechter im Reich Hofversammlungen, Hoffeste und Turniere nach französischem Vorbild ab.

Nach diesem Blick auf die Hofkultur des deutschen Königshofes stellt sich für uns die Frage, in welchem Maße sich die Hofkultur allgemein an den deutschen Fürstenhöfen des Hochmittelalters entfaltete. Welche Hofämter, Hoffeste und Ausdrucksformen höfisch-ritterlicher Kultur kann man an den Fürstenhöfen des deutschen Reiches während des 12. und 13. Jahrhunderts feststellen? Inwieweit dienten Hofversammlungen und prachtvolle Hoffeste dazu, die Vasallen- und Ministerialengruppen verschiedener Herkunft zusammenzuführen? War die Hofkultur an den Fürstenhöfen des Hochmittelalters vornehmlich darauf ausgerichtet, die Durchsetzung und Stabilisierung von Herrschaft durch kulturelle Faktoren zu fördern? Oder besaß die aufwendige Hofhaltung der Fürsten einen Selbstzweck und irrationalen Charakter?[12] Am Beispiel einiger Fürstenhöfe des Hochmittel-

---

8 VANDERKINDERE (Hrsg.), La chronique de Giselbert de Mons, S. 156f.

9 Gesta Alberonis archiepiscopi, in: MGH SS 8 (1848), S. 257.

10 Vgl. PETER GANZ, Friedrich Barbarossa: Hof und Kultur, in: Haverkamp (Hrsg.), Friedrich Barbarossa, S. 623–650.

11 FLECKENSTEIN, Friedrich Barbarossa und das Rittertum, S. 1023–1041; JOACHIM BUMKE, Mäzene im Mittelalter, München 1979, S. 148; WERNER RÖSENER, Die höfische Frau im Hochmittelalter, in: Fleckenstein (Hrsg.), Curialitas, S. 171–230, hier S. 191.

12 Vgl. ALOYS WINTERLING, Der Hof der Kurfürsten von Köln, 1688–1794, Bonn 1986, S. 3–32; RAINER A. MÜLLER, Der Fürstenhof in der Frühen Neuzeit, München 1995, S. 92–100.

alters soll im folgenden diesen Fragen nachgegangen werden, bevor zum Schluß ein Resümee gezogen wird.

1. Der Hof der Grafen von Hennegau

Der Hof der Grafen von Hennegau gewährt uns aufgrund einer guten Quellenüberlieferung aufschlußreiche Einblicke in die Hofkultur eines Fürstengeschlechts im niederlothringischen Raum.[13] In dem sich während des 12. Jahrhunderts allmählich festigenden Territorium der Hennegauer Grafen bildeten sich einige Burgen und Städte heraus, die zu Zentren der landesherrlichen Verwaltung wurden und residenzartigen Charakter annahmen.[14] Zu diesen Orten gehörte in erster Linie Mons, das zu einem Mittelpunkt der gräflichen Hofhaltung aufstieg, wie in der Chronik des Giselbert geschildert wird. Wichtige Grundlagen der Hennegauer *curia* wurden bereits in der zweiten Hälfte des 11. Jahrhunderts gelegt, als die Grafschaft Hennegau unter dem starken Einfluß der tatkräftigen Gräfin Richilde stand, die in zweiter Ehe mit Balduin V. von Flandern vermählt war.[15] Der Ausbau der Grafschaft Hennegau zu einem festgefügten Territorium schritt besonders im 12. Jahrhundert weiter voran; die Erhebung des Hennegauer Grafengeschlechts in den Reichsfürstenstand durch König Heinrich VI. bildete 1188 den krönenden Abschluß dieser Entwicklung.[16] In der Reihe der Hennegauer Grafen des 12. Jahrhunderts ist insbesondere Graf Balduin V. (1171–1195) wichtig, da sich unter seinem Einfluß der hennegauische Fürstenhof zu einem Zentrum der ritterlichen Kultur entwickelte. Giselbert von Mons erzählt, wie der junge Graf nach seiner Erhebung zum Ritter mit umfangreicher Begleitung an vielen Turnieren teilnahm, sich im Kampf mit den besten Rittern aus Flandern und anderen Nachbargebieten maß und auf glänzenden Hoftagen seine Freigiebigkeit nach außen demonstrierte.[17]

Wie war der Hennegauer Hof organisiert? Welche Hofämter standen zur Verfügung? Nähere Informationen über die Organisation des hennegauischen Hofes erhält man aus einem Hofämterverzeichnis (*ministeria curie Hanoniensis*), das der Hennegauer Kanzler im Auftrag des Hennegauer Grafen in der Zeit von 1212 bis 1214 anlegte.[18] In dieser vorzüglichen Quelle sind alle hennegauischen Hofämter und diejenigen Personen, die zur Zeit der Abfassung im Besitz dieser Ämter waren, verzeichnet. Mit dem Rat der eigenständig figurierenden *curia Hanoniensis* und dem allgemeinen Konsens der Ministerialen ist dieses Verzeichnis durch zwei Getreue des Grafen Ferdinand von Flandern und Hennegau *ad perpetuam memo-*

---

[13] VANDERKINDERE (Hrsg.), La chronique de Gislebert de Mons, S. 194; WALTER MEYER, Das Werk des Kanzlers Gislebert von Mons besonders als verfassungsgeschichtliche Quelle betrachtet, Königsberg 1888.

[14] Vgl. HENRI PIRENNE, Geschichte Belgiens, Gotha 1899, Bd. 1, S. 134–136.

[15] LÉOPOLD GENICOT, Le premier siècle de la curia de Hainaut (ca. 1060–1195), in: ders. (Hrsg.), Études sur les principautés lotharingiennes, Louvain 1975, S. 199–216.

[16] JULIUS FICKER, Vom Reichsfürstenstande, Innsbruck 1911, Bd. 1, S. 108f.

[17] VANDERKINDERE (Hrsg.), La chronique de Gislebert de Mons, S. 97f.

[18] Ebd., S. 333–343 (Ministeria curie Hanoniensis).

riam erstellt worden. Die Hofämter sind in der Hand bedeutender oder auch kleinerer Adelsgeschlechter des Landes und werden als Lehen, die mit festen Einkünften versehen sind, innerhalb der Familien vererbt. Falls es erforderlich ist, können diese Lehen im Kreis der lehnsfähigen Standesgenossen auch weiterverkauft werden. Die Hofämter des Hennegauer Fürstentums besitzen insgesamt eine integrierende Funktion und versuchen, den Adel des Landes an den Hof heranzuführen und zu binden.

An der Spitze der Hennegauer Hofämter steht der oberste Truchseß (*dapifer*) bzw. Seneschall (*senescalcus*) der Grafschaft Hennegau; dieses oberste Hofamt ist gut dotiert und mit umfangreichen Lehengütern ausgestattet.[19] In der Hofämterhierarchie folgen der oberste Kämmerer (*camerarius*) und der oberste Schenk (*pincerna*). Ein wesentlicher Teil der kleineren Hofämter bezieht sich von ihrer Funktion her vor allem auf die Lebensmittelversorgung des Hofes und die Organisation der höfischen Mahlzeiten, was man als Hinweis auf die Bedeutung von Festmählern und Hoffesten verstehen darf. Neben der Festlegung der Kompetenzen der einzelnen *ministeria* geht es auch um die allgemein für die Hofämter geltenden Pflichten, wie etwa um die Rechenschaft über das jeweilige *ministerium* vor dem Seneschall oder um die Begleitung des Grafen bei Kriegszügen. Die repräsentative Funktion von Hofämtern bei Hoffesten vermengt sich demnach mit dem rationalen Kalkül von Einnahmen und Kosten.

2. Der Hof Welfs VI. und der Braunschweiger Hof Heinrichs des Löwen

Der Hof der Welfen in Oberschwaben gehörte zweifellos zu den ältesten Fürstenhöfen im süddeutschen Raum.[20] Herzog Welf VI. besaß den Schwerpunkt seiner südwestdeutschen Machtstellung in den Zentren Ravensburg und Memmingen, von wo aus er lange Zeit einen harten Kampf gegen die Staufer geführt hatte, bis er sich schließlich mit Kaiser Friedrich I. aussöhnte. Als politischen und kulturellen Mittelpunkt einer mächtigen Landesherrschaft beschreibt der Verfasser der welfischen Hauschronik (Historia Welforum) den Hof des lebensfrohen Herzogs Welf VI. (gest. 1191), des Onkels Heinrichs des Löwen.[21] Dieser Welfenhof war laut Aussage des Chronisten nach königlichem Vorbild (*regio more*) aufgebaut worden. Zum Hofstaat gehörten fünf Hofämter (*officia curia*), nämlich die Ämter

[19] Ebd., S. 335.

[20] Zu den Welfen und zum Welfenhof in Oberschwaben: KARIN FELDMANN, Herzog Welf VI. und sein Sohn, Diss. Tübingen 1971; BRADLER, Studien zur Geschichte der Ministerialität, S. 76–78; KLAUS SCHREINER, „Hof" (curia) und „höfische Lebensführung" (vita curialis) als Herausforderung an die christliche Theologie und Frömmigkeit, in: Gert Kaiser und Jan-Dirk Müller (Hrsg.), Höfische Literatur, Hofgesellschaft, höfische Lebensformen um 1200, Düsseldorf 1986, S. 69–71; RÖSENER, Die höfische Frau im Hochmittelalter, S. 194–196; BERND SCHNEIDMÜLLER, Die Welfen und ihr Braunschweiger Hof im hohen Mittelalter, in: ders. (Hrsg.), Die Welfen und ihr Braunschweiger Hof im hohen Mittelalter, Wiesbaden 1995, S. 1–15.

[21] ERICH KÖNIG (Hrsg.), Historia Welforum, 2. Aufl. Sigmaringen 1978.

des Truchsessen, Schenken, Marschalls, Kämmerers und Bannerträgers.[22] Diese obersten Hofämter wurden am Welfenhof, wie der Chronist betont, seit langer Zeit von Grafen und grafengleichen Edelherren versehen. Ähnlich wie am deutschen Königshof wird es sich hier um ehrenamtliche Pflichten gehandelt haben, die von hochadeligen Vasallen bei feierlichen Hoffesten geleistet wurden, während die alltäglichen Amtspflichten am Hof von ritterlichen Ministerialen erfüllt wurden. Die Welfen suchten demnach sowohl die alten Adelsgeschlechter als auch die neuen aufstiegsorientierten Ministerialen in ihre ritterliche Hofgesellschaft einzubinden.

Der süddeutsche Welfenhof war unter Herzog Welf VI. offenbar ein Zentrum der höfisch-ritterlichen Kultur mit ihren vielfältigen Facetten. Im Kreis seiner Freunde, Vasallen und ritterlichen Gefolgsleute veranstaltete Welf glänzende Hoffeste, wie z.B. 1175 auf dem Gunzenlech bei Augsburg, wo er zusammen mit vielen Herren und Rittern aus Bayern und Schwaben ein großartiges Pfingstfest feierte und die von weither zusammengeströmte ritterliche Gesellschaft großzügig bewirtete.[23] Vom verschwenderischen Hofleben Welfs VI. berichtet der Welfenchronist: „Den Rittern seines Hofes und ihren Standesgenossen (*curiae suae militibus et consociis*) verehrte er prachtvolle Rüstungen mit kostbaren Gewändern."[24] Herzog Welf VI. gehörte im 12. Jahrhundert zweifellos zu den bekanntesten Reichsfürsten, dessen höfische Kulturformen weithin ausstrahlten und auch im Kreis der Minnesänger gelobt wurden. Unter den Dichtern wurde seine Freigebigkeit besonders gerühmt, so daß Walther von der Vogelweide den *milten* Welf als Vorbild ritterlicher Großzügigkeit hinstellen konnte, als er die Reihe der gastfreundlichen Fürstenhöfe aufzählte.[25]

Der norddeutsche Welfenhof Heinrichs des Löwen war im 12. Jahrhundert nicht weniger als der Hof Welfs VI., seines Onkels, von höfischer Kultur geprägt.[26] Unter dem energischen Einfluß Heinrichs des Löwen entwickelte sich Braunschweig im Herzogtum Sachsen zu einem Zentrum landesherrlicher Macht, fürstlicher Repräsentation und höfischer Kulturgestaltung. Der Sachsenherzog baute Braunschweig zu einem auch architektonisch hervorragenden Fürstensitz aus, dessen Mittelpunkt die Burg Dankwarderode bildete. Diese herrschaftliche Burganlage erreichte in ihrer Größe, in der Aufwendigkeit der Bauten und in der prachtvollen Ausstattung den Standard von Königspfalzen.[27] Im Mittelpunkt des

---

[22] Ebd., S. 4.

[23] Ebd., S. 70.

[24] Ebd., S. 72.

[25] BUMKE, Mäzene im Mittelalter, S. 143.

[26] Vgl. KARL JORDAN, Heinrich der Löwe, München 1979, S. 132–134; JOACHIM EHLERS, Der Hof Heinrichs des Löwen, in: Bernd Schneidmüller (Hrsg.), Die Welfen und ihr Braunschweiger Hof im hohen Mittelalter, Wiesbaden 1995, S. 43–45; ERNST SCHUBERT, Der Hof Heinrichs des Löwen, in: Jochen Luckhardt und Franz Niehoff (Hrsg.), Heinrich der Löwe und seine Zeit. Herrschaft und Repräsentation der Welfen 1125–1235, München 1995, Bd. 2, S. 190–198.

[27] JORDAN, Heinrich der Löwe, S. 183; FRANZ NIEHOFF, Heinrich der Löwe – Herrschaft und Repräsentation, in: Luckhardt und ders. (Hrsg.), Heinrich der Löwe, Bd. 2, S. 213–236; CASPAR EHLERS (Hrsg.), Orte der Herrschaft. Mittelalterliche Königspfalzen, Göttingen 2002.

Braunschweiger Fürstenhofes stand unübersehbar das Fürstenpaar: Heinrich der Löwe und seine Frau Mathilde, die Tochter des englischen Königs Heinrichs II. Mathilde, die seit 1167 mit Herzog Heinrich vermählt war, trug dazu bei, den Braunschweiger Welfenhof zu einem Mittelpunkt höfischer Kultur und Festlichkeit zu gestalten. Der hohe Anspruch Heinrichs und seiner Gemahlin spiegelt sich in einigen bedeutsamen Kunstwerken, Handschriften und Dichtungen, die vom Fürstenpaar angeregt oder gefördert wurden.[28] Neben dem monumentalen Löwenstandbild zeugt vor allem das Gmundener Evangeliar von der hohen Herrschaftsauffassung der Braunschweiger Welfen. Im Widmungsgedicht dieses einzigartigen Werkes wird dezidiert auf die kaiserliche Abkunft (*stirps imperialis*) Heinrichs und die königliche Verwandtschaft Mathildens hingewiesen.[29]

Der engere Hof Heinrichs des Löwen bestand neben den Hofgeistlichen vor allem aus einer Kerngruppe von ritterlichen Ministerialen und edelfreien Herren. Unter den Ministerialen ragten die Inhaber der großen Hofämter besonders hervor, die über längere Zeit in der Umgebung des Herzogs bezeugt sind.[30] Der Truchseß Jordan von Blankenburg gehörte zu den wichtigsten Ministerialen Heinrichs und hielt sich häufig in der Umgebung des Sachsenherzogs auf; er hatte das Truchsessenamt, mit dem vermutlich die oberste Leitung der Hofhaltung verbunden war, jahrzehntelang am Welfenhof in seiner Hand. Jordan von Blankenburg war einer der Hauptberater des Herzogs, den er auf vielen Heerzügen und Reisen begleitete. Neben dem Truchseß war auch der Kämmerer ein herausragender Hofbeamter am Braunschweiger Welfenhof; Anno von Heimburg übte diese Funktion lange Zeit unter Heinrich dem Löwen aus. Im Laufe der Zeit gewann das Marschallamt steigende Bedeutung; außer einigen anderen Ministerialen waren es vor allem die Herren von Volkmarode, die dieses Amt unter Herzog Heinrich innehatten. Neben ihren Funktionen am Welfenhof nahmen die ministerialischen Hofbeamten oft auch zusätzliche Aufgaben in der Landesverwaltung wahr. Die welfischen Hofbeamten dienten somit nicht nur dem Prestigebedürfnis des selbstbewußten Herzogs, sondern bildeten zugleich die Spitze der territorialen Gerichts- und Amtsverwaltung.[31] Die unterschiedliche Geltung der einzelnen Hofämter war im übrigen nicht institutionell bedingt, sondern hing auch wesentlich von der Persönlichkeit und dem Einfluß des jeweiligen Amtsinhabers ab.

Bei den Hofamtsträgern handelt es sich um die Spitzengruppe einer Führungsschicht, die sich aus den ungefähr 400 welfischen Ministerialenfamilien heraushob, über die der Herzog in Sachsen verfügen konnte.[32] Man darf diese Spitzengruppe

---

28 JORDAN, Heinrich der Löwe, S. 235–245.

29 NIEDERSÄCHSISCHE LANDESZENTRALE FÜR POLITISCHE BILDUNG (Hrsg.), Das Evangeliar Heinrichs des Löwen, Hannover 1984, S. 8; HORST FUHRMANN und FLORENTINE MÜTHERICH (Hrsg.), Das Evangeliar Heinrichs des Löwen und das mittelalterliche Herrscherbild, München 1986.

30 RÖSENER, Hofämter an mittelalterlichen Fürstenhöfen, S. 525f.; HERWIG LUBENOW, Die welfischen Ministerialen in Sachsen, Diss. Kiel 1964; CLAUS-PETER HASSE, Hofämter am welfischen Fürstenhof, in: Schneidmüller (Hrsg.), Die Welfen, S. 95–122.

31 INGE-MAREN PETERS, Heinrich der Löwe als Landesherr, in: Wolf-Dieter Mohrmann (Hrsg.), Heinrich der Löwe, Göttingen 1980, S. 85–126, hier S. 119.

32 EHLERS, Der Hof Heinrichs des Löwen, S. 48.

der Ministerialen nicht nur deshalb zum Kernhof Heinrichs des Löwen rechnen, weil sie ausreichend lange als Begleitmannschaft des Herzogs bezeugt ist, sondern vor allem auf Grund ihrer allgemeinen Wirksamkeit und Bedeutung. Neben diesen Ministerialen trifft man auch auf einen Kreis von Grafen und Herren, die über längere Zeit in der Gefolgschaft des Herzogs gewirkt haben.[33] Zu ihnen gehören in erster Linie die Grafen von Wöltingerode, von Ravensberg, von Schwalenberg und andere Grafen und edelfreie Herren, die urkundlich hervortreten. Für sie bietet sich hinsichtlich ihres Wirkungsradius ein ähnliches Bild wie bei der Masse der Ministerialen, da sie im Dienste Heinrichs des Löwen nur selten die Grenzen des Herzogtums Sachsen überschritten.

Der Kernhof Heinrichs des Löwen war somit ministerialisch dominiert, wobei die bedeutendsten Vertreter der Ministerialität für sich bereits einen adelsgleichen Status beanspruchten. Das selbstbewußte Verhalten einiger Ministerialen verdeutlicht den hohen Rang der engeren herzoglichen Dienstmannschaft, die ständig und überregional als Begleitung Heinrichs auftauchte. Neben dieser Spitzengruppe der Ministerialen und dem Hofklerus gehörte zum Kern des Welfenhofes auch eine Gruppe von Edelfreien, die jahrelang in enger Beziehung zum Herzog standen. Ministerialen, Hofkleriker und edelfreie Herren verschiedener Herkunft wurden demnach am Welfenhof zusammengeführt und wirkten hier im Dienst eines mächtigen Fürsten, der Braunschweig zu einem politischen, gesellschaftlichen und kulturellen Zentrum mit höfischem Glanz machte.[34] Vergleicht man den Hof Welfs VI. mit dem Braunschweiger Hof Heinrichs des Löwen, so zeigen sich hinsichtlich der höfischen Kultur Gemeinsamkeiten, aber auch Unterschiede. Die Hoffeste Welfs VI. waren stärker auf den Fürsten selbst bezogen; sie dienten der höfischen Lebensfreude an sich und weniger dem Ausbau eines welfischen Territoriums in Oberschwaben, das relativ zersplittert war. Die Hofkultur Heinrichs des Löwen war dagegen mehr auf das sächsische Territorium bezogen und diente der Integration des Landes. Der Adel und die Ministerialität sollten am Braunschweigischen Hof zusammengeführt und so die Einheit des Fürstentums gestärkt werden.

3. Der Thüringer Landgrafenhof

Die Landgrafschaft Thüringen entwickelte sich ähnlich wie das benachbarte Herzogtum Sachsen in der zweiten Hälfte des 12. Jahrhunderts zu einem einflußreichen Territorium, das große Teile von Hessen und Thüringen in sich vereinte.[35]

---

[33] Ebd., S. 49f.

[34] SCHUBERT, Der Hof Heinrichs des Löwen, S. 190–194; MARTIN KINTZINGER, Herrschaft und Bildung. Gelehrte Kleriker am Hof Heinrichs des Löwen, in: Luckhardt und Niehoff (Hrsg.), Heinrich der Löwe, Bd. 2, S. 199–212.

[35] Zum Hof der Landgrafen von Thüringen und zur territorialen Entwicklung von Thüringen: HANS PATZE, Die Entstehung der Landesherrschaft in Thüringen, Köln 1962, S. 327–329; FRED SCHWIND, Die Landgrafschaft Thüringen und der landgräfliche Hof zur Zeit der Elisabeth, in: Sankt Elisabeth, Fürstin, Dienerin, Heilige, Sigmaringen 1981, S. 29–44; RÖSENER, Die höfische Frau im Hochmittelalter, S. 200–202.

Unter der kreativen Führung der Ludowinger, die als Landgrafen von Thüringen zum Kreis der Reichsfürsten zählten, wurde die Thüringer Landesherrschaft durch Burgenbau, Kolonisation und Städtegründung planmäßig gefestigt. Diese Konsolidierung der Thüringer Landesherrschaft ging einher mit einem Ausbau des Fürstenhofes, der ein starkes Integrationspotential für das Land entwickelte. Zum Landgrafenhof gehörten auch die vier Hofämter, die die Thüringer Landgrafen nach dem Vorbild der anderen Reichsfürsten einrichteten.[36] Inhaber der Hofämter waren bedeutende Thüringer Ministerialen, die in enger Beziehung zur Landgrafenfamilie standen und zusammen mit den adeligen Vasallen zu denjenigen Personen gehörten, mit denen die Ludowinger ihren territorialen Herrschaftsbereich ausdehnten und konsolidierten. Im Laufe des frühen 13. Jahrhunderts vererbten sich dann die Hofämter in einigen Dienstmannengeschlechtern, die einen starken Einfluß am Landgrafenhof behaupteten. Zu den Inhabern der Hofämter kam eine große Anzahl weiterer Ministerialen hinzu, die im Dienste der Ludowinger vielfältige Aufgaben in der landgräflichen Burgenorganisation und Territorialverwaltung übernahmen.

Unter Landgraf Hermann I., der im deutschen Thronstreit zu den prominentesten Reichsfürsten gehörte, erreichte nicht nur die politische Kraft des Thüringer Territoriums ein beachtliches Ausmaß, sondern auch die gesellschaftliche und kulturelle Ausstrahlung des Landgrafenhofes auf die Außenwelt. Landgraf Hermann I., durch dessen Initiative die ungarische Königstocher Elisabeth nach Thüringen kam und dort bis zur Vermählung mit dem jungen Landgrafen Ludwig ihre Jugendjahre verbrachte, war ein Reichsfürst mit ausgeprägten kulturellen Ambitionen und starkem Interesse für höfische Dichtkunst.[37] Er förderte an seinem vielbesuchten Hof nicht nur Epik und Minnesang, sondern trat auch als Mäzen der Buchmalerei und der Baukunst hervor. Sein literarisches Interesse äußerte sich vor allem in seinen engen Beziehungen zu Dichtern wie Heinrich von Veldecke und Wolfram von Eschenbach. Walther von der Vogelweide hielt sich wahrscheinlich längere Zeit am Thüringer Hof auf, dessen Ansehen sich zunehmend steigerte.[38] Ähnlich wie die anderen Fürsten verfugten die Landgrafen von Thüringen bis zu ihrem Aussterben in der Mitte des 13. Jahrhunderts über keine feste Residenz. Aus einer größeren Zahl von festen Plätzen schälten sich parallel zu den wachsenden Ansprüchen der Hofverwaltung einige wenige Orte wie Weißensee, Eisenach und Neuenburg heraus, die vom landgräflichen Hof bevorzugt aufgesucht wurden.[39] Unter der Regierung des Landgrafen Hermann I. ergab sich in der Zeit um 1200 offenbar eine Bevorzugung von Eisenach als Hauptort landgräflicher Hofhaltung. Die mehr bei Eisenach gelegene Wartburg wurde dann im frühen 13. Jahrhundert

[36] RÖSENER, Hofämter an mittelalterlichen Fürstenhöfen, S. 521; PATZE, Die Entstehung der Landesherrschaft, S. 328–330.

[37] BUMKE, Mäzene im Mittelalter, S. 159–162; URSULA PETERS, Fürstenhof und höfische Dichtung. Der Hof Hermanns von Thüringen als literarisches Zentrum, Konstanz 1981, S. 20–23; SCHWIND, Die Landgrafschaft Thüringen, S. 38.

[38] BUMKE, Mäzene im Mittelalter, S. 164–166.

[39] HANS PATZE, Die Bildung der landesherrlichen Residenzen im Reich während des 14. Jahrhunderts, in: W. Rausch (Hrsg.), Stadt und Stadtherr im 14. Jahrhundert, Linz 1972, S. 8.

mit repräsentativen Bauten versehen und später unter Ludwig IV., der mit Elisabeth vermählt war, häufig von der Fürstenfamilie aufgesucht.[40] Der Thüringische Fürstenhof, der unter Hermann I. durch seine Gastlichkeit, seine Hoffeste und sein Mäzenatentum zu einem Mittelpunkt der höfischen Kultur geworden war, erhielt dann unter Landgraf Ludwig und seiner heiligmäßigen Gattin Elisabeth zeitweise eine etwas asketischere Ausrichtung.

4. Der Hof der rheinischen Pfalzgrafen

Im Mittelrheingebiet stieg im späten 12. Jahrhundert unter dem Pfalzgrafen Konrad von Staufen (1156–1195) die rheinische Pfalzgrafschaft zu einem mächtigen Territorium auf, so daß die Pfalzgrafen im 13. Jahrhundert sogar die Kurwürde erlangten und an die Spitze der Laienfürsten im deutschen Reich traten.[41] Auf dem Mainzer Hoftag von 1184 erschien Konrad von Staufen, der Halbbruder Barbarossas, mit mehr als 1000 Rittern – für uns ein klarer Hinweis auf seine Machtstellung und seinen Geltungsanspruch im Kreis der Reichsfürsten.[42] Pfalzgraf Konrad baute ebenso wie die anderen Reichsfürsten seinen Hof aus und versah ihn mit den üblichen Hofämtern. Gut bezeugt ist vor allem das pfälzische Truchsessenamt, das sich im Laufe der Zeit zu einem erblichen Besitz der Ministerialen von Alzey entwickelte.[43] Das Schenkenamt befand sich im frühen 13. Jahrhundert in der Hand der Ministerialen von Erbach, deren Bedeutung im Kreis der pfälzischen Lehnsmannschaft zunehmend wuchs.[44]

Unter den Wittelsbachern, die seit 1214 die rheinische Pfalzgrafschaft übernommen hatten, befanden sich die pfälzischen Hofämter zumeist im erblichen Besitz von Familien, die wie die Erbacher Ministerialen aus der ursprünglichen Unfreiheit zu einer bedeutenden Stellung emporgestiegen waren.[45] Das Truchsessenamt der Herren von Alzey war mit Lehen ausgestattet, die in der Nähe ihres Stammsitzes lagen. Während das Marschallamt zu einem erblichen Besitz der Wildgrafen wurde, blieb das pfälzische Kämmereramt in der Hand verschiedener Familien. Allen Hofämtern der Pfalz war gemeinsam, daß sie allmählich den Charakter von Ehrenämtern annahmen, die nur noch bei außergewöhnlichen Anlässen in Er-

[40] SCHWIND, Die Landgrafschaft Thüringen, S. 37.

[41] Zur territorialen Entwicklung der rheinischen Pfalzgrafschaft: GEORG DROEGE, Pfalzgrafschaft, Grafschaften und allodiale Herrschaften zwischen Maas und Rhein in salisch-staufischer Zeit, in: Rheinische Vierteljahrsblätter 26 (1961), S. 1–21; HANS WERLE, Staufische Hausmachtpolitik am Rhein im 12. Jahrhundert, in: Zeitschrift für die Geschichte des Oberrheins 110 (1962), S. 241–370; MEINRAD SCHAAB, Geschichte der Kurpfalz, 2. Aufl., Stuttgart 1988, Bd. 1, S. 36–63; RÖSENER, Hofämter an mittelalterlichen Fürstenhöfen, S. 527–529.

[42] VANDERKINDERE (Hrsg.), La chronique de Gislebert de Mons, S. 156f.

[43] FRIEDRICH KARL BECKER, Zur Geschichte der Alzeyer Ministerialität, in: Ministerialitäten im Mittelrheinraum (Geschichtliche Landeskunde, Bd. 17), Wiesbaden 1978, S. 38–55.

[44] EBERHARD KLAFKI, Die kurpfälzischen Erbhofämter, Stuttgart 1966, S. 80–86.

[45] MEINRAD SCHAAB, Die Ministerialität der Kirchen, der Pfalzgrafen, des Reiches und des Adels am unteren Neckar und im Kraichgau, in: F. L. Wagner (Hrsg.), Ministerialität im Pfälzer Raum, Speyer 1975, S. 99–105.

scheinung traten. Am unteren Neckar entwickelte sich im Umkreis von Heidelberg allmählich ein territorialer Schwerpunkt der rheinischen Pfalzgrafschaft.[46] Die Stadt Heidelberg ist offenbar bereits von Konrad von Staufen gegründet und zu einem Zentrum der pfälzischen Herrschaft im rechtsrheinischen Raum ausgebaut worden. Neben Bacharach, Alzey und Neustadt war Heidelberg ein bevorzugter Aufenthaltsort des pfalzgräflichen Fürstenhofes.

Otto II. von Wittelsbach, der 1228 seine Herrschaft in der Pfalzgrafschaft angetreten hatte, übernahm 1231 auch die Nachfolge im bayerischen Herzogtum.[47] In beiden Fürstentümern war er auf die Stärkung territorialer Machtpositionen bedacht und lag daher in Streit mit vielen benachbarten Herrschaftsträgern und Territorialgewalten. Seine beiden Söhne, Ludwig II. und Heinrich XIII., schritten 1255 zur Landesteilung, wobei die Pfalzgrafschaft an Ludwig, das Herzogtum Bayern größtenteils an Heinrich fiel. Diese Landesteilung stellte die herzogliche Hoforganisation vor schwierige Probleme. Die beiden Herzöge sahen sich gezwungen, für ihre Teilherzogtümer Oberbayern und Niederbayern getrennte Wege zu gehen und jeweils eine eigene Hofverwaltung aufzubauen.[48] In Landshut und München entstanden auf diese Weise neue Residenzen, die zu Zentren des höfischen Lebens im bayerischen Raum wurden. In der Palette der Hofämter trat in der zweiten Hälfte des 13. Jahrhunderts das Hofmeisteramt neu hervor und gewann schnell eine steigende Bedeutung, während die älteren Hofämter an Gewicht verloren. Neben den vier klassischen Hofämtern der Ministerialität gab es im 12. und 13. Jahrhundert am bayerischen Herzogshof auch vier Erbämter in der Hand von gräflichen Geschlechtern.[49]

Nach Aussage des bayerischen Herzogsurbars soll der Herzog seinen Hof regelmäßig in Regensburg abhalten und dabei vier Hofämter verleihen: das Truchsessenamt an den Pfalzgrafen von Bayern, das Kämmereramt an den Grafen von Wasserburg, das Schenkenamt an den Grafen von Hirschberg und das Marschallamt an den Grafen von Ortenberg.[50] Bei diesen Hofämtern ging es um Ehrendienste, die von den gräflichen Inhabern nur bei feierlichen Anlässen und in symbolischer Form verrichtet wurden, während die praktischen Hofämter von Ministerialen und ihnen untergeordneten Dienern ausgeübt wurden. Die gräflichen Ehrenämter verfolgten offensichtlich in besonderem Maße das Ziel, den Adel an

[46] Vgl. MEINRAD SCHAAB, Die Entstehung des pfälzischen Territoriums am unteren Neckar und die Anfänge der Stadt Heidelberg, in: Zeitschrift für die Geschichte des Oberrheins 106 (1958), S. 233–276.

[47] SCHAAB, Geschichte der Kurpfalz, S. 72; GÜNTHER FLOHRSCHÜTZ, Machtgrundlagen und Herrschaftspolitik der ersten Pfalzgrafen aus dem Haus Wittelsbach, in: HUBERT GLASER (Hrsg.), Wittelsbach und Bayern, Bd. 1/1: Die Zeit der frühen Herzöge. Von Otto I. zu Ludwig dem Bayern. Beiträge zur bayerischen Geschichte und Kunst 1180–1350, München 1980, S. 42–45; MEINRAD SCHAAB, Zeitstufen und Eigenart der pfälzischen Territorialentwicklung im Mittelalter, in: Volker Rödel (Hrsg.), Der Griff nach der Krone. Die Pfalzgrafschaft bei Rhein im Mittelalter, Regensburg 2000, S. 15–36.

[48] MAX SPINDLER (Hrsg.), Handbuch der bayerischen Geschichte, München 1969, Bd. 2, S. 69–72.

[49] RÖSENER, Hofämter an mittelalterlichen Fürstenhöfen, S. 530; KLAFKI, Die kurpfälzischen Erbhofämter, S. 19.

[50] MONUMENTA BOICA 36, 1, S. 529f.

den Herzogshof heranzuziehen und dadurch die Integration des Landes zu befördern.

Nach dem Tode Herzog Heinrichs XIII. von Niederbayern im Jahre 1290 sahen sich seine Söhne veranlaßt, strenge Maßnahmen zur Eindämmung der ansteigenden Kosten der Hofhaltung zu ergreifen. In einem 1294 zu Regensburg geschlossenen Vertrag erließen sie daher neue Richtlinien über die gemeinsame Hofhaltung und den Umfang des Hofgesindes.[51] In diesem Abkommen werden die Hofbediensteten des gemeinsamen Hofes genau aufgeführt, wobei sich die Rangordnung vor allem in der Anzahl der Pferde spiegelt, die den einzelnen Personen zugebilligt werden. Die Reihe der Hofbeamten beginnt mit dem Protonotar, dem Leiter der Kanzlei, dem sechs Pferde zugestanden werden. Ihm folgt der Hofmeister mit fünf Pferden, was seiner herausragenden Stellung im herzoglichen Rat, im Hofgericht und in der Gesamtverwaltung entspricht. Unter den übrigen Hofbediensteten finden sich die bekannten Hofamtsträger Marschall, Kämmerer und Küchenmeister, ferner verschiedene Hofhandwerker und zahlreiche Diener. Der Andrang zum landesfürstlichen Hof, dem politischen, administrativen und kulturellen Zentrum des Landes, war gegen Ende des 13. Jahrhunderts im bayerischen Fürstentum offenbar so stark geworden, daß einschneidende Restriktionen notwendig wurden.[52]

5. Schluß

In einem kurzen Resümee soll versucht werden, einige Ergebnisse zur Kultur der Fürstenhöfe während des Hochmittelalters thesenartig zusammenzufassen.

1. Die fürstliche Hofkultur des Hochmittelalters ist in erster Linie auf die Person des Fürsten, seine Familie und sein engeres Gefolge ausgerichtet. Hoffeste und vielfältige Hofaktivitäten dienen vorrangig der Selbstdarstellung und Repräsentation des Fürsten, wie dies bei den Hoffesten Herzog Welfs VI. zu beobachten war. Im alltäglichen Hofleben entwickelte sich allmählich ein komplexes System von Hofbeamten und Hofbediensteten, das durch Rituale und zeremoniell geregelte Verhaltensformen geprägt war.

2. Im Hochmittelalter dienten der Fürstenhof und seine ritterlich geprägten Kulturformen außerdem der Integration von Herrschaft durch Verbandsbildung. Vasallen und Ministerialen unterschiedlicher Herkunft wurden am Fürstenhof zusammengeführt und unterstützten auf diese Weise den Prozeß der Integration

---

[51] F. M. Wittmann (Hrsg.), Monumenta Wittelsbacensia. Urkundenbuch zur Geschichte des Hauses Wittelsbach, in: Quellen zur bayerischen und deutschen Geschichte 6 (1861), Nr. 198, S. 52–60. Vgl. Rösener, Hofämter an mittelalterlichen Fürstenhöfen, S. 531; Hans Patze, Die Herrschaftspraxis der deutschen Landesherren während des späteren Mittelalters, in: Werner Paravicini und Karl Ferdinand Werner (Hrsg.), Histoire comparée de l'administration (IVe–XVIIIe siècles), Sigmaringen 1980, S. 363–391, hier S. 375; Thomas Zotz, Hof und Hofordnung vor der Zeit der Verschriftlichung, in: Holger Kruse und Werner Paravicini (Hrsg.), Höfe und Hofordnungen 1200–1600, Sigmaringen 1999, S. 72.

[52] Vgl. Spindler, Handbuch der bayerischen Geschichte, Bd. 2, S. 104–106.

divergierender Elemente. Die dezentrale Herrschaftsstruktur des Hochmittelalters, die durch zahlreiche Einzelgüter des Adels und weit auseinanderliegender Burgen gekennzeichnet war, konnte durch einige zentrale Herrschaftsfunktionen der Fürstenhöfe kompensiert werden.

3. Die aufwendige Hofhaltung der Fürsten läßt Aspekte der Konkurrenz zwischen den Fürstenhöfen erkennen. Hoffeste und luxuriöse Hofveranstaltungen dienten dazu, das Ansehen und den Rang eines Hofes im Kreis der Fürstenhöfe zu erhöhen. Dieser Aspekt wird bei zahlreichen Untersuchungen zur Hofkultur oft zu wenig beachtet.

4. Hinsichtlich der Funktion von Hofämtern an hochmittelalterlichen Fürstenhöfen lassen sich sowohl repräsentative als auch administrative Aspekte erkennen. Hofämter dienten einerseits den praktischen Zwecken der fürstlichen Hofverwaltung und nahmen andererseits wichtige repräsentative Funktionen wahr. Die Fürsten statteten ihre Höfe regelmäßig mit Hofämtern und zahlreichem Hofpersonal aus, da prunkvoll gekleidete Hofbedienstete den Glanz eines Fürstenhofes erhöhten.

5. Vorbild der fürstlichen Hoforganisation und ritterlicher Kulturformen an den Fürstenhöfen des Hochmittelalters war lange Zeit der Königshof. Die Organisationsstrukturen und Kulturelemente der Königshöfe gaben Impulse für die sich formierenden Fürstenhöfe und setzten exemplarische Maßstäbe.

Almut Bues

„Ie manque de couleurs & d'imagination pour y bien reüssir."

Integrationskraft und politischer Nutzen des Festes in einer Wahlmonarchie am Beispiel Polen-Litauens im 16. Jahrhundert*

Das polnische Königtum unter den Jagiellonen unterschied sich kaum von anderen europäischen Königreichen im 15. und 16. Jahrhundert. Das Privileg von Buda (1355) bedeutete sowohl die grundsätzliche Anerkennung des Rechts der *szlachta*, des polnischen Adels, zur Wahl des Königs verbunden mit Bedingungen (Wahlkapitulationen) als auch eine deutlichere Trennung der Rechte von König und Krone.

1569 vereinbarten die Vertreter des Königreichs Polen und des Großfürstentums Litauen in Lublin eine Realunion: Ein Herrscher aus der Dynastie der Jagiellonen war als gemeinsames Oberhaupt vorgesehen, während es ansonsten zu einer Ämterdoppelung kam. Die Position des Königs, der einen der drei parlamentarischen Stände (König, Senat, Abgeordnete) bildete, wurde niemals in Frage gestellt. Es herrschte auch kein Mangel an Respekt gegenüber dem König (symbolische Verehrung): seine angesehene, wenn auch schwache Stellung (*majestas*) bedeutete Rechtssicherheit. Dennoch war die Begrenzung der königlichen Macht ein Thema polnischer politischer Theorien in der zweiten Hälfte des 16. Jahrhunderts.

Als 1572 das Geschlecht der Jagiellonen als Könige von Polen und Großfürsten von Litauen erlosch und keine Nachfolgeregelung getroffen worden war, stand die junge *Rzeczpospolita* (das polnisch-litauische Gemeinwesen) vor ihrer ersten ernsthaften Bewährungsprobe – und bestand sie. Während des folgenden ersten Interregnums erweiterte die aristokratische Interessensgemeinschaft die Grundnormen, die die Staatsform regelten; dies stellte einen bedeutenden und innovativen Fortschritt dar. Das lebhafte Interesse der *szlachta* an der Gestaltung der Politik und ihre Bereitschaft, zum Wohl der *Rzeczpospolita* Kompromisse einzugehen, verhinderten eine allzu große Divergenz der verschiedenen regionalen, konfessionellen, sozialen und persönlichen Interessen.

Wie sah das Zeremoniell für die Wahl und Krönung eines Königs in Polen aus? Welche Möglichkeiten boten diese zur Integration in einer Wahlmonarchie? Kann man Unterschiede gegenüber einer Erbmonarchie feststellen? Bereits diese Fragen legen den großen Wert einer Fallstudie des polnisch-litauischen Beispiels innerhalb des europäischen Rahmens nahe.

In einer (wirklichen) Wahlmonarchie werden dynastische Feste natürlich anders gewichtet. Die Geburt des ältesten Prinzen stellte nicht automatisch die des zu-

* Aus dem Englischen übersetzt von Thomas Gruber.

künftigen Thronfolgers dar. Königliche Hochzeiten waren, sowohl in ihrer politischen als auch christlichen Interpretation, weniger bedeutsam, da sie (zumindest theoretisch) nicht abgeschlossen wurden, um den Fortbestand der Dynastie zu gewährleisten. Die Wahl eines neuen Herrschers zog jedoch große Aufmerksamkeit auf sich, vor allem, wenn sie kontrovers war und nicht einstimmig erfolgte. Sanktioniert und beglaubigt wurde sie durch die Krönung, die selbst in einer Wahlmonarchie eine entscheidende Zeremonie darstellte. Zwischen 1320 und 1734 fanden die meisten Krönungen in Krakau statt, selbst nachdem die königliche Residenz zu Beginn des 17. Jahrhunderts nach Warschau verlegt worden war. Krakau blieb die „city of collective memory."[1]

Übergangsriten sind in jeder Gesellschaft wichtige Vorgänge: sie werden einer breiteren Öffentlichkeit gezeigt und sind voller symbolischer Gesten. Selbst wenn sich die Zeremonien in ein Schauspiel verwandeln, ändert sich die Bedeutung nicht im Kern. Ein König, der in Europa einen Thron bestieg, hatte mindestens zweierlei nachzuweisen: die Rechtmäßigkeit seiner Thronfolge und die Loyalität seiner Untertanen. Der *Ordo coronandi* von 1434 regelte das Zeremoniell der Königskrönung in Polen unter Verwendung älterer Verfahren.[2] Die Krönung wurde somit zu einem Vorgang, in dem die wesentlichen Elemente der politischen Struktur des Landes und die Regeln seines politischen Systems Ausdruck fanden.[3]

Der erste Schritt bestand in der Benennung und Proklamation des Königs zum Abschluß des bei Warschau stattfindenden Wahlsejms, an dem die *szlachta* (oft in Begleitung ihrer Soldaten) viritim teilnehmen konnte.[4] Nach dieser Prozedur konnte der zukünftige König seine Rolle wahrnehmen und als König handeln. Wenn auch die eigentliche Krönung erst zu einem späteren Zeitpunkt stattfand, verzichtete keiner der polnischen Könige auf sie.

Den zweiten Schritt stellte der prunkvolle Einzug des designierten Königs in die Stadt Krakau dar; eine Zeremonie, die die gesamte Gesellschaft miteinbezog. Die Rechtmäßigkeit der Machtübernahme wurde wirkungsvoll durch die Teilnahme des einheimischen und ausländischen Adels (in hierarchischer Prozession) sowie der Bevölkerung (als Zuschauer auf der Straße) nachgewiesen.[5] Der König zog auf der sogenannten *via regia* ein, sein Weg führte durch die festlich geschmückte

---

[1] Siehe M. CHRISTINE BOYER, The City of Collective Memory. Its Historical Imagery and Architectural Entertainments, Cambridge/Mass. 1994.

[2] STANISŁAW KUTRZEBA (Hrsg.), Ordo coronandi regis Poloniae, in: Archiwum Komisji Historycznej 11=70 (1909/1913), S. 133–216; ZBIGNIEW DALEWSKI, Ceremoniał koronacyjny królów polskich w XV i początkach XVI wieku, in: Kwartalnik Historyczny 102 (1995), S. 37–60.

[3] Vgl. Ders., Władza przestrzeń ceremoniał. Miejsce i uroczystość inauguracji władcy w Polsce średniowiecznej do końca XIV w., Warschau 1996, S. 272.

[4] Siehe MAREK TARCZYŃSKI (Hrsg.), Elekcje królów Polski w Warszawie na Woli 1575–1764. Upamiętnienie pola elekcyjnego w 400-lecia stołeczności Warszawy, Warschau 1997.

[5] Dieser Teil der Zeremonie geht auf antike Strukturen zurück (*occursus* und *introitus*). Vgl. WINFRIED DOTZAUER, Die Ankunft des Herrschers. Der festliche Einzug in die Stadt (bis zum Ende des Alten Reichs), in: Archiv für Kulturgeschichte 40 (1973), S. 245–288; JOACHIM LEHNEN, Adventus principi. Untersuchungen zu Sinngehalt und Zeremoniell der Kaiserankunft in den Stätten des Imperium Romanum (Prismata. Beiträge zur Altertumswissenschaft, Bd. 7), Frankfurt a. M. 1997.

Altstadt zur Kathedrale auf dem Wawelhügel. Die Tradition kam mit Heinrich von Valois, dem ersten gewählten König, 1574 aus Frankreich und etablierte das Grundmuster zukünftiger Einzüge.[6] Für den zukünftigen König Sigismund III. bedeutete die Prozession 1587 einen Gang durch 200 Jahre polnisch-litauischer Geschichte: Es waren Triumphbogen mit den Porträts seiner königlichen Vorgänger und mit Epigrammen, die ihre Tugenden priesen, aufgestellt worden. Die Aussage dieses Programms war offensichtlich: Es unterstrich die Kontinuität des Thrones und die einende Kraft der gemeinsamen Geschichte.[7] Die Anordnung der Kunstwerke wurde überwiegend von italienischen Künstlern geplant und spiegelte in ganz Europa verbreitete Ideen wider.[8] Eine Besonderheit des Einzugs in Krakau lag im Emblem Polens, d.h. einem mechanischen Adler mit beweglichen Flügeln, dessen Kopf in dem Moment nickte, als der König durch den Triumphbogen zog.[9] Der Weiße Adler betonte Tapferkeit und Edelmut, Tugenden, die für das Selbstbild des polnischen Adels von zentraler Bedeutung waren, und symbolisierte so seine Einbindung. So dekorativ, bunt, verspielt und überwältigend in seiner Phantastik dieser Teil des Rituals sein konnte, demonstrierte er doch ernstlich die Rechtmäßigkeit der Wahl.

Der nächste Schritt bestand in der feierlichen Beerdigungszeremonie für den vorherigen König. Hierfür begründeten die Zeremonien beim Begräbnis des letzten Jagiellonenkönigs, Sigismunds II. August, im Jahr 1574, freilich unter Beibehaltung der wesentlichen Elemente der mittelalterlichen Zeremonien, einen neuen Standard, an dem sich die folgenden königlichen Begräbnisfeierlichkeiten bis zum Ende der *Rzeczpospolita* ausrichteten.[10] Die Prozession mit dem königlichen Leichnam entlang der wichtigsten Kirchen Krakaus erweiterte den Raum und verschaffte der Zeremonie öffentliche Wirkung.[11] Am Grab des heiligen Stanislaus in

---

6 Vgl. MICHAŁ ROŻEK, Uroczystości w barokowym Krakowie, Krakau 1976, S. 15–21. Für 1574 siehe ALEXANDER GUAGNINO, Sarmatiae Europeae Descriptio ..., Krakau 1578, Speyer 1581; ŚWIĘTOSŁAW ORZELSKI, Interregni Poloniae libri VIII (1572–1576), hrsg. v. Edward Kuntze (Scriptores Rerum Polonicarum, Bd. 22), Krakau 1917.

7 Der Einzug endete nicht vor Anbruch der Nacht: „tanta tamen copia luminum ubique exposita fuit, ut nulla dies ea nocte illustrior esse posse videretur.“ Dies und die Beschreibung des Einzugs in: Sigismundi Tertii electi Poloniae et des. Sueciae regis, magni ducis Lithvaniae, Rvssiae, Prussiae, Masoviae, et caeterarum ditionum principis Cracoviam ingressus, Krakau 1587. Zum Vergleich: JAN GŁUCHOWSKI, Ikones książąt i królów polskich, Krakau 1605 (Nachdruck Breslau u. a. 1979).

8 Vgl. MAXIMILIAN L. S. TONDO, The First Temporary Triumphal Arch in Venice (1557), in: James Ronald Mulryne und Elizabeth Goldring (Hrsg.), Court Festivals of the European Renaissance. Art, Politics and Performance, Aldershot 2002, S. 335–362.

9 KAROLINA TARGOSZ, Oprawa artystyczno-ideowa wjazdów weselnych trzech sióstr Habsburżanek (Kraków 1592 i 1605, Florencja 1608), in: Mariusz Markiewicz und Ryszard Skowroń (Hrsg.), Theatrum ceremoniale na dworze książąt i królów polskich, Krakau 1999, S. 207–244, bes. 242; ALEKSANDRA JAWORSKA, Orzeł biały. Herb państwa polskiego, Warschau 2003.

10 Eine Beschreibung des Begräbnisses findet sich in: JULIAN URSYN NIEMCEWICZ (Hrsg.), Porządek pogrzebu króla Zygmunta Augusta króla..., in: Zbór pamiętników historycznych o dawnej Polszcze, Bd. 1, Leipzig 1838, S. 124–139.

11 Vgl. URSZULA BORKOWSKA, The Funeral Ceremonies of the Polish Kings from the Fourteenth to the Eighteenth Centuries, in: Journal of Ecclesiastical History 36 (1985), S. 513–534.

der Kathedrale auf dem Wawel nahm der Nachfolger Stücke der zerbrochenen Herrschaftsinsignien seines Vorgängers in die Hand, bevor sie ins Grab gelegt wurden. Die Art und Weise der Repräsentation des verstorbenen Herrschers unterschied sich nicht sehr von Begräbniszeremonien in anderen europäischen Ländern. Der einzige Unterschied zum restlichen christlichen Europa bestand im Ritual des *kiryśnik*, der den alten König darstellte und vom Pferd fiel; begleitend wurden Schwert, Schild, Helm und zerbrochenes Banner des verstorbenen Königs auf den Altar gelegt.[12]

Die eigentlichen Krönungszeremonien hatten ihre Wurzel in alten europäischen Traditionen sakraler wie säkularer Natur. Die periodische Darstellung dieser fundamentalen Prinzipien und Gesten war unerläßlich für die Legitimation des neuen Königs und für die Betonung der Kontinuität der Königsmacht: Der Herrscher mag sterben, doch die Krone nicht.[13] Die liturgische Prozession in die Kirche wurde von Reinigungsriten begleitet (Fasten, Beichten, Wallfahrt, Almosengeben). Die vor der Krönung stattfindende Wallfahrt des Königs an den Schrein des heiligen Stanislaus auf dem Felsen (*na Skałce*) (seit 1501) gab dem ganzen Ereignis, nach den Worten Aleksander Gieysztors, eine „patriotische Konnotation", die ohne jede Hierarchisierung Königsmacht, Kirche und Land vereinte.[14]

Die sich seit den siebziger Jahren des 16. Jahrhunderts herausbildenden Krönungszeremonien für die gewählten Könige der *Rzeczpospolita* provozierten weder Diskussionen über ihre liturgische Deutung noch zeigte sich ein Bemühen um Säkularisierung.[15] „‚Sakralität' ist hier Teil der Herrscherallegorese."[16] Von 1370 an wurde der Eid, den der König vor seiner Krönung zu schwören hatte, zur politischen Deklaration: mit ihm akzeptierte der König die Bedingungen des Adels für seine Wahl.[17] Hiermit wurde der Vertragscharakter der Königsherrschaft betont

---

[12] Vgl. DARIUSZ KUCIA, Representator a kiryśnik: Idea wyobrażania zmarłego władcy w ceremoniale pogrzebowym królów polski od XIV do XVII wieku na tle ceremonii Europy chrześcijańskiej, in: Mariusz Markiewicz und Ryszard Skowroń (Hrsg.), Theatrum ceremoniale na dworze książąt i królów polskich, Krakau 1999, S. 87–100.

[13] Vgl. MARCIN BIELSKI, Kronika polska [1551], hrsg. v. Kazimierz Józef Turowski, Bd. 3, Sanok 1856, S. 1207; ALEKSANDER GIEYSZTOR, Gesture in the Coronation Ceremonies of Medieval Poland, in: János M. Bak (Hrsg.), Coronations. Medieval and Early Modern Monarchic Ritual, Berkeley 1990, S. 152–164.

[14] Vgl. ALEKSANDER GIEYSZTOR, „Ornamenta regia" w Polsce XV wieku, in: Piotr Skubiszewski (Hrsg.), Sztuka i ideologia XV wieku, Warschau 1978, S. 155–163, bes. S. 157. Vor allem in der ersten Hälfte des 17. Jahrhunderts wurde der Kult des hl. Stanislaus von den Wasas für Propagandazwecke benutzt.

[15] Vgl. WINFRIED DOTZAUER, Die Ausformung der frühneuzeitlichen deutschen Thronerhebung. Stellenwert, Handlung und Zeremoniell unter dem Einfluß von Säkularisation und Reformation, in: Archiv für Kulturgeschichte 68 (1986), S. 25–80, bes. S. 74.

[16] ULRICH SCHÜTTE, Höfisches Zeremoniell und sakraler Kult in der Architektur des 17. und 18. Jahrhunderts, in: Jörg Jochen Berns und Thomas Rahn (Hrsg.), Zeremoniell als höfische Ästhetik in Spätmittelalter und Früher Neuzeit (Frühe Neuzeit, Bd. 25), Tübingen 1995, S. 410–431, hier S. 429.

[17] Nach der Union von Lublin von 1569 mußte der zukünftige König sowohl die allgemeinen Wahlkapitulationen (*articuli Henriciani*) beschwören – also Grundrechte, die bis zum Ende der *Rzeczpospolita* im Jahr 1795 unverändert blieben – als auch seine eigenen Wahlbedingungen (*pacta conventa*), vgl. GOTTHOLD RHODE, Die Königskrönungen in Polen zur Zeit der Wahlkönige (1572–1795), in: Heinz Duchhardt (Hrsg.), Herrscher-

und die aus den Ständen zusammengesetzte Natur des monarchischen Staats (*monarchia mixta*) hervorgehoben. Das Affidavit als erster Schritt und Bedingung der Krönung des Königs wurde ikonographisch festgehalten. Die Salbung mit heiligem Öl verlieh dem Thronkandidaten die sakrale Autorität seines Königtums.

Es folgte die eigentliche Investitur mit den Kronjuwelen. In diesem Teil des Krönungsritus wurde die Bedeutung der weltlichen Würdenträger offenbar: Während der Zeremonie wurden die Insignien nicht auf dem Altar verwahrt, sondern von weltlichen Würdenträgern gehalten und dann dem Erzbischof präsentiert, der sie dem König übergab. Damit wurden die Kooperation des Adels und die Gegenseitigkeit des Zeremoniells sehr deutlich unterstrichen. Als sichtbares Zeichen seiner Machtübernahme machte der König das Kreuzzeichen mit drei Hieben des *szczerbiec*, eines schartigen Schwertes.

Die Krönung des Monarchen war der Kulminationspunkt und stand im Zentrum ikonographischer Darstellung. Man nimmt an, daß jene Krone Verwendung fand, die für die Krönung Ladislaus Ellenlangs (Władysław Lokietek) im Jahr 1320 angefertigt worden war.[18] Die Zerstörung der Machtinsignien im Jahr 1811 beweist die symbolische Kraft, die immer noch mit ihnen verbunden war, obwohl das Land schon 1795 geteilt worden war.[19] Die Inthronisierung endete mit der Krönungsliturgie. Der König wurde mit Salven und Glockengeläut proklamiert, so daß es jedermann hören konnte. Falls der König bereits mit einer Katholikin verheiratet war, folgte das weniger feierliche Ritual der Krönung der Königin. Ihre Majestäten wurden dann in das Königsschloß auf dem Wawel geleitet, wo der weltliche Teil der Zeremonien mit der Präsentation der Geschenke und luxuriösen Banketten fortgesetzt wurde.

Weitere symbolische Handlungen standen in Zusammenhang mit der Krönung: Eine Theatralisierung des Festaktes für die Massen begann, bei der die Krakauer Bevölkerung die Einwohner des Landes repräsentierte. Auf dem Marktplatz nahm der neue Herrscher den Treueid der Stadtbürger entgegen; die Kroninsignien wurden dabei öffentlich zur Schau gestellt. In Fortführung überkommener ritterlich-feudaler Strukturen schlug der König einzelne Personen zu Rittern. Der Treueid auswärtiger Fürsten wie des Herzogs von Kurland verwiesen auf die internationale Verwobenheit des Landes in der Person des Königs: in Polen-Litauen selbst existierte kein Lehensrecht. Feuerwerke, Turniere, Jagden, Maskeraden sowie Theater- und Opernaufführungen folgten. Die Krakauer erhielten kostenlos Speis und Trank; Gedenkmedaillen wurden in die Menge geworfen.

Der Einzug des Königs in andere bedeutende Städte Polen-Litauens, wie Warschau, Danzig und Wilna wiederholte nicht nur diese Festlichkeiten, sondern markierte auch den Radius königlicher Macht. Die öffentlichen Plätze der Städte dienten als Forum der Kommunikation, in dem jeder das Schauspiel beobachten

---

weihe und Königskrönung im frühneuzeitlichen Europa (Schriften der Mainzer philosophischen Fakultätsgesellschaft, Bd. 8), Wiesbaden 1983, S. 33–55.

[18] Vgl. Aleksander Gieysztor, Royal emblems and the idea of sovereignty in late medieval and early modern Poland, in: Jaroslaw Pelenski (Hrsg.), State and Society in Europe from the 15th to the 18th Century, Warschau 1985, S. 55–74.

[19] Vgl. Michał Rożek, Polskie koronacje i korony, Krakau 1987, S. 97–106.

und erfahren konnte: ein kollektives Spiel, das die Teilnehmer einbezog, die zugleich Subjekte und Objekte waren.[20] Im Kapitel „Spiele" verzeichnet das Gesprächsbüchlein von Nikolaus Volckmar vom Ende des 16. Jahrhunderts als Belustigung für die Schulkinder von Danzig: Einzug eines Fürsten.[21] Die höfische Ästhetik des Zeremoniells unterschied nicht prinzipiell zwischen hoher Kunst und alltäglicher Ästhetik: wichtiger war die „sozialpazifizierende Synästhesie des höfischen Festes."[22]

Auch wenn die sakralen Aussagen unterschiedlich interpretiert und die künstlerische Szenerie des Ablaufs mit der Zeit modifiziert wurden, führte jede Änderung in den traditionellen Zeremonien zu erbittertem Widerstand des Adels. Nachdem Cecilia Renate, die Frau Königs Ladislaus IV. (Władysław IV), 1637 in Warschau gekrönt worden war, beschloß der Sejm des Folgejahres *authoritate praesentis conventus*, daß zukünftige Krönungen in Krakau und an keinem anderen Orte stattzufinden hätten.[23] Die Beibehaltung alter Traditionen erlaubte einer Wahlmonarchie nicht nur in turbulenten Zeiten die Fiktion von Kontinuität und Stabilität.[24]

In Zeiten von Wahlen und Krönungen intensivierte sich Öffentlichkeit. Der Wert effektiver Publizität wurde schon früh erkannt. Aus der ersten Hälfte des 16. Jahrhunderts sind elf Flugblätter zu polnischen Festlichkeiten bekannt; im Gefolge der Krönung Heinrichs von Valois 1574 wurden über 14 Flugblätter hergestellt.[25] Konrad Zawadzki zählte in Verbindung mit der Doppelwahl von 1587/88 30 erhaltene Flugblätter und Einblattdrucke auf Französisch, Latein, Deutsch und Italienisch.[26] Die Druckmedien hielten nicht nur die Zeremonie fest, sondern konnten zugleich dem Leser die Ideen des Programms der Festlichkeiten erklären. Selbst wenn die Teilnehmer dieser Festlichkeiten erfahren im Verstehen emblematischer und mythologischer Anspielungen waren, bleibt es zweifelhaft, ob sie alle Details der an verschiedenen Punkten des Triumphbogens angebrachten lateinischen Epigramme samt ihrem Symbolgehalt verstanden. Während sie im königlichen Konvoi durch die Straßen Krakaus schritten, wurden sie sicherlich durch andere Geschehnisse und bunte Ereignisse abgelenkt. Die Inschriften später als Ganzes im Druck zu lesen vereinte Teilnehmer und Nicht-Teilnehmer im Verständnis der gesamten Implikationen beabsichtigter Gedankenverbindungen.

---

[20] Vgl. Gerd Althoff, Demonstration und Inszenierung: Spielregeln der Kommunikation in mittelalterlicher Öffentlichkeit, in: Frühmittelalterliche Studien 27 (1993), S. 27–50.

[21] Vgl. Nikolausa Volckmara Viertzig Dialogi 1612, hrsg. v. Edmund Kizik, Danzig 2005, S. 115.

[22] Jörg Jochen Berns, Die Festkultur der deutschen Höfe zwischen 1580 und 1730, in: Germanisch-romanische Monatsschrift 65 (1984), S. 295–311, hier 303.

[23] Vgl. Volumina Legum ..., hrsg. v. Jozafat Ohryzko, Bd. 3, St. Petersburg 1859, S. 945f. Siehe auch Andrzej Lipski, Tradycja państwa jako czynnik integracji narodowej w XVI i w pierwszej połowie XVII wieku, in: Odrodzenie i reformacja 28 (1983), S. 75–91.

[24] Vorübergehende Verwirrung entstand aus Situationen wie der Absetzung (1575) oder Abdankung (1668) eines Königs, die aber in keinem Zeremonienbuch festgelegt worden waren.

[25] Vgl. Konrad Zawadzki, Gazety ulotne polskie i Polski dotyczące XVI–XVIII wieku. Bibliografia, Bd. 1, Wrocław 1977, S. 78–96.

[26] Vgl. Ders., Prasa ulotna za Zygmunta III, Warschau 1997, S. 51–63; Halina Michalak, Druk ulotny jako narzędzie integracji politycznej państwa, in: Odrodzenie i reformacja 28 (1983), S. 65–74.

Die Krönung eines Königs zog in Polen-Litauen ausgedehnte politische Aktivitäten nach sich. Es kam nicht nur zu einem Treffen der wichtigsten geistlichen und weltlichen Würdenträger: auch der Rat des Königreichs trat zum Krönungssejm zusammen. Da alle drei Stände des Parlaments versammelt waren, erließen sie gemeinsam neue Gesetze; und die Rechtsprechung, die während des Interregnums teilweise ausgesetzt war, wurde erneuert.[27] Aus allen Teilen der *Rzeczpospolita* kam die *slzachta* für die Wahl und Krönung des Königs zusammen. Das polnisch-litauische Gemeinwesen umfaßte mit einer Fläche von 815 000 km² (Stand: 1582) den größten Teil Ostmitteleuropas. Wir können uns die Entfernungen vorstellen, die die Adeligen zurücklegen mußten, um an diesem politischen Ereignis teilzunehmen. Neben Kriegsdienst und der Verwaltung des Landes vor Ort bestand darin ihr Dienst am Gemeinwohl der *Rzeczpospolita*.

Wann immer die *szlachta* beschloß, zu Hofe zu kommen – sei es für die Wahl oder Krönung eines neuen Königs, für eine Hochzeit oder in anderen wichtigen Angelegenheiten – tat sie dies mit großem Aufwand. Georg Christoph Fernberger reiste 1588 durch Warschau und beobachtete die Adeligen während der Wahl: „Et quia tum comitia erant, omnem quasi nobilitatem Polonicam cum Palatinis, Vayvodis et Castellanis horumque luxum et pompam fastumque superbum spectare licuit, ubi omnia tum erant auro, argento, gemmis, purpura, serico et holoserico, equis pulcherrimis, quos re vera (exceptis Turcarum Regis) pulchriores nusquam vidi."[28] Für ihr großes, glänzend ausstaffiertes Gefolge (*orszak*), Symbol alter polnischer Etikette, zahlten sie aus ihrer eigenen Tasche. So kam zum Beispiel 1637 der Wojwode von Wilna, Krzysztof Radziwiłł, für die Kosten von 600 Reitern und 500 Heiducken auf, alle in den Farben der Familie Radziwiłł gekleidet.[29] Die Adeligen liebten es „di andare riccamente vestiti et de varii colori."[30] Sie veranstalteten prächtige Bankette, bei denen ungeheure Mengen an Speis und Trank verzehrt wurden. Alle ausländischen Beobachter waren beeindruckt vom Pomp und Luxus, der bei diesen Gelegenheiten zur Schau gestellt wurde. Paolo Mucante schrieb 1596: „Fu abondantissimo d'ogni cosa et sontuosissimo, ma non vi fu musica né altro trattenimento, come sogliono usare in Polonia, per rispetto del lutto di Sua Maestà."[31] Speziell ernannte Nuntien erhielten Sonderinstruktionen, wie

[27] Zum Sejm vgl. EDWARD OPALIŃSKI, Sejm srebrnego wieku 1587–1652. Między głosowaniem większościowym a liberum veto, Warschau 2001, S. 189–250.

[28] GEORG CHRISTOPH FERNBERGER, Reisetagebuch (1588–1593). Sinai, Babylon, Indien, Heiliges Land, Österreich, hrsg. v. Ronald Berger and Robert Wallisch (Beiträge zur neueren Geschichte Österreichs, Bd. 12), Frankfurt a. M. 1999, S. 313.

[29] Vgl. STANISŁAW RADZIWIŁŁ, Pamiętnik o dziejach w Polsce, hrsg. v. Adam Przyboś und Roman Żelewski, Bd. 2, Warschau 1980, S. 41 und 43. Siehe auch URSZULA AUGUSTYNIAK, Dwór i klientela Krzysztofa Radziwiłła (1485–1640). Mechanizmy patronatu, Warschau 2001, S. 356 f.

[30] So Giulio Ruggieri (1565–1568) in: Tadeusz Glemma und Stanisław Bogaczewicz (Hrsg.), Acta Nuntiaturae Polonae, Bd. 6, Rom 1991, S. 151.

[31] JAN W. WOŚ (Hrsg.), I due soggiorni del card. Legato E. Castani a Varsavia (1596–1597) nella ‚Relazione' del maestro di cerimonie Giovanni Paolo Mucante, Florenz 1982, S. 51. WŁODZIMIERZ KACZOROWSKI und JAN SERDYKA, Specyfika polskich ceremoniałów dworskich i kościelnych w świetle relacji Giovanniego Paola Mucante z lat 1596–1597, in: Kwartalnik Historyczny 109 (2003), S. 87–96.

sie sich während des Einzugs und der Krönung in Krakau zu verhalten hätten, vor allem in bezug auf das Trinken und Tanzen. Abgesehen von den Mahlzeiten („molto sostanziosi"), die fünf bis sechs Stunden dauerten, waren auch die zahlreichen Trinksprüche nicht gerade gesund, „perche essendo necessitate ciascuno de' convivati a correspondere alli brindisi, che li vengono fatti [...]."[32] Auf jedes Abendessen folgte ein Ball; größere Anlässe wie die königlichen Hochzeiten von 1592 und 1605 warteten auch mit einem Ballet auf.[33] Der Unterhalt der gut ausgebildeten Musiker brachte nennenswerte Ausgaben mit sich. 1595 wurden jedem aus Italien anreisenden Musiker mindestens 300 Scudos angeboten; Ensembleleiter wie Luca Marenzio erhielten bis zu 1500 Scudos pro Jahr. Die Fixkosten für den Unterhalt der Ensembles des Königs beliefen sich 1601 auf 12000 Gulden. Pierre Des Noyers meinte in den vierziger Jahren des 17. Jahrhunderts, der teure polnische Geschmack für Musik, Tanz und Lustbarkeiten sei nicht nur zu kostspielig (zu jener Zeit kosteten die Musiker des Königs jährlich 40000 Gulden), sondern könne sich durchaus als ruinös herausstellen.[34]

Wie Charles Ogier, der Sekretär der französischen Gesandtschaft, in den dreißiger Jahren des 17. Jahrhunderts bemerkte, hatten die Polen eine Vorliebe dafür, großen Luxus zur Schau zu stellen.[35] Le Laboureur, der Chronist des Einzugs der zukünftigen Königin Luisa Maria, erinnerte sich: „Quoy que cette entrée ait duré huict heures, ce ne fut qu'vn esclair pour nous; estant impossible de pouuoir particulierement distinguer l'ordre de la reception, les habits precieux, & les magnifiques caparassons des cheuaux des Seigneurs Polonois [...] ie manque de couleurs & d'imagination pour y bien reüssir [...]."[36] Und Giacomo Fantuzzi, der Sekretär des Nuntius, beobachtete in den fünfziger Jahren des 17. Jahrhunderts in der *Rzeczpospolita* „funtioni tutte in vero delle più curiose e maestose che si facciano e possano vedersi in tutta l'Europa".[37] Der Chevalier de Beaujeu, wiewohl an den Hof Ludwigs XIV. gewöhnt, kritisierte die Polen dafür, zuviel für Begräbnisse

[32] „No 18 Trattamenti soliti usarsi dal Nunzio et al Nunzio nelli giorni dell'ingresso publico del nuovo Rè in Cracovia, della sua coronazione, nel banchetto, che egli fa in detto giorno a tutto il Senato, nel giorno ch'egli riceve il publico omaggio dalla città di Cracovia, et in cui si canta la messa dello Spirito Santo per principio della dieta di coronazione" und „No 24 Banchetti in Polonia ed osservazioni e stili così in essi, come nelli balli, che sogliono farsi dopo ogni banchetto": ALEXANDER KAKOWSKI (Hrsg.), Vademecum pro nuntiis apostolicis in Polonia..., St. Petersburg 1912, Nr. 18, S. 54–56; Nr. 24, S. 72–78, hier S. 74.

[33] Vgl. ANNA SZWEYKOWSKA, Widowiska baletowe na dworze Zygmunta III (4 czerwca 1592, 13 oraz 18 grudnia 1605), in: Muzyka 11 (1966), S. 27–36.

[34] Vgl. BARBARA PRZYBYSZEWSKA-JARMIŃSKA, The Baroque 1595–1696 (The History of Music in Poland, Bd. 3), Warschau 2002, S. 76–80.

[35] Vgl. KAROL OGIER, Dziennik podróży do Polski 1635–1636, hrsg. v. Edwin Jędrkiewicz, Bd. 1, Danzig 1950, S. 170f.

[36] JEAN LE LABOUREUR, Histoire et relation du voyage de la royne de Pologne..., Paris 1648, S. 141. Le Laboureur merkte auch an, daß mehr als Zweidrittel des Geldes im Lande verblieben, wenn Luxus und der Mißbrauch von Wein und Süßigkeiten in Polen-Litauen verboten würden.

[37] GIACOMO FANTUZZI, Diario del viaggio europeo (1652), hrsg. v. Piotr Salwa und Wojciech Tygielski, Warschau und Rom 1998, S. 26.

auszugeben,[38] bei denen mehr als die Hälfte der Geldsummen für vorübergehende Zweckbauten und Dekoration aufgewandt wurden.[39] Großenteils kam die *szlachta* für die kurzweiligen Vergnügungen und das Hofleben ohne Rücksicht auf die Kosten auf. Es war dem Adel wohl bewußt, daß dieses Schauspiel von eminenter Wichtigkeit für die Reputation seines Landes war.

Während am Wahlsejm von 1574 noch 7000 Adelige teilgenommen hatten,[40] stellen wir zwei Jahre später Ermüdungszeichen fest, als nur noch 5000 Adelige gezählt wurden.[41] 1587 jedoch wollte wieder der Großteil der *szlachta* an den Zeremonien und dem anschließenden Spektakel teilhaben. Dem Leichnam König Stefan Báthorys folgten Tausende Personen. „Vmb die Leiche giengen viel statliche von Adel in Traurkleidern mit schwartz brennenden Fackeln."[42] Der feierliche Einzug der königlichen Braut Anna in Krakau 1592 bestand aus 4900 Reitern, 5700 Mann Fußvolk und 262 Personen in Kutschen, die Zuschauer nicht mitgerechnet. Alles war bunt und prächtig; das Sattelzeug allein kostete angeblich 12000 Gulden.[43] Der königliche Einzug ihrer Habsburger Schwester und königlichen Braut Constanze im Jahr 1605 war nicht weniger verschwenderisch: Das Brautkleid kostete 70000 Gulden; der gleiche Betrag wurde noch einmal für Livreen ausgegeben. Die sogenannte *Rolka Sztokholmska*, auf die der Einzug en detail gemalt wurde, ist mehr als 15 Meter lang. Walter Leitsch schätzte die Kosten des ganzen Schauspiels auf mehr als 300000 Gulden.[44] 1637 wurden Ausgaben für die Kleidung des Königs und sein Gefolge von 100000 Gulden verbucht. Die Handschuhe des Königs kosteten schon soviel wie eineinhalb Ochsen. Die königliche Tafel bog sich – der Wein war alleine 23000 Gulden wert.[45] Wie der Sejm im Folgejahr herausfand, betrugen die Gesamtkosten für diese Hochzeit 321 879 Gulden, mehr als ein Drittel des königlichen Jahreseinkommens. Kein Wunder, daß die

---

38 „[E]t comme la Nation aime fort le Banquet et la table, ils font un festin magnifique aux enterrements de même qu'aux Noces; ce qu'ils appellent le repas de douleur (panem doloris). Les mausolées, l'illumination, toute la parure enfin est superbe; les funérailles ordinaires des grands Seigneurs coûtent vingt mille écus [...]": FRANÇOIS PAULIN DALERAC, Les Anecdotes De Pologne, Ou Mémoires secrets du Règne de Jean Sobieski III. du Nom, Bd. 2, Amsterdam 1699, S. 338f.

39 Vgl. JULIUSZ CHROŚCICKI, Pompa funebris. Z dziejów kultury staropolskiej, Warschau 1974, S. 48.

40 Die 1573 nach Frankreich entsandte polnische Delegation zählte 250 Personen (ohne Dienstboten): ADAM PRZYBOŚ und ROMAN ŻELEWSKI (Hrsg.), Diariusz poselstwa polskiego do Francji po Henryka Walezego w 1573 roku (Materiały komisji nauk historycznych, Bd. 8), Wrocław 1963.

41 Vgl. EWA DUBAS-URWANOWICZ, Koronne zjazdy szlacheckie w dwóch pierwszych bezkrólewiach po śmierci Zygmunta Augusta, Białystok 1998, S. 325f.

42 Kurtze beschreibung der Ceremonien vnd Procession so auff weiland Königlicher May[estät] in Polen Stephani &c. hochlöblichster gedechtnis Begrebnus sind gehalten worden, Königsberg 1588.

43 Vgl. Gründtliche vnd Kurtze Beschreibung des Einzuges / welchen [...] Herr Sigismundus der dritt [...] mit seiner liebsten Brautt [...] Frawlein ANNA / geborne ErtzHertzogin zu Osterreich [...] den 26. May dises 92. Jars zu Krackaw gehalten [...], Wien 1592.

44 Also das Zweieinhalbfache des Jahreseinkommens der Königin. Vgl. WALTER LEITSCH, Geschichten vom polnischen Königshof aus der Zeit um 1600, Wien 1999, S. 84.

45 Vgl. ALICJA FALNIOWSKA-GRADOWSKA, Wjazd, koronacja, wesele najjaśniejszej królowej jej Mości Cecylii Renaty w Warszawie roku 1637, Warschau 1991, S. 22f.

königlichen Schulden wuchsen und sich auf 4,5 Millionen Gulden beliefen. 1643 erklärte der Sejm, er werde die Schulden übernehmen, betonte aber, es gebe keine Verpflichtung, dies auch in Zukunft zu tun.[46] Das hielt Ladislaus IV. und das Land nicht davon ab, den Einzug Luisa Marias im Jahr 1646 sogar noch prunkvoller zu gestalten. Allein die Maschinen und Bühnenbauten für die Abendaufführung des „dramma di musica" *Le nozze d'Amore e di Psiche* von Virgilio Puccitelli am 15. Februar 1646 sollen die Stadt Danzig 100000 Taler gekostet haben.[47] Ein einfacher Triumphbogen, das Dekor eines Augenblicks, kostete mehr als fünf Jahresgehälter eines Stadtsyndikus, nämlich 1961 Gulden.

Alle diese prächtigen Hochzeiten unterstrichen nicht nur die Bedeutung des Hauses Wasa, sondern dienten als Fenster zur umgebenden Welt: alle polnischen Königinnen der Zeit kamen aus dem Ausland. Bei diesen Gelegenheiten fühlte sich der polnische Adel verpflichtet, der europäischen Aristokratie verbunden zu sein.

Die *szlachta* mußte die einheimischen Piasten-Könige sogar noch mehr bezuschussen, weil sie im allgemeinen ärmer waren. Was war der Nutzen und die Bedeutung dieser Symbolik? „Im Fest stellt [die höfische Gesellschaft] dar, was sie sein möchte, was sie vielleicht zu sein glaubt, was sie in jedem Fall zu sein scheinen möchte."[48] Das Ganze muß man aus einem psychologischen Blickwinkel betrachten. Indem sie an der Wahl und Krönung des Königs teilnahm, unterstrich die *szlachta* ihre politische Freiheit und führte der Außenwelt die Einheit des Landes vor Augen. Die Kosten dieser prächtigen allgemeinen Darstellung beschränkte sie klar auf das für den europäischen Adel Übliche.

Andererseits war es polnischen Adeligen unmöglich, sich durch Dienste bei Hof beliebt zu machen.[49] Daher war das Alltagsleben der Königsfamilie unprätentiös und unterschied sich nicht sehr von den Gewohnheiten der Magnaten. 1607 entschied der Sejm, daß 16 Senatoren ihre Wohnung an der Seite des Königs zu nehmen hätten, doch die wenigsten dafür Bestimmten taten es auch. Selbst als die Zahl 1641 auf 28 erhöht wurde, fand sich bei mehr als einem Anlaß kein einziger Senator am Königshof.[50] In der *Rzeczpospolita* wurden diese Ämter nicht von einigen wenigen Familien mit Beschlag belegt.[51] Die Magnaten zogen es vor, ihr eigenes

[46] „[Ż]e napotym do żadnych, y od Nas, y następców naszych Królów Polskich, za ciągnionych długów, iako dotąd, tak y napotym, non tenebitur Rzeczpospolita": O niezaciąganiu długów na Rzpltą, in: Volumina Legum ..., hrsg. v. Jozafat Ohryzko, Bd. 4, St. Petersburg 1859, S. 56.

[47] Vgl. LE LABOUREUR, Histoire, S. 157.

[48] RICHARD ALEWYN, Das große Welttheater. Die Epoche der höfischen Feste, Nachdruck der 2. erw. Auflage, München 1989, S. 16.

[49] Im späten 18. Jahrhundert bezeichnete das Schimpfwort „pieczeniarz" einen, der an der Tafel des Königs Braten aß: vgl. EMANUEL ROSTWOROWSKI, Ostatni król Rzeczypospolitej. Geneza i upadek Konstytucji 3 maja, Warschau 1966, S. 158f.

[50] Vgl. ANDRZEJ NOWAKOWSKI, Senatorowie rezydenci w Polsce w latach 1573–1774, in: Studia Historyczne 34 (1991), S. 21–38, hier S. 30.

[51] Vgl. KRZYSZTOF CHŁAPOWSKI, Elita senatorsko-dygnitarska korony za czasów Zygmunta III i Władysława IV, Warschau 1996, S. 28.

Hofleben auf ihren Gütern zu führen.[52] Im Unterschied zu öffentlichen Ämtern, für die das *ius indigenatus* galt, war der Hofdienst Ausländern überlassen.

Auf diese Weise senkte die *szlachta* ihre Kosten, indem kein repräsentativer Königshof für den Gebrauch innerhalb des Landes eingerichtet wurde. Der Königshof kostete den Adel nichts; jeder lebte von seinen eigenen Mitteln. Abgesehen vom Nuntius fanden sich keine ausländischen Gesandten dauerhaft am Hof, und die *Rzeczpospolita* sandte keine permanenten Botschafter an andere Höfe.[53] Da ein bestimmter Grad an Luxus nicht überschritten wurde, entging der Adel dem Dilemma von „analoge[m] Modell der Repräsentation" und „digitale[m] Charakter von Finanzfragen", wie Volker Bauer es nannte, und sparte finanzielle Ressourcen.[54] Er beließ es dabei, den höfischen Luxus in Richtung einiger einheitsstiftender Zwecke zu kanalisieren. Sporadische polnische Gesandtschaften auf Kosten der *szlachta*, wie etwa Jerzy Ossolińskis diplomatische Mission nach Rom im Jahr 1633, wurden als Zurschaustellung von Prunk seitens eines einzelnen angesehen und daher von anderen Adeligen im Land kritisiert, selbst wenn alles dem „Ruhm des polnischen Volkes" („ku wielkiej sławie polskiej") diente.[55]

Die polnisch-litauische Wahlmonarchie – und das war die politische Idee der *szlachta* – erlaubte kein starkes königliches Zentrum. Eine Transformation von Land- zu reinem Hofadel wie in anderen Teilen Osteuropas (mit Ausnahme des Moskowiterreiches) fand in Polen-Litauen nicht statt. Zur Zeit Sigismunds II. August und vor allem während des ersten Interregnums entwickelte die polnische und litauische *szlachta* eine verklärende Ideologie ihrer eigenen Einmütigkeit und schrieb sich die fortschrittlichen Ziele von Gleichheit und Freiheit auf die Fahne. Ihr war kein Aufwand zu groß, diese politische Integration von Zeit zu Zeit während Hoffestlichkeiten zur Schau zu stellen, und sie trug den Großteil der Kosten selbst. Im darauffolgenden Jahrhundert galt dieselbe Ideologie als veraltet und resultierte zum Teil in einer politischen Passivität seitens des Adels, der sich an das Konzept der Freiheit des einzelnen Adeligen klammerte. Damit wurde die Bewahrung des sozialen und politischen Status quo verankert (Sarmatismus).

Im frühneuzeitlichen Europa nahm der Ständestaat üblicherweise auf dem Weg über den Zentralstaat demokratische Formen an. Die *Rzeczpospolita* hingegen bewies, daß Dezentralisierung und die Vorherrschaft der Stände zur Demokratie

---

[52] Vgl. ANTONI MĄCZAK, From Aristocratic Household to Princely Court. Restructuring Patronage in the Sixteenth and Seventeenth Centuries, in: Ronald G. Asch und Adolf M. Birke (Hrsg.), Princes, Patronage and the Nobility. The Court at the Beginning of the Modern Age (1450–1650), Oxford 1991, S. 315–328.

[53] Dies wurde auch vom venezianischen Botschafter vermerkt, vgl. GIOVANNI FRANCESCO OLMO, Relationi della republica di Venetia, del regno di Polonia, et del regno di Boemia, Venedig 1628.

[54] Siehe dazu auch generell VOLKER BAUER, Hofökonomie. Der Diskurs über den Fürstenhof in Zeremonialwissenschaft, Hausväterliteratur und Kameralismus (Frühneuzeitstudien, Bd. 1), Wien 1997; für das Zitat S. 59.

[55] Kronika mieszczanina krakowskiego z lat 1575–1595, hrsg. v. Henryk Barycz, Krakau 1930, S. 74. Vgl. STEFANO DELLA BELLA, Entrata in Roma dell'ambasciatore Giorgio Ossoliński, Rom 1633; JULIUSZ A. CHROŚCICKI, Sztuka i polityka. Funkcje propagandowe sztuki w epoce Wazów 1587–1668, Warschau 1983, S. 125–131; TOMASZ MAKOWSKI, Poselstwo Jerzego Ossolińskiego do Rzymu w roku 1633, Warschau 1996.

führen konnten: ohne Umweg über den Absolutismus. Anders als es Volker Bauer für die deutschen Gebiete gezeigt hat, waren gelegentlicher höfischer Pomp und Zeremonien nicht an einen Adel gerichtet, der diszipliniert werden mußte. Vielmehr führte gerade der Wettbewerb zwischen den Höfen selbst zu all dem Glanz und Luxus.[56] Die aus dem christlichen Europa bekannten Zeremonien konnten leicht in einer nicht-absolutistischen Monarchie wie der *Rzeczpospolita* Verwendung finden, in der das Königtum der Jagiellonen formgebend wirkte.

Der Beginn einer neuen Herrschaft war von großer Bedeutung in einem internationalen Kontext. Aus diesem Grund wurden die Druckschriften, die die gemeinsamen und traditionellen europäischen Zeremonien und all den Pomp darstellten, versandt, um zu belegen, daß der neue König rechtmäßig und ehrenvoll gekrönt worden war. Vor allem die Wasa-Könige ließen sich gerne in ihrem Königsornat malen, um ihre Position und Integration in das europäische Herrschaftssystem nachzuweisen (wenngleich es ihr schwedischer, nicht ihr polnischer Ornat war).[57] Ein derartiger Zwang zur Legitimierung samt den damit verbundenen Propagandakosten war aus den nämlichen Gründen in einer Erbmonarchie nicht vonnöten.

Der für den Barock so typische theatralische Drang nach Repräsentation trug in Polen-Litauen wie in anderen Ländern dazu bei, pompöse Inszenierungen zu entwickeln. Wie alle anderen Kleinadeligen Europas, sofern sie es sich leisten konnten, wetteiferte die *szlachta* mit den Zeichen königlicher Macht, vereinnahmte Teile der Regierungssymbole und näherte sich der königlichen *majestas* an.[58]

Die föderale Struktur der *Rzeczpospolita* erlaubte vielfache Verbindungen in der politischen Elite. Kollektive Mentalitäten und regionale Loyalitäten wurden der vom König verkörperten politischen Einheit untergeordnet. In diesem politischen System waren die periodischen, alle Mitglieder des Gemeinwesens einbeziehenden, feierlichen und teuren Zeremonien der Wahl, der Krönung und des Begräbnisses der polnischen Könige von enormer Bedeutung.

---

[56] Vgl. VOLKER BAUER, Die höfische Gesellschaft in Deutschland von der Mitte des 17. bis zum Ausgang des 18. Jahrhunderts. Versuch einer Typologie (Frühe Neuzeit, Bd. 12), Tübingen 1993, S. 38.

[57] Vgl. JERZY LILEYKO, Portrety tzw. koronacyjne Zygmunta III i Konstancji jako wyraz polityki dynastycznej Wazów, in: Anna Marczak-Krupa (Hrsg.), Portret. Funkcja – Forma – Symbol, Warschau 1990, S. 377–391.

[58] Vgl. URSZULA AUGUSTYNIAK, Wazowie i ‚królowie rodacy'. Studium władzy królewskiej w Rzeczypospolitej XVII wieku, Warschau 1999, S. 102.

Katia Béguin

Höfe abseits des Hofes: Adelige Prachtentfaltung im Reich Ludwigs XIV.*

Der Hof Ludwigs XIV mit seinem unerreichten Prunk und monarchischen Mäzenatentum hat die Aufwendungen des Adels für dessen eigenes Prestige gänzlich in den Hintergrund treten lassen, eines Adels überdies, der nach gängiger Meinung auf die Rolle des Betrachters des königlichen Gepränges und der königlichen Lustbarkeiten reduziert war. Der wirtschaftliche Abstieg, von dem man die Hocharistokratie betroffen glaubte, bot überdies etwa Norbert Elias eine Erklärung für das Nachlassen ihrer mäzenatischen Kraft und für die Anziehungswirkung des Hofes.[1] Auch wenn die neuere Forschung die wirtschaftliche Abhängigkeit von den Wohltaten des Monarchen relativiert hat, beeinträchtigt immer noch ein „Versaillozentrismus" unsere Wahrnehmung des Lebensstils der Aristokratie in der zweiten Hälfte des 17. Jahrhunderts. Der Hof des Sonnenkönigs scheint der einzige Ort für den Wettbewerb um Prestige gewesen zu sein, der Platz, an dem die Notwendigkeiten der Repräsentation und des Apparats sich unabweisbar stellten und unbegrenzte Verschwendung ins Werk setzten. Dieser Blickwinkel jedoch läßt notwendigerweise die Aufwendungen des Hochadels selbst in ihren ostentativsten Formen verblassen: die kostspielige Errichtung und Umgestaltung der Landsitze, die ihrerseits Höfe im Umkreis des Hofes darstellten. Die bedeutendsten unter ihnen — die Schlösser von Chantilly und Saint-Maur für die Prinzen von Condé, die Ersten Prinzen von Geblüt, das Schloß von Saint-Cloud für die Herzöge von Orléans, oder das Schloß von Sceaux, Ende 1699 vom Herzog und der Herzogin von Maine von Colberts Erben gekauft — boten den Rahmen für Festlichkeiten, Kultiviertheit und aristokratisches Mäzenatentum gegen Ende der Regierungszeit Ludwigs XIV. Wenngleich nicht unbekannt, war die Existenz dieser künstlerischen Kleinzentren in Abhängigkeit vom Königshof doch Gegenstand widersprüchlicher historiographischer Interpretationen: Zum einen wurden adeliges Mäzenatentum und Geselligkeit in den Rahmen des *otium* gestellt, d. h. der privaten Freuden großer Herren, die sich amateurhaft mit Kunst, schöngeistiger Literatur oder den Naturwissenschaften befaßten. Die andere Deutung machte aus diesen kleinen Höfen, wie aus den Salons des 17. und 18. Jahrhunderts, Heimstätten einer mehr oder weniger stummen Opposition oder gar der Rivalität zur Macht des Monarchen. Zur Diskussion steht daher die politische Dimension der künstlerischen Patronage und der sozialen Praktiken des Hochadels, ob sie nun

---

* Aus dem Französischen übersetzt von Thomas Gruber.

1 Norbert Elias, La Société de cour, traduit de l'allemand par Pierre Kamnitzer et par Jeanne Étoré, Paris 1985 [Die höfische Gesellschaft. Untersuchungen zur Soziologie des Königtums und der höfischen Aristokratie, Neuwied 1969]; Sharon Kettering, The Decline of Great Noble Clientage during the Reign of Louis XIV, in: Canadian Journal of History 24/2 (1989), S. 157–177.

ganz und gar verneint oder in den Bereich einer symbolischen Konfrontation mit der Macht und dem Hof hinein übersteigert wird. Ich möchte das Problem auf andere Weise angehen, indem ich versuche, die Repräsentationsformen und das Imaginäre des adeligen Luxus einzukreisen, wie es von den vielfältigen Formen von Festlichkeit in diesen Schlössern vermittelt wird sowie von einigen der vielen gedruckten, aber auch in Kupfer gestochenen Beschreibungen der diversen, an diesen Höfen stattfindenden Feiern und Feste. In einem ersten Anlauf werde ich die herausragende Stellung nachzeichnen, die dem Schloß in der Prachtentfaltung des Adels am Ende des 17. Jahrhunderts zukommt, bevor ich erneut auf die verschwenderischen Ausgaben für das Schloß eingehe und dessen Rolle im Prestigekampf, der den Hochadel so sehr bewegte. Schließlich werde ich mich damit beschäftigen, das bukolische Bild zu verstehen, dieses Bild des Friedens und der Einfachheit, das jene „Rückzugsorte" der Aristokratie von sich selbst und in offenbarem Gegensatz zum Hof des Sonnenkönigs zeichneten.

1. Das Adelsschloß: Repräsentation sozialer und politischer Größe

Vermittelt durch Werke wie Furetières *Roman bourgeois*, der die Not der Mäzene beklagt, die durch die überragende Anziehungskraft der königlichen Aufträge verstärkt werde, ist die Idee des Verkümmerns jeder Künstlerpatronage seitens des Hochadels während der persönlichen Regentschaft Ludwigs XIV. — nach ihrem „Goldenen Zeitalter" während der ersten Hälfte des 17. Jahrhunderts — so fest etabliert, daß sie mich zuerst dazu verleitete, die in Chantilly unter dem Großen Condé (1621–1686) und seinem Sohn Henri-Jules (1643–1709) vorgenommenen Umbauten als Ausdruck einer außergewöhnlichen, fast seltsamen Prachtentfaltung anzusehen.[2] Bei genauerer Betrachtung überwogen jedoch die Ähnlichkeiten zwischen diesen kostspieligen Verschönerungen und jenen, die an anderen, in Versailles' Nähe gelegenen Schlössern der Mächtigen unternommen wurden. Und in der Tat markiert die zweite Hälfte des 17. Jahrhunderts den Triumph eines Schloßkonzepts, das man nicht auf das Phänomen einer bloßen Imitation des Schlosses von Versailles reduzieren kann. In diesem Archetyp sind die Gärten der Hauptrahmen für die Veränderungen, die den Schlössern ihre modernen Attribute geben (großer Kanal, Orangerie, Menagerie, *parterres de broderies*, Pflanzenlabyrinthe etc.). Vor allem die hydraulischen Umbauten stellen ein wesentliches Element dar: Die Wasserspiele, Kaskaden und die mit (unter enormen Kosten umgeleitetem) Wasser gespeisten Kanäle bezeugen den Wohlstand ihrer Eigentümer. Genau wie jene in Versailles huldigen die in Chantilly, Saint-Cloud und Sceaux (letzteres bereits seit Colbert, wobei die Gärten auch noch in die Verschönerungen auf Initiative des Herzogs von Maine seit 1703 einbezogen werden) der Mode der Spitzenleistungen und des hydraulischen Überflusses. Die Überprüfung der Ausgabenverzeichnisse der Prinzen von Condé und der Verträge mit den ausführenden

[2] ROLAND MOUSNIER und JEAN MESNARD (Hrsg.), L'âge d'or du mécénat (1598–1661), Paris 1985; KATIA BÉGUIN, Les princes de Condé. Rebelles, courtisans et mécènes dans la France du Grand Siècle, Seyssel 1999.

Unternehmern verraten das exorbitante Ausmaß der Aufwendungen für die Verwirklichung des Großen Kanals, gespeist von einem umgeleiteten Wasserlauf und Tausenden Klaftern unterirdischer Kanalisation. Seit 1679 überstieg die jährliche Summe der Gesamtaufwendungen für die Arbeiten am Schloß, die bis dahin zwischen 80 und 90 000 *livres* betragen hatten, 135 000 *livres*, überschritt 1680 die 180 000 und erreichte schließlich 1681 das Niveau von 235 000, also in dem Jahr, das der Fertigstellung der spektakulärsten Installationen folgte: des Großen Kanals und der vom Ingenieur Jacques de Manse konzipierten Wasserhebemaschine.[3] Der Intendant des Großen Condé, Jean Hérauld de Gourville, schätzt in seinen Memoiren die jährlichen Aufwendungen allein für den Großen Kanal auf gut 40 000 *livres*.[4] Dennoch sind diese hydraulischen Wunder nicht das alleinige Vorrecht des allerhöchsten höfischen Adels. Die Lustbauten der Mätressen oder der Künstler des Hofes weisen ähnliche Erweiterungsbauten auf. So berichtet der *Mercure Galant* vom Juni 1679 darüber, wie viele Besucher des Herrensitzes des ersten Malers des Königs, Le Brun, in Montmorency von den Wasserspielen geblendet waren; er spricht von der Vielzahl der Kanäle, der Fontänen, der Kaskaden, der Grotten und vor allem vom Großen Kanal, der sich vor dem Gebäude schlängelte und auf dem man im Boot fahren, ein Konzert anhören und soupieren konnte.[5]

Letztlich ist der Umfang der investierten Summen jedoch nicht nur Zeugnis für die Verbreitung und den Erfolg jener Form materieller Kultur, die, einer Formulierung André Chastels zufolge, im „chateau uni à la nature et exalté par le décor" besteht. Auch der hypertrophe Raum, den die Gärten und ihre hydraulischen Wunder in ihren multiplen Verkörperungen, literarisch wie piktoral, in jenen fürstlichen Bauten einnehmen, kann als ergänzendes Indiz dafür dienen.[6] Unzählige Beschreibungen, ortsbezogene Eklogen und *vues gravées* stellen den Glanz der Adels- oder Königsresidenzen auch jenen vor Augen, die sich außerhalb des Kreises der Eingeladenen oder Besucher befinden. Sicherlich muß man Louis Marins Rat folgen und sich davor hüten, solche Repräsentationen, deren Aufgabe ja darin bestand, *effets imaginaires* hervorzubringen und das *simulacre* zu verfestigen, als dokumentarische Informationsquellen anzusehen.[7] Und doch bekommen diese Ersatzformen genau dadurch eine eigene Aussagekraft. Denn tatsächlich privilegieren alle Schloßansichten, auf die Kupferstecher wie die Pérelles oder die Sylvestres sich spezialisiert hatten, in Versailles, Chantilly, Saint-Cloud oder Sceaux stets die Gärten, deren ungeheure Größe sie mit Hilfe von Plänen und

---

[3] Archives de Chantilly, série AB, registres 188–291. Comptes de la maison de Condé, recettes et dépenses. Registres annuels dressés par le trésorier, approuvés par le Conseil et les princes, années 1679–1681, Serie B, Kartons 8–10, Travaux dans le château et dans les parcs.

[4] JEAN HÉRAULD DE GOURVILLE, Mémoires, Paris 1838, S. 564.

[5] MERCURE GALANT, Juni 1679, S. 204-207.

[6] ANDRÉ CHASTEL, Le palais d'Apolidon, in: Ders. (Hrsg.), Culture et demeures en France au XVIe siècle, Conférences, essais et leçons du Collège de France, Paris 1989, S. 80–116. (S. 108: „En fait, la formule du château uni à la nature et exalté par le décor avait plus de succès que jamais, avec le développement des jeux d'eau, des grottes à surprise, des automates et des mises en scène, qui en accentuaient évidemment le caractère ‚magique'").

[7] LOUIS MARIN, Le Portrait du roi, Paris 1981, S. 224.

vogelperspektivischen Ansichten betonen, wobei sie die immer gleichen Übertreibungen der hydraulischen oder pflanzlichen Darbietungen aufweisen und damit die Thematik der Überfülle des Seltenen untermalen, die sich auch in den Berichten über Feste oder den Textbeschreibungen der Gebäude finden.[8] So versäumt es der im darauffolgenden September im *Mercure galant* veröffentlichte Bericht von der *fête dauphine*, die im Sommer 1688 Prinz Henri-Jules von Bourbon-Condé zu Ehren des Thronerben in Chantilly gab, nicht, auf die Ausmaße des Gartens hinzuweisen (2500 Klafter bis zum Teich von Gouvieux) oder zum kleinen, zur Linken des Schlosses gelegenen Parks zu anzumerken, er „serait estimé grand partout ailleurs, mais [qu']on ne peut lui donner que le nom de petit, si on le compare à l'autre, qui a plus de 5000 arpents."[9] Mit der Beschreibung des Pavillons von Manse, der die berühmte Hebemaschine enthielt, bestätigte dieser Text über die *fête dauphine* unter Zuhilfenahme von Zahlen die vom wunderbaren Mechanismus ausgehende Kraft des hydraulischen Wunderwerks:

Comme je viens de vous parler du Pavillon de Manse, il me reste à vous dire que les eaux d'une source admirable y sont élevées à soixante et quinze pieds de hauteur, par la machine que la Rivière y fait mouvoir, que ces mesmes eaux sont portées de là dans un grand Réservoir, qui est situé entre les jardins et la forêt, entouré d'une large terrasse, et de quatre grandes allées, et que ce réservoir contient plus de 130000 muids d'eau [soit près de 35 millions de litres].[10]

Letztlich maß sich die Prachtentfaltung — über die übliche Aufzählung von Wand- und Kronleuchtern, der offenen Tafel während des Festes von 1688, oder die Erwähnung wertvoller Materialien wie Marmor, Vermeil oder Silber hinaus — am ostentativen Einsatz der Quantifikation von Wasser, der Bemessung der Fontänen und der Schilderung pflanzlicher Üppigkeit und aquatischer Meisterleistung, mit all den Übertreibungen, die der Druckerpresse eigen waren. Die Verzerrung dessen, was zu sehen war, hin zu dem angeblich wirklichen Zustand des Ortes gehörte zu den wohlbekannten Eigenschaften der Kupferstiche, die in systematischer Manier die Höhe der Bäume und der Heckenzäune sowie die Kraft der Wasserfontänen und der Kaskaden vergrößerten.[11] Diese imaginären Darbietungen tauchen auch in den schriftlichen Berichten auf, wie etwa demjenigen über das Fest von 1688, wo die Beschreibung der Fontäne von Chantilly mit präzisen Angaben versehen ist, die den Eindruck der Wahrhaftigkeit verstärken:

[...] quatre grands jets d'eau en arcades partent des quatre coins, et vingt-quatre jets d'eau de deux pouces de diamètre forment le pied d'un autre grand jet d'eau qui a du moins 60 pieds de hauteur [environ 18 mètres] et qui tient le milieu de cette partie.[12]

Schließlich dienen den gleichen Themen auch die lateinischen Verse, die von den Schloßbesitzern in Auftrag gegeben wurden, um ihren Ruf zu internationalisieren

---

[8] Die Stiche des Schlosses von Sceaux unter dem Titel *Diverses vues du château de Sceaux appartenant à Mgr le duc du Maine* (ungefähr 80 Stiche) ist später (von 1736, dem Todesjahr des Herzogs) und das Werk eines anderen Kupferstechers, nämlich von Jacques Rigaud (1681-1754).

[9] MERCURE GALANT, September 1688, 2. Teil, S. 74–75.

[10] Ebd., S. 201-202.

[11] Vgl. GÉRARD SABATIER, Versailles ou la Figure du roi, Paris 1999, S. 449.

[12] MERCURE GALANT, 1682, S. 198.

und für die der Ewigkeit zu sichern, da man für die topischen Eigenschaften von Universalität und Perpetualität immer noch Anleihen bei der lateinischen Sprache nahm.[13] So ist auch die Verseloge auf Chantilly, vom Großen Condé beim neulateinischen Dichter Jean-Baptiste Santeuil in Auftrag gegeben und zum ersten Mal 1684 unter dem Titel *Cantilliaca* (abgeleitet von Chantilly) gedruckt, in erster Linie eine Hommage an die Bändigung des Wassers und der Natur. Diese findet man auch noch in einem anderen lateinischen Gedicht, dieses Mal verfaßt von Pater Commire, um die Schönheiten des Schlosses von Saint-Cloud unter dem evokativen Titel *Sancloviani fontes* (die Wasserspiele von Saint-Cloud) zu rühmen.[14] Die Übereinstimmungen in den verzerrenden Behauptungen der Verse und Berichte lassen vermuten, daß die Beschreibenden ihre Darstellung aus dem Gedächtnis verfaßten, so wie die Kupferstecher manchmal von Plänen ausgehend arbeiteten, und daß sie alle die präzisen Erwartungen der Geldgeber befriedigten. All diese, Schlösser und ihre Herren verbindenden Darstellungen verstärkten die Symbole einer auf Sichtbarkeit wertlegenden Macht. Um so paradoxer erscheint es, daß adelige Freigebigkeit und Mäzenatentum auf Restphänomene reduziert werden konnten, während sie in Wirklichkeit beeindruckende Ausgaben bewirkten und ihre Sichtbarkeit und ihre Bekanntheit durch vielfältige Repräsentation steigerten. Ist es nun angebracht, diese Demonstration von Pracht und Geschmack als Übertragung oder als Fortsetzung einer Form politischer Opposition gegen den Souverän anzusehen?

2. Prachtentfaltung in Rivalität zum König?

Ein mindestens ins 19. Jahrhundert zurückreichender Interpretationsstrang bringt das Aufblühen des adeligen Mäzenatentums mit Einflußverlust, Ungnade oder politischer Unzufriedenheit in Verbindung. Vor allem der Beginn des Salons und des Mäzenatentums der Herzogin von Maine wird oft genug auf einen Bruch mit dem Hof zuruckgeführt, der die Folge einer angeblichen Enttäuschung sei: die Schaffung des berühmten *rang intermédiaire* durch das Edikt vom Mai 1694, der die legitimierten Söhne des Königs (und damit auch den Herzog von Maine) zwischen den Prinzen von Geblüt und den Herzögen und Pairs einstufte.[15] Diese Hypothese eines unerträglichen politischen Umschwungs stützt sich hauptsächlich auf das Zeugnis des Herzogs von Saint-Simon, eines Gegners der königlichen Bastarde und besonders des Herzogs und der Herzogin von Maine. Sie läßt sich schwer untermauern, wenn man die tatsächliche Macht des Herzogs von Maine in

---

[13] Vgl. FRANÇOISE WAQUET, Le latin ou l'empire d'un signe. XVIe–XXe siècle, Paris 1998, hier S. 283–298.

[14] Zu Santeuil und den Prinzen von Condé stütze ich mich auf meine Doktorarbeit, BÉGUIN, Les princes, S. 338–340 und vor allem auf einen neueren Artikel, in dem ich eine Inhaltsanalyse des *Cantilliaca* unternehme: KATIA BÉGUIN, Un palais de papier: les représentations de Chantilly dans la seconde moitié du XVIIe siècle, in: Marie–Françoise Auzépy und Joël Cornette (Hrsg.), Palais et pouvoir. De Constantinople à Versailles, Vincennes 2003, S. 309–332.

[15] So ANDRÉ MAUREL, La Duchesse du Maine, reine de Sceaux, Paris 1928. S. 37–38.

den Jahren 1698 und 1699 in Betracht zieht, d.h. zur Zeit der ersten Festlichkeiten in Châtenay beim Advokaten Malézieu und der Erwerbung von Sceaux. Sein Vater Ludwig XIV. nutzte die Verteilung von Würden als ein effektives Mittel der Regulierung und Verbesserung der Adelshierarchie zugunsten seiner legitimierten Söhne und überhäufte ihn mit Ehren und Regierungsaufgaben. So profitierte der Herzog von Maine sogar beim Erwerb von Sceaux wahrscheinlich von der Finanzhilfe des Königs, der die eilige Standeserhöhung dadurch abrundete, daß er dem Herzog und der Herzogin eine ranggemäße Residenz gab.[16] Genau so wie im Chantilly der Condés die Feste und glänzenden Empfänge erst wieder mit der Rückgewinnung der königlichen Gunst und der Übertragung bedeutender militärischer Kommandos an den Prinzen am Ende der 1660er einsetzten, darf man nicht vergessen, daß die berühmten Festlichkeiten der „Grandes Nuits de Sceaux", die zwischen Juli 1714 und Mai 1715 stattfanden, die neue Position des herzoglichen Paares wiedergaben. Denn eben in jenem Augenblick wurde der Herzog von Maine zum Anwärter auf den französischen Thron. Das berühmte Edikt vom Juli 1714 bestätigte seinen Rang als Prinz von Geblüt, ebenso wie den des Herzogs von Toulouse, und gab beiden einen Platz in der Thronfolge. Die Großzügigkeit wurde durch die Zahl der Nächte (15 oder 16) und durch eine weitere Besonderheit bis zum Extrem getrieben: Nach den ersten Nächten war für das Programm jeder neuen nächtlichen Festlichkeit zwar ein „König" verantwortlich, der unter den Gästen ausgewählt wurde, der Herzog bezahlte aber weiterhin selbst die teuersten Vergnügungen, die der Kurzzeitkönig beschloß.

Solche Zurschaustellungen von Reichtum, von Raffinement und Einfallsgabe gründeten sich zumindest teilweise in einer Rivalität und Wettbewerbssituation zwischen den allerhöchsten Adelsgeschlechtern. Deren Horizont bildeten nicht nur der Königshof, der Vortritt beim Monarchen, seine Gunstbezeigungen und Ehrungen. Zum Ende der Regierungszeit Ludwigs XIV. hin nehmen sie wieder die Form eines festiven Mehrangebots ein, das sich in den Schlössern des jeweils einen oder anderen von ihnen abspielt und dessen Erfolg sich am Maßstab der Dauer (das *fête dauphine* von Chantilly 1688 brach schon einen Rekord mit acht aufeinanderfolgenden Tagen), der Kosten und der Originalität mißt. Und tatsächlich geben die Verbindung von Erfindungsgabe und Freigebigkeit den immer wiederkehrenden und gleichsam unerschöpflichen Stoff des Lobrepertoires derjenigen ab, die die aristokratischen Feste im *Mercure galant* beschrieben. Neben der peinlich genauen Auflistung der auffälligsten Beispiele für die verschwenderischen Ausgaben des Schloßherrn von Chantilly preist der Bericht des Festes von 1688 Stück für Stück die Neuigkeit der Spektakel, das noch unbekannte Dekor und die Überraschungen, die es für die Betrachter bereithielt. Diese Berichte feiern somit das, was die feine Gesellschaft als Höhepunkt und als Kriterium für die Zugehörigkeit zu ihren Kreisen ansah: den Sinn für das Schickliche, die Kreativität, die Einbildungskraft – und sei es als Bündel von Eigenschaften, die sich denen annähern,

---

[16] Bezüglich der Neuerungen des Sonnenkönigs im Bereich der Vergabe von Titeln und Ehrungen stütze ich mich auf meinen Artikel: KATIA BÉGUIN, Louis XIV et l'aristocratie: coup de majesté ou retour à la tradition?, in: Histoire, Économie et Société 19/4 (2000), S. 497–512.

welche die in der zweiten Hälfte des 17. Jahrhundert aufkommende Kunsttheorie dem Künstler verlieh, um ihn vom Handwerker zu unterscheiden, der sich auf Imitation und Reproduktion beschränkt.[17] Es ist die gleiche Erfindungsgabe, die anläßlich der „loteries poétiques des Sceaux" der ersten Jahre auf die Probe gestellt wurde, jener „Lotterien", die von den Gästen die Improvisation einer literarischen Gattung verlangte, die vom Zufall diktiert wurde, indem sie einen bestimmten Buchstaben aus einem Beutel zogen: ein Sonett für ein S, ein Rondell für ein R, ein Triolett für ein T etc.[18] Der Prunk, der Kunstgeschmack und die Verschwendung, von denen die Schloßherren von Sceaux während der *nuits* einen herausragenden Beweis lieferten, trug zur Bestätigung eines politischen Ansehens bei, das die Schloßherren zugleich hervorriefen und verstärkten. In keiner Weise jedoch konkurrierten sie mit der Majestät eines Königs, der selbst dazu beigesteuert hatte, dieses Ansehen zu verfestigen, indem er den Herzog und die Herzogin von Maine von 1701 bis 1705 auf der Fahrt von und nach Fontainebleau mit seinen Besuchen ehrte[19] (übrigens stellt eine Sammeltafel der Stiche Rigauds das Gemach da, das für den König in Sceaux eingerichtet worden war). Diese Darstellungen von Freigebigkeit zielten sicher auch darauf ab, die adeligen Konkurrenten auf die Plätze zu verweisen, indem das Renommee der Schlösser und ihrer Herren für die Augen der feinen Gesellschaft und eines weiteren Publikums gleichsam neu erschaffen wurde. Letzteres setzte sich zusammen aus Neugierigen, die die Beschreibungen der Feste oder sogar die Ansichten und Pläne der Schlösser sammelten (wie Antoine Schnapper gezeigt hat),[20] sowie aus einheimischen, aber auch fremden Besuchern, die von den Festlichkeiten in Versailles und der Hauptstadt angezogen wurden und sich in einem Kontext des Aufschwungs einer Art europäischen Elitentourismus' bewegten.

Auf diese Weise gibt jene Bemühung um Zurschaustellung, um Prachtentfaltung in Abhängigkeit von Rang die Realität der vielfältigen Rivalitäten zwischen den großen Geschlechtern wieder. Aber sie wird eben auch, zumindest zum Ende des Jahrhunderts hin, begleitet von einer bestimmten Form von Feier, die genau das kultiviert, was jene Höfe von dem des Sonnenkönigs unterscheidet, indem sie die Freuden des Rückzugs (der *retraite*) und des Privatlebens verherrlicht.

3. Rückzug vom Hof: Das Imaginaire bucolique et pastoral seit dem Ausgang des 17. Jahrhunderts

Der Umstand, daß man irrtümlich die Aufenthaltsorte der Prinzen als reine Stätten der privaten Vergnügungen ihrer Herren ansehen oder die Belustigungen und selbst das adelige Mäzenatentum in die Liste des politikfreien *otium* einfügen

[17] René Démoris, De la vérité en peinture chez Félibien et Roger de Piles. Imitation, représentation, illusion, in Revue d'esthétique, 31/32 (1997), S. 37–50, bes. S. 41.

[18] Maurel, La Duchesse, S. 64.

[19] Ebd., S. 86–89.

[20] Antoine Schnapper, Curieux du Grand Siècle. Collections et collectionneurs dans la France du XVIIe siècle, Paris 1994, S. 255–256.

konnte, wenn man sie nicht gar als Ersatz für verlorene Macht und Einfluß wahrnahm, lag auch darin begründet, daß die Rückzugsidee ein wiederkehrender Zug der vielfältigen Darstellungsformen der Prinzenhöfe war. Am Ende des 17. Jahrhunderts bildete sich ein Lobdiskurs, der auf die Annehmlichkeiten des aus Versailles weggezogenen Hochadels drei Haupteigenschaften übertrug: Harmlosigkeit, Ruhe, (ländliche) Einfachheit. Ihnen wurden Eigenschaften zugeschrieben, die diametral denen entgegengesetzt waren, die die höfische Gesellschaft verlangte: Nähe zur Macht und höfischer Ehrgeiz, öffentliche Wirkung der Handlungen, strenge Festlegung des Platzes eines jeden, übersetzt in Rangordnung und Zeremoniell. In einem Brief an Mademoiselle de Scudéry von 1699 beschwört der Abbé Genest die in Malézieu abgehaltenen Lustbarkeiten auf folgende Weise: „Des tranquilles plaisirs la troupe est retirée / Dans le paisible Châtenai."[21] Die Verse, die Graf Hamilton zu Ehren der Herzogin von Maine verfaßte, feierten die gleiche Mischung von Geist und Lustbarkeit, deren Geheimnis die Gastgeberin von Sceaux besessen habe:

De Sceaux la charmante retraite
Pour votre cour semble être faite;
Elle a plus d'éclat et d'appas
Que n'eut la Grèce et l'Italie;
Mais quand vous ne l'habitez pas,
Les y chercher serait folie [...][22]

Allerdings findet sich dieser Tonfall in einer Reihe von Schriften über die aristokratischen Mäzene vom Ende des 17. Jahrhunderts wieder. Man trifft ihn schon in den unregelmäßigen Reimen von Saint-Evremond, worin er den „Rückzug" (*la retraite*) des Großen Condé nach Chantilly rühmt:

Le vainqueur s'est vaincu, c'est sa grande victoire,
Tranquille et glorieux
Il vit à Chantilly comme on vit dans les cieux[23]

Und:
La Gloire, le Repos, la Grandeur, l'Innocence
Etoient à *Chantilly* dans un parfait accord[24]

Das vom Großen Condé in Chantilly geführte Leben verkörpert noch Père Rapins Formenlehre des Erhabenen, die daraus das Musterbeispiel des sublimen Tons des *vie privée* macht, wo Friede und heitere Gelassenheit (*sérénité*) den Ruhm des Kriegshelden ersetzt und übertroffen haben:

Cette gloire qui l'accompagnoit autrefois [...] estoit plus éclatante, mais elle n'estoit ni si pure, ni si tranquille que celle-cy. [...] Et le dernier comble de sa gloire est qu'après avoir porté la valeur au plus haut point qu'elle ait esté portée par ceux qui ne connoissent pas d'autre vertu que celle-là, il s'est fait un repos si noble & si rempli de dignité, qu'il le regarde comme le fruit le plus solide & le plus précieux de ses victoires: de sorte qu'après avoir

---

21 Zitiert nach MAUREL, La Duchesse, S. 54.

22 ANTIONE HAMILTON, Pour la duchesse du Maine, in: Œuvres du comte Hamilton, Paris 1825, Bd. 2, S. 582.

23 SAINT-EVREMOND, Œuvres meslées, London 1711 [Sur la retraite de Mr. Le Prince de Condé à Chantilly. Stances irrégulières].

24 Ebd.

acquis tout l'honneur qu'on peut aquerir dans la guerre, il a eü encore le bonheur d'aquerir par sa retraite tout celuy que peut faire la paix.[25]

Ich ende mit einem anderen Text – weniger bekannt als die beiden vorgenannten –, der an die Herzogin von Maine erinnert, auf deren Auftrag und zu deren Ehre er geschrieben wurde. Es handelt sich um ein weiteres Werk des Dichters und neulateinischen Hymnographen Jean-Baptiste Santeuil, das 1696 unter dem Titel *Salpetria nympha Cantilliaca* veröffentlicht wurde.[26] Das Gedicht, im folgenden nach der französischen Übersetzung zitiert, bedient sich einer zum bereits genannten Text analogen Sprachebene:

Elle quitte l'éclat d'une brillante cour,
Et sous les traits d'une Mortelle
Vient goûter la douceur nouvelle
Des innocents plaisirs d'un champêtre séjour.
Reconnoissons une Déesse
Qui de SALPETRIA prend le rustique nom:
Sans doute c'est une Déesse,
Ou c'est une illustre Princesse
De l'auguste sang de BOURBON[...].

Schließlich versäumt Santeuil es nicht, dem die vereinbarte Eloge ans ans väterliche Schloß anzufügen:

Palais superbe & solitaire
Chantilly, tranquille séjour,
Qu'un Prince quelquefois préfère
Aux charmes pompeux de la cour.

Es ist nicht meine Absicht, in irgendeiner Weise das Mäzenatentum des Hochadels auf ein Unterfangen bloßer Repräsentation zu reduzieren, für die die Leidenschaft für die *choses de l'esprit* lediglich als Vorwand gedient hätte, zumal viele Untersuchungen die subversive Kraft pastoraler Inspiration betont haben. Gleichwohl muß hervorgehoben werden, wie sehr die mehr oder weniger langen *retraites* des Adels auf die (im 18. Jahrhundert so genannten) *campagnes* in Nähe des Hofes, deren auf Eingeladene beschränkter und dem erstbesten Höfling verwehrter Zugang und Lustbarkeiten nach erweiterter Sichtbarkeit verlangten. Und genau diese wurde ihnen von lateinischen Gedichten, den Berichten im *Mercure galant* oder Spezialwerken wie den *Divertissements de Sceaux* verliehen, in denen der Abbé Genest seine Stegreifbeobachtungen dem allzu Vergänglichen entriß.[27] Diese *Divertissements de Sceaux* bilden den Stoff eines umfangreichen Bandes von 476 Seiten, der im übrigen von der Druckerei des Herzogs von Maine, derjenigen von Trévoux, veröffentlicht wurde.[28] Sie richten sich nicht nur an die folgenden Gene-

[25] René Rapin, Du Grand ou du sublime dans les mœurs et dans les différentes conditions des hommes, Amsterdam 1986, S. 61–62 (zitiert nach Mark Bannister Condé in Context. Ideological Change in Seventeenth-Century France, Oxford 2000, S. 190–191).

[26] BNF, FB-19189, ohne Ort und Datum. Die (handschriftliche) französische Übersetzung, die hier verwendet wird, findet sich unter der Signatur Y C 12 306.

[27] Paul Alpers, What is Pastoral?, Chicago 1996.

[28] Abbé C.-C Genest, Les Divertissemens de Seaux, Trévoux und Paris 1712.

rationen, sondern legen den Zeitgenossen die Schönheiten von Sceaux und die Freuden seiner Gäste dar.

Als Zeugnis dafür mag die im Modus der Verneinung gehaltene Einleitung dienen, worin der Abbé Genest den künstlichen Gegensatz von privat und öffentlich wieder aufnimmt, indem er klarstellt, daß sich dieser Bericht nur an die Eingeweihten richte:

> Au reste, je ne conseillerais pas à ceux qui ne connaissent ni Seaux ni les personnes qui l'habitaient d'ordinaire de s'arrêter à cette lecture: ils pourraient y trouver beaucoup d'endroits qui leur sembleraient peu intelligibles.[29]

Kurz, es handelt es sich um eine Enthüllung durch Paralipse, d.h. ein Stilmittel, das nach den Worten Pierre Fontaniers darin besteht, „feindre de ne pas vouloir dire ce que néanmoins on dit très-clairement, et souvent même avec force".[30] So öffnet sich durch diese Publikation das Raffinement Sceaux' allen und bleibt doch unzugänglich für den erstbesten. Diese restriktive wie distinktive Begrenzung des Leserkreises, der befugt ist, die Freuden der Gesellschaft der Herzogin von Maine zu kosten und mit dem der Verfasser des Vorworts ein ausdrückliches Einverständnis herstellt, beleuchtet die Verbindung von behaupteter Intimität und orchestrierter Öffentlichkeit, eine Verbindung, die das Spezifische des Mäzenatentums und gesellschaftlichen Lebens der Adelshöfe zu Beginn des 18. Jahrhunderts ausmachte. Ebenso wenig waren all die einfallsreichen Erfindungen der *grandes nuits* dafür bestimmt, in der Intimität, von der sie umgeben waren, begraben zu bleiben: ihre Berufung bestand in der Vermittlung per Bericht oder, besser noch, in der Übertragung auf andere Schauplätze. So wurde die Hirtenoper, die Destouches verfaßt und Mouret für die dreizehnte Große Nacht in Musik gesetzt hatte, schließlich an der Oper gegeben. Denn der Austausch von Ruhm, der dem mäzenatischen Verhältnis zugrunde liegt, ist nicht vollendet, nicht vollkommen, solange das Werk nicht auch vor anderem Publikum triumphiert.[31] Erst der Erfolg in Paris oder bei Hofe bestätigte den guten Geschmack des Mäzens und seine Fähigkeit, Talent zu entdecken und zu fördern.

Das Schloß – Schatzkästchen domestizierter Natur und Rahmen erlesener und irenischer Freuden – wird zum unabweisbaren Ort der Prachtentfaltung der Aristokratie, aber auch der Minister und Einflußreichen der Regierungszeit Ludwigs XIV. Dieser Prozeß spiegelt sich in der mit dem Bau von Versailles zeitgleichen Verbreitung einer Form materieller Kultur, die untrennbar mit einer ästhetischen und politischen Prägung verbunden ist, die (jedenfalls in der zweiten Hälfte des 17. Jahrhunderts) eher vom Hof wiederkehrende Attribute entlehnt, als aus irgendeiner zentrifugalen Bewegung der Ablehnung oder Opposition hervorzugehen. Sicher ist es wahr, daß sich die Höfe des Hochadels nicht nur im übertragenen Sinne im Umkreis des Hofs des Sonnenkönigs plazieren. Von ihm entlehnen sie ihre Gesellschaften; und diese „échappés du premier Versailles", wie sie ein Biograph der Herzogin von Maine nennt, entziehen sich nur mit Unterbrechun-

---

[29] Ebd., (Vorwort).
[30] PIERRE FONTANIER, Les figures du discours, Paris 1977, S. 143.
[31] Vgl. ALAIN VIALA, Naissance de l'écrivain, Paris 1985.

gen den höfischen Verpflichtungen.[32] Ferner fällt der Zauber jedes Schlosses des vierzehnten Ludwig auf die Bauwerke in ihrer Nähe, die der Bewunderung durch dieselben Besucher offenstehen, oder, besser gesagt, der Bewunderung durch hohe Gäste, die es während ihres Besuchs in Frankreich anzuziehen gilt (Botschafter, wie jener Wilhelms III., Lord Portland, der sich in Chantilly aufhält; Mitglieder des europäischen Hochadels, wie Stanislaus Leszczyński, der Sceaux besucht). Und schließlich sind die Lustbarkeiten, die dort stattfinden, von einem gemeinsamen Vorrat von Festen, Spektakeln und Spielen abhängig, egal, nach welcher Neuigkeit oder welchem Skandal Organisatoren und Mäzene suchen. Dennoch kultivieren und bekunden sie deutlich, was sie vom Hof unterscheidet: Lustbarkeiten, die mit auf Dauer zugelassenen Gästen geteilt werden; die Abwesenheit von Zeremoniell und Etikette; der vermeintlich bukolische, aber unter großen Kosten geschaffene Rahmen. Diese *retraites*, die der Père Rapin als Musterbeispiel für die Erhabenheit des *vie privée* schildert, stellen sich und den Reichtum und Geschmack ihrer Besitzer zur Schau: nicht gegenüber einem König, dem es zu trotzen gälte (das hieße den Horizont des aristokratischen Mäzenatentums deutlich zu verringern und den Anteil von Zurschaustellung und Repräsentation zu verschleiern), sondern im Schoß einer feinen Gesellschaft, die sich nicht auf Frankreich beschränkt und die diesen Glanz ebenso in universalem Latein wie in universalem Bild wahrnimmt.

32 MAUREL, La Duchesse, S. 69.

Wolfgang Wüst

Luxus oder Sparzwang? Höfisches Leben im frühmodernen Kleinstaat der fränkischen Hohenzollern und der Bischöfe von Augsburg

Materielle Hofkultur, die dank seriell überlieferter Rechnungsbücher bereits seit dem 14./15. Jahrhundert auch für die süddeutsche Residenzenlandschaft quantitativ erforscht werden kann,[1] wurde gerade auch mit Blick auf die vermeintliche ökonomische Irrationalität und die soziale Dysfunktion einer sie begleitenden Aura von Luxus, Elitenbildung, herrschaftlicher Hierarchisierung und gesellschaftlicher Spaltung zwischen Höfischem und Außerhöfischem – oder sollte man sagen zwischen Herrschern und Beherrschten? – eingebunden in die Systemtheorie des Hofs. Das höfische Machtgefüge sollte als ein soziales System[2] möglichst breite Akzeptanz erfahren, doch war dies zu jeder Zeit von der Attraktivität des Zentrums Hof abhängig. In methodologischen Überlegungen zur europäischen Hofkultur traten zu soziokulturellen und gesellschaftlichen Interpretationsmodellen jüngst auch die Fragen nach dem Kommunikationssystem Hof hinzu.[3] Inwieweit höfische Lebenswelten (Feste, Zeremoniell, visuelle Symbole) als Scharnier-

---

[1] Vgl. für einen weltlichen Fürstenhof: WALTER ZIEGLER, Studien zum Staatshaushalt Bayerns in der zweiten Hälfte des 15. Jahrhunderts. Die regulären Kammereinkünfte des Herzogtums Niederbayern 1450–1500, München 1981. Für einen geistlichen Fürstenhof: VOLKER HIRSCH, Der Hof des Basler Bischofs Johannes von Venningen, 1458–1478: Verwaltung und Kommunikation, Wirtschaftsführung und Konsum (Residenzenforschung, Bd. 16), Ostfildern 2004; ULF DIRLMEIER und GERHARD FOUQUET, Bischof Johannes von Venningen (1458–1478) auf Reisen. Aufwand und Konsum als Merkmale adliger Lebensführung, in: Gertrud Blaschitz u. a. (Hrsg.), Symbole des Alltags – Alltag der Symbole. Festschrift für Harry Kühnel zum 65. Geburtstag, Graz 1992, S. 113–145.

[2] NIKLAS LUHMANN, Soziale Systeme: Grundriß einer allgemeinen Theorie, Frankfurt a. M. 1984; ders. (Hrsg.), Soziale Differenzierung: Zur Geschichte einer Idee, Opladen 1985; JAN HIRSCHBIEGEL, Der Hof als soziales System, in: Mitteilungen des Residenzenkommission 3/1 (1993), S. 11–25; ders., Zeichen der Gunst: Neujahrsgeschenke am burgundischen Hof zur Zeit König Karls VI. von Frankreich (1380–1422), in: Stephan Selzer (Hrsg.), Menschenbilder – Menschenbildner: Individuum und Gruppe im Blick des Historikers. Werner Paravicini zum 60. Geburtstag, Berlin 2002, S. 213–240.

[3] CORDULA NOLTE, Die markgräfliche Familie am Hof zu Berlin und Ansbach 1470–1486. Versorgung, Wohnstrukturen, Kommunikation, in: dies. (Hrsg.), Principes: Dynastien und Höfe im späten Mittelalter. Interdisziplinäre Tagung des Lehrstuhls für allgemeine Geschichte des Mittelalters und Historische Hilfswissenschaften in Greifswald in Verbindung mit der Residenzen-Kommission der Akademie der Wissenschaften zu Göttingen vom 15.–18. Juni 2000, Stuttgart 2002, S. 147–169; PAUL-JOACHIM HEINIG, Der König im Brief: Herrscher und Hof als Thema aktiver und passiver Korrespondenz, in: Heinz-Dieter Heimann (Hrsg.), Kommunikationspraxis und Korrespondenzwesen im Mittelalter und in der Renaissance, Paderborn u. a. 1998, S. 31–49; URSULA PETERS, Mittelalterliche Literatur am Hof und im Kloster: Ergebnisse und Perspektiven eines historisch-anthropologischen Verständnisses, in: Nigel F. Palmer (Hrsg.), Mittelalterliche Literatur und Kunst im Spannungsfeld von Hof und Kloster. Ergebnisse der Berliner Tagung, 9.–11. Oktober 1997, Tübingen 1999, S. 167–192.

stelle zur Intensivierung vertikaler Kommunikation zwischen Herrschern und Beherrschten beitragen, mag dahingestellt bleiben, doch spielt dabei zweifelsohne die materielle Ausstattung der Hofämter, die Mobilität der Höflinge und die Ressourcenfrage des Fürsten eine wichtige Rolle. Doch ist es meines Erachtens höchste Zeit, einmal darüber nachzudenken, ob denn nur ein vielfach bestaunter bzw. oft beneideter luxuriöser Lebensstil, enormer materieller Aufwand, die Welt ‚dressierter' und ‚entsexualiserter' Körper[4] mit visuell inszenierter Symbolik und Sprache, Affektkontrolle und die Vollendung komplizierter, aber ausgereifter zeremonieller Vorgänge zur Zivilisationsförderung und Akkulturation seit dem Spätmittelalter beitrugen. Konnten denn nicht gerade die Ressourcenverknappung und die damit verbundenen Sparzwänge die soziale Barriere zwischen dem ‚engeren' Hof, der unumschränkten Zugang zum Herrscher hatte, und dem ‚weiteren' Hof einebnen, der an kleinen und mittleren Residenzen – dem Regelfall deutscher Territorialität – das auch in der Frühmoderne vorwiegend noch patriarchalisch strukturierte herrscherliche Netzwerk in Stadt und Land umschließen konnte? Dafür bedarf es ähnlich wie in der Urbanistik, wo man zusehends stärker die kleinen Städte – sie führten als Minderstädte forschungsstrategisch lange ein Schattendasein – bis zu den Märkten ohne Mauerring fokussiert, eines Paradigmenwechsels.[5] Der kleine bis mittlere Hof, wie er sich uns im 18. Jahrhundert in Dillingen und Augsburg für ein geistliches Territorium und in Ansbach und Bayreuth für einen weltlichen Fürstenstaat präsentierte, kann den Blick für die kommunikationsfördernde Improvisationsgabe zu Hofe und die ressourcenschonende Kooperation zwischen Residenz, Stadt und Land schärfen.

Die *These* könnte lauten, nicht Überfluß, sondern gerade fehlender Luxus sorgte für zusätzliche integrative Reize. Die Suche nach den steuerlichen ‚Drittmitteln' des 17. und 18. Jahrhunderts im Domkapitel, in den Klöstern und Stiften, beim landständischen Adel, im städtischen Bürgertum, ja selbst in der dörflich-agrarischen Oberschicht, sorgte für die Bodenhaftung des Fürstenhofs und die stets neu zu zeigende herrscherliche Kompromißbereitschaft. Man war auf die örtliche Vernetzung höfischer Bedürfnisse angewiesen, und wenn es nur die Suche nach geeigneten Gasthöfen war, wenn eine Logis im Schloß nicht zu haben war. In Ansbach schickte man dann den Hausvogt als den Vertreter des Hofmarschalls aus, um für entsprechende Standards zu sorgen. Auch die Speisenfolge in den Gasthäusern wurde bisweilen – bis zu dem auf halbem Weg ins Oberamt Gunzenhausen gelegenen Merkendorf – durch höfische Zusätze vor Ort bereichert. Zu einem dort vor Fertigstellung des Gesandtschaftsbaus in der Ansbacher Residenz 1718 logierenden Diplomaten vermerkte das Protokoll:

---

4 NORBERT ELIAS, Über den Prozeß der Zivilisation. Soziogenetische und psychogenetische Untersuchungen, 2 Bde,. 6. Aufl., Frankfurt a. M. 1978; BARBARA STOLLBERG-RILINGER, Höfische Öffentlichkeit. Zur zeremoniellen Selbstdarstellung des brandenburgischen Hofes vor dem europäischen Publikum, in: Forschungen zur Brandenburg-Preußischen Geschichte, NF 7 (1997), S. 144–176.

5 Beispielsweise HELMUT FLACHENECKER und ROLF KIESSLING (Hrsg.), Städtelandschaften in Altbayern, Franken und Schwaben. Studien zum Phänomen der Kleinstädte während des Spätmittelalters und der Frühen Neuzeit (Beihefte der Zeitschrift für Bayerische Landesgeschichte, Bd. 15), München 1999.

Den abend ist er noch im wirtshauß geblieben, man hat aber zu deß würths seinen 4 eßen auch 4 eßen und eine pyramide confect von hoff gegeben und solches in silber anrichten, auch laquayen dabey auffwarten laßen und haben herr ober-amtmann von Stein zu Burgthann und herr von Leonrodt, ober-ambtmann zu Gunzenhaußen, mit ihme gespeißet.[6]

Höfischer Glanz sollte sicher blenden, doch muß das Blendwerk regional verankert sein. Die am Hof nur unvollkommen voranschreitende Domestizierung des Adels – in den unbewehrten geistlichen Staaten[7] boten zudem Militärlaufbahnen nur bedingt Ersatz für fehlende Hofämter – und das buchhalterische Rechnen am Regierungssitz selbst waren nicht unbedingt ein Nachteil. Im Gegenteil, sie förderten gewissermaßen die Moderne, wenn der arrondierte Flächenstaat als ein Wunschtraum frühmoderner Staatsrechtler mit intakten Stadt- und Landämtern und gleichmäßig über die Herrschaft gestreuten Adelssitzen sich zum Strukturersatz für einen unterfinanzierten Hof entwickelte. Die Region wurde dort kulturell vielfach erst im 19. Jahrhundert nach Säkularisation und Mediatisierung zur Provinz.[8] Karriereverweigerungen am Hof und in der Residenzstadt, wie sie im Hochstift Augsburg nachweisbar sind, machen unter dieser Prämisse Sinn. Negativ können sie auch als fehlende Mobilitätsbereitschaft seitens der stiftischen Landbeamten gedeutet werden. 1785 lehnte beispielsweise Landpfleger (Landvogt) Wilhelm Joseph Couven aus dem südlich von Augsburg gelegenen Bobingen seine Ernennung zum Hofkammerrat und stiftischen *bau departementarius* in Dillingen mit einem Jahresgehalt von 800 Gulden nebst 18 Scheffel Getreide ab. Couven bat, in seiner Administration verweilen zu dürfen, „weil er eines theils vorsehe, daß er mit so großer haußgenossenschaft die nothdurft nicht bestreiten könnte, ungeachtet des ihm ausgeworfenen ansehlichen gehalts. Andernseits besorge, daß ihm die Dillingische luft nicht anschlagen, weil er sonst auch diese luft nicht habe ohne sehr beschwerliche und gefährliche kranckheit ertragen mögen." Was auch immer der Kandidat von der Dillinger ‚Luft' zu wissen glaubte, es war eine Entscheidung

6 KARIN PLODECK, Hofstruktur und Hofzeremoniell in Brandenburg-Ansbach vom 16. bis zum 18. Jahrhundert. Zur Rolle des Herrschaftskultes im absolutistischen Gesellschafts- und Herrschaftssystem (Jahrbuch des Historischen Vereins für Mittelfranken, Bd. 86), Ansbach 1972, S. 143; Staatsarchiv Nürnberg, Brandenburger Literalien, Nr. 56, fol. 312. Außerdem: HERMS BAHL, Ansbach. Strukturanalyse einer Residenz vom Ende des 30jährigen Krieges bis zur Mitte des 18. Jahrhunderts, Ansbach 1974. Zur Bauentwicklung grundlegend: JOSEF MAIER, Residenzschloss Ansbach. Gestalt und Ausstattung im Wandel der Zeit (Jahrbuch des Historischen Vereins für Mittelfranken, Bd. 100), Ansbach 2005.

7 KURT ANDERMANN, Die geistlichen Staaten am Ende des Alten Reiches, in: Historische Zeitschrift 271 (2000), S. 593–619; PETER HERSCHE, Intendierte Rückständigkeit: Zur Charakteristik des geistlichen Staates im Alten Reich, in: Georg Schmidt (Hrsg.), Stände und Gesellschaft im Alten Reich, Stuttgart 1989, S. 133–149; WOLFGANG WÜST (Hrsg.), Geistliche Staaten in Oberdeutschland im Rahmen der Reichsverfassung. Kultur – Verfassung –Wirtschaft – Gesellschaft. Ansätze zu einer Neubewertung (Oberschwaben – Geschichte und Kultur, Bd. 10), Epfendorf 2002.

8 WOLFGANG WÜST, Die Provinzialisierung der Region: Identitätsverlust durch Säkularisation und Mediatisierung, in: Werner K. Blessing und Wolfgang Wüst (Hrsg.), Mikro – Meso – Makro: Regionenforschung im Aufbruch – Vergleichende Perspektiven (Arbeitspapiere des Zentralinstituts für Regionalforschung, Bd. 8), Erlangen 2005.

gegen die Attraktivität des Fürstenhofs und des Regierungssitzes. Ein Ämtertausch mit dem in der Nähe Dillingens liegenden bischöflichem Ort Schretzheim, um von dort das zentralörtliche Baudepartement zu leiten, scheiterte ebenfalls. Der Schretzheimer Amtmann wollte sich in der Einschätzung des bischöflichen Statthalters „zum abzug eben so wenig bequemen", da er „schon sehr alt und in die ruhe gesetzt zu werden verdiente."[9]

Und selbst die Hoftafel war an einem kleineren und mittleren deutschen Fürstensitz extrem abhängig von der Leistungsfähigkeit exterritorialer, meist städtischer Zulieferer und vom Kassenstand in der Fürstenschatulle. So mußte in der fürstlichen Residenzstadt Coburg schon Herzog Johann Casimir (1564–1633) seine Hoftafel aus finanziellen Gründen von ursprünglich 213 Personen – sie wurden noch zweimal täglich an 24 Tischen verköstigt – bei seinem Regierungsantritt um mehr als die Hälfte reduzieren. Zuletzt gab es seit 1607 nur noch acht Tische. Und eine haushälterische Speiseordnung legte penibel fest, wie viele Essen aufgetragen werden durften. Dabei mußten bereits am sogenannten Truchsessentisch – hier saß immerhin auch der Hofmarschall – zum Teil bereits die Reste von der Fürstentafel verzehrt werden. Und was dort übrigblieb, verspeisten wiederum die Köche. Am Ende der Coburger Tafelhierarchie des 17. Jahrhunderts standen die Hofwächter und herrschaftlichen Vogelfänger, die von den Resten der Reste, die ihrerseits bereits zweimal übriggeblieben waren, mehr schlecht als recht von höfischen Abfällen lebten.[10] Und wie hätte die Versorgung des Ansbacher Hofes ausgesehen ohne die Leistungsfähigkeit der Nürnberger Handelskontore? Hofmeister Ludwig von Eyb d. Ä. weiß zu berichten, daß noch im Spätmittelalter anläßlich der Totenfeier für Markgraf Johann den Alchimisten 1464 jeglicher Luxus aus der Reichsstadt kam, als da waren „saffran, zucker, zymat, negellein [Nelken], yngcber [Ingwer], pfeffer, muscat, weinperlein, mandel, reyß, plawer coliander" oder „weyßer kumel". Auch die Puten, das Kalbfleisch, die Ochsen, die Aale und Krammetsvögel wurden von Nürnberg über die Cadolzburg nach Ansbach geliefert. Und daran änderte sich bis zum 18. Jahrhundert nicht allzuviel.[11]

Aus dieser ressourcenverknappten und negativen Erfahrung heraus mußten die Hof-, Fürsten- und Zentralämter ihre Interaktionen sowohl mit den benachbarten Handelsstädten als auch mit dem flachen Land verstärken, um für die fortdauernde Transparenz höfisch-hauptstädtischer Zeichensysteme zu sorgen. Kooperation, Kommunikation über ein intaktes Boten- und Gesandtennetz und einsparende Synergieeffekte waren angesagt, wenn steigende Aufwandsnormen bei Hofe von

---

[9] Staatsarchiv Augsburg, Hochstift Augsburg, NA, Akt 741, „Neue systematische Einrichtung des fürstlichen Hochstifts Augsburg" vom 27.4.1785. Bericht des bischöflichen Statthalters Johann Nepomuk Ungelter v. Deisenhausen vom 25. August 1785.

[10] MICHAEL HENKER u.a. (Hrsg.), Ein Herzogtum und viele Kronen. Coburg in Bayern und Europa (Veröffentlichungen zur Bayerischen Geschichte und Kultur, Bd. 36), Augsburg 1997, S. 136f.

[11] MATTHIAS THUMSER (Hrsg.), Ludwig von Eyb der Ältere (1417-1502). Schriften (Veröffentlichungen der Gesellschaft für Fränkische Geschichte, Bd. I/6), Neustadt und Aisch 2002, S. 355–371, Zitate nach S. 357f.; REINHARD SEYBOTH, Reichsstadt und fürstliche Residenz. Nürnberg als Versorgungszentrum für die fränkischen Hohenzollernresidenzen im späten Mittelalter, in: Werner Paravicini (Hrsg.), Alltag bei Hofe (Residenzenforschung, Bd. 5), Sigmaringen 1995, S. 65–81

drastischen Ausgabekürzungen begleitet wurden, wie sie auch das Ansbacher Regulativ 1752 für den Hofstaat umsetzte. Dieter R. Werzinger untersuchte das restringierende Zahlenwerk. Die Ausgaben für die Hofküche fielen bei Fleisch und Fisch von jährlich 23400 auf 16000 Gulden, im Hofkeller für den Einkauf von Mosel- und Frankenwein von 6000 auf 4000 fl. und für die Konditorei von 2500 auf 1600 fl. Der Haushaltsansatz für Tapisserien und anderes Kunsthandwerk fiel von 3500 auf 1600 fl. und für den Kauf von Hoflivréen standen in der zweiten Hälfte des 18. Jahrhunderts statt 7600 nur noch 6000 Gulden zur Verfügung.[12] Die Auswirkungen abnehmender bzw. fehlender fürstlicher Investitionen an süddeutschen Höfen – sie waren vielleicht eine Folge übersteigerter höfischer Erwartungshaltungen gewesen – wollen wir zunächst am Beispiel der Festkultur untersuchen.

1. Hoffeste an der Peripherie

Das höfische Fest im Barockzeitalter fand als Gegenstand abendländischer Kulturgeschichte in der Forschung regen Zuspruch, wobei traditionelle, aus dem Altertum und Mittelalter kommende Formen des Festes, wie sie im Turnier, Tanz oder im Triumphzug zutage treten, eine glückliche Synthese mit frühneuzeitlichen Elementen wie dem Feuerwerk eingingen. Die Zurschaustellung von Macht und Luxus, um ein wichtiges systemtragendes Element des barocken Hofzeitalters zu nennen, konnte am unaufdringlichsten in ihrer spielerischen und belustigenden Art – dem Hoffest – erfolgen. Opern und dramatische Inszenierungen, Ballett und Hoftanz, Feuerwerke und Tafelmusik, Jagdausflüge, Kutschfahrten, Prozessionen und Wasserfahrten, Turniere und andere höfische Festlichkeiten zogen sich deshalb mit großer Regelmäßigkeit über das Jahr. Diese höfischen Feste boten natürlich keineswegs nur ungetrübte Lebensfreude, sie erforderten eine enorme Leistungsfähigkeit der sie tragenden Teile des Hofstaates und stellten hohe finanzielle Forderungen an den Landesherrn und die Stände. Es muß demnach geprüft werden, ob das an Versailles, Wien oder anderen großen europäischen Höfen orientierte „Große Welttheater“[13] in der Provinz überhaupt funktionsfähig war. Dort,

---

[12] DIETER R. WERZINGER, Die zollerischen Markgrafen von Ansbach. Ihr Staat, ihre Finanzen und ihre Politik zur Zeit des Absolutismus (Schriften des Zentralinstituts für Fränkische Landeskunde und allgemeine Regionalforschung an der Universität Erlangen-Nürnberg, Bd. 31), Neustadt/Aisch 1993, S. 177. Zum staatlichen Aufbau: WOLFGANG NEUGEBAUER, Die Hohenzollern, Bd. 1: Anfänge, Landesstaat und monarchische Autokratie bis 1740, Stuttgart, 1996; Bd. 2: Dynastie im säkularen Wandel von 1740 bis in das 20. Jahrhundert, Stuttgart 2003; WOLFGANG WÜST, Auf der Suche nach dem fränkischen Modellstaat: Territorialisierung – Modernisierung – Identifizierung, in: Werner K. Blessing und Dieter J. Weiß (Hrsg.), Franken – Vorstellung und Wirklichkeit in der Geschichte (Franconia, Jahrbuch für fränkische Landesforschung, Beiheft 1), Neustadt/Aisch 2003, S. 141–168.

[13] RICHARD ALEWYN, Das Große Welttheater. Die Epoche der höfischen Feste, 2. Aufl., München 1985; HUBERT CH. EHALT, Ausdrucksformen absolutistischer Herrschaft. Der Wiener Hof im 17. und 18. Jahrhundert (Sozial- und Wirtschaftshistorische Studien, Bd. 14), München 1980; JÜRGEN FRHR. V. KRUEDENER, Die Rolle des Hofes im Absolutismus (Forschungen zur Sozial- und Wirtschaftsgeschichte, Bd. 19), Stuttgart 1973.

wo man sich weder Künstler- und Gelehrtenstäbe, Theaterensembles noch Heerscharen an höfischen Lakaien leisten konnte, mußte die Festkultur andere Formen annehmen als in jenen Residenzstädten, die sich in kultureller Zentralität sonnten. Nicht selten ergoß sich Spott und Hohn auf diese kleineren, aber doch so zahlreichen Höfe, wie im Falle des zur Bayreuther Hofversorgung im Schloß zu Erlangen eingerichteten Witwensitzes. Als Markgräfin Friederike Sophie Wilhelmine von Bayreuth (1709–1758), die Lieblingsschwester Friedrichs des Großen, auf der Durchreise nach Ansbach in der Hugenottenstadt Erlangen Station machte, notierte sie zum Hofstab der nach dem Tod des Markgrafen 1726 noch relativ jungen, äußerlich attraktiven und zudem überaus lebenslustigen Witwe Sophie von Sachsen-Weißenfels am Hohenzollern-Hof:

> Sie – die Markgräfin – stellte mir ihre sogenannte Gouvernante vor und ihre beiden Ehrendamen. Die letzteren waren Zwillinge, sehr klein und so dick, daß sie kaum gehen konnten. Diese beiden Fleischklumpen wollten sich bücken, um mir die Hand zu küssen, verloren aber das Gleichgewicht und rollten an den Boden, was meine Ernsthaftigkeit und die der ganzen Versammlung aus dem Gleichgewicht brachte. Man konnte sich nichts Häßlicheres denken als den Hof dieser Markgräfin; ich glaube, daß alle Monstra des Landes und der Umgegend sich zu ihrem Dienste versammelt hatten.

Herablassend und süffisant, aber zugleich für das Außenbild eines Witwensitzes aufschlußreich fügte sie hinzu: „Vielleicht geschah es aus Politik, um durch diese Schrecknisse ihre veralteten Reize zu erhöhen.“ War doch in der entstellenden Beschreibung Wilhelmines das Gesicht der Erlanger Witwe „sehr lang, wie auch ihre Nase, die sie sehr verunstaltete, da sie erfroren war und dadurch eine sehr unangenehme rothe, rübenartige Farbe erhielt. Ihr Teint war, obgleich unverdorben, doch gelblich, bleifarbig und schlaff.“[14] Auf der Ebene binnenstaatlicher Hofhaltung schienen also nicht nur Witwensitze vielfach, vor allem aber finanziell, benachteiligt zu sein.

Dort übernahmen Volks- und Kirchenfeste, Jahrmärkte, jesuitische oder studentische Theatertradition und die mit geringen Bühnen- und Spieleraufwand zu inszenierenden Possen der *Commedia dell' arte* weitgehend die Funktion der höfischen Darbietung. Ähnlich wie Nürnberg als Stadt vieler berühmter Reichstage, als Tagungsort des fränkischen Kreiskonvents, als europäische Handelsmetropole und als Standort für Theater[15] und Oper – 1667 bewilligte der Rat den Bau eines

---

[14] RUDOLF ENDRES, Hof und Gesellschaft in Erlangen, in: Erlanger Bausteine 42 (1994), S. 11–20, hier S. 12; WOLFGANG WÜST, Höfisches Leben im Erlanger Wittum. Ein Witwensitz als markgräflicher Residenztyp, in: Christina Hofmann-Randall (Hrsg.), Das Erlanger Schoß als Witwensitz 1712–1817. Eine Ausstellung der Universitätsbibliothek 15. November–8. Dezember 2002 (Schriften der Universitätsbibliothek Erlangen-Nürnberg, Bd. 41), Erlangen 2002, S. 41–62. Vgl. zu Wilhelmines Memoiren: ANNETTE KOLB (Hrsg.), Memoiren der Markgräfin Wilhelmine von Bayreuth, 2 Bde., Leipzig 1910; Memoiren der Markgräfin Wilhelmine von Bayreuth, Schwester Friedrich des Großen: nach der eigenhändigen französischen Niederschrift, Berlin 1929. Siehe auch: INGEBORG WEBER-KELLERMANN (Hrsg.), Eine preußische Königstochter: Glanz und Elend am Hofe des Soldatenkönigs in den Memoiren der Markgräfin Wilhelmine von Bayreuth, Frankfurt a. M. 1990.

[15] THEODOR HAMPE, Die Entwicklung des Theaterwesens in Nürnberg, Nürnberg 1900; ders. (Hrsg.), Nürnberger Ratsverlässe über Kunst und Künstler im Zeitalter der Spätgotik und Renaissance, 3 Bde. (Quellenschriften für Kunstgeschichte und Kunsttechnik

Opern- oder Nachtkomödienhauses und 1685 wurde dort die erste größere Barockoper gespielt – auch für die Zollernresidenzen im fränkischen Unterland ein attraktiver Standort blieb, so band die Reichsstadt Augsburg Ressourcen. Sie ließen das benachbarte Hofleben weniger exquisit und luxuriös als andernorts erscheinen. Feuerwerke und die beliebte *Opera buffa* waren beispielsweise in der Stadt häufiger zu sehen und aufwendiger inszeniert als am bischöflichem Hof. Die höfische Strukturkategorie Luxus scheint hier gänzlich patrizisch-bürgerliche Züge anzunehmen.

Neben der Tradition des Maskenballes spielte gerade die in Residenztheatern aktuelle *Opera buffa* ebenfalls eine Rolle für das städtische Kulturinteresse in Augsburg. Leiteten die Ensembles an Höfen in der Regel Adlige, die sich *directeurs des plaisirs* nennen durften, so standen in der Reichsstadt dem 1776 neugebauten Theater am Lauterlech, dem ersten Stadttheater, bürgerliche Spielleiter vor. Dieser Unterschied schien sich aber nicht sonderlich bei der Auswahl der Stücke bemerkbar zu machen. Im neuen Theater zeigten sich denn auch – in Parallele zu höfischen Bühnen[16] – fast ausnahmslos Italiener, wobei Innsbruck eine willkommene Zwischenstation bildete. So erkundigte sich ein Peter Rossa als Direktor „einer compagnie italienischer singspieler" von Innsbruck aus „wegen der bedingungen und der abgaben des [Augsburger] theaters, um vorher wohl unterrichtet zu seyn."[17] Rossa bat um 24 Aufführungen zu je vier Aufzügen. Es kam durchaus vor, daß die Anträge in italienischer Sprache abgefaßt und für den Rat übersetzt werden mußten. Rücksichtnahme auf den Bischof zu Augsburg bewiesen trotz eines fehlenden Hoftheaters vor allem auch die katholischen Opernleiter. Der Tod des Fürstbischofs Joseph v. Hessen-Darmstadt 1768 und die selbstauferlegte Kondolenzzeit trafen z.B. den Indendanten Philipp de Sales finanziell hart, da er 14 Tage mit 22 Personen in Augsburger Gasthöfen untätig „auf große kösten" leben mußte. Die ursprünglich an Augsburg geknüpften monetären Erwartungen konnten sich so nicht erfüllen. Hatte doch der Intendant noch „unmillissime, devotissime e obligatissime" von Innbruck aus an den Rat geschrieben: Er hoffe, „mezzo di potere cosi riparare tutte perdite sue fatte in Inspruck e pagare li viaggi di tutta la compagnia."[18] Die *Opera buffa* setzte sich auch in Augsburg als beherrschender Spieltypus durch, wobei neben Italienern auch Ensembles aus deutschen Residenzstädten ihre Talente anboten.

Feuerwerke bildeten in der Regel als barockes Theater den illuminierten Höhepunkt vieler Hoffeste, die an allen frühneuzeitlichen Residenzen mit ungeheuerem Kostenaufwand ausgerichtet werden sollten. Zahlreiche Städte versuchten dieser Prachtentfaltung nicht nachzustehen. So erteilte das reichsstädtische Almosenamt insbesondere jenen Feuerwerkern die Aufenthaltsgenehmigung, die bereits in Residenzstädten approbiert waren. So baten 1767 die französischen Kunstfeuerwerker Caspar Boutri und Pascal Rous um Spielgenehmigungen in der Augsburger

des Mittelalters und der Neuzeit, NF Bd. 11–13), i.: (1449) 1474–1570, ii.: 1571–1618 (1633), iii.: Personen-, Orts- und Sachregister, Leipzig 1904.

16 GÜNTHER HANSEN, Formen der Commedia dell' Arte in Deutschland, Emsdetten 1984.

17 Stadtarchiv Augsburg, Reichsstadt, Theater 1a/2, Supplik vom 25. Januar 1777.

18 Ebd., Theater 8/2, Supplik vom 25. August 1768.

Fechtschule, „da wir in der [...] residenz-stadt München eine solche praesentation vor S. Churfürstl. Durchlaucht in Bayern gemachet, wir hierüber [...] ein offenes attestatum mit angehängter recomendation erhalten haben, woraus [...] zu ersehen, daß unßere feuerwerk guten beyfall gefunden haben."[19] Die Vielfalt der Feuerwerke überrascht. Sie reichte von „lusträdern und farbenfeuer [...], so nicht hochsteiget noch etwaß weder ober- noch um sich außwirfft" als einer Art Zimmerfeuerwerk über großangelegte französische bis zu exotischen Feuerwerken. Bei ihnen standen dann „brillianten-drehende" Sonnen, „türkische caprice", biblische Szenen, „chinesische spiegel" oder „egyptische pyramiden" im Zentrum.[20] Für häufiger gezeigte Feuerwerke stand ein 1780 von dem Danziger Johann Christian Kaesener gezeigtes *Spectaculum*, das sich in sechs Teile gliederte.[21] Den Reigen eröffneten vier *Fontainen*, die sich schließlich in chinesische *Itianomiatri bäume* verwandelten. Es folgten eine Sonne in dreißig Variationen, zwei Sonnen im Gegenüber, eine *Caprice* in dreizehn Ausführungen, das Augsburger Stadtwappen, „als wäre es von lauter jeweelen zusamengesetzt" und schließlich das Grab Christi, „so wie es von hiesigen meistern gezeichnet worden und präsentirt in brilliant feuer, das sich in einen sehr prächtigen triumpfbogen" verwandelte.[22] Früher inszenierte Feuerwerke hatten ähnliche Effekte. So stand 1776 ein Tempel im Mittelpunkt, in dessen „mitte ein großer chinesischer spiegel, auf denen beiden seiten zwey egyptische pyramiden, auf der höhe 4 caprice, welche sich öfters verändern, und wird begleitet mit zwölf hundert stück bedarten."[23]

2. Finanznot, Improvisationsgabe und eine reduzierte Festentfaltung: Hofmusik und Hoftheater als Beispiele

2.1. Multifunktionalität der Fürstendiener

Zu den systemtragenden Charakteristika kleiner Höfe zählte die Vielseitigkeit von Hofstaat und Dienerschaft. Dies galt insbesondere für das höfische Fest-, Musik- und Schauspielprogramm. So gab es am bischöflich augsburgischen Hof fast kein Mitglied des Orchesters, das nicht durch profanere Tätigkeiten ein Zubrot ver-

---

[19] Ebd., Reichstadt, Theater 23/11 (Almosenamt); vgl. zur Stellung des Feuerwerks im Hofzeremoniell: JOHANN CHRISTIAN LÜNIG, Theatrum ceremoniale historico-politicum oder historisch- und politischer schau-platz des europäischen kantzley-ceremoniels, kayser/ könige/ chur. und fürsten/ grafen und herren [...], Leipzig 1750.

[20] *Caprice* waren Freudenfeuer, die in Anklang an den Begriff *Capriccio* in musikalischer Umrahmung vorgeführt wurden. Vgl. CASIMIR SIMIENOWICZ, Vollkommene Geschütz-Feuerwerck- und Büchsenmeisterey-Kunst etc., übersetzt von Leonhard Beeren, erweitert von Daniel Elrich, Frankfurt a. M. 1676.

[21] Festfeuerwerke konnten dagegen aus mehreren Teilen mit je fünf bis sechs Illuminationen bestehen. Vgl. ALOYS WINTERLING, Der Hof der Kurfürsten von Köln 1688–1794. Eine Fallstudie zur Bedeutung „absolutistischer" Hofhaltung (Veröffentlichungen des Historischen Vereins für den Niederrhein insbesondere das Alte Erzbistum Köln, Bd. 1), Bonn 1986, S. 144.

[22] Stadtarchiv Augsburg, Reichsstadt, Theater 23/11 (Almosenamt).

[23] Ebd., Theater 25/32, Druckschrift für den 17. Januar 1767.

dient hätte.[24] Vielseitigkeit war meist auch Bedingung für die Bestallung neuer Hofmusiker wie sie in einer „neue[n] systematische[n] einrichtung" im Augsburger Hochstift 1785 grundsätzlich festgeschrieben wurde.

Wenn ein trompeter, oder paucker platz in erledigung kommt, so wäre fordersamst darauf zu sehen, daß kein neue angestellt werde, der nicht in rechnen erfahren, und ein gute handschrift hat, und sich zugleich im voraus verbindet, hof- reiß- fouriers- kuchel- und keller schreibers dienste ohne weitere zusatz unentgeltlich zu versehen.[25]

Dabei standen Dillingen und Augsburg im Konzert mit anderen Kleinresidenzen. Jill Bepler unterrichtete uns ausführlich über das spartanische Innenleben der Residenz der Herzöge von Braunschweig-Bevern, in der ein italienischer Kapellmeister unter Herzog Ferdinand Albrecht (1636–1687) die Aufsicht in der Hofküche führte und aus der sich ein Hofharfenist 1678 wegen der als untragbar empfundenen Lebensbedingungen in Abhängigkeit des Herzogs nur nach abenteuerlicher Flucht aus den oberen Stockwerken vorübergehend entziehen konnte, bis er – landesweit steckbrieflich gesucht – aufgegriffen und erneut kaserniert wurde.[26] Am Hofe der beiden letzten Augsburger Fürstbischöfe Joseph v. Hessen-Darmstadt und Clemens Wenzeslaus v. Sachsen agierten selbst der italienische Violinendirektor Joseph Almerigi (1757–1769) als Hoflakai, ein Fagottist als Tafeldecker und Lakai sowie ein Waldhornist/Paukenschläger als Hofkoch. Die langen Dienstjahre der Musiker mit Zweit- und gar Drittfunktionen am Augsburger Hof zeigen aber auch, daß die Hof- und Kammerorchester im 18. Jahrhundert selbst in Fürstbistümern als professionell-exklusive Orchester nicht mehr zu finanzieren waren. Not machte hier erfinderisch und sorgte für ein breites Spektrum höfischer Tätigkeiten ohne ausgeprägtes Spezialistentum.

Es kam dem bischöflichen Musenhof auch zugute, wenn man die Orchester über mehrere Stiftsstaaten grenzüberschreitend verteilen konnte. So konnte man gutdotierte Musiker wie den aus Brescia stammenden stiftischen Kapellmeister Pietro Pompeo Sales[27] (um 1729–1797) am Dillinger Hofe halten, finanzierte ihn nach 1787 aber aus dem kurtrierischem Haushalt und hob seine Einkünfte mit der Verleihung des Titels Kammerrat aus Augsburger Hofkammersteuern nochmals zusätzlich an. Eine weitere Möglichkeit, Komponisten und andere teure Vertreter musischer Sinnesfreuden ausreichend zu dotieren, bot sich den Hochstiftern über

[24] ADOLF LAYER, Musikpflege am Hofe des Augsburger Fürstbischofs Joseph I. Landgraf von Hessen-Darmstadt (1740–1768), in: Jahrbuch des Vereins für Augsburger Bistumsgeschichte (künftig: JVAB) 13 (1979), S. 128–159; ders. Musikpflege am Hofe des letzten Augsburger Fürstbischofs, des Kurfürsten Clemens Wenzeslaus 1768–1812, in : JVAB 17 (1983), S. 155–169.

[25] Staatsarchiv Augsburg, Hochstift Augsburg, Neuburger Abgabe (künftig: NA), Akt 741, „Neue systematische Einrichtung des fürstlichen hochstifts Augsburg" vom 27. April 1785, § 2.

[26] JILL BEPLER, Kleine große Welt. Zur Hofkultur einer Kleinstresidenz. Schloß Bevern 1667–1687, in: Simpliciana. Schriften der Grimmelshausen-Gesellschaf XIV (1992), S. 177–196, hier S. 184f.

[27] ADOLF LAYER, Pietro Pompeo Sales (de Sala), *Die Musik in Geschichte und Gegenwart*, 11 (1963), Sp. 1293–1295; JOSEF MANČAL, Augsburger Musikleben, in: Claus Grimm, Rainer A. Müller und Konrad von Zwehl (Hrsg.), Aufbruch ins Industriezeitalter, Bd. 2, München 1985, S. 544–555.

das Stiftungswesen mit eigenständiger Musik- und Orgelbautradition und die Pfarrmusik an. Anton Simon Ignaz Praelisauer, der sich als Hofkomponist 1743 erstmals in einem zu Ehren des Fürstbischofs von der Augsburger Jesuitenbühne präsentierten Musiktheater empfahl, hatte seit 1725 eine domkapitelische Pfründe inne. 1736 avancierte er zum Domkapellmeister – eine Position, die er trotz seiner Stellung als Hofkapellmeister bis zu seinem Tod behielt. Seine Dotation konnte so zur Entlastung des Hofetats überwiegend aus dem Aerar des Augsburger Domkapitels bestritten werden. Einen zweiten Ausweg aus der monetären Enge kleinerer Residenzstädte boten die pfarrlichen Ressourcen vor Ort. Die Kirchenmusik im Stift St. Peter zu Dillingen beispielsweise, die unter Fürstbischof Johann Christoph v. Freyberg (1665–1690) als Ersatz bzw. Ergänzung zur Hofmusik eingerichtet worden war, mußte trotz ihres hohen Standards unter Leitung örtlicher Stiftskanoniker aber mit degressiven Zuwendungen aus dem stiftischen Kammer- und Hofetat auskommen.

2.3. Hoftheater ohne Kosten

Improvisationsgabe, wie sie sich bei der orchestralen Ausgestaltung der Hof- und Tafelmusik entwickelt hatte, erfaßte auch das Hoftheater und die Spielpraxis der am Hofe gastierenden Ensembles. Über die bischöfliche Theaterförderung, die um die Mitte des 18. Jahrhunderts ihren Höhepunkt erreicht hatte, sind wir schlechter unterrichtet als dies für den musikalischen oder literarischen Sektor gelten kann. Förderung hatte hier auch einen immateriellen Stellenwert, wenn der Landesfürst selbst auf die Bühne trat. Bekannt ist Fürstbischof Joseph von Hessen-Darmstadt für seine Theatervorliebe, die sich schon in der Jugend entwickelte und die ihn nicht nur auf die passive Rolle des Zuschauers beschränkte. So spielte er 1716 als Siebzehnjähriger in Mantua, wo sein Vater als habsburgischer Stadtgouverneur in Diensten stand, die Rolle Alexander des Großen. Als regierender Bischof besuchte er bei seinen Reisen zu befreundeten Höfen in Stuttgart, Mannheim oder Schwetzingen regelmäßig die dortigen Hoftheater. Seine häufigen Auslandsreisen sind auch als Kompensation für eine fehlende veritable Hofbühne in Augsburg und in Dillingen zu verstehen. Nicht zuletzt durch die Konkurrenz des reichsstädtischen Theaters und der jesuitischen Schauspieltradition an Universität und Gymnasium bildete sich dort kein eigenes Residenztheater heraus. Doch mußte, vor allem während der Sommermonate des Hofs in Oberdorf, vor dem Hintergrund zahlreicher Visiten benachbarter Fürstenhäuser Theater inszeniert werden. Hierfür stellte man offenbar hochstiftische Teile der schwäbischen Reichskreistruppen ab, deren musentalentierte Torwächter die Langeweile in Friedenszeiten überspielen konnten. Die Rechnung des Hofzahlamts von 1767/68 listete jedenfalls ein Handgeld für die eine „comedie spihlenden soltatesca“ und ein Tafelgeld für den soldatischen „comedianten in Oberdorff“ bei Auftritten vor der hochfürstlichen Tafel zu je elf Gulden auf.[28] Begleitende Illumination und Feuerwerke überließ man ebenfalls gerne den Artilleristen der Reichskreistruppen. Jedenfalls verrechnete

[28] Staatsarchiv Augsburg, Augsburger Pflegämter, Nr. 2067, S. 227.

der Hofzahlmeister 25 Gulden an diese Klientel wegen deren „villen bemühung bey der illumination vnd feyrwerkh.“[29] In dieser Tradition stand das Augsburger Hochstift keineswegs isoliert, denn waffenliebende Abenteurer und stellenlose Feuerwerker priesen ihre Künste vielenorts an. So bewarb sich 1779 der elsässische Korporal Andoine Dietrich in Augsburg als „fechtmeister, feuerwercker oder visirer“ und machte dabei allerhand soldatische Erfahrung geltend: Teilnahme im französischen Heer am Siebenjährigen Krieg (1756–1763), Regimentsfreiwilliger nach dem Friedensschluß von 1763 für drei Jahre und eine sich anschließende elfjährige Dienstzeit in der bayerischen Artillerie. Dort erwarb der Korporal seine Fähigkeiten, von denen er glaubte, daß sie ihn als perfekten Fecht- und Feuermeister auswiesen. Nach seinen eigenen Angaben beherrschte er die hierfür nötigen Grundlagen, als da waren

> die mathes in vollem umfang als algebra, die theoretisch- und practische geometrie, gradlinichte trigonometrie, stereometrie, palistic, mechanic, hydraulic, hydrostatic, cometrie, nivellier- und ingenieur-kunst, theorie von denen mienen, dann die in die artillerie einschlagende fäll in lust- und ernstfeuerwerck, auch angebung des groben geschüz nebst desen zugehör und bestandtheilen und die vixierung eines faß, eines cylinder oder was imer fleißigen materie.[30]

Theater und Feste blieben im Bischofsstaat ohne Rückgriff auf exterritoriale Helfer ebenfalls nicht denkbar. Als der bayerische Kurfürst Maximilian III. Joseph 1767 in der hochstiftischen Sommerresidenz Oberdorf weilte, ließ der Fürstbischof seine Hofdienerschaft durch Leibköche aus dem benachbarten Fürststift zu Kempten[31] und aus den Reichsstädten Augsburg und Kaufbeuren verstärken. Für einen Gala-Abend zu Ehren der wittelsbachischen Noblesse erhielten fremde Hofmusiker den Zuschlag, und 150 Gulden ließ Joseph v. Hessen-Darmstadt „den machinisten Gottlib Mayr von Memmingen anweisen, für ein in hochster anwesenheit beeder churfürstl. durchlauchtigkeiten aus Bayern den 28.ten 7.bris [1767] abgebrandes feyrwerkh.“[32] Helfer konnten aber auch aus den umliegenden Pfarreien kommen, wobei sich in dieser Richtung sicherlich die geistlich-weltliche Doppelfunktion des Fürstbischofs in Diözese und Hochstift vorteilhaft auswirkte. Freilich bot auch dieser Kreis seine Dienste nicht mehr zu Gottes Lohn an. Erfolgte Zahlungen blieben aber geringfügig. Sie beschränkten sich meist auf Sachauslagen und Materialien. So erhielt ein „messner zu Kauffbeyren wegen überbrachten tappeten zur welschen commoedie nachher Oberdorff“ und Briefporto nur 2 Gulden und 26 Kreuzer.[33]

Die Ausrichtung des stiftischen Festrahmens durch fremdes Personal wirkte sich offenbar für den Gastgeber auch nicht standesmindernd aus. Das Gegenteil scheint zuzutreffen, wenn der Fürstbischof 1767 förmlich mit diesem Personenkreis kokettierte. So erschien in Anwesenheit des wittelsbachischen Kurfürstenpaares in der Sommerresidenz zu Oberdorf beispielsweise der Leibkoch des Abts

---

[29] Ebd., S. 228.

[30] Stadtarchiv Augsburg, Reichsstadt, Theater 21/1 (Almosenamt), Supplik vom 15.7.1779.

[31] Wolfgang Jahn u.a. (Hrsg.), „Bürgerfleiß und Fürstenglanz“ Reichsstadt und Fürstabtei Kempten (Veröffentlichungen zur Bayerischen Geschichte und Kultur, Bd. 38/98), Augsburg 1998.

[32] Staatsarchiv Augsburg, Hochstift Augsburg, Augsburger Pflegämter, Nr. 2067, S. 228f.

[33] Ebd., S. 230.

aus dem benachbarten Fürststift Kempten, um namentlich präsentiert zu werden. Dabei wurden „demselben pro discretione" 50 Gulden vom Hofzahlmeister ausgehändigt. Gleiches widerfuhr den Köchen aus Augsburg und Kaufbeuren.[34] Schließlich profitierte der Stiftsstaat auch vom finanziellen Engagement der Reichsstadt Augsburg im Wettbewerb um standesgemäße Gesellschaft und Geselligkeit. Akrobaten, bestaunte Abnormitäten und die Ensembles der *Commedia dell' arte* verlängerten beispielsweise häufig ihren Aufenthalt in der Stadt und baten um Kontraktsverlängerung, um anschließend auch am bischöflichen Hof vorgelassen zu werden. Freilich wirkten sich die Absenzen des Landesfürsten – sie waren zum Teil Folge der über Personalunionen[35] geführten Doppel- und Dreifachstifter – auch dort nachteilig aus, wenn, wie im Falle des Vorzeige-Riesen Maximilian Christoph Müller, „gleichwohlen aber auch des herrn bischoffens allhier hochfürstl. durchlaucht meine statur gnädigst zu sehen verlangen, und [ich] allso nit weiße, wan deroselben [...] belieben wirt, mich vor sich zu erfordern."[36] War der Repräsentation zu Hof wegen fehlender Ressourcen also deutliche Grenzen gesetzt, so boten andere Ereignisse Ersatz.

3. Erbhuldigung und Belehnung als quasihöfische Inszenierungen

Erbhuldigungen boten aus dem Dilemma eines nicht mehr finanzierbaren aufwendigen Hoflebens einen praktikablen Ausweg. Damit konnte der Landesherr höfisch-zeremonielles Handeln in die Fläche tragen und zugleich eine Bühne für den Landeshoheitsnachweis errichten. Erbhuldigungen wurden kraft ihrer hohen symbolischen Anspruchs gerade in herrschaftlicher Gemengelage, die sowohl die Grenzen der fränkisch zollerischen Markgraftümer als die des Hochstifts Augsburg markieren, in vielen Ämtern zum Politikum. Markgräfliche Geleitsuntertanen – es handelte sich um Schutzbefohlene an Handels- und Heeresstraßen – wurden wie in der von drei unterschiedlichen Herrschaften regierten Stadt Fürth immer wieder daran gehindert, sich für eine Landesherrschaft öffentlich zu verpflichten. Materiell entpflichtete der Huldigungsakt zugleich die Hof- und Kammergefälle, da Teile der anfallenden Kosten von den örtlichen Potentaten getragen wurden. Die aufwendigen Essen nach dem Eid für die Räte und fürstlichen Bevollmächtigten wurden in der Regel von den Städten und Märkten ausgerichtet und bezahlt. Allerdings konnte auch hier der Hof, wie 1625 bei der Huldigung für die Ansbacher Markgräfin Sophie von Solms-Laubach geschehen, die Festessen mitfinanzieren. 1703 schickte man während einer Erbhuldigung in Windsbach trotz der „trübseligen" Zeiten im Spanischen Erbfolgekrieg Boten nach Nürnberg, um dort Konfekt einzukaufen.[37] Die Kosten stiegen deshalb auch für den Hof-

[34] Ebd., S. 229.

[35] Wolfgang Wüst, Personalunionen zwischen Stiftsstaaten. Administrative Chance oder Regierungschaos?, in: ders., Geistliche Staaten, S. 163–186.

[36] Stadtarchiv Augsburg, Reichsstadt, Almosenamt, Theater 32/13.

[37] Plodeck, Hofstruktur und Hofzeremoniell, S. 185; Staatsarchiv Nürnberg, Brandenburger Literalien 599, fol. 54f.

haushalt, aber sie führten dank der Mischfinanzierung im 18. Jahrhundert nicht zum Kollaps. Der markgräfliche Herrschaftsumritt, der trotz vieler absolutistischer Gebärden im 17. und 18. Jahrhundert nur durch Bevollmächtigte vollzogen wurde, trug so höfischen Glanz und Machtanspruch in die Region. In der fränkischen Amtsstadt Uffenheim war die Landeshuldigung 1729 mit dem Einzug der Bürger und des Landvolks im Schloßhof zeremoniell durchaus anspruchsvoll inszeniert. Nur ein Beispiel unter vielen, wie das *Homagium* in die Funktion höfischer Repräsentation trat:

Nachdeme nun alles in Ordnung gestellet war, gieng der march vom spithal an den marck hinauf nach dem schloßhof in folgender ordnung: 1) Kam stattvogt, statthauptmann und stattschreiber und vor ihnen der burgermeister Luz in schwarzen mantel auff einem rothscharlachenen mit gold bordirten küßen die schlüßel zur statt tragend. Nach diesem folgte der übrige statt-rath, alle in schwarzer kleidung und solchen mänteln und endlich auch die gesamte bürgerschaft je 4 und 4 in einem glied, sodann aber die wittweiber und zuletzt die juden. Hernach folgte 2) castner nebst dem amtschreiber und hinter ihnen der gleitsmann von Oberickelsheim 8nota: der glaitsmann von Aub hat wegen kranckheit nicht erscheinen können) und zollbereuther von Wallmersbach, dann der wildmeister von Welbhaußen, welchen die gesamte erbhuldigte unterthanen, auch haußgenoßen, je 8 in einen glied vom lande, nachfogten. Nach diesen aber gieng der zollbereuther und amts-schultheiß Dietlein von Ergersheim und der schultheiß von Mönchsontheim, denen die gesamte hiesige ober-amts eingehörige schirms-unterthanen nachfolgten, zuletzt aber die juden vom lande, welche den train beschloßen.[38]

Zur *Memoria* an diesen Tag ließ der Landesherr offenbar 1729 auch erstmals Medaillen mit dem Brustbild des Markgrafen und der umseitigen Inschrift: „Eure treu werde neu. Am huldigungs-tag anno 1729." Diese spezielle Nürnberger Münzprägung ging als ein Zeichen symbolisch-materieller Hofkultur als Zwei-Groschen-Stück an die Untertanen, doch an die markgräflichen Schutzverwandten nur im Wert von einem Groschen.[39]

In Ansbach und Bayreuth wurden neben dem Huldigungsakt seit dem 18. Jahrhundert aber auch die Belehnungen in ein höfisches Kleid verpackt. Die Lehensinvestitur wurde aus ihrem nüchternen rechtlichen Kontext herausgelöst, um zeremoniell aufgebläht zuletzt aus fünf Teilen zu bestehen. Nach einer vom Lehenverwalter vorgetragenen Proposition folgte zunächst die Erwiderung. Es schloß sich der vom Geheimen Sekretär verlesene Lehenskontrakt mit Lehenseid an. Schwur bzw. Handgelübde und eine vom Lehensmann vorgetragene Dankesrede beendeten den Hoheitsakt. Die ranggerechte Aufstellung des Hofstabs, bereichert durch das Gefolge des Vasallen, konnte bei der Lehensinvestitur grundsätzlich auch außerhalb der Residenzstadt und des Audienzzimmers auf den jeweiligen Lehen

[38] PLODECK, Hofstruktur und Hofzeremoniell, S. 182; Staatsarchiv Nürnberg, Brandenburger Literalien 607, fol. 142f.

[39] PLODECK, Hofstruktur und Hofzeremoniell, S. 183. Zum Stellenwert von Medaillen in der Herrschaftsmemoria vgl. auch STEFAN W. RÖMMELT, Die Tausendjahrfeiern des 18. Jahrhunderts im benediktinischen Reichsstift Fulda, in: Fuldaer Geschichtsblätter 76 (2000), S. 163–224; ders., Die Tausendjahrfeier der Fürstabtei Kempten im Jahre 1777. Repräsentative Memoria als Instrument historischer Legitimation, in: Jahrbuch des Vereins für Augsburger Bistumsgeschichte 33 (1999), S. 275–316; ders., Kaiser, Papst und Vaterland: Jubiläen und die Memorialkultur der Germania Sacra. Die Tausendjahrfeiern in Fulda und Kempten, in: Historisches Jahrbuch 121 (2001), S. 115–154

erfolgen. In Ansbach ging die Belehnung ranghoher Gesandter zu Beginn des 18. Jahrhunderts ganz nach höfischer Etikette vor sich. Nach dem Eintreten der Lehensdelegation standen

Serenissimus unbedeckt unter einen cremosin-damastenen, mit gold-dressuren reich gallonirten baldachin, auf dem von tothen tuch mit goldener nagelborden beschlegenen parterre. Vor diesem einen schritt der herr lehensempfänger und rechter hand der herr geheime minister freyherr von Seckendorff, herr geheime rath von Bobenhausen, herr geheime rath von Hutt. Linker seits hingegen der herr vicekanzler Jung, der als lehenprobst in dessen abwesenheit hier vicarirte, und herr hof- und regierungs-rath auch geheimer secretarius Jacob Carl Schenk.[40]

Setzen wir nun diese Huldigungsmodelle eines weltlichen Fürstenstaats in Relation zu einem süddeutschen Hochstift, um eine vergleichende Betrachtung zu ermöglichen, dann wird die vielleicht für geistliche Wahlstaaten auffallende, intensive Fremdbestimmung des Hofes aus dem Land zumindest um die Mitte des 17. Jahrhunderts deutlich.

Als der österreichische Erzherzog Sigismund Franz nach seiner Bischofswahl (*Postulation*) 1646 im Hochstift Augsburg, die „von iro päpstlichen heylligkheit zue Rom ordenlich confirmiert vnnd bestettiget worden" war,[41] am 13. September 1650 um 6 Uhr morgens verspätet die Huldigungsreise in seinen neuen Stiftslanden antrat, begleiteten ihn aus Sparsamkeit nur sein Administrator[42] Johann Rudolph v. Rechberg auf Hohenrechberg, ein weiterer Deputierter des Domkapitels und zwei bischöfliche Hofräte – Dr. jur. Jacob Rees und Georg Wolf – als Repräsentanten von Regierung und Hofregiment. Der große Hofstaat nahm aus Kostengründen am Huldigungszeremoniell im Land nicht teil. Der bischöfliche Troß blieb so denkbar klein, so daß man auch unterwegs in nur einer Kutsche bequem Platz fand. Als der Prinzipal in der Nähe der Reichsstadt Kaufbeuren das hochstiftische Schloß Ottilienberg besichtigte, sei man zwar „gerithen, aber alldort in die gutschen gesessen."[43] Der materielle und zeremonielle Aufwand entstand demnach mit unterschiedlicher Ausprägung nicht auf Seiten des Landesherrn, sondern auf Initiative der Huldigenden in der Region und in den einzelnen Pflegen. Während es dem Fürstbischof mehr um die rechtliche Qualität der Huldigung mit Schwur, Eid sowie Schutz- und Schirm-Versprechen[44], auch mit namentlicher Auflistung – sozial getrennt nach Bauern und Söldnern – aller vorgeladenen

---

[40] PLODECK, Hofstruktur und Hofzeremoniell, S. 190; Staatsarchiv Nürnberg, Brandenburger Literalien, Nr. 59, fol. 32.

[41] Staatsarchiv Augsburg, Hochstift Augsburg, MüB, Lit. 228, fol. 1.

[42] Sigismund Franz war als Fünfzehnjähriger zum Bischof gewählt, konnte aber nach kanonischem Recht die Leitung des Hochstifts und des Bistums erst nach Vollendung des 24. bzw. 29. Lebensjahres antreten.

[43] Staatsarchiv Augsburg, Hochstift Augsburg, MüB, Lit. 228, fol. 35 v.

[44] Der Eid lautete 1650 gegenüber dem Fürstbischof/ Bistumsadministrator: „dem hochwürdigen, hochwolgebornen herrn [...] wöllent getrew, potmessig, gerichtbar, steurbar, raißbar, dienstbar vnnd gehorsamb sein, ihro hochfürstl. durchlaucht vnnd deroselbigen stüffts nutzen fürdern, vnd schaden warnen vnnd wenden, auch kheinen andern schutz, schirmb oder burgrecht [...] annemmen, gebrauchen noch erkhennen. Vnnd sonst alles daß thuen sollen vnd wöllen, waß getrewen vnterthanen vnnd gerichtsleuthen wol anstehet vnd gebühret [...]". Vgl. hierzu Staatsarchiv Augsburg, Hochstift Augsburg, MüB, Lit. 228.

Untertanen ging, sorgten die Pfleger, Räte und lokalen Potentaten für die entsprechende zeremonielle Ausformung. Die Begegnung des Souveräns mit seinen Untertanen konnte auf diese Weise insgesamt unmittelbarer inszeniert werden als wenn der reisende Troß des Hofstaats einen trennenden Keil zwischen Bischof, Bürgern und Bauern getrieben hätte.[45]

In den Landpflegen blühte dann auch das regionale Huldigungs- und Empfangszeremoniell in unterschiedlichen Nuancen auf. In Bobingen nahmen Fürstbischof und Domkapitel, nach gemeinsam zelebrierten Gottesdienst, vor der Kirche auf einer schnell gezimmerten Holzbühne Platz – in Ansbach war eine Bühne überhaupt nur in der Residenzstadt selbst üblich –, um die Huldigung der „durchauß gehorsamblich erscheinenden vnderthanen" entgegenzunehmen.[46] In Buchloe empfingen der Ortspfleger Georg Heinrich v. Werdenstein und seine Delegation den Landesfürsten bereits an der Bezirksgrenze in Jengen. Darauf schossen 50 Musketiere den Salut und geleiteten den Prinzipal zum Ortsschloß. Am nächsten Morgen schließlich nahm der Bischof nach der Messe um 9 Uhr vor dem Kirchhof die Huldigung entgegen. Dabei sei „inen pier vnnd brott, wie denn anderen, gezimmendter proportion nach" verabreicht worden.[47] Und auf dem Rückweg aus den Allgäuer Ämtern empfing ein Stiftsbeamter in der Pflege Kühlenthal-Westendorf mit dreißig seiner berittenen Untertanen den Landesfürsten in Ehekirch, geleitete ihn zum örtlichen Schloß, „wo mit einem doppelhaggen 3 oder 4 mahl fewr geben worden." Der Ortspfarrer zu Westendorf empfing zudem den regierenden Bischof im Chorrock im Kreise seiner zahlreich versammelten Pfarrgemeinde vor der fahnengeschmückten Kirche. Die eigentliche Huldigung fand anschließend vor dem Killenthaler Schloßsitz statt, wo der Fürst oben „in der wohnstuben zue dem fenster hinunder gesehen vnnd [er] dem vnderthan den aydt vnnd anderes vonn alldort auß [habe] vorhalten lassen."[48] Die Huldigung erfuhr im Dillinger Rentamt auf Initiative außerhöfischer Kreise eine nochmalige Steigerung. Bereits in Fristingen empfingen Dillinger Stadtvertreter mit etlichen Vögten, „50 reuthern vonn studenten vnnd junngen burgeren" und vier Musketieren, die sich während des Dreißigjährigen Kriegs in Dillingen eingebürgert hatten, den Regenten zu Pferd. Unter Trompetenschall zog man zum Stadtschloß, wo Pistolenschützen den Salut gaben. Fast drei Monate nach Beginn des Umritts in Augsburg huldigten Rat und Bürgerschaft zu Dillingen am 5. Dezember um 9 Uhr morgens nach einer Messe im Großen Schloßsaal. Dem nur dort auf einem Podium erhöht sitzenden Fürsten wurde der Eid durch den Stadtvogt Philipp Julius v. Remchingen und der Bürgerschaft nach dem Füssener Protokoll verlesen, worauf der Bürgerschaft „2 faß pier verordtnet, die rathesherren aber zue mitag zue hof gastiert worden."[49] Das Dillinger Huldigungszeremoniell war auf Rechnung der Bürger mehrtägig ausgerichtet worden, so daß man noch anderntags in der Kapelle des Jesuitenkollegs „eine schöne action vnnd comoedi, so vierstundt gewehret," von Gymnasias-

---

[45] Ebd, fol. 35v.
[46] Ebd., fol. 2v.
[47] Ebd., fol. 36.
[48] Ebd., fol. 38v.
[49] Ebd., fol. 42v.

ten und Studenten präsentiert bekam. Die Huldigung der Stiftsuntertanen aus den stadtnahen Vogteien und aus der benachbarten Herrschaft Aislingen nahm der Fürst ebenfalls noch in Dillingen entgegen. Während der Huldigungsreise achtete man, wie das Protokoll eigens vermerkte, Fastengebote und andere festliche Einschränkungen. So mußte die kleine Kommission am 14. Dezember wegen des Quatember-Fasttags ohne Frühstück nach Zusmarshausen weiterziehen, um unterwegs auch die Huldigung des Abts von Fultenbach, der sich eine „kurze collation" erbeten hatte, entgegenzunehmen. Die dreimonatige Huldigungsreise zu Pferd und in der Kutsche endete für Erzherzog Sigmund Franz und seinen Bistumsadministrator mit der Ankunft in der Domstadt zur „göttlichen ehr vnd glori."[50] Zwischen Luxus, einseitig finanziert durch das Land, und Sparzwang in Regierungs- und Hofkreisen erfüllte man so das vorgeschriebene Huldigungszeremoniell vollkommen. Damit erwuchsen aber auch neue kommunikative Chancen, die, sicher in der Not geboren, zu einem Kennzeichen kleinerer Fürstenstaaten wurden.

Gerade die Landpflegen wurden durch einen sich bis zum 18. Jahrhundert noch erweiternden zeremoniellen Rahmen während der Landeshuldigungen stark belastet. Gleichwohl strahlten die höfischen Vorgänge somit in die Provinz hinaus. Für Zusmarshausen sind wir diesbezüglich gut unterrichtet, wenn kleine und große Delegationen nach jedem Herrenfall (Wechsel im Bischofsamt) mit Regelmäßigkeit, vor allem aber mit „grossen cösten" auf die Ämter zukamen. Im Sommer 1737, als der Konstanzer Fürst Schenk von Stauffenberg nach seiner zweiten Bischofswahl auch in Augsburg den dortigen Herrschaftsantritt zu zelebrieren gedachte, erging vom Dillinger Hofmarschall nur vier Tage vor dem Eintreffen an den örtlichen Vogt Joseph Ignaz Weitpodtner Weisung, daß „unßer gnädigster herr den 8. ten diss [Monats August] vormittag zu Zußmershaußen eintreffen werden, wornach zu veranstallten seyn wirdt, das vor selbe die verpflegung über mittag besorgt, besonders aber die benöthigte pferdt zeitlichen an- und beygeschafft werden" müssen.[51] Die vom Hofmarschall beigegebene Liste hätte alleine für Zusmarshausen die Abstellung von 32 Reitpferden und 23 Kutschpferden und etlichen Kutschwägen bedeutet. Außerdem hatte das Landamt an das stiftische Zeugamt zu Dillingen 30 Sättel, 30 Zaumzeuge und ebenso viele Patronentaschen, Flinten, Bajonette und *cuplen* zu liefern, deren Erhalt der Dillinger Zeugmeister Sebastian Holzhey bestätigte.[52] Der fürstbischöfliche Troß war dieses Mal viel größer, buchstäblich ging der Hof aber erneut auf Kosten des Landes auf Reisen. Außer den Stäben von Oberhofmarschall und Oberjägermeister sowie den Domkapitularen mit „sambtlichen bedienten" kündigten sich an der Hofkanzler, der Hofzahlmeister, der Geheime Rat von Remscheid, ein Leibmedikus, zwei Edelknaben, der Hofmeister, der bischöfliche Sekretär Cronacher, zwei Kammerdiener, je ein Haus-, Küchen- und Kellermeister, drei Köche, ein Küchenjunge, drei Mundköche, zwei Mägde, ein Tafeldecker, ein Hoftapezierer, drei Trompeter und

---

[50] Ebd., fol. 50v.

[51] Staatsarchiv Augsburg, Hochstift Augsburg, NA, Akt 7929, Schreiben vom 4. August 1737.

[52] Ebd., Schreiben vom 16. August 1737.

Pauker, vier *Carbinier*, vier Haiducken, ein Mundschenk, ein Büchsenspanner, ein Kapellendiener, drei Lakaien, der Leibkutscher, zwei Waldhornisten, ein Kammerwächter, acht Vorreiter und Beiläufer, zwölf Reitknechte und zahlreiche andere Hofbedienstete.[53] Es war angesichts der drohenden Kosten für die Fütterung der Menschen und Pferde nur zu verständlich, daß Michael Deyhl und Franz Michl im Auftrag ihrer Kommune an den Bischof mit der Bitte „umb nachlassung daß huldigungsregalis per 338 fl." herantraten. Der Zwölferrat der Gemeinde erreichte schließlich die Zusage, daß „wür successive und in leidentlich früsten ermeltes regale abführen können", und daß sich die benachbarte Pflegen an den Zusmarshauser Kosten zu beteiligen hatten. So informierte der Zusmarshauser Beamte seinen Amtskollegen in Westendorf-Kühlenthal, daß „die disseitige pfleeg Killenthall weegen denen Zußmerhauß[ener] huldigungscösten zu einem beytrag à 40 fl. disponieret werden solte." Neben Huld- und Spanndiensten sollte 1737 der Marktort aber auch durch Einquartierungen belastet werden. So nächtigten im örtlichen Schloß, dem Pflegamtssitz, der Fürstbischof mit zwei seiner Kammerdiener, der Kellermeister und die Schwester eines in bischöflichem Hofdienst stehenden Alexander Johann v. Welden sowie die Äbtissin des Augsburger Damenstifts St. Stephan, Maria Beata v. Welden. Zwei Augsburger Domherren, der Hofkanzler und Freiherr v. Remscheid logierten „beym Eberle", während im Nebengebäude „deß Eberle" der hochstiftische Hofmarschall, der Oberste Stallmeister, der Hofzahlmeister sowie ein Herr Dr. Weisbach nebst „scribenten" sich einquartiert hatten. Außerdem blieben vier Domkanoniker mit Lakaien „bey Matheis Mayr", der Hofmeister mit zwei Edelknaben „zum Willhelm", der Leibarzt „zum Jungen Schaller", zwei Kanzlisten „zum Fischer" und der v. stauffenbergische Küchenmeister beim Schloßmetzger hoffern und bürgernah einquartiert.[54]

4. Synopse

Höfisches Rangdenken und zeremonieller Aufwand sorgten angesichts limitierter materieller wie personaler Ausstattungen für eine Öffnung der *curia minor* zur *curia major* in fast grenzenloser Manier. Die Fläche wurde verhöflicht und der Hof territorialisiert. Ob letzterer dabei auch verflachte, wird letztlich nur regional zu bewerten sein. Statt strenger Funktionsteilung schien der Diskurs unter den Ämtern in Stadt und Land sowie ein systematisch betriebener Ressourcenaustausch einen lohnenswertes zukunftsfähiges System anzubieten, wie gerade kleinere und mittlere Höfe nach dem Muster Dillingen-Augsburgs oder Ansbach-Bayreuths im Konzert luxusorientierter Residenzstädte und großer Fürstenhöfe halbwegs mithalten konnten. Improvisationen waren auf Seite des Fürsten und der Regierung ebenso angesagt wie ein perfektes Timing, um aus einem kleinen Personalstab zur rechten Zeit einen großen repräsentativen Hofstaat zu formen. Dies

---

53 Ebd., Aufstellung vom 8. August 1737.

54 Einzelnachweise bei: WOLFGANG WÜST, Zusmarshausen. Die Entwicklung eines bischöflichen Amtsortes, in: Walter Pötzl (Hrsg.), Zusmarshausen: Markt, Pflegamt, Landgericht und Bezirksamt, Augsburg 1992, S. 91–155.

hatte weniger mit Zauberei zu tun als mit Synergieeffekten. Hierfür galt es aber, wie in Ansbacher Hofordnung von 1730 nachzulesen, die Reserven an Hofkavalieren jederzeit mobil zu halten:

Gleichwie die unterthänigste devotion erfordert, den hohen respect seines herrn zu befördern, also wird zu vergrößerung der ehre eines jeden cavalliers, der mit gutschen und pferdten versehen und die fourage darauf empfängt, die schuldigkeit zu seyn erachtet, bey anwesenheit fremder herrschafften nach hoff zu fahren […].[55]

---

[55] PLODECK, Hofstruktur und Hofzeremoniell, S. 130f.; Staatsarchiv Nürnberg, Ansbacher Generalrepertorium, Akten, Reihe 2, Nr. 276, Hofordnung vom 25. August 1730.

Zwischen Dotation, Salär, symbolischem und realem Kapital

Frédérique Lachaud

Freigebigkeit, Verschwendung und Belohnung bei Hofe, ca. 1150–1300*

1.

Im Gefolge anthropologischer Untersuchungen gewährt nun auch die Mediävistik dem Geschenk und dem Schenken einen herausragenden Platz und billigt ihnen grundsätzliche Bedeutung bei der Visualisierung von Macht zu. Beiden wird auch eine konstitutive Rolle für die Entstehung der Hofhaltung und des fürstlichen Gefolges eingeräumt,[1] eine Prämisse, die seit dem späten zwölften Jahrhundert von dem Bild unterstützt wird, das die Finanzunterlagen königlicher und adeliger Haushalte von der Praxis des Schenkens zeichnen. Die jüngere Forschung zeigt allerdings, daß die Behandlung des Geschenks in mittelalterlichen Quellen komplexer und vielfältiger ist als oft angenommen wird. Vor allem moralische und theologische Werke bezeugen eine lebendige Debatte zu Gebrauch und Grenzen des Schenkens, die einen Kontrast zur allgemeinen Vorstellung von Freigebigkeit als Element guter Herrschaft bildet.[2] Die folgende Untersuchung wird sich nacheinander verschiedenen Quellengattungen zuwenden, die das Schenken am mittelalterlichen Hof, vor allem in England und Frankreich, dokumentieren. Sie wird die These aufstellen, daß im zwölften und dreizehnten Jahrhundert beim „negotiating the gift" eine zentrale Funktion möglicherweise der Debatte darüber zukam, was als angemessene Belohnung für die Hofbeamten (*officers*) anzusehen war.

Erich Köhlers Untersuchung von Ideal und Wirklichkeit in höfischen Romanen, die 1956 zum ersten Mal veröffentlicht wurde, eröffnete dem Mittelalterhistoriker neue Perspektiven.[3] Heute ist es für viele Aspekte mittelalterlicher Hofhaltung gängige Praxis, literarische Quellen zu befragen.[4] In mittelalterlichen

---

* Aus dem Englischen übersetzt von Thomas Gruber.

1 BRIGITTE BUETTNER, Past Presents: New Year's Gifts at the Valois Courts, ca. 1400, in: Art Bulletin 83 (2001), S. 598–625; JAN HIRSCHBIEGEL, Étrennes. Untersuchungen zum höfischen Geschenkverkehr im spätmittelalterlichen Frankreich der Zeit König Karls VI. (1380–1422) (Pariser Historische Studien, Bd. 60), München 2003; MALCOLM VALE, The Princely Court: Medieval Courts and Culture in North-West Europe, 1270–1380, Oxford 2001, v. a. S. 208.

2 Siehe die Anmerkungen von GADI ALGAZI, Introduction: Doing Things with Gifts, in: ders., Valentin Groebner und Bernhard Jussen (Hrsg.), Negociating the Gift: Pre-Modern Figurations of Exchange (Veröffentlichungen des Max-Planck-Instituts für Geschichte, Bd. 188), Göttingen 2003, S. 9–27. Zu den Schwierigkeiten, die Untersuchungen sehr unterschiedlicher Quellen für die Rekonstruktion mittelalterlicher Rituale mit sich bringt siehe auch PHILIPPE BUC, Dangereux Rituel: de l'Histoire Médiévale aux Sciences Sociales, Paris 2003.

3 ERICH KÖHLER, Ideal und Wirklichkeit in der höfischen Epik. Studien zur Form der frühen Artus- und Graldichtung, Tübingen 1956.

4 Zum Beispiel JOACHIM BUMKE, Courtly Culture: Literature and Society in the High Middle Ages, 2. Aufl. New York 2000; DAVID BURNLEY, Courtliness and Literature in Medieval England, London und New York 1998.

Romanen ist Freigebigkeit Gegenstand wiederkehrenden Lobs und das Schenken Zeichen guter Herrschaft. In Chrétien de Troyes' *Cligès*, einem oft von Historikern zitierten Werk, erinnert der Kaiser seinen Sohn daran, „que largesce est dame et reïne/ Qui totes vertuz anlumine." Chrétien führt weiter aus, nur Freigebigkeit mache zum *preudome*, wozu hoher Rang, Courtoisie, Weisheit, Adel, Reichtum, Kraft, Ritterlichkeit, Wagemut, Macht oder Schönheit als solche nicht ausreichten.[5] Chrétiens Roman *Erec et Enide* weist immer wieder Szenen auf, die großzügiges Schenken ins Bild setzen, und findet ihren Höhepunkt in der Beschreibung des Artus-Hofes, wo Artus eine unbegrenzte, quasi magische Freigebigkeit beweist.[6] Ganz ähnlich verrät Ipomedons außergewöhnliche Großzügigkeit die hohe Geburt des Helden im Roman von Hue de Rotelande: Bei seiner Ankunft am Hof von Kalabrien wird er unmittelbar zum Zentrum der allgemeinen Aufmerksamkeit, als er seinen wertvollen Umhang verschenkt. Danach lebt er einige Jahre in Italien, wo er überreiche Geschenke macht und sein ganzes Vermögen damit erschöpft.[7]

Die Darstellung des guten Herrn als Musterbeispiel an Freigebigkeit ist ein Gemeinplatz literarischer Quellen.[8] In seinem *Roman de Rou* macht Wace Herzog Robert, Wilhelms Vater, zu einem Vorbild an Großzügigkeit; seine Beschreibung kann als Inbegriff dieser Tugend gelesen werden:

Ce fut tout le plus large des Normanz [...],
a chescun quil servi rendi son guerredon,
lez lieprouz revestoit et donnoit garison,
noble fu et cortoiz et de noble fachon;
dez noblesces qu'il fist, si comme nous lison,
et du contenement qui iert en sa meson,
de chandele et de vin et d'autre livroison,
porroit un sage clerc fere une grant lechon.[9]

---

5 CHRÉTIEN DE TROYES, Cligès, hrsg. v. Charles Méla und Olivier Collet, Paris 1994, S. 54–56, Z. 192–217. Zu dieser Frage siehe ZARA PATRICIA ZADDY, The Courtly Ethic in Chrétien de Troyes, in: Christopher Harper-Bill und Ruth Harvey (Hrsg.), The Ideals and Practice of Medieval Knighthood III. Papers from the Fourth Strawberry Hill Conference 1988, Woodbridge 1990, S. 159–180, hier S. 161.

6 CHRÉTIEN DE TROYES, Erec et Enide, hrsg. v. Jean-Marie Fritz, Paris 1992, S. 502–504, Z. 6633f.

7 IPOMEDON, Poème de Hue de Rotelande (fin du XIIe siècle), hrsg. v. A. J. Holden, Paris 1979, S. 84ff., Z. 477–504 u. S. 87 Z. 551–558.

8 Sie ist auch häufiges Thema ikonographischer Quellen. Ein bekanntes Beispiel ist die Darstellung der *largesse* in der *Painted Chamber* im Palast von Westminster, die von Paul Binski auf ca. 1267 datiert wird: PAUL BINSKI, The Painted Chamber at Westminster (The Society of Antiquaries of London, Occasional Paper, N.F. Bd. IX), London 1986, S. 41f. *Largesce* ist als gekrönte weibliche Figur dargestellt, die ein Kettenhemd, einen Schild und eine Lanze hält, auf die Figur der *Covoitise* tritt und in deren Mund den Inhalt eines langen Geldbeutels schüttet.

9 A. J. HOLDEN (Hrsg.), Le Roman de Rou de Wace (Société des Anciens Textes Français), 3 Bde., Paris 1970–1973, Bd. 1, S. 9, Z 205–212; siehe auch ebd., Bd. 1, S. 246, Z. 2295–2300; ROGER OF WENDOVER, Flores Historiarum, hrsg. v. Henry G. Hewlett (Rolls Series), 3 Bde., London 1886–1889, Bd. 2, S. 317 (zu 1227), wo William, Earl von Essex, in seiner Grabrede als „adolescens strenuus et in donorum largitate satis profusus" beschrieben wird. Henri le Libéral, Graf der Champagne, wird als Personifikation der Freigebigkeit dargestellt, etwa in zwei *exempla* des Jacques de Vitry, J. GREVEN (Hrsg.), Die Exempla aus den Sermones feriales et communes des Jakob von Vitry, Heidelberg 1914, Nr. 17f.

Romane betonen den Verpflichtungscharakter des Geschenks wie auch die Pflicht zur Gegenseitigkeit, üblicherweise als *guerredon* bezeichnet. Als Ipomedon Capaneüs einen wertvollen Becher gibt und ihm seine Freundschaft anbietet, ist Capaneüs' *guerredon* die Verheißung seiner nie endenden Loyalität. Herzog Robert bietet allen, die ihm gedient haben, ein *guerredon* an. Im *Roman d'Alexandre* macht der Held seinen Mannen großzügige Geschenke, aber ihr *guerredon* ist die Mühsal, die sie um seinetwillen erleiden müssen. Der Roman endet mit einem Lob der Freigebigkeit als Dank für geleistete Dienste.[10]

Höflichkeitstraktate beschreiben ein ähnliches Bild. Raoul de Hodenc, der nordfranzösische Autor des *Roman des Eles*, einer didaktischen Abhandlung über Großzügigkeit und Höflichkeit aus dem späten zwölften oder frühen dreizehnten Jahrhundert, definiert Großzügigkeit folgendermaßen: Man sei von kühner Freigebigkeit, gleichgültig gegenüber dem Umfang des eigenen Vermögens, gebe den Reichen und Armen gleichermaßen, doch ohne Versprechungen zu machen, die man nicht erfüllen könne; man schenke unmittelbar und ohne Zögern, denn dies verleihe dem Geschenk Würze und Reiz; man bekümmere sich nicht darum, was aus dem Geschenk werde, noch bereue man Geschenke, die vergebens gemacht worden seien; und zuletzt möge man auch ein guter Gastgeber sein.[11] Daniel von Beccles, der Autor des *Urbanus Magnus*, eines langen Höflichkeitstraktats in Versen aus dem späten zwölften Jahrhundert, wartet ebenfalls mit Rat zum rechten Schenken auf. Versprochene Großzügigkeit darf nicht unerfüllt bleiben, und Geschenke sollten ohne Aufschub gemacht werden: Wer gleich schenkt, schenkt doppelt und erfährt Dankbarkeit für die Art des Schenkens. Daniel macht auch Vorschläge zur Beschaffenheit des Geschenks: Wenn es sich etwa um ein Kästchen handelt, sollte es entweder einen Edelstein, einen Goldring, eine Brosche, Gewürze oder wenigstens einige seltene Samen enthalten. Seine eigenen Geschenke solle man nicht loben.[12]

Chroniken bestätigen dieses Bild der Freigebigkeit.[13] Hofversammlungen, vor allem an Weihnachten und Neujahr, zeichneten sich durch die Verteilung und den Austausch von Wertgegenständen aus[14], etwa kostbare Becher, juwelenbesetzte

[10] IPOMEDON, Poème, S. 197f., Z. 2949–2952; HOLDEN (Hrsg.),Le Roman de Rou de Wace, Bd. 1, S. 9, Z. 206; ALEXANDRE DE PARIS, Le Roman d'Alexandre, hrsg. v. E.C. Armstrong u. a., Paris 1994, S. 294, Z. 22–28 u. S. 848, Z. 1652–1655.

[11] RAOUL DE HODENC, Le Roman des Eles. The Anonymous Ordene de Chevalerie, hrsg. v. Keith Busby (Utrecht Publications in General and Comparative Literature, Bd. 17), Amsterdam/Phil. 1983, S. 32ff., Z. 55ff. Diese Passage wird analysiert bei STEPHEN D. WHITE, Service for Fiefs or Fiefs for Service: the Politics of Reciprocity, in: Algazi, Groebner und Jussen (Hrsg.), Negociating the Gift, S. 63–98, hier S. 74–76.

[12] J.G. SMYLY (Hrsg.), Urbanus Magnus Danielis Becclesiensis, Dublin und London 1939, S. 32f., Z. 897–906, 909–911, u. S. 51, Z. 1483. Geschenkversprechungen sollten nicht im Rausch gemacht werden: ebd., S. 35, Z. 967–972.

[13] Vgl. die Beispiele in: BUMKE, Courtly Culture, S. 228–230; Allerdings enthalten die englischen Chroniken weniger Informationen zu höfischen Geschenken als zu Geschenken an z. B. Kirchen. Diese Tendenz spiegelt den Umstand wieder, daß die meisten Chronisten in England religiösen Gemeinschaften angehörten.

[14] Zum Beispiel ROGER OF WENDOVER, Flores Historiarum, Bd. 1, S. 311 zur Verteilung von *festiva indumenta* an seine Ritter durch König Johann in Guildford zu Weihnachten 1200; ebd., Bd. 2, S. 381 zur Verteilung ähnlicher Kleider an seine Ritter durch Heinrich III. zu Weihnachten 1229 in York.

Seidengürtel, wertvolle Seidenkleider und solche mit elegantem Pelzbesatz, Geld, Ringe und Broschen, sowie Hunde und Pferde.[15] Geschenke waren auch wesentlicher Bestandteil diplomatischer Beziehungen und dienten gemeinhin als Zeichen der Anerkennung der Legitimität eines neuen Herrschers.[16] Der Elefant, den Ludwig IX. Heinrich III. übersandte, wie der Wasserkrug in Gestalt eines Pfaus, den letzterer zur gleichen Zeit von Margarete von Provence erhielt, sind zwar extravagante Beispiele diplomatischer Geschenke,[17] aber die Chroniken sind voll von Vorkommnissen dieser Art.[18]

Freigebigkeit erscheint also als wesentlicher Bestandteil guter Herrschaft. Aber sie ist auch eine weit bzw. kaum definierte Tugend, die ‚freigebige Geschenke', gute Gaben ebenso umfaßt wie Ausgaben für Nahrung und Licht im Haus des Herren und Belohnung für geleistete Dienste. Die Definition von Freigebigkeit gewinnt noch dadurch an Komplexität, daß nicht immer Einigkeit darüber erzielt werden konnte, was ein Geschenk darstellte und was nicht. Matthew Paris beschreibt das verschwenderische Gastgeschenk (*nobilissimum xenium*) von Speis und Trank, das die Bürger von Winchester Heinrich 1253 machten: Die Reaktion des Königs bestand darin, ein weiteres Geschenk zu verlangen, in Form von 200 Mark; „et sic Natalis solempnitatem in lugubrem eis convertit lamentationem."

Bei seiner Rückkehr nach England 1255 wurde Heinrich III. von seinem Bruder Richard und anderen Adeligen begrüßt, die ihm einige wertvolle Geschenke machten. Als ihn die Londoner kurz darauf willkommen hießen, erhielt er von ihnen 100 Pfund. Aber der König verweigerte seine Dankbarkeit, denn das Geldgeschenk stehe ihm ohnehin zu, und verschob seinen Dank, bis er ein freiwilliges Geschenk erhalte („aliquid gratuitum et spontaneum largitatis xenium et munus honorificum"). Schließlich erhielt er eine ansprechende Vase, die 200 Pfund wert war und für die er sich bedankte, wenn auch, dem Chronisten zufolge, eher

[15] Siehe z.B. die Liste der *dona pretiosa* an den päpstlichen Legaten im Jahr 1237 in: MATTHEW PARIS, Chronica Majora, hrsg. v. Henry Richards Luard, Rolls Series, 7 Bde., London 1872–1880, Bd. 3, S. 412, die schöne Zelte, wertvolle Vasen, Kleider, Pelze, Geld, Speisen und Getränke umfaßten.

[16] Dies wird durch den diplomatischen Schriftwechsel bestätigt, z. B. durch einen Brief Eduards I. an Walter Langton vom 2. März 1304, in dem der König erklärt, er habe nicht die Absicht, dem Papst Bitten zu übermitteln, so lange der Neugewählte die Nachricht von seiner Weihe nicht mitgeteilt habe und daß er ihm selbst keine schönen Juwelen übersandt habe: PIERRE CHAPLAIS, English Medieval Diplomatic Practice, Bd. 1, London 1975, Nr. 319.

[17] PARIS, Chronica Majora, Bd. 5, S. 489. Siehe auch ROGER OF WENDOVER, Flores Historiarum, Bd. 3, S. 112 zum Geschenk dreier Leoparden und zu anderen exotischen Geschenken Friedrichs II. an Heinrich III.

[18] Z. B. WILLIAM STUBBS (Hrsg.), Gesta Regis Henrici Secundi Benedicti Abbatis. The Chronicle of the Reigns of Henry II and Richard I, known commonly under the name of Benedict of Peterborough, 2 Bde., London 1867, Bd. 1, S. 156f., zu Geschenken, die Heinrich II. 1177 den Boten der Könige von Spanien entsprechend ihrer *ordo* und *dignitas* gab; ebd., Bd. 1, S. 127 zu den beiden Schiffen, die 1176 König Wilhelm II. von Sizilien nach England sandte und die, beladen mit Angehörigen seines Hofes und Geschenken, unwiederbringlich sanken; FELIX LIEBERMANN (Hrsg.), Ungedruckete Anglo-Normannische Geschichtsquellen, Straßburg 1879, S. 151, zu dem Gold und Silber, Pferden und Kleidern, die König Johann 1212 einigen Boten Ottos IV. schenkte.

ungnädig.[19] Die Diskreditierung der Haltung Heinrichs III. mag die finanziellen Schwierigkeiten des Königs widerspiegeln oder politische Spannungen zum Ausdruck bringen sowie die Absicht, seinen Ruf zu beschädigen.[20] Beide Episoden legen auch die Annahme nahe, daß es unterschiedliche Vorstellungen davon gab, was ein ‚Geschenk' im eigentlichen Sinne, d.h. im Unterschied zu gewohnheitsmäßiger Hilfe, sprich: Besteuerung, darstellte.

Die Darstellung der Freigebigkeit in Romanen und Chroniken wird manchmal auch durch Kritik getrübt. Schenken an sich wird gelegentlich mit Vorbehalten oder mit Ironie versehen.[21] Romane und Höflichkeitstraktate behandeln Großzügigkeit im Einklang mit den anderen Tugenden[22], aber in Chroniken ist Freigebigkeit nicht immer ein Zeichen guter Regentschaft: ‚Schlechte' Könige, wie Johann, werden mitunter als großzügig mit Speise- und Kleidungsgeschenken dargestellt, aber gleichzeitig als lasterhaft.[23] Großzügigkeit kann auch zur Verschwendung werden, wie im Fall des Robert *Courteheuse*, dessen Geschenkversprechen zudem als unzuverlässig angesehen wurden.[24] Wann immer Heinrich III. sich großzügig zeigt, tut er es ohne Unterscheidung: Er bereichert Personen, die es nicht verdienen,[25] und

---

19 PARIS, Chronica Majora, Bd. 5, S. 358f. und 484–486.

20 Für ein anderes Beispiel der Knausrigkeit Heinrichs III. siehe ebd., Bd. 5, S. 199: Entgegen dem Brauch seiner Vorgänger versäumte es der König zu Weihnachten 1250, *indumenta regalia* und *jocalia pretiosa* an seine Ritter und *familiares* zu verteilen. Zur Kritik an Heinrich III. in zeitgenössischen Quellen siehe D.A. CARPENTER, The Gold Treasure of King Henry III, in: Peter R. Coss und Simon D. Lloyd (Hrsg.), Thirteenth-Century England, Woodbridge 1986, S. 61–88, neugedr. in: ders., The Reign of Henry III, London 1996, S. 107–136, hier S. 122f. zum Kontrast zwischen der Kritik des Reformers an der Armut des Königs und dem wahren Stand seiner Finanzen. Der springende Punkt mag freilich die mangelnde Popularität der politischen und militärischen Ambitionen des Königs gewesen sein.

21 So scheinen Ipomedons Handlungen oft lächerlich und übertrieben. Siehe WILLIAM CALIN, The Exaltation and Undermining of Romance: Ipomedon, in: Norris J. Lacy und Keith Busby (Hrsg.), The Legacy of Chrétien de Troyes, Amsterdam 1988, Bd. 2, S. 111–124, hier S. 119.

22 Raoul de Hodenc zufolge müssen auch die verschiedenen, mit Freigebigkeit verbundenen Gesten in Einklang gebracht werden: Zwar mag der Fürst Damen und Ritter an seinen Hof bitten und ihnen Umhänge geben, aber wenn er ein schlechter Gastgeber ist und keinen guten Tisch hält, werden seine Geschenke als wertlos angesehen werden. Immerhin galt das verbreitete Sprichwort: „Qui n'a cote, si ait cuirie": vgl. HODENC, Le Roman des Eles, S. 38.

23 FRANCISQUE MICHEL (Hrsg.), Histoire des Ducs de Normandie et des Rois d'Angleterre, Paris 1840, S. 105.

24 MARJORIE CHIBNALL (Hrsg.), The Ecclesiastical History of Orderic Vitalis, 5 Bde., Oxford 1969–1989, Bd. 4, S. 114.

25 LES GESTES DES CHIPROIS, Recueil des Historiens des Croisades. Documents Arméniens, Paris 1859–1906, Bd. 2, S. 259–762, hier S. 759, beschwört die Verschwendung durch Heinrich III., v. a. zugunsten von Fremden, herauf. Siehe auch PARIS, Chronica Majora, Bd. 5, S. 229 (zum Jahr 1251) zur Großzügigkeit Heinrichs III. gegenüber Ausländern zum Nachteil seiner eigenen Untertanen. Vgl. auch die Kritik an Heinrich III. als Beispiel eines verschwenderischen Königs, der die berechtigten Forderungen seiner Untertanen nicht erfüllen kann, aber bereit ist, seine Mittel zu erschöpfen „immensas et immoderatas liberalitates et donationes, dona varia immoderata et irrationabilia", in den Unterlagen, die die englischen Reformer 1264 Ludwig IX. übergaben: I. J. SANDERS (Hrsg.), Documents of the Baronial Movement of Reform and Rebellion 1258–1267, ausgewählt von R.F. Treharne, Oxford 1973, S. 260 und 262.

begünstigt Gier und Korruption. Matthew Paris zufolge gelten Geschenke den Mitgliedern des königlichen Hofes, die dem schlechten Beispiel der Herrscherfamilie folgen, nichts, sofern es sich nicht um so verschwenderische und kostbare Dinge handelt wie teure Zelter, Gold- oder Silberbecher, Broschen mit kostbaren Juwelen, ‚kaiserliche' Gürtel und ähnliches. Diese Habgier habe den englischen Hof der römischen Kurie ähnlich werden lassen.[26]

Die *ars donandi* ist manchmal allerdings eher Teil einer Anleitung zum gesellschaftlichen Überleben als Ausdruck einer Idealform höfischen Benehmens. Daniel von Beccles betont die Bedeutung von Dankbarkeit, sagt aber auch, Geschenke müßten maßvoll sein, wenn sie zu Freundschaft führen sollten. Ein durch ein Geschenk ‚gekaufter' Freund sei dankbarer als ein Söldner. Selbst der Reiche bedürfe eines mächtigen Protektors, dessen Freundschaft er mit kleinen Geschenken anstacheln kann. Daniel von Beccles macht aber auch kritische Anmerkungen zum Schenken: Das Geschenk könne in Täuschungsabsicht geschehen oder ein schlechtes Omen darstellen. Nur die Reichen, die Geschenke machen könnten, würden als wertvolle Menschen angesehen, während sie in Wahrheit ihre Freunde lediglich diesem ihrem Reichtum verdankten.[27] Die Undankbarkeit mächtiger Personen ist ein Thema der Satire, etwa in einem Gedicht aus dem frühen 14. Jahrhundert auf die Undankbarkeit der Großen und Wichtigen, in dem die Herren leerer Versprechungen gegenüber denen beschuldigt werden, die ihnen dienen und ihren Dienst mit leeren Händen verlassen, nachdem sie seit ihrer Kindheit für sie gearbeitet haben.[28]

Schenkungen erscheinen manchmal als Mittel zur Kontrolle und Manipulation der Geschenkempfänger: Florentius von Worcester hält Robert von Bellême zugute, seine Männer mit Ehren, Ländereien, Pferden, Waffen und verschiedenen Geschenken bereichert zu haben, „ut promptiores sibique fideliores ac paratiores essent ad id perficiendum quod volebat."[29] Als König Richard Abt Samson von Bury St. Edmunds wissen ließ, daß er ein Rudel Hunde von ihm wolle, fügte der Abt diesem Geschenk Pferde und andere Wertgegenstände hinzu. Im Gegenzug gewährte Richard ihm seine Freundschaft, lobte ihn sehr und gab ihm dem Ring, den Innozenz III. ihm nach seiner Salbung geschenkt hatte. Dies kommentierte der Abt mit einem Ovid-Zitat: „[M]unera (crede mihi) capiunt hominesque deosque:/ placatur donis Iupiter ipse datis."[30] 1234 spaltete Heinrich III. die Opposition, indem er Geschenke unter den Großen des Reiches verteilte.[31] Und gelegentlich sehen wir Fürsten, die einen Beweis echter Freundschaft einem verschwenderischen Geschenk vorzogen. So etwa 1191, als Tankred von Sizilien Richard I. einige kostbare Gold- und Silbervasen, Pferde und Seidenkleider anbot. Aber

---

26 PARIS, Chronica Majora, Bd. 5, S. 199 (für 1251).

27 SMYLY (Hrsg.), Urbanus Magnus Danielis Becclesiensis, S. 16, 18, 43, 51, 54–56, 76.

28 ISABEL S.T. ASPIN (Hrsg.), Anglo-Norman Political Songs (Anglo-Norman Texts, Bd. 11), Oxford 1953, S. 171 f.

29 BENJAMIN THORPE (Hrsg.), Florenti Wigorniensis Monachi Chronicon ex Chronicis, 2 Bde., London 1848–1849, Bd. 2, S. 50.

30 HAROLD E. BUTLER (Hrsg.),The Chronicle of Jocelin of Brakelond, London und New York 1949, S. 98 f.

31 ROGER OF WENDOVER, Flores Historiarum, Bd. 3, S. 80 (1234).

Richard akzeptierte nur einen kleinen Ring als Zeichen ihrer gegenseitigen Wertschätzung und gab ihm im Gegenzug das Schwert, das Artus zugeschrieben wurde.[32]

Schließlich (auch wenn dies vehement bestritten worden ist)[33] scheinen einige Autoren auch die Großzügigkeit ihres Herrn mit Blick auf ihre eigenen Interessen gepriesen zu haben, in der Hoffnung auf eine Belohnung für ihr Lob. Die wiederkehrende Darstellung von Freigebigkeit in literarischen Quellen kann durchaus Teil einer rhetorischen Strategie gewesen sein, die auf einen spezifischen Zweck zielte. Raoul de Hodenc zum Beispiel spricht Geschichtenerzählern, Herolden und fahrenden Sängern das eigentliche Urteil über Ritterlichkeit ab; sie seien nicht der Prüfstein der Großzügigkeit des Herrn. Wann immer sie um eine Belohnung bäten, nennten die Spielleute den Herrn großzügig oder geizig.[34]

In den Romanen, Höflichkeitstraktaten und Chroniken wird Großzügigkeit als Ideal aufgestellt und dem freigebigen Fürsten viel Raum gegeben. Aber beide gehören oft einer entfernten oder mythischen Vergangenheit an: Das Thema des Hofes der alten Zeit, an dem Großzügigkeit die Norm war, während die Hofhaltungen von heute arm und geizig sind, ist ein Leitmotiv literarischer Werke. Guiot de Provins etwa beklagt den Verlust von „les boins princes, les boins barons,/ qui les grans cors i assembloient / et les biaus avoirs i donoient." Einst hätten weise und gute *vavassours* die Barone beraten und ihnen große Geschenke und eine aufwendige Hofhaltung nahegelegt, aber all das gehöre der Vergangenheit an.[35]

2.

In literarischen Quellen erscheint Großzügigkeit als eine komplexe Tugend. Einige ihrer Aspekte sind eindeutig negativ, und diese Ambivalenz findet sind auch in zeitgenössischen ethischen und religiösen Schriften, obwohl sie allen Christen Großzügigkeit empfehlen. In der *Disciplina clericalis* des Petrus Alfonsi aus dem frühen 12. Jahrhundert zum Beispiel erinnert der Verfasser an das Sprichwort „Honora minorem te et da sibi de tuo, sicut tu vis quod maior te honoret et de suo tibi tribuat." Und: „Turpe quidem est multum diviti homini esse avarum, mediocri autem homini pulchrum est esse largum."[36] Die *Moralium Dogma Philosophorum*, ein Kommentar zu Ciceros *De Officiis*, behandelt *liberalitas* im Abschnitt über Gerechtigkeit: Freigebigkeit sei die Tugend, die darin bestehe, Geschenke zu verteilen. Wir nennten sie Großzügigkeit (*benignitas*) als Affekt, Wohltätigkeit (*beneficentia*) als Effekt; es sei eine Tugend, die die Menschen den Göttern näherbringe. Anschließend wird die Verteilung von Wohltaten von der Dankbarkeit unterschie-

---

32 STUBBS (Hrsg.), Gesta Regis Henrici Secundi, Bd. 2, S. 159.

33 Etwa KÖHLER, Ideal und Wirklichkeit, S. 22.

34 HODENC, Le Roman des Eles, S. 32, Z. 55ff.

35 JOHN ORR (Hrsg.), Les Œuvres de Guiot de Provins, Poète Lyrique et Satirique, Manchester 1915, S. 13, Z. 112–118, u. S. 16, Z. 194–196.

36 ALFONS HILKA und WERNER SÖDERHJELM (Hrsg.), Petri Alfonsi Disciplina Clericalis, 2 Bde., Helsingfors 1911–1912, Bd. 1, S. 29.

den, bevor die Differenz zwischen Großzügigkeit durch Geldverteilen und Großzügigkeit durch Handeln thematisiert wird.[37]

Aber Freigebigkeit bedarf als Tugend auch der Abgrenzung, vor allem gegenüber der Verschwendung. In seiner Diskussion dieses Unterschieds argumentiert der Autor der *Moralium Dogma*, daß die Verschwender ihren Reichtum durch Feste und Zahlungen an Schauspieler und Zuhälter zerstreuen, während großzügige Männer, je nach ihren Möglichkeiten, für von Dieben Festgehaltene Lösegeld zahlen oder Freunden helfen, die ihre Töchter verheiraten wollen.[38] In seiner Diskussion der Tugenden von Fürsten erklärt Gerald von Wales, daß *largitas* und Sparsamkeit zwei Tugenden seien: Großzügigkeit ist die bessere der beiden, diejenige, die zuerst Lob verdient. Ihre entsprechenden Laster sind Verschwendung und Geiz.[39]

Großzügigkeit soll mit Maß und einer klugen Verteilung der eigenen Ressourcen erfolgen. Wenngleich einige Autoren Lippenbekenntnisse zur Idee ablegen, daß Gott für den guten Fürsten sorgen werde, betonen die meisten moralischen und religiösen Werke, daß Großzügigkeit in Schach gehalten werden müsse. Diese Behauptung wird üblicherweise durch Hinweise auf den Abschnitt von *De Officiis* gestützt (II, xv, 55; xvii, 58–59), in dem Cicero argumentiert, daß Wohltätigkeit nicht zur Zerrüttung des Erbes des Wohltäters führen solle: bei Großzügigkeit müsse das rechte Maß Vorrang behalten. Gerald von Wales empfiehlt, Freigebigkeit abzuwägen: Der Fürst solle nicht in Folge seiner Großzügigkeit seine Ressourcen erschöpfen, d.h. Ämter, Staatsschatz und väterliches Erbe.[40] Daher müsse Großzügigkeit im Verbund mit der Tugend der Klugheit geübt werden. In seinem Buch über die moralische Erziehung des Fürsten schreibt Vinzenz von Beauvais um 1260/1262, der Fürst habe mehr von Gott empfangen als andere Menschen und schulde Gott mehr, aber er müsse die *dispensatio* seiner Güter klug durchführen, sowohl zu seinem eigenen Nutzen als auch zu dem der *res publica*.[41]

---

[37] JOHN HOLMBERG (Hrsg.), Das Moralium Dogma Philosophorum des Guillaume de Conches. Lateinisch, altfranzösich und mittelniederfränkisch, Uppsala 1929, S.13–22. Zum Diskurs über das Geschenk als Erbe einer langen moralphilosophischen Tradition siehe NATALIE ZEMON DAVIS, The Gift in Sixteenth-Century France, London 2000, S.12f. u. 18. Und zu den starken Verbindungen zwischen stoischer Philosophie und dem anthropologischen Gaben-Diskurs siehe DENIS VIDAL, Les gestes du don. À propos des „Trois Grâces", in: M.A.U.S.S. Mouvement Anti-utilitariste dans les Sciences Sociales (Hrsg.), Ce que Donner Veut dire. Don et Intérêt, Paris 1993, S.60–77.

[38] HOLMBERG (Hrsg.), Moralium Dogma Philosophorum, S.20f.

[39] Das zweite der Laster sei das schlimmere, denn für den Verschwender könnten die Gesetze einen Vormund einsetzen, so als ob er ein Geisteskranker wäre. Für den Geizhals aber sei diese Abhilfe unmöglich: GERALD OF WALES, De Principis Instructione, I, viii, in: G.S. Brewer und G.F. Warner (Hrsg.), Giraldi Cambrensis Opera, 8 Bde., London 1861-1891, Bd.8, S.29.

[40] Ebd.

[41] VINCENT DE BEAUVAIS, De Morali Principis Institutione, xvii, in: Robert J. Schneider (Hrsg.), Corpus Christianorum Continuatio Mediaeualis, Bd.137, Turnhout 1995, S.68 u. 85. Für eine Diskussion der Unterschiede zwischen Freigebigkeit und Verschwendung, die die meisten Argumente der Theologen und Moralisten des 12. u. 13. Jahrhunderts zusammenfaßt, siehe: AEGIDIUS ROMANUS, De regimine Principum, Rom 1607, S.98–102.

Eine andere Möglichkeit, Großzügigkeit von Verschwendungssucht zu unterscheiden, liegt darin, die richtigen Verwendungsarten des Schenkens zu betonen. Hier begegnen wir jedoch zwei unterschiedlichen Konzepten. Einerseits wird blinde Großzügigkeit mit dem Argument gelobt, daß sie den Rang und Wert des Spenders mehr als den des Empfängers wiedergebe. Wohltätigkeit ist die eigentliche Tugend des Fürsten, insofern als er seine Güter allen zuwendet, nicht nur denen, die es verdienen, sondern auch den anderen — wie es sich vor allem in Gnadenerweisen zeigt.[42] Ein anderes Argument aber besagt, der großzügige Fürst müsse auf den Wert der Person achten, die von seiner Großzügigkeit profitiert. In der *Disciplina Clericalis* fragt der Schüler, was es bedeute, freigebig, geizig oder verschwenderisch zu sein. Die Antwort benennt als freigebig den, der großzügig zu Leuten sei, die es verdienen, und von unwürdigen Personen Abstand nehme. Der Geizhals weigere sich, irgend jemandem irgend etwas zu geben. Und der Verschwender verschenke an Würdige und Unwürdige ohne Unterschied.[43]

Dieses Thema wird in einer Reihe von Werken behandelt[44], aber eine der ausführlichsten Diskussionen der Verschwendungssucht findet sich in Guillaume Peyrauts *Summa de Vitiis et Virtutibus*, verfaßt zwischen 1236 und 1250. Peyraut betont vier Methoden, um Verschwendung von Großzügigkeit zu unterscheiden: (1.) Der Verschwender gibt seine Güter nicht selbst weg, der Wind der Eitelkeit trägt sie von ihm fort. Der Mann, dessen Mantel vom Wind weggetragen wird, ist nicht großzügig: genauso wenig wie die Bäume, wenn der Wind ihre Früchte zu Boden fallen läßt. Der Verschwender ist weder großzügig noch freigebig: Seine Güter werden oft vom Wind erfaßt, ob er will oder nicht. Denn seine Hände sind einfältig, ganz in der Art, wie Hände von der Kälte gefühllos werden können. (2.) Der Verschwender verschenkt seine Güter nicht, er verliert sie. Dies geschieht auf dreierlei Art. (2.1.) Wenn er seine Güter den Reichen gibt, was so ist, als fülle man Flüssigkeit in ein bereits volles Gefäß. Dies gibt dem Verfasser die Gelegenheit, die Notwendigkeit zu diskutieren, den Armen zu geben. (2.2.) Wenn er seine Güter an Spielleute oder andere unehrliche Personen gibt: Dies ist, als fülle man Flüssigkeit in eine zerbrochene oder schmutzige Vase. Und in zwei besonderen Fällen darf man dem Unfrommen überhaupt nichts geben: (2.2.1.) Wenn man annimmt, er werde aufgrund des Geschenks die Gerechtigkeit vernachlässigen. Oder (2.2.2.) er werde eine unehrliche Beschäftigung suchen, was bei Schauspielern der Fall ist. Wie der hl. Hieronymus schrieb: Schauspielern Geld zu geben ist das Gleiche, wie Dämonen zu opfern. (2.3.) Drittens verliert der Verschwender seine Güter, wenn er sie für eitlen Ruhm opfert, der nichts wert ist. (3.) Die Freigebigkeit des Ver-

[42] GERALD OF WALES, De Principis Instructione, I, xix, Bd. 8, S. 104 (nach Matthäus 5,45). Unter Bezugnahme auf Seneca veranschaulicht Gerald dieses Argument mit zahlreichen Anekdoten zu antiken Helden und Philosophen. So habe Alexander einem Mann, der sich des Geschenks einer gerade eroberten Stadt für unwürdig hielt, geantwortet, er habe nicht darauf geachtet, was diesem Manne angemessen sei zu empfangen, sondern was ihm angemessen sei zu geben (ebd., I, viii, Bd. 8, S 27f.) . Dies erinnert Z.B. an Raoul de Hodencs Sicht der *largesse*. Aber bei Gerald findet sich auch das gegenteilige Argument.

[43] HILKA UND SODERHJELM (Hrsg.), Petri Alphonsi Disciplina Clericalis, S. 30.

[44] Vor allem bei PETRUS CANTOR, Verbum Abbreviatum, in: Jacques-Paul Migne (Hrsg.), Patrologia Latina, Bd. 205, Paris 1855, Sp. 259f.

schwenders ist vergleichbar der des Vogelfängers, der nicht freigebig gegenüber den Vögeln genannt werden kann, obwohl er Körner um seine Netze streut. Auf ähnliche Weise ist der Fischer nicht großzügig zu den Fischen, auch wenn der Köder gut schmeckt. Und Menschen, die andere Menschen durch ihre Freigebigkeit fangen wollen, können nicht freigebig genannt werden. (4.) Schließlich verteilt der großzügige Mann seine eigenen Güter, während der Verschwender die anderer Leute benutzt.[45]

Großzügigkeit darf die Leute, die von ihr profitieren, nicht schädigen.[46] Wir müssen auch die Situation der Person berücksichtigen, der wir Wohltaten erweisen wollen, eine Aussage, die Vinzenz von Beauvais mit einem Zitat aus *De Officiis*, II, xviii, 61 anreichert. Der Mensch in Not ist unsere Hilfe wert, sofern er nicht verantwortlich für die Situation ist. Und die Armen sind unserer Hilfe mehr wert als die Reichen. Schließlich verlangt Klugheit auch, daß die Absichten des Empfängers einige Aufmerksamkeit erhalten. Für Gerald von Wales müssen die moralische Qualität der Person, die wir begünstigen wollen, sowie ihre Absichten uns gegenüber, ihre *cohabitatio*, ihre *vitae societas* und die Wohltaten, die zuvor zu unserem Nutzen gemacht wurden, berücksichtigt werden.[47]

Tatsächlich ist den meisten geistlichen Autoren die Idee der Freigebigkeit nicht ganz geheuer, und sie neigen dazu, entweder die positive Ausübung der Freigebigkeit auf Nächstenliebe zu reduzieren oder Nächstenliebe und Freigebigkeit in Kontrast zu setzen.[48] Frère Laurent etwa behandelt in seiner *Somme le Roi*, geschrieben für Philipp III. (1270–1285), die Freigebigkeit im Abschnitt, der dem Stolz gewidmet ist.[49] Dabei setzt er zwei rhetorische Figuren ein. Zum einen das Rad der Fortuna, das hier in eine Mühle transformiert wird, die von den zwölf

---

45 GUILLAUME PEYRAUT, Summae Virtutum ac Vitiorum, Anvers 1587, fol. 75. Ein anderes wiederkehrendes Thema ist das der Großzügigkeit gegenüber fahrenden Sängern, die die Freigebigkeit des Fürsten hervorriefen – zu Lasten der Armen. PETER CANTOR, Verbum Abbreviatum, Sp. 153–156 widmet der Attacke gegen Geschenke an Sänger einen Abschnitt. Und diese Sicht der Freigebigkeit war nicht auf eine Handvoll klerikaler Autoren beschränkt. Während seiner Hochzeit mit Isabella, der Schwester Heinrichs III., im Jahr 1235 versuchte Friedrich II., die versammelten Fürsten davon abzuhalten, den Spielleuten irgend etwas zu geben, da es närrisch und gegen den Brauch sei; eine Position, die wahrscheinlich die Lehren über gute und schlechte Freigebigkeit widerspiegelte: Chronica Regia Coloniensis, hrsg. v. G. Waitz, M.G.H. S.S., Rer. Germ., Bd. 18, 1880, S. 266, zitiert nach Bumke, Courtly Culture, S. 230.

46 VINCENT DE BEAUVAIS, De Morali Principis Institutione, S. 71f. (unter Bezugnahme auf Cicero, De Officiis, I, xiv, 42, und Seneca, De Beneficiis, II, xiv, 1).

47 GERALD OF WALES, De Principis Instructione, I, viii, Bd. 8, S. 27f. Geralds Vorbild ist Ciceros De Officiis, I, xiv, 45.

48 Ein Echo dessen findet sich in Matthew Paris' Leben Eduards des Bekenners: Eduard ist eine beispielhafte Figur, die Habgier als das schlimmste Laster zurückweist, aber ihre Freigebigkeit vor allem zum Wohl der Armen übt: KATHRYN YOUNG WALLACE (Hrsg.), La Estoire de Seint Aedward le Rei Attributed to Matthew Paris, ll. 1899–1904 (Anglo-Norman Texts, Bd. 41), London 1983, S. 54. Caritas-bezogene Themen waren vorherrschend in der Ausstattung der Paläste Heinrichs III., der wohl stark von religiösem Gedankengut zur Freigebigkeit und vor allem vom Vorbild Eduards des Bekenners beeinflußt war: T. BORENIUS, The Cycle of Images in the Palaces and Castles of Henry III, in: Journal of the Warburg and Courtauld Institutes 6 (1943), S. 40–50, hier S. 42f.

49 Bibliothèque Mazarine, Paris, MS. 870, fol. 15.

Winden der Prahlerei angetrieben wird, zu denen auch der Wind der großen Gaben gehört.[50] Bruder Laurents zweite Stilfigur ist der Baum: Der Verfasser erklärt, Einbildung sei der dritte Zweig der Sünde des Stolzes, der in sechs verschiedenen Formen auftrete; deren zweite sei eine „fole emprise de grans despens, ou du sien ou de l'autrui, pour estre loez et por ce que on le tiegne au plus large et au plus cortois." Auch in seiner Analyse des Ehrgeizes, des viertes Zweigs des Stolzes, vermerkt Bruder Laurent, daß seine Verlängerung, d.h. Simulation (*losengerie*), sich in unvernünftigen Ausgaben zeige, die einen als höfisch und großzügig erweisen sollen. Manchmal geschehe dies mit Gütern, die einem nicht gehörten, und Bruder Laurent nennt denjenigen, der mit dem Reichtum anderer freigebig ist, einen „larron privé".[51] Er spricht sich auch gegen Freigebigkeit und Almosen aus und kritisiert diejenigen, die die zeitlichen Güter, die ihnen von Gott gegeben wurden, opfern, um der Welt und dem Teufel zu gefallen. Ihre Ausgaben seien die von Narren, aus purer Eitelkeit, um nutzlosen Tand zu kaufen, und um weltlichen Ruhmes willen. Wenn es aber darum gehe, um Gottes Lohn zu geben, seien sie so hart wie Magnetgestein und würden von einem Teufel namens *Clobourse* manipuliert, der die Geldbeutel verschließe, noch bevor sie für wohltätige Zwecke geöffnet werden könnten.[52] Eine ähnliche Entwicklung finden wir im *Lumere as Lais*, einem religiösen Traktat von ca. 1267, dessen Verfasser, Pierre d'Abernon de Fetcham, Freigebigkeit in einer Weise definiert, die sie mit Wohltätigkeit gleichsetzt (d.h. den Armen geben aus Liebe zu Gott und den Menschen), bevor er die Weitergabe von Gütern anderer folgendermaßen qualifiziert: „C'est largesce de larun / Ki de largesce pert le nun."[53] Zudem seien einige Formen der Freigebigkeit eindeutig tadelnswert. In seiner Diskussion des Wuchers behandelt Bruder Laurent einen Menschentyp, den er den „presteur [...] courtois" nennt: d.h. jemanden, der im Gegenzug für sein Darlehen Vergünstigungen (*bontez*) erwartet, ob es nun Geld, Pferde, Gold- oder Silberbecher, Kleider, Weinfässer, Schweine, Hand- und Spanndienste, Pfründen für seine Söhne o.ä. sei. Hier wird das Darlehen, selbst wenn es nicht in Form eines Vertrags auftritt, als eine Art von Wucher angesehen.[54]

---

50 Die zwölf Winde sind: hohe Würde; Wohlstand; Reichtümer; körperliche Freuden; Gesellschaft; Häuslichkeit; schöne Pferde; Anzahl schöner Kleider, Einrichtungs- und Haushaltsgegenstände; große Geschenke; große Feste; guter Ruf.

51 Dies läßt sich in zwei Bereiche unterteilen: Die erste Gruppe ist die der „grant[s] larron[s] privé[s]", wie etwa die schlechten und untreuen Beamten eines Herrn, die Abgaben stehlen und Teile des Einkommens ihres Herrn für sich behalten oder mehr an *mises* und Kosten abrechnen, als sie tatsächlich ausgegeben haben, und dafür weniger an Quittungen und Einnahmen. Der hohe Hofbeamte, der großzügig aus- und die Güter seines Herrn ohne dessen Wissen weggibt, ist auch ein „grant larron privé". Die zweite Gruppe hingegen besteht aus den „petit[s] larron[s]", die Brot und Wein und andere Dinge aus dem Haushalt stehlen, in dem sie dienen, sowie Geflügel oder Obst oder andere Dinge von ihren Nachbarn (Bibliothèque Mazarine, Paris, MS 870, fol. 23). Zur Frage des Diebstahls von Geschenken, die dem Feudalherrn gemacht wurden, siehe etwa die Anordnung für den königlichen Haushalt aus dem Jahr 1318: T.F. TOUT, The Place of Edward II in English History, Manchester 1936, S. 76f.

52 Bibliothèque Mazarine, Paris, MS. 870, fol. 130v.

53 PIERRE D'ABERNON OF FETCHAM, La Lumere as Lais, in: Glynn Hesketh (Hrsg.), Anglo-Norman Texts 54, London 1996, S. 128, Z. 4173–4186.

54 Bibliothèque Mazarine, Paris, MS 870, fol. 21v.

Auch in einem weiteren Sinne kann Sünde aus Freigebigkeit hervorgehen. Nach Vinzenz von Beauvais findet die Habgier an den Höfen großer Herren fruchtbaren Boden in zweierlei Form: Gier nach Geschenken und Gier nach Essen. Die Geschenkgierigen schmeichelten den potentiellen Gebern, während die Nahrungssuchenden aus Schaustellern und anderem gemeinen Volk bestünden.[55] Eine andere Begleiterscheinung unkluger Übertreibung von Freigebigkeit sei Begehrlichkeit. Vinzenz erklärt, Reichtum am Hofe lasse eine Vielzahl von Schmeichlern, Heuchlern und Neidern entstehen: Lästerer und Kriecher seien besonders vertreten in den Häusern Babylons und den Tempeln sinnlicher Freuden, einer Metapher für die Häuser der Reichen.[56] Dies beschränkt sich nicht auf Laien: Gerald von Wales spricht in seiner *Gemma Ecclesiastica* von Priestern, die zu viel Zeit an Prälatenhöfen verbrächten, um von deren Freigebigkeit zu profitieren.[57]

3.

Zweifellos war Großzügigkeit ein umstrittenes Thema und Anlaß konfligierender Aussagen. Wenn wir uns nun den Finanzunterlagen königlicher und adeliger Haushalte zuwenden, erwarten wir, eine unmittelbarere und neutralere Widerspiegelung geübter Freigebigkeit zu finden.[58] Für den englischen Königshof, für den die Unterlagen früh, detailliert und relativ gut erhalten sind, belegen vor allem die Inventare der Juwelen und des Tafelgeschirrs, die in den königlichen Schatzkammern verwahrt wurden, die Vergabe von Geschenken. Sie liefern eine grobe Beschreibung der Gegenstände unter Angabe des Gewichts (im Fall des Tafelgeschirrs) und, gelegentlich, eine Schätzung ihrer Kosten. Manche Gegenstände müssen mit einem Etikett versehen gewesen sein (und waren daher als *billatus* aufgeführt), um sie als Geschenk einer bestimmten Person zu identifizieren. Einige Inventare von Juwelen und Geschirr Königin Eleonores aus den 1250ern Jahren sind erhalten und Gegenstand von Forschung gewesen.[59] Das Inventar der Becher (*cuppe*) der Königin zum Beispiel, datiert von Oktober 1251 bis Oktober 1253, erwähnt einen Becher, der der Königin vom Archidiakon von Tours an Allerheiligen 1251 in Windsor gegeben wurde, sowie verschiedene Becher, die Eleonore zahlreichen Mitgliedern ihres Gefolges gab (wie etwa Sybil Giffard, der Frau

[55] VINCENT DE BEAUVAIS, De Morali Principis Institutione, Bd. 16, S. 127–130.

[56] Ebd., S. 101 f.

[57] GERALD OF WALES, Gemma Ecclesiastica, II, xxxiv, Bd. 2, S. 336.

[58] Eine Fallstudie, die Wege aufzeigt, wie diese Form finanzieller Belege ausgewertet werden kann, ist Jan Hirschbiegels Untersuchung der *étrennes* am Hof Karls VI. Besonders beeindruckend sind die vom Autor gezeichneten Graphiken, die das Netzwerk persönlicher, durch Neujahrsgeschenke gestifteter Beziehungen aufzeigt, und seine Rekonstruktion der höfischen Hierarchie (HIRSCHBIEGEL, Étrennes). Siehe auch SYBILLE SCHRÖDER, Macht und Gabe. Materielle Kultur am Hof Heinrichs II. von England (Historische Studien, Bd. 481), Husum 2004.

[59] MARGARET HOWELL, Eleanor of Provence: Queenship in Thirteenth-Century England, Oxford 1998, S. 78 ff. für eine Analyse der Juwelen- und Geschirr-Rollen Eleonores der Provence.

Hugh Giffards, „custodian of the Lord Edward"), königlichen Favoriten (wie Geoffrey of Langley) sowie päpstlichen Gesandten oder dem Abt von Waltham.[60]

Am Ende des 13. Jahrhunderts wurden systematisch Inventare der *wardrobe treasury* am Ende der allgemeinen *wardrobe accounts* eingefügt. Das Inventar der Juwelen und des wertvollen Geschirrs, das sich am Ende des Buchs des Kontrolleurs der königlichen Garderobe (*wardrobe*) des Regierungsjahrs 1299/1300 befindet, listet z. B. die Juwelen und das Geschirr – und andere Wertgegenstände – auf, die von Eduard I. gekauft oder als Geschenk oder bei dem Tod von Prälaten erworben worden waren (letzteres war eines der Regalienrechte). Einige der erwähnten Objekte waren dem König schon in vorangegangenen Jahren geschenkt worden, wie etwa ein Messerpaar mit emaillierten Griffen und eine Kristallgabel, ein Geschenk Marias von Bretagne, Gräfin von Saint-Pol, übergeben in Gent im November 1297. Zu Neujahr 1298 erhielt Eduard in Gent von der Gräfin von Flandern einen Wappenrock mit den Wappen Englands, Flanderns und Bars in Perlenstickerei, während ihm die Gräfin von Bar, eine seiner Töchter, einen Kamm, einen Spiegel aus Email und vergoldetem Silber sowie einen silbernen Kerzenständer gab. Das Inventar benennt auch die Geschenke, die dem König zu Neujahr 1297 gemacht wurden: Herzogin Margarete von Brabant, eine andere seiner Töchter, gab ihm ein Paar großer Messer aus Ebenholz und Elfenbein mit *virollis* aus emailliertem Silber. Diese *jocalia*-Sektion des *wardrobe account* nennt auch Juwelen und Geschirr, die als Geschenk von der königlichen Familie vergeben wurden, wie etwa Goldbroschen, von denen viele durch den König oder die Königin persönlich oder durch Boten an verschiedene Altäre gestiftet wurden. Goldbecher wiederum wurden vergeben an Gesandte; an Personen, die den Hof Richtung Heimat verließen; an einige neue Ritter des Gefolges von Johannes von Bar anläßlich ihres Ritterschlags; an einen Gesandten des Grafen von Albemarle, der Eduard von Caernarvon zwei Falken gesandt hatte; und an die Königin, um sie an Personen ihrer Wahl weiterzuleiten.

Das Kontrolleursbuch für 1299/1300 belegt auch noch andere Praktiken der Freigebigkeit. Almosen (*elemosina*) führen den Ausgabenteil an; unter diesem Titel finden wir die üblichen Speisealmosen (*putura*); Opfergaben an Kirchen; Kleidergeschenke nicht nur an die Armen, sondern auch an Personen, die üblicherweise nicht in den Genuß von Livreen kamen, wie etwa einige Verwaltungsbeamte oder nicht dauerhafte Dienstboten. Der nächste Abschnitt betrifft „necessary expenditu-

[60] The National Archives, Kew, E 101/349/7. Siehe HOWELL, Eleanor of Provence, S. 105f. für Sybil Giffard. Ähnliche Geschenke finden sich in den Inventaren der großen Pokale (*ciphi*), Salzstreuer (*salsar'*), Gürtel (*zone*) und Juwelen (*jocalia*, inkl. Ringe, Broschen usw.). Die Unterlagen geben uns auch eine Vorstellung von der Größenordnung der Gegenstände, die aus der Schatzkammer verschenkt wurden. Ein Dokument, das von Oktober 1260 bis Oktober 1265 datiert, listet die Juwelen und das Tafelgeschirr des Königs auf, die von Heinrich von Gent verwahrt wurden. Von einer Gesamtzahl von 140 mit Edelsteinen versetzten Goldbroschen wurden 25 weggegeben; von weiteren 13 Broschen *de precio* vier. Von 220 Broschen *de pondere* (darunter acht, die dem König geschenkt worden waren) wurden 167 verschenkt und drei an Altäre gestiftet. Von 794 mit Edelsteinen besetzten Ringen (von denen 32 dem König geschenkt worden waren) wurden 181 verschenkt. Von weiteren 152 Ringen wurden 107 verschenkt (The National Archives, Kew, E 101/350/12).

re", also den Kauf von Pferden, die Kosten für Boten, einige Löhne und Geld für Schuhe; aber auch gelegentliche Geldgeschenke für Kleider werden hier erwähnt. Weiter unten finden wir Geldzahlungen für Geschenke (*dona*) und Pferdeersatz (*restauro equorum*). Die hier verzeichneten Geschenke sind äußerst vielfältig: für Ausländer, die sich in England in Angelegenheiten des Königs aufhalten; Gesandte oder Boten von anderen Höfen oder Herren; Personen, die dem König ab und zu Dienste leisteten. Die Überbringer guter Nachrichten wurden besonders hoch belohnt, wie etwa der Kammerdiener der Gräfin von Gloucester, der dem König die Nachricht von der Geburt seiner Enkelin überbrachte und mehr als 3 Pfund von Eduard I. und mehr als 2 Pfund von Eduard von Caernarvon bekam. Dieser Abschnitt erwähnt auch Kompensationszahlungen für Schäden, die diverse Personen auf der Reiseroute des Hofes erlitten hatten, sowie Zahlungen für den Unterhalt der Männer, die aus den Gefängnissen des französischen Königs befreit worden waren, und für den Kauf von Pferden und Ausrüstung für die Festungsbesatzungen. Wir sehen auch, daß Amtleute und Dienstboten bei ihrer Verabschiedung Geldbeträge und manchmal Geld für ein Pferd erhielten. Im Namen des Königs und Eduards von Caernarvon wurden auch Sänger bezahlt; und mehrmals wurden Mitglieder des Gefolges Eduards von Caernarvon entschädigt, die ihrem Herrn Geld fürs Würfelspiel geliehen hatten. Die *dona*-Sektion spricht indirekt auch von Pferden und Hunden, die dem König und seinen Söhnen geschenkt wurden, denn die Diener, die sie zum Hof brachten, wurden mit Geld belohnt. Auf das Konto für Geschenke und den Ersatz der Pferde folgen die Konten für die Löhne des Haushalts. Vor dem Juweleninventar, das oben bereits erwähnt wurde, listet ein vorletzter Abschnitt die Geldbeträge auf, die für die Bereitstellung der *liveries* an die verschiedenen königlichen Haushaltungen aufgewandt wurden.

Obwohl die Abrechnungsbelege Einblick in viele Aspekte des höfischen Lebens gewähren, stellen sie Interpretationsfragen, die denen literarischer Texte oder moralisch-theologischer Werke ähneln. Inventare enthalten selten Hinweise zu den Umständen, unter denen Geschenke erfolgten, und es mag eher der Form der Quelle als realer Praxis geschuldet sein, wenn der Eindruck eines Systems des Schenkens entsteht, das in einem regulierten Austausch von Wertsachen bestand und die soziale Stellung von Schenker und Empfänger widerspiegelte.[61] Was die *wardrobe books* angeht, so verzeichnen sie üblicherweise nur Geldauszahlungen. Tatsächlich legen andere Belege, wie etwa die *prest accounts* (*prestita*), nahe, daß das, was in den *wardrobe books* wie ein einfaches Geldgeschenk aussieht, ein bloßer Buchführungstrick war:[62] Die Schreiber der *wardrobe* und des *household* sahen sich den Forderungen von Personen gegenüber, die dem König gedient hatten und nach Bezahlung verlangten.[63] Da sie oft außerstande waren, den verlangten

[61] Zu dieser Problematik siehe die Ausführungen in ALGAZI, Introduction, S. 17.

[62] *Prestita* können als Bar- oder Naturalvorschuß darauf definiert werden, was Mitgliedern des Haushalts und Gefolges für ihre Dienste zustand. Die in den endgültigen Rechnungsbüchern festgehaltenen Zahlungen könnten in mehreren Raten (manchmal mit großer Verzögerung) oder in Naturalien erfolgt sein, wobei der Geldbetrag lediglich ein Indikator des eigentlichen Geschenks war.

[63] So z.B. The National Archives, Kew, E 101/366/12/16: Brief vom 29. Oktober 1304, möglicherweise vom *Keeper of the Wardrobe*, an den *Clerk of the Great Wardrobe*, be-

Geldbetrag aufzubringen, griffen sie gelegentlich nach komplizierten Methoden, um die Forderungen wenigsten teilweise zu befriedigen, inkl. Schuldverschreibungen auf bestimmte Einkommensquellen und Vorschüsse (bar oder in Naturalien), die ratenweise geleistet wurden. Daher wäre eine sorgfältige diplomatische Untersuchung der überlieferten Buchhaltungsdokumente nötig — inklusive einer präzisen Datierung ihrer Fertigstellung —, bevor man feststellen kann, ob Geld oder Güter wirklich ausgehändigt wurden. Manche Geschenke wurden auch nie festgehalten: Nur aufgrund gelegentlicher Hinweise auf Zahlungen an Boten wissen wir, daß Neujahr nicht nur der Tag des Austauschs von Geschirr und Juwelen, sondern auch von Pferden, Hunden, Kleidern und Kleidungszubehör war.

Juwelen- und Geschirrinventare listen die Gegenstände nach Typen auf; aber die Objekte wurden sehr unterschiedlichen Zwecken zugeführt. Und obwohl die Definition von Großzügigkeit etwa in literarischen Quellen ziemlich breit ist und darin das Erbe der antiken Moralphilosophie widerspiegelt, unterschieden sich Opfergaben an Kirchen, Geschenke an Familienmitglieder oder Angehörige des engeren Gefolges, an diplomatische Gesandte oder Personen, die kurz davor waren, ihren Abschied vom Hofe zu nehmen, sowie Belohungen für Dienste erheblich. Das Gleiche mag auf die *wardrobe books* zutreffen. Obwohl Neujahrsgeschenke, Opfergaben, die Verteilung von Naturalien und Kleidern an Dienstboten, die Entschädigung für geleistete Dienste[64] alle die Freigebigkeit des Fürsten belegen, beziehen sie sich auf Praktiken, die äußerst verschieden waren. So konnte zum Beispiel die Verteilung von Kleidern als Geschenk verbucht werden, aber seine Abhängigen oder die Armen zu kleiden, war auch Zeichen von Herrschaft und konnte vertragliche Formen annehmen, wie etwa bei der Verteilung von Gewändern an Diener.

Die Akten sind komplexe Konstrukte, ausgearbeitet, um Verwaltungsanforderungen zu genügen. Ihre Interpretation bedarf einer vorhergehenden, umsichtigen Analyse der Art und Weise ihrer Entstehung. Die Gefahr besteht in einem vorgefertigten Interpretationsmuster, das sich auf Schenken als eine grundlegende Struktur höfischer Gesellschaften kapriziert, ohne die vielfältigen Praktiken zu berücksichtigen, die die Buchführungsunterlagen nahelegen, noch die Notwendigkeit des systematischen Gebrauchs von Kredit in einem wirtschaftlichen Kontext, in dem

---

treffend eine Vereinbarung zwischen dem Verfasser des Briefes und Sir Andrew Hengham über die Zahlung von 20 Schilling und ein Gewand, unter der Bedingung, daß Andrew nie bei der *wardrobe* oder dem *household* wegen ihm gegenüber bestehender Schulden vorstellig wird, noch dort speist oder trinkt. Der Rat an den *Clerk of the Great Wardrobe* besagt: „Et vous deliverez deluy issint, en bone manere, e ausi legerement, come vous poez." Andrew Hengham scheint dem königlichen Haushalt nicht dauerhaft angehört zu haben.

64 Die zeitgenössische politiktheoretische Literatur legt nahe, daß Sold als eine Form von Belohnung angesehen wurde. So enthält etwa der von Walter Milemete für den jungen Eduard III. verfaßte Fürstenspiegel ein Kapitel über Dankbarkeit, in dem er drei Gründe nennt, weswegen ein Mann im Krieg dienen dürfe: natürliche Neigung, Zwang und die Hoffnung auf Belohnung. Unabhängig von der jeweiligen Motivation müsse der Fürst sich *curialiter* verhalten, um die Zuneigung seiner Untertanen zu gewinnen, und ihn entsprechend seiner jeweiligen Verdienste belohnen: Christ Church College, Oxford, MS. 92, fol. 27r bis 32v.

Geld selten war. Und viele der Geschenke waren in Wirklichkeit Belohnungen für die Diener und Mitarbeiter des Königs: Geschenke wurden vor allem im direkten Gefolge des Königs erwartet, wo Dienstleistung ihren *guerredon* haben mußte.[65]

4.

Großzügigkeit war Gegenstand konfligierender Aussagen, und im abschließenden Kapitel dieses Artikels möchte ich die These aufstellen, daß dieses In-Frage-Stellen dazu beigetragen haben mag, die politische Debatte über die Ausübung dieser Tugend zu prägen. Die korrumpierten *curiales* und Ratgeber sind ein Leitmotiv literarischer Werke. Die Passagen des *Policraticus* über die Laster der Höflinge[66] — einige Jahrzehnte später fast wortwörtlich im *Communiloquium* des Franziskaners Johannes von Wales wiederaufgenommen — verweisen auf die gleichen Laster wie Walter Map oder Peter von Blois, wenn sie den Hof angreifen. Johannes von Wales widmet einen Abschnitt des *Communiloquium* den sieben Lastern der *curiales*: Ehrgeiz, Schmeichelei, Korrumpierung durch Geschenke, Ämterverkauf, geheuchelte Freundschaft, Verleumdung und Ausplünderung der Armen, verschwenderische Feste.[67] Vor allem könne man den Hof nicht betreten, wenn man nicht mit Geschenken beladen sei;[68] und Höflinge seien wie Hunde, die nur besänftigt werden können, wenn man ihnen Nahrung gebe.[69] Aber diese Kritik betrifft nicht nur den Hof, sie geht auch die Verbindung zwischen Hof und Land an, da ja königliche Beamte vom Hof in die entlegenen Gebiete entsandt wurden,[70] wo sie die Laster des Hofes verbreiteten und Geschenke und Bestechungsgeldern verlangten und erbettelten, eine Einstellung, der einige Autoren vehement die Tugenden der antiken Römer gegenüberstellten.[71]

---

65 VINCENT DE BEAUVAIS, De Morali Principis Institutione, Bd. 13, S. 71 versucht, Geschenke von Ausgaben zu unterscheiden, indem er behauptet, Geldausgaben würden von der Notwendigkeit regiert, Geschenke von der Freigebigkeit.

66 Siehe vor allem JOHN OF SALISBURY, Policraticus [V, xvi], hrsg. v. Clement C.I. Webb, 2 Bde., Oxford 1909, Bd. 1, S. 349–358 (wo er die Lex Julia und das Buch Samuel kommentiert).

67 JOHN OF WALES, Communiloquium, Lyon 1511, 44vff.

68 SALISBURY, Policraticus, S. 323–330; JOHN OF WALES, Communiloquium, 45v.

69 Ebd., 45v. Ohne solche Geschenke sei es nahezu unmöglich, den Hof zu betreten, mit irgend jemandem zu sprechen oder gar angehört zu werden. Das Zitat: „Multi curialium sunt sicut canis acris qui objecto cibo mansuescit", beruht auf Seneca, De constantia sapientis (XIV, 2).

70 WALTER MAP, De Nugis Curialium. Courtiers' Trifles, hrsg. u. übers. von M.R. James, C.N.L. Brooke und RA.B. Mynors, Oxford 1983, S. 12, wo Map die königlichen, vom Hof entsandten Beamten mit nächtlichen Raubvögeln vergleicht sowie mit Bienen, die die Unschuldigen genauso stächen wie die Schuldigen. Diese Beamten seien auch leicht durch Geschenke zu bestechen.

71 JOHN OF WALES, Communiloquium, 40v: „Item cavere debet preses qui preest populis a congregatione indebita divitiarum et ab iniuste extorta pecunia." Die Quellen dieser Passage sind Valerius Maximus, IV, c. iv und Vegetius, IV, c. iii (über Scipio in Spanien). Ebenso ebd., 44r.

Die Wurzel dieses Übels lag nicht allein in den schlechten *mores* der Höflinge, sondern kam von einem Regime, in dem jeder Dienst untrennbar mit der Erwartung der Gunst des Fürsten verbunden war, der seine Großzügigkeit nicht in der erforderlichen Weise kontrollierte. Vinzenz von Beauvais stützt sich auf Johannes von Salisbury[72], wenn er diesen Gedanken ausarbeitet: Die Freigebigkeit des Fürsten solle so geübt werden, daß seine Ratgeber, Ministerialen, Agenten und Beamten genug zum Leben hätten. Selbst wenn der niedere Rang einiger Beamter sie der fürstlichen Großzügigkeit unwürdig erscheinen lasse, verdienten sie belohnt zu werden, weil dies der Freigebigkeit des Fürsten entspreche. Außerdem neigten Beamte, die nicht genug zum Leben haben, dazu, die Güter anderer in unmäßiger Weise zu begehren oder von ihnen zu stehlen. Bezögen sie aber einen angemessenen Lebensunterhalt, blieben Diebstahl, Betrug und die unangemessene Entgegennahme von Geschenken gänzlich ohne Ausrede.[73] Im *Mireur a Justices*, einem politisch-juristischen Traktat des späten 13. Jahrhunderts, vermerkt der Autor, daß die Könige alter Zeit denjenigen, die ihnen sieben Jahre lang treu gedient hatten, Land für die gleiche Zahl von Jahren gegeben hätten. Andere seien dem Beispiel dieser *guerdons* gefolgt, um die Dienste ihrer eigenen Sergeanten zu entlohnen. Heute, so der Autor, könne kein freier Mann mehr gezwungen werden, dem König gegen seinen Willen zu dienen – außer aufgrund eines Lehensverhältnisses –, und dies erkläre, warum einige Männer angestellt würden, dem König für eine festgelegte jährliche Summe zu dienen. Diese Ministerialen, die ihre Bezahlung vom König erhalten, dürften nichts vom Volk verlangen, aber die Richter, die dem König nur in der Hoffnung auf Belohnung der ein oder anderen Art dienen, dürften 12 d. pro Tag vom Kläger nehmen sowie 6 d. vom Beklagten, 6 d. von einem als Zeugen vereidigten Ritter, 4 d. von anderen vereidigten Personen, und 2 d. von den Gerichtsboten.[74]

Sowohl im Werk des Johannes von Salisbury wie des Gerald von Wales legt der Kommentar zu jenen Passagen des römischen Rechts, die die Zuwendungen für Provinzialbeamte betreffen, nahe, daß diese Angelegenheit schon zum Reformprogramm des 12. Jahrhunderts gehörte.[75] Im Laufe des 13. Jahrhunderts entwi-

[72] SALISBURY, Policraticus, S. 322. Siehe die Anmerkungen zu dieser Passage bei CARY J. NEDERMAN, The Virtues of Necessity: Labor, Money, and Corruption in John of Salisbury's Thought, in: Viator 33 (2002), S. 54–68, hier S. 64. Zum Einfluß des Policraticus auf Vinzenz von Beauvais mittels Hélinand de Froidmont siehe WALTER ULLMANN, John of Salisbury's Policraticus in the Later Middle Ages, neugedr. in: ders., Jurisprudence in the Middle Ages. Collected Studies, London 1980, Bd. 6, S. 519–545, hier S. 522.

[73] VINCENT DE BEAUVAIS, De Morali Principis Institutione, Bd. 13, S. 73f. Ähnliche Bedenken wurden mit Hinblick auf die Verwaltung der Ländereien geäußert, etwa in den *Rules* des Robert Grosseteste, in denen das Geschenk neben den tyrannischen Forderungen erscheint, die Beamte an die Pächter richteten: DOROTHEA OSCHINSKY (Hrsg.), Walter de Henley and Other Treatises on Estate Management and Accounting, Oxford 1971, S. 390.

[74] WILLIAM JOSEPH WHITTAKER (Hrsg.) The Mirror of Justices (Selden Society, Bd. 7), London 1895, S. 46.

[75] Zu Johannes von Salisbury siehe Fußnote 66 (wo er die Lex Julia, Digest, 48.11.3 mit Bezug auf die Bestechung von Richtern zitiert, sowie den Codex 9.27.1–4 zu von den Beamten in der Provinz verübten Erpressungen). Gerald von Wales zitiert Codex, 1.49.1 und lobt die Regelung, die die Provinzgouverneure verpflichtete, fünfzig Tage nach dem Ende ihrer Amtszeit in der Provinz zu bleiben, damit sie auf Beschwerden reagieren und ggf.

ckelte sie sich zu einem offenen politischen Problem. Nach seiner Rückkehr vom Kreuzzug im Juli 1254 erließ Ludwig IX. verschiedene Anordnungen, die 1723 von Eusèbe de Laurière als Kompilation unter dem Titel *Ordonnance pour la réformation des mœurs dans le Languedoc et le Languedoil* veröffentlicht wurden.[76] Diese *grande ordonnance* enthält Vorschriften zum Verhalten gegenüber Geschenken, die königlichen Beamten angeboten werden: Die *baillis* und die *sénéchaux* müssen schwören, daß sie von niemandem etwas annehmen werden, sei es persönlich oder durch Dritte, sei es Geld, Silber oder Gold, seien es bewegliche oder unbewegliche Güter, persönliche oder ewige Pfründen, außer Speisen und Getränke, deren Wert nicht 10 S.*parisis* pro Woche überschreiten darf. Sie müssen auch schwören, daß sie so wenig wie möglich an Geschenken oder Wohltaten für ihre Frauen, Kinder, Brüder, Schwestern und Eltern, Berater oder Diener annehmen; vielmehr werden sie die Annahme dieser Dinge verbieten (§ 4). Außerdem legt die Anordnung in § 6 fest, daß diese Beamte nichts an die Mitglieder des königlichen Rates, noch deren Frauen, Kinder oder andere Personen ihres Gefolges, noch den Personen geben werden, die beauftragt sind, ihre Buchführung zu kontrollieren oder ihr Land zu visitieren oder eine Untersuchung auf Anweisung des Königs durchzuführen. § 15 reguliert auch die Nahrungsmittel- und Unterbringungs-Beiträge (*gista*) der Klöster, um die Bedürfnisse der Beamten zu befriedigen.

Ähnliche Sorgen zeigen sich in den Quellen zur englischen Reformbewegung der Jahre von 1258 bis 1265. Diese Texte beschäftigen sich im Detail mit der Bestechlichkeit der Richter und anderer Beamten, ob königlich oder baronial. Konkreter beschränken einige Paragraphen der Reformbestimmungen Geschenke an Beamte. So bestimmt § 16 der *Provisions of Oxford*:

E ke la iustice ne prenge ren si ne seit present de pain et de uin et de teles choses, ceo est a sauer, uiandes et beifres, sicum lem ad este acustume a porter as tables de prodes homes a la iornee. E ceste meime chose seit entendue de tuz les cunseilers le rei et de tuz ses ballifs. E ke nul ballif par achesun de plai u de sun office ne prenge nul loer par sa main, ne par autru en nule manere. E si il est ateint, ke il seit reint, et cil ke done autresi. E si couent ke le rei done a sa iustice et a sa gent ke le seruent, ke il ne eient mester ke il ren prengent de autrui.[77]

Diese Vorschriften führen zum Problem der Naturalien, die örtliche Gemeinschaften reisenden Beamten zu stellen hatten, eine Angelegenheit, die mit der Vorratsrequisition (*purveyance*) in Verbindung steht. Worum es hier aber wirklich ging, im allgemeinen Kontext einer zunehmenden Zahl von Nichtklerikern in der Ver-

---

konfisziertes Gut zurückerstatten konnten (Liber de Principis Instructione, I, xx, in Opera, viii, 116–117). Johannes von Wales zitiert die Digest, 1.16.6.3 (Communiloquium, Pars I, dist. VIII, cap. iii,f. 45v–46r) bezüglich der Geschenkarten, die ein Prokonsul annehmen durfte.

[76] Ordonnances des Rois de France de la Troisième Race, 21 Bde., Paris 1723–1849, Bd. 1, S. 264–274. Siehe dazu die kritischen Bemerkungen von Louis Carolus-Barré, La grande ordonnance de 1254 sur la réforme de l'administration et de la police du royaume, in: Septième Centenaire de la Mort de Saint Louis. Actes des Colloques de Royaumont et de Paris (21-27 mai 1970), Paris 1976, S. 85–96.

[77] R. F. Treharne und I. J. Sanders (Hrsg.), Documents of the Baronial Movement of Reform and Rebellion 1258–1267, Oxford 1973, S. 106–108. Der nächste Paragraph beschäftigt sich in ähnlicher Weise mit den *sheriffs*.

waltung, war die Besoldung der Beamten. Unter den Gravamina des Königs im März/April 1261 findet man die, daß

ore par conseil de eux [d.h. der von der Gemeinschaft gestellten 15 königlichen Räte, Anm. d. Ü.] pluis est greue le roy despensez az iustiz, et si pleint uiegne de eux [d.h. gegen die Ratsmitglieder, Anm. d. V.], nul droiture est fait, fors solement des pouerez.

Die Antwort des Rats und der Zwölf, die von der Gemeinschaft gewählt worden waren, besagte, daß

uoylent bien qil soit a garde et uue qe lez iusticz poent demeynz estre amenez qil ne sount, et cum il prendrent meyns de roy plus beal luur serra, for qil facent bien et lealment lour officez [...].[78]

In Frankreich wie in England wurden Beamten mit einem Gemisch aus Gebühren, Sold und anderen Vergünstigungen bezahlt[79], oder sie nahmen ihr Amt in Pacht. Aber es wurde auch erwartet – vor allem, während sie unterwegs waren –, daß sie von den örtlichen Gemeinschaften unterhalten wurden – und hier kamen Schenkungen in den Blick. Das Problem bestand darin, die Grenze zwischen dem Geschenk zu ziehen, das Aufwendungen ersetzte, und dem, das als Bestechung angesehen wurde.

Schlußfolgerung

Die Definition von Großzügigkeit als Tugend war zu komplex und vielleicht zu ausgedehnt, um nicht Widerspruch zu erregen. Aber die allgemeine Ansicht war doch die, daß der gute Gebrauch seiner Großzügigkeit durch den Fürsten das Königreich regelte. Diese war zweifellos eine öffentliche und politische Tugend sowie eine private und moralische. Darauf bezog sich wohl auch Pierre d'Abernon de Fetcham in seinem *Lumere as Lais*, im Gefolge einer schärfsten politischen Krisen, die England gesehen hatte: Die Großen und Reichen dürften nicht betrügerischen Beratern glauben, die den Leuten schmeichelten und deren Rat von ihrer Gier diktiert werde. Der König solle sein Volk rechtmäßig regieren und ihm nicht schaden; andernfalls sei er ein Tyrann, kein König. Diese Definition von Tyrannei beziehe

[78] Ebd., S. 230. Ähnliche Vorschriften finden sich in der *Ordinance of the Sheriffs* vom Oktober 1258 (ebd, S. 120–122) mit einigen Zusätzen: So wird die Anzahl und Dauer der Aufenthalte von *sheriffs* in geistlichen oder Laienhäusern geregelt. Wenn ein *sheriff* länger verweilt, oder häufiger kommt als vorgeschrieben, kann er nichts in Empfang nehmen, das mehr als 12 d. wert ist. (Dies findet sich auch in der *Ordinance of the Magnates*: ebd., S. 133–135, mit der zusätzlichen Vorschrift, daß die Verwalter [*bailiffs*] keine *scot-ales* oder *feast-ales* zu machen hätten). Die Anordnung verbietet im folgenden unter Strafandrohung, den Beamten des Königs irgendwelche Geschenke anzubieten, zu versprechen oder zu machen. Ebenso ebd., S. 294–296 für die *Forma pacis* von Juni–August 1264, die den Inhalt der Amtseide der Ratgeber und Beamten, hoch und niedrig, angibt, die u. a. schwören müssen, daß sie ihr Amt ohne ausüben „absque munere, preter esculenta et poculenta que communiter in mensis presentari solent."

[79] Robert Grosseteste (Rules, v) empfiehlt die Vergabe von Heimfallsrechten (*escheats*), um treue Beamte zu belohnen. Vgl. OSCHINSKY (Hrsg.), Walter de Henley and Other Treatises, S. 394.

sich auch auf den König, der schlechten Rat wähle: Den Herren erkenne man an seinen Leuten. Vor allem dürfe der König oder Herr nicht schlechte Beamte haben, die das Volk unterdrückten: „Kar pur mal fere les meintent, / E quant pur mal fere est lur garant,/ Dunc est il apert tirant."[80]

---

[80] D'ABERNON OF FETCHAM, La Lumere as Lais, S. 129–131, Z. 4227–4284.

Ulf Christian Ewert und Jan Hirschbiegel

Nur Verschwendung? Zur sozialen Funktion der demonstrativen Zurschaustellung höfischen Güterverbrauchs*

Schon immer waren die aristokratisch-höfischen Herrschaftszentren[1] Orte demonstrativen Konsums.[2] Diesem Prinzip[3] folgten bereits der ägyptische Pharaonenhof[4] und der römische Hof der Kaiserzeit,[5] die Höfe des europäischen

* V.a. um aktuellere Literaturhinweise ergänzte, ansonsten aber nur unwesentlich veränderte Version der ins Deutsche übersetzten ursprünglich englischsprachigen Version des Vortragstextes von 2004.

1 ANDREAS BIHRER, Curia non sufficit. Vergangene, aktuelle und zukünftige Wege der Erforschung von Höfen im Mittelalter und in der Frühen Neuzeit, in: Zeitschrift für historische Forschung 35 (2008), S. 237-272, sowie insbes. unter Konzentration auf das Alte Reich WERNER PARAVICINI (Hrsg.), Höfe und Residenzen im spätmittelalterlichen Reich, bearb. von Jan Hirschbiegel und Jörg Wettlaufer, Bd. 1: Ein dynastisch-topographisches Handbuch, Teilbd. 1: Dynastien und Höfe. Teilbd. 2: Residenzen (Residenzenforschung, Bd. 15/I,1-2), Ostfildern 2003; Bd. 2: Bilder und Begriffe, Teilbd. 1: Begriffe. Teilbd. 2: Bilder (Residenzenforschung, Bd. 15/II,1-2), Ostfildern 2005; Bd. 3: Hof und Schrift (Residenzenforschung, Bd. 15/III), Ostfildern 2007. Grundlegend zur höfischen Kultur WERNER PARAVICINI, Die ritterlich-höfische Kultur des Mittelalters (Enzyklopädie deutscher Geschichte, Bd. 32), 2. Aufl., München 1999. Siehe des weiteren zur Arbeit der Residenzen-Kommission der Akademie der Wissenschaften zu Göttingen die Reihe Residenzenforschung und die Mitteilungen der Residenzen-Kommission 1/1ff. (1991ff.), zum Internetangebot: http://resikom.adw-goettingen.gwdg.de/.

2 Sichtbar wird dies insbesondere auch im höfischen Geschenkverkehr, vgl. dazu etwa JAN HIRSCHBIEGEL, Étrennes. Untersuchungen zum höfischen Geschenkverkehr im spätmittelalterlichen Frankreich der Zeit König Karls VI. (1380–1422) (Pariser Historische Studien, Bd. 60), München 2003; SYBILLE SCHRÖDER, Macht und Gabe. Materielle Kultur am Hof Heinrichs II. von England (Historische Studien, Bd. 481), Husum 2004.

3 Zum Prinzip des „Geltungskonsums" u.a. die Klassiker THORSTEIN VEBLEN, The Theory of the Leisure Class, an Economic Study of Institutions, New York u.a. 1899; DAVID P. FRISBY und KLAUS CHRISTIAN KÖHNKE (Hrsg.), Georg Simmel, Philosophie des Geldes (Georg Simmel. Gesamtausgabe, Bd. 6), Frankfurt a. M. 1989, S. 292–337; GEORG SIMMEL, Über Geiz, Verschwendung und Armut, in: Ethische Kultur. Wochenschrift für sozialethische Reformen 7 (1899), S. 332–335, 340–341; PIERRE BOURDIEU, Ökonomisches Kapital, kulturelles Kapital, soziales Kapital, in: Reinhard Kreckel (Hrsg.), Soziale Ungleichheiten (Soziale Welt, Sonderband 2), Göttingen 1983, S. 183–198.

4 Vgl. bspw. ROLF GUNDLACH, Zu Strukturen und Aspekten pharaonischer Residenzen, in: Reinhard Butz, Jan Hirschbiegel und Dietmar Willoweit (Hrsg.), Hof und Theorie. Annäherungen an ein historisches Phänomen (Norm und Struktur, Bd. 22), Köln u.a. 2004, S. 225–247. Neuerdings ROLF GUNDLACH und ANDREA KLUG (Hrsg.), Der ägyptische Hof des Neuen Reiches. Seine Gesellschaft und Kultur im Spannungsfeld zwischen Innen- und Außenpolitik (Königtum, Staat und Gesellschaft früher Hochkulturen, Bd. 2), Wiesbaden 2006.

5 Hierzu bspw. JAN HIRSCHBIEGEL, Der Hof als soziales System. Vergleichende Untersuchung von Kaiser- und Königshöfen beim Übergang der Antike zum Mittelalter (unveröff. Magister-Arbeit, Universität Kiel, 1993), S. 90–162; DIRK SCHLINKERT, Vom Haus zum Hof. Aspekte höfischer Herrschaft in der Spätantike, in: Klio 78,2 (1996), S. 454–482;

Mittelalters,[6] aber auch beispielsweise der Achämenidenhof,[7] der mongolische Hof des 13. Jahrhunderts[8] oder der japanische Hof des Shogun[9] und nicht zuletzt die zahlreichen Höfe des frühneuzeitlichen wie neuzeitlichen Europa.[10] Etablieren und aufrechterhalten einer auf Außenwirkung bedachten Kultur des Luxus heißt, im Rahmen der höfischen Öffentlichkeit sowohl die Herstellung prestigeträchtiger Güter zu finanzieren als diese auch zu konsumieren. Dieses Verhalten kann als wichtigstes Element zur Unterscheidung des (nicht nur) mittelalterlichen und frühneuzeitlichen Hofes als zentraler Institution zur Bildung politischer Entscheidungen von anderen zeitgenössischen Institutionen mit gleichfalls politischen Funktionen wie Ausschüsse, Versammlungen oder Parlamente gelten.

Bei näherer Betrachtung des ostentativen höfischen Luxus wird der Blick nahezu zwangsläufig auch auf die materielle Seite der höfischen Kultur und insbeson-

---

ALOYS WINTERLING (Hrsg.), Zwischen „Haus" und „Staat". Antike Höfe im Vergleich (Historische Zeitschrift, Beihefte, N.F. Bd. 23), München 1997; ders. (Hrsg.), Comitatus. Beiträge zur Erforschung des spätantiken Kaiserhofes, Berlin 1998; NATASCHA SOJC, Das Herrschen auf dem Palatin in Rom im 1. und 2. Jh. n. Chr., in: Werner Paravicini (Hrsg.), Das Gehäuse der Macht. Der Raum der Herrschaft im interkulturellen Vergleich. Antike, Mittelalter, Frühe Neuzeit (Mitteilungen der Residenzen-Kommission, Sonderheft 7), Kiel 2005, S. 27-34.

6 Einen Überblick geben die Teile des Handbuchs PARAVICINI, Höfe und Residenzen. Siehe auch CHRISTIAN FREIGANG und JEAN-CLAUDE SCHMITT (Hrsg.), Hofkultur in Frankreich und Europa im Spätmittelalter. La culture de cour en France et en Europe à la fin du Moyen Âge (Passagen, Bd. 11), Berlin 2005. Neuerdings KARL-HEINZ SPIESS, Fürsten und Höfe im Mittelalter, Darmstadt 2008; WERNER RÖSENER, Leben am Hof. Königs- und Fürstenhöfe im Mittelalter, Stuttgart 2008.

7 Siehe künftig BRUNO JACOBS, ROBERT ROLLINGER u. a. (Hrsg.), Griechische Geschichtsschreibung und Altvorderasien. Der Achämenidenhof. Kolloquium. Castelen bei Basel, 22.-25. Mai 2007 (Classica et orientalia), Wiesbaden 2009 (in Vorbereitung zum Druck).

8 Siehe hierzu u. a. STEPHAN CONERMANN, „Hof" und „Herrschaft" zur Zeit des Khanates Chinggis Khans (1206-1227) in: Mitteilungen der Residenzen-Kommission 7/1 (1997), S. 13-39.

9 Vgl. etwa REINHARD ZÖLLNER, Burg, Tempel, Park: Herrschaftliche Architektur im frühneuzeitlichen Japan (16.-19. Jahrhundert), in: Paravicini, Gehäuse der Macht, S. 75-88.

10 Grundlegend hierzu RAINER A. MÜLLER, Der Fürstenhof in der frühen Neuzeit (Enzyklopädie deutscher Geschichte, Bd. 33), München 1995. Exemplarisch u. a. ALOYS WINTERLING, Der Hof der Kurfürsten von Köln 1688-1794. Eine Fallstudie zur Bedeutung „absolutistischer Hofhaltung" (Veröffentlichungen des Historischen Vereins für den Niederrhein, insbesondere das Alte Erzbistum Köln, Bd. 15), Bonn 1986; JEROEN F. DUINDAM, Vienna and Versailles: the Courts of Europe's Dynastic Rivals, 1550-1789, Cambridge 2003; ANDREAS PEČAR, Die Ökonomie der Ehre. Höfischer Adel am Kaiserhof Karls VI: (1711-1740) (Symbolische Kommunikation in der Vormoderne. Studien zur Geschichte, Literatur und Kunst, Bd. 5), Darmstadt 2003; MARK HENGERER, Kaiserhof und Adel in der Mitte des 17. Jahrhunderts. Eine Mikrogeschichte der Macht in der Vormoderne (Historische Kulturwissenschaft, Bd. 3), Konstanz 2004. Einen Überblick geben JOHN ADAMSON (Hrsg.), The Princely Courts of Europe, 1500-1750, London 1999; CHANTAL GRELL, KLAUS MALETTKE und PETER HOLZ (Hrsg.), Hofgesellschaft und Höflinge an europäischen Fürstenhöfen in der Frühen Neuzeit (15.-18. Jahrhundert). Société de cour et courtisans dans l'Europe de l'époque moderne (XVe-XVIIIe siècle). Internationales Kolloquium, veranstaltet vom Seminar für Neuere Geschichte der Philipps-Universität Marburg in Zusammenarbeit mit der Universität Versailles Saint-Quentin-en-Yvelines (ESR 17-18) vom 28. bis 30. September 2000 in Marburg (Forschungen zur Geschichte der Neuzeit. Marburger Beiträge, Bd. 1), Münster u. a. 2001.

dere auf diejenigen Objekte gelenkt, die explizit für die konsumptiven Zwecke dieser höfischen Kultur hergestellt wurden. Und dabei dürfen die entsprechenden nichtmateriellen Aspekte der höfischen Kultur nicht vernachlässigt werden. Mit diesen nichtmateriellen Aspekten sind all jene kulturellen Subjektivationen angesprochen, die sich nicht in spezifischen Objekten materialisiert haben. Dieser genuin nichtmaterielle Teil der höfischen Kultur bestand aus Verhaltensmustern, Gesten und Ritualen.[11] Ohnehin ist eine Scheidung in materielle und nichtmaterielle Aspekte der höfischen Kultur allenfalls für analytische Zwecke zweckdienlich. Denn die augenfällige Verbindung beider Bereiche läßt eine Untersuchung der einen Seite höfischer Kultur ohne Betrachtung der anderen Seite kaum zu. Der auf seinem Thron sitzende Fürst etwa, umgeben von Tapisserien, die eine mythologische Metaphorik zeigen – wie an einem burgundischen Beispiel überliefert –,[12] der die Ehrbezeugungen seiner adligen Gefolgsleute empfängt – überliefert anhand zahlreicher Illuminationen zeitgenössischer Handschriften –,[13] macht die kaum auflösbare Verschränkung materieller und nichtmaterieller Aspekte deutlich. Dies gilt insbesondere für den höfischen Geschenkverkehr. Hier verbanden sich in ritualisierter Weise stets die Handlungen von Geben und Nehmen mit der Gabe und verlangten auch in ihrer höfisch-zeremoniellen Ausprägung ganz entschieden eine materielle Komponente.[14] Konsequenterweise kann also eine Untersuchung der höfischen Kultur nicht von dem einen oder anderen Aspekt absehen. Statt das Augenmerk einseitig nur auf die materielle oder die immaterielle Seite zu richten, muß das Zusammenspiel zwischen beiden Formen der höfischen Kultur betrachtet werden.[15]

---

[11] Vgl. GERD ALTHOFF, Demonstration und Inszenierung. Spielregeln der Kommunikation in mittelalterlicher Öffentlichkeit, in: Frühmittelalterliche Studien 27 (1993), S. 27–50; WERNER PARAVICINI, Zeremoniell und Raum, in: ders. (Hrsg.), Zeremoniell und Raum (Residenzenforschung, Bd. 6), Sigmaringen 1997. Siehe neuerdings etwa am Beispiel der Krönung THERESE BRUGGISSER-LANKER, Krönungsritus und sakrales Herrschertum: Zeremonie und Symbolik, in: Edgar Bierende, Sven Bretfeld und Klaus Oschema (Hrsg.), Riten, Gesten, Zeremonien. Gesellschaftliche Symbolik in Mittelalter und Früher Neuzeit (Trends in Medieval Philology, Bd. 14), Berlin 2008, S. 289-320.

[12] Vgl. JEFFREY CHIPPS SMITH, Portable Propaganda – Tapestries as Princely Metaphors at the Courts of Philipp the Good and Charles the Bold, in: Art Journal 48 (1989), S. 123–129.

[13] Vgl. EVELYN BENESCH, Dedikations- und Präsentationsminiaturen in der Pariser Buchmalerei vom späten dreizehnten bis zum frühen fünfzehnten Jahrhundert (unveröff. Diss. Univ. Wien 1987).

[14] Zur Unterscheidung von Ritual und Zeremoniell PARAVICINI, Zeremoniell, S. 14.

[15] Vgl. JÜRGEN HANNIG, Ars donandi. Zur Ökonomie des Schenkens im früheren Mittelalter, in: Richard van Dülmen (Hrsg.), Armut, Liebe, Ehre. Studien zur historischen Kulturforschung, Frankfurt a. M. 1988, S. 11–37; HARALD HAFERLAND, Höfische Interaktion. Interpretationen zur höfischen Epik und Didaktik um 1200 (Forschungen zur Geschichte der älteren deutschen Literatur, Bd. 10), München 1989; HELMUT BERKING, Schenken. Zur Anthropologie des Gebens, Frankfurt a. M. u. a. 1996; MAURICE GODELIER, Das Rätsel der Gabe. Geld, Geschenke, heilige Objekte, München 1999 (Orig. L'énigme du don, Paris 1996); GADI ALGAZI, VALENTIN GROEBNER und BERND JUSSEN (Hrsg.), Negotiating the Gift. Pre-Modern Figurations of Exchange (Veröffentlichungen des Max-Planck-Instituts für Geschichte, Bd. 188), Göttingen 2003.

Demonstrativer Konsum war eine jener Konstanten höfischen Verhaltens, die nahezu regelhaft wiederkehrende Kritik daran freilich ebenso. Ostentativer Luxus und bestimmte Praktiken des Gabentausches sind von den jeweiligen Zeitgenossen häufig genug auf barsche Weise als Verschwendung von Geld, Ressourcen und Zeit angeprangert worden. Schon Augustinus kritisierte den Geschenkverkehr zum neuen Jahr in der Spätantike mit den Worten: „Dant illi strenas, date vos eleemosynas."[16] Auch wenn fürstliche Freigebigkeit durchaus positiv konnotiert war, ja nicht selten geradezu gefordert wurde, konnte eine solch positive Bewertung fürstlichen Verhaltens doch unversehens in ihr Gegenteil umschlagen, wenn der Fürst seine Freigebigkeit allzu großzügig handhabte. So beschrieb im späten 14. Jahrhundert der Mönch von Saint-Denis die *largesse* König Karls VI. von Frankreich als vollkommen übertrieben: „le roi, dans sa prodigalité sans bornes, comblait de ses largesses tous ceux qui le sollicitaient: ou son père eût donné cent écus, il en donnait mille; aussi avait-il entièrement épuisé le trésor [royal]."[17] Zu einer ähnlichen Einschätzung gelangt Philippe de Maizière im *Songe du Vieil Pèlerin*.[18] Fürstliche Freigebigkeit und Verschwendung als Symptome des ostentativen Luxus erscheinen daher als zusammenhängende, kaum voneinander trennbare Bestandteile desselben Phänomens.

Über seine Behandlung in zeitgenössischen Schriften hinaus ist der distinktive Charakter höfischer Verhaltensweisen auch zum Gegenstand neuerer sozialtheoretischer Untersuchungen geworden. Es war der einzigartige Reichtum und Glanz der vormodernen europäischen Hofkultur, der das Interesse der Sozialwissenschaften weckte. Für Werner Sombart war der Geist der Verschwendung gar ursächlich für die Entstehung der modernen Welt.[19] Sombart stellte fest, daß sich seit dem französischen König Franz I. ein System der differenzierten Verwaltung und Verbuchung finanzieller Einnahmen etabliert hatte, das eigentlich erst die Möglichkeiten eröffnete, finanzielle Ressourcen für ostentativen Luxus und demonstrativen Konsum einzusetzen. Der Historiker freilich weiß, daß dies nicht erst in der

---

16 Zitiert nach DOROTHEA BAUDY, Strenarum commercium. Über Geschenke und Glückwünsche zum römischen Neujahrsfest, in: Rheinisches Museum für Philologie 130 (1987), S. 1–28, hier S. 8; siehe auch JEAN-CLAUDE SCHMITT, Heidenspaß und Höllenangst. Aberglaube im Mittelalter, Frankfurt a. M. u. a. 1993, S. 79–80.

17 Die frz. Übers. bei: Chronique du Religieux de Saint-Denys, contenant le règne de Charles VI, de 1380 à 1422, publiée en latin pour la première fois et traduite par LOUIS FRANÇOIS BELLAGUET, précédée d'une introduction par AMABLE GUILLAUME PROSPER BRUGIÈRE BARON DE BARANTE, 6 Bde., Paris 1839–52 (neue Ausg. in 3 Bdn. mit einer Einleitung ‚Michel Pintoin, sa vie, son œuvre' von BERNARD GUENÉE [Paris 1994]), hier Bd. 1 (1839), S. 609, das lat. Original S. 608.

18 Vgl. GEORGE WILLIAM COOPLAND (Hrsg.), Philippe de Mézières, Chancellor of Cyprus: Le songe du Vieil Pèlerin, 2 Bde., Cambridge 1969, hier Bd. 2 (1969), S. 24–27 und 238–244.

19 Vgl. WERNER SOMBART, Luxus und Kapitalismus. Über die Entstehung der modernen Welt aus dem Geist der Verschwendung, 2. Aufl. Leipzig 1922, S. 83–103; siehe auch GEORGES BATAILLE, Das theoretische Werk, Bd. 1: Die Aufhebung der Ökonomie. Der Begriff der Verausgabung. Der verfemte Teil. Kommunismus und Stalinismus. Mit einer Studie von Gerd Bergfleth, München 1975; hierzu GERD BERGFLETH, Theorie der Verschwendung. Einführung in Georges Batailles Antiökonomie, 2. Aufl. mit einem neuen Nachwort, München 1985. Vgl. auch HIRSCHBIEGEL, Étrennes, S. 127–128, Anm. 26.

Frühen Neuzeit, sondern bereits seit dem Mittelalter Praxis war. In den Studien von Norbert Elias[20] und Thorstein Veblen[21] ist die höfische Kultur jeweils Anknüpfungspunkt für die Entwicklung komplexer Theorien sozialen Verhaltens. Die Integration des Adels in das Korsett eines detaillierten Tagesablaufs am französischen Hof Ludwigs XIV. ist für Elias Indikator dafür, daß die europäischen Gesellschaften im „Prozeß der Zivilisation"[22] begannen, sich der Affektkontrolle anzunehmen.[23] Veblen sah den demonstrativen Konsum an den europäischen Höfen als Negativbeispiel für die Vergeudung wirtschaftlicher Ressourcen. Er wollte zeigen, daß eine Ökonomie nicht gedeihen kann – selbst dann nicht, wenn die Bedingungen dafür eigentlich erfüllt sind –, wenn eine privilegierte Oberschicht erwirtschaftete Überschüsse für ihre eigenen, vordergründig nichtproduktiven Zwecke abschöpft, indem sie exklusive Güter nachfragt.[24]

Ein Großteil der Kritik am ostentativen Luxus entzündete sich an ebenjener Auffassung von Verschwendung, die der Konsum sogenannter Luxusgüter erforderte. Das in den Wirtschaftswissenschaften gebräuchliche Konzept des Luxusgutes scheint diese Kritik implizit zu unterstützen. Denn unter einem Luxusgut wird dort ein Gut verstanden, bei dem die Nachfrage mit dem Preis steigt und nicht fällt. Das diesem funktionalen Zusammenhang zugrundeliegende anscheinend paradoxe Verhaltensmuster der Konsumenten, das in Anlehnung an die Arbeiten von Veblen auch als „Veblen-Effekt" bezeichnet wird, ist aber nichtsdestotrotz sinnvoll, weil die Konsumenten eines solchen „Veblen-Gutes" in erster Linie aus Prestigegründen am Besitz dieses Gutes interessiert sind. Deshalb fungiert der Preis hier als Signal für die Höhe des Nutzens, den reiche Konsumenten aus dem Besitz eines Luxusgutes ableiten, welches sich arme Konsumenten gar nicht leisten können.[25] Auch wenn hier eine ökonomisch motivierte Wahlhandlung wertneutral beschrieben wird, suggeriert die implizite Unterscheidung verschiedener Kon-

---

20 Vgl. NORBERT ELIAS, Die höfische Gesellschaft. Untersuchungen zur Soziologie des Königtums und der höfischen Aristokratie, Frankfurt a.M. 1983.

21 Vgl. VEBLEN, Theory.

22 NORBERT ELIAS, Über den Prozeß der Zivilisation. Soziogenetische und psychogenetische Untersuchungen, 2 Bde.,14. Aufl., Frankfurt a.M. 1989.

23 Zur Diskussion dieses Konzepts siehe JEROEN F. DUINDAM, Myths of Power: Norbert Elias and the Early-Modern European Court, Amsterdam 1994.

24 Siehe auch PETER STABEL, For mutual benefit? Court and City in the Burgundian Low Countries, in: Steven Gunn (Hrsg.), The Court as a Stage. England and the Low Countries in the later Middle Ages, London 2006, S. 101–117, neuerdings GERHARD FOUQUET, JAN HIRSCHBIEGEL und WERNER PARAVICINI (Hrsg.), Hofwirtschaft. Ein ökonomischer Blick auf Hof und Residenz in Spätmittelalter und Früher Neuzeit (Residenzenforschung, Bd. 2), Ostfildern 2008, sowie JAN HIRSCHBIEGEL und WERNER PARAVICIN (Hrsg.), Atelier. Hofwirtschaft. Ein ökonomischer Blick auf Hof und Residenz in Spätmittelalter und Früher Neuzeit (Mitteilungen der Residenzen-Kommission, Sonderheft 9), Kiel 2007.

25 Zum „Veblen-Effekt": RAINER FRENKEL, Thorstein Veblen. Gelächter im Gottesdienst, in: Nikolaus Piper (Hrsg.), Die großen Ökonomen. Leben und Werk der wirtschaftswissenschaftlichen Vordenker, Stuttgart 1994, S. 218–222, hier S. 218. Ein damit eng verbundenes Konzept ist das des sogenannten „Snob-Effekts". Mit ihm werden die Präferenzen der Konsumenten für ein bestimmtes Gut beschrieben, welche in dem Maß abnehmen, wie die Zahl derjenigen steigt, die dieses Gut nachfragen.

sumentengruppen („Nicht-Reiche“ vs. „Reiche“) und unterschiedlicher Verwendungszwecke („Konsum“ vs. „Besitz“) doch eher, der Konsum von Luxusgütern sei eigentlich Geldverschwendung. Im Gegensatz dazu verfolgen die vorliegenden Ausführungen das Ziel, unter anderem am Beispiel des höfischen Geschenkverkehrs eine konsistente Erklärung dafür zu finden, weshalb der demonstrative Luxuskonsum an den Höfen des späten Mittelalters durchaus eine rational begründbare Strategie für die Beteiligten war. Und zwar nicht nur aufgrund der zugrundeliegenden exklusiven Besitzmotivation der höfischen Konsumenten, sondern weil dieses Konsumverhalten notwendiger Bestandteil der sozialen Interaktion der höfischen Gesellschaft war und mithin entsprechend funktionale Bedeutung hatte. Demgemäß muß die soziale Funktion demonstrativen Luxuskonsums gemeinsam mit der materiellen Seite der höfischen Kultur betrachtet werden.[26]

Nach diesen einleitenden Überlegungen sollen jene Gelegenheiten exemplarisch betrachtet werden, zu denen die materiellen Objekte der höfischen Kultur in Form von Geschenken öffentlich sichtbar wurden. Gefragt wird, welche dieser Gegenstände konsumiert wurden und welche in den höfischen Geschenkverkehr gelangten. Schließlich folgen einige theoretische Betrachtungen darüber, inwieweit die höfische Kultur im allgemeinen fürstlichen Bestrebungen zur Bündelung divergierender Interessen dienen konnte, warum vor allem der höfische Geschenkverkehr eine Schlüsselrolle für die Ausübung von Macht hatte, weshalb aber demonstrativer Konsum eine möglicherweise funktionale, wenn doch ineffiziente Strategie war, andere Fürsten zu beeindrucken.

*

Zunächst wird angenommen, daß es sich beim Hof und damit auch beim Fürstenhof um ein soziales System handelte, das sich entlang der personalen Beziehungen seiner Mitglieder konstituierte.[27] Im Rahmen der zahlreichen verschiedenen sozialen Beziehungen am Hof waren die bilateral orientierten, dyadischen Beziehungen zwi-

---

[26] Diese soziale Funktion gehört natürlich auch in den Zusammenhang der höfischen Wirtschaft, siehe bspw. JOSEF HRDLIČKA, Kommunikation durch Geld. Zur Rolle von Krediten am südböhmischen Adelshof der Frühen Neuzeit (1550–1600), in: Fouquet, Hirschbiegel und Paravicini (Hrsg.), Hofwirtschaft, S. 361–380.

[27] Vgl. HIRSCHBIEGEL, Hof als soziales System; ders., Der Hof als soziales System, in: Mitteilungen der Residenzen-Kommission 3/1 (1993), S. 11–25; ders., Gabentausch als soziales System? Einige theoretische Überlegungen, in: Ulf Christian Ewert und Stephan Selzer (Hrsg.), Ordnungsformen des Hofes. Ergebnisse eines Forschungskolloquiums der Studienstiftung des deutschen Volkes (Mitteilungen der Residenzen-Kommission, Sonderheft 2), Kiel 1997, S. 44–55; ders., Zeichen der Gunst. Neujahrsgeschenke am burgundischen Hof der Zeit König Karls VI. von Frankreich (1380–1422), in: Stephan Selzer und Ulf Christian Ewert (Hrsg.), Menschenbilder – Menschenbildner. Individuum und Gruppe im Blick des Historikers (Hallische Beiträge zur Geschichte des Mittelalters und der Frühen Neuzeit, Bd. 2), Berlin 2002, S. 213–240; ders., Étrennes, S. 111–120; ders., Hof als soziales System. Der Beitrag der Systemtheorie nach Niklas Luhmann für eine Theorie des Hofes, in: Butz, Hirschbiegel und Willoweit (Hrsg.), Hof und Theorie, S. 43–54; ders., Zur theoretischen Konstruktion der Figur des Günstlings, in: ders. und Werner Paravicini (Hrsg.), Der Fall des Günstlings. Hofparteien in Europa vom 13. bis zum 17. Jahrhundert (Residenzenforschung, Bd. 17), Ostfildern 2004, S. 23–39; ALOYS WINTERLING, „Hof“. Versuch einer idealtypischen Bestimmung anhand der mittelalterlichen und frühneuzeitlichen Geschichte, in: Butz, Hirschbiegel und Willoweit (Hrsg.), Hof und Theorie, S. 77–90.

schen dem Fürsten und seinen Höflingen von besonderer Bedeutung. Da diese spezifischen Beziehungen auf dem Tausch von Gefolgschaft gegen Gunst basierten,[28] waren sie gleichsam das Herz des Systems und bildeten seinen funktionalen Kern.

Auch mußten diese hofinternen Beziehungen zwischen einem Fürsten und seinen Höflingen regelmäßig bestätigt werden, sollte das soziale System Hof seine Stabilität bewahren. Bestätigung wurde nicht nur durch Einbettung in gemeinschaftliche soziale Handlungen wie Feste, Zeremonien oder Rituale erreicht. Von großer Bedeutung war auch die öffentliche Sichtbarkeit bzw. Sichtbarmachung konkreter Beziehungen, wobei mit „Öffentlichkeit" die Gesamtheit aller Akteure gemeint ist, die für das höfische soziale System von Relevanz war.[29] Öffentliche Kommunikation war gemeinhin nicht nur der verbale Diskurs, sondern beinhaltete insbesondere die Repräsentation und die Zurschaustellung entsprechend luxuriöser Objekte.[30] So waren an den mittelalterlichen Fürstenhöfen die materiellen Objekte der höfischen Kultur sichtbar bei Banketten, Hochzeiten, Begräbnissen, Jagden oder feierlichen Einzügen. Bei solchen Anlässen, zu denen der Fürst seinen Machtanspruch demonstrierte,[31] wurde der offensichtlich exklusive Charakter der höfischen Sozialordnung sowohl durch egalisierende wie hierarchisierende Elemente bestätigt, die den Fürsten in die Lage versetzten, die Beziehungen zu seiner Klientel und seiner Gefolgschaft zu stärken.[32]

Doch ein fürstlicher Hof funktionierte nicht als isoliertes soziales System. So waren die westeuropäischen Fürstenhöfe des späten Mittelalters eingebunden in die Verwandtschaftsbeziehungen der Dynastie der Valois. Darüber hinaus befanden sich die Valois, vor allem der französische König und die Herzöge von Burgund, Orléans und Berry, nicht nur im Statuskampf untereinander, sondern konkurrierten auch um Prestige mit anderen europäischen Fürsten.[33] Diese Wettbewerbsbedingungen blieben während des Spätmittelalters vorherrschend und verschärften sich in der höfischen Welt im Europa der Frühen Neuzeit.[34] Die materiellen Aspekte der höfischen Kultur waren sichtbar bei jedweder Gelegenheit, die Anlaß gab für den Wettbewerb um Status und Prestige. Insbesondere dann, wenn Fürsten persönlich aufeinandertrafen, war die planmäßige und bedachte

28 HIRSCHBIEGEL, Zeichen der Gunst, S. 227–228; ders., Figur des Günstlings, S. 32–34; ULF CHRISTIAN EWERT, Sozialer Tausch bei Hofe. Eine Skizze des Erklärungspotentials der Neuen Institutionenökonomik, in: Butz, Hirschbiegel und Willoweit (Hrsg.), Hof und Theorie, S. 55–75, hier S. 57–58 und 60; WINTERLING, Hof, S. 80–82.

29 Zur höfischen Öffentlichkeit PARAVICINI, Zeremoniell, S. 15.

30 Vgl. ebd.; UTE DANIEL, Überlegungen zum höfischen Fest der Barockzeit, in: Niedersächsisches Jahrbuch für Landesgeschichte 72 (2000), S. 45–66, hier S. 49.

31 Vgl. ANDREAS RANFT, Feste des deutschen Adels am Ausgang des Mittelalters, Form und Funktion, in: Simonetta Cavaciocchi (Hrsg.), Il tempo libero. Economia e società (Loisirs, Leisure, Tiempo Libre, Freizeit) secc. XIII–XVIII (Istituto internazionale di Storia Economica „F. Datini", Prato, Serie II – Atti delle „Settimane di Studi" e altri Convegni, Bd. 26), Prato 1995, S. 245–256, hier S. 252–256.

32 Vgl. JACQUES HEERS, Vom Mummenschanz zum Machttheater. Europäische Festkultur im Mittelalter, Frankfurt a. M. 1987, S. 22.

33 Vgl. auch ELIAS, Prozeß der Zivilisation, hier Bd. 2: Wandlungen der Gesellschaft. Entwurf zu einer Theorie der Zivilisation, S. 192–204.

34 Vgl DUINDAM, Vienna and Versailles.

Entfaltung von Pracht, das öffentliche Ausstellen von Luxusgütern, die Zurschaustellung des gegen die Standesgenossen gerichteten Verhaltens, eine häufig zu beobachtende Handlung. Aus Anlaß des Besuchs Karls IV. etwa war der burgundische Herzog Philipp der Kühne vom französischen König Karl V., seinem Bruder, zu Beginn des Jahres 1378 mit einer Eskorte dem Kaiser entgegengeschickt worden und schenkte diesem zur Begrüßung ein wertvolles Schwert.[35] Karl V. selbst beschenkte den Kaiser und seinen Sohn Wenzel wenig später ebenfalls, wie der Illumination in den *Grandes Chroniques de France* zu entnehmen ist.[36] Das bekannte Treffen Kaiser Friedrichs III. mit Karl dem Kühnen, Herzog von Burgund, im Herbst 1473 in Trier[37] ist ein weiteres prominentes Beispiel für den Einsatz ostentativen Luxus mit dem Zweck, beeindruckende Wirkung zu entfalten. Das Treffen begann mit den Einzügen beider Fürsten und ihrer Hofstaaten, für die die Angehörigen beider Parteien auf das prächtigste eingekleidet worden waren. Friedrich hatte die Ausstaffierung seiner Gefolgschaft veranlaßt, weil ihm die exzentrische Erscheinung des Herzogs und dessen häufig snobistisches Auftreten bekannt war und er deshalb mit einer entsprechend aufwendigen Selbstdarstellung des Burgunders gerechnet hatte. Dazu hatte er den Kaufmann Ulrich Fugger beauftragt, seine Familie und den kaiserlichen Hof mit neuen Kleidern auszustatten:[38] „Le dit empereur et aussy monseigneur son filz estoient vestuz de riches drapes d'or."[39] Auch wenn das zeitgenössische Urteil dahin ging, daß diese Investition auf der Grundlage einer Kreditaufnahme keineswegs den Glanz erreichte, den Karl der Kühne und sein Hof ausstrahlten, so markierte dieser Auftrag interessanterweise doch sowohl den Auftakt für die Karriere der Fugger als auch für deren enge Verbindung zu den Habsburgern.

*

Hinsichtlich des höfischen Geschenkverkehrs als hochsignifikantem Strukturelement der höfischen Kultur, in dem sich nichtmaterielle und materielle Aspekte

---

[35] Vgl. ROLAND DELACHENAL (Hrsg.), Chronique des règnes de Jean II. et de Charles V (Société d'Histoire de France, Bd. 106), 3 Bde. (Paris 1910, 1916 und 1920), hier Bd. 2 (1916), S. 200–273, und ders., Histoire de Charles V, 5 Bde. Paris 1909–31, hier Bd. 5. (1931), S. 61–119.

[36] Grandes Chroniques de France, Bibliothèque nationale de France, Paris, ms. fr. 2813, fol. 478v.

[37] Vgl. PETRA EHM, „Und begehret ein kunig zu werden". Beobachtungen zu einem Herrschertreffen: Friedrich III. und Karl der Kühne in Trier 1473, in: Dieter Berg, Martin Kintzinger und Pierre Monnet (Hrsg.), Auswärtige Politik und internationale Beziehungen (13.–16. Jahrhundert) (Europa in der Geschichte, Bd. 6), Bochum 2002, S. 195–220. Siehe auch ULF CHRISTIAN EWERT, Die Spieltheorie als Modell zur Erklärung außenpolitischer Konstellationen. Dargestellt anhand der Trierer Verhandlungen Kaiser Friedrichs III. mit Karl dem Kühnen im Jahre 1473, in: Mitteilungen der Residenzen-Kommission 6/2 (1996), S. 27–38.

[38] Vgl. HERMANN WIESFLECKER, Kaiser Maximilian I. Das Reich, Österreich und Europa an der Wende zur Neuzeit, Bd. 1: Jugend, burgundisches Erbe und Römisches Königtum bis zur Alleinherrschaft 1459–1493, München 1971, S. 96.

[39] JOSEPH CHMEL, Monumenta Habsburgica. Sammlung von Briefen und Actenstücken zur Geschichte des Hauses Habsburg in dem Zeitraum von 1473–1576. Section 1: Das Zeitalter Maximilians I., 3 Bde., Wien 1854, 1855, 1858, hier Bd. 1 (1854), S. 59–62, Nr. 16.

verbanden, muß allerdings zwischen „höfischen Gaben“ und „Gaben bei Hof“ unterschieden werden. Gaben bei Hof waren vor allem Teil des asymmetrisch bestimmten, hauptsächlich innerhöfischen Gabentausches zwischen dem Fürsten und den Angehörigen seiner Hofhaltung, konnten allerdings auch im Gabentausch mit der fürstlichen Klientel oder mit Angehörigen anderer Hofhaltungen Verwendung finden. Im Gegensatz dazu waren höfische Gaben symptomatisch für den hauptsächlich zwischenhöfischen Gabentausch der machthabenden Fürsten beziehungsweise der herrschenden Familien untereinander. Diese höfischen Gaben waren charakterisiert durch ihre exklusive und wertvolle Materialität. Solch wertvolle Gaben fanden Verwendung im höfischen Geschenkverkehr zum neuen Jahr im späten Mittelalter der Zeit König Karls VI. wie der *bel et gros balay longuet* im Wert von 18000 *livres*, den Johann, der Herzog von Berry, von Karl VI. als Neujahrsgeschenk in den Jahren 1402, 1403 und 1404 erhielt.[40] 1401 hatte der König dem Herzog von Berry einen *coffre* im Wert von 4000 *livres* geschenkt.[41] Von Philipp dem Kühnen von Burgund hatte Johann von Berry 1388 eine prächtige Spange im Wert von 5500 *livres* erhalten,[42] 1389 „un grant tableau de la Trinité, garny de plusieurs gros balais, gros saphirs et plusieurs grosses perles“ zu 6000 *livres*,[43] 1399 ein goldenes Kreuz zu 7400 *livres*.[44] Der König selbst hatte dem Burgunderherzog zum Neujahrstag 1397 2000 *livres* geschenkt, damit dieser sich eine *Annonciation de Nostre Dame d'or* im Wert von 3600 *livres* leisten konnte.[45] Philipp der Kühne wiederum hatte 1404 dem König 4000 *écus* geschenkt.[46] 1410 schließlich hatte Johann Ohnefurcht, Nachfolger seines Vaters Philipp als Herzog von Burgund seit 1404, vom König 5000 *écus* entgegennehmen können.[47] Abseits dieses Tausches, der sowohl materielle Güter als auch Geld einschloß, hatte Philipp der Kühne den Neujahrstag 1403 auch dazu genutzt, sich selbst mit einem äußerst wertvollen Tafelschiff zu beschenken, das ihn 12000 *livres* kostete.[48] Kostbare Edelsteine, Goldschmiedearbeiten, Juwelen, Tapisserien, Gold- und Silbergeschirr, illuminierte Prachthandschriften – all dies waren exklusive und sichtbare Geschenke, um die höfische Öffentlichkeit tief und nachhaltig zu beeindrucken. Diese Geschenke zirkulierten nahezu ausschließlich in den obersten Positionen der höfischen Hierarchie. Guy de La Trémoille, ein vertrauter Freund des burgundischen Herzogs Philipp des Kühnen, erscheint in diesem exklusiven Kreis als eine der wenigen nichtfürstlichen Personen.[49]

---

40 Hirschbiegel, Étrennes, S. 446, Nr. 1292.
41 Ebd., S. 420, Nr. 1071.
42 Ebd., S. 341, Nr. 268.
43 Ebd., S. 347, Nr. 311.
44 Ebd., S. 414, Nr. 1009.
45 Ebd., S. 392, Nr. 786.
46 Ebd., S. 448, Nr. 1313.
47 Ebd., S. 473, Nr. 1489.
48 Ebd., S. 443, Nr. 1275.
49 Vgl. Hirschbiegel, Zeichen der Gunst, S. 213–240, hier S. 215. Siehe auch ders., Figur des Günstlings, und ders. und Amke Caliebe, Philipp der Kühne, Johann Ohnefurcht und der höfische Geschenkverkehr zum neuen Jahr um 1400, in: Werner Paravicini und Bertrand Schnerb (Hrsg.), Paris, capitale des ducs de Bourgogne (Beihefte der Francia, Bd. 64), Ostfildern 2007, S. 219–262.

Wie bereits oben angedeutet, wiesen zahlreiche hofkritische Äußerungen im Spätmittelalter und auch in der Frühen Neuzeit auf den auch in den genannten Beispielen sichtbaren offensichtlich verschwenderischen Lebenstil der höfischen Eliten hin. Solche Kritik beinhaltete automatisch die Annahme, daß das Geld, das in höfische Pracht investiert wurde, auch gespart oder für andere, nützlichere Ausgaben hätte verwendet werden können, welcher Art diese auch immer gewesen sein mögen. Die literarische Behandlung von Verschwendung transportierte somit auch stets ein moralisches Urteil, das vergangenes Verhalten – im speziellen Fall den demonstrativen Konsum im Rahmen des höfischen Systems – mit Blick auf soziale Normen behandelte, die nicht Teil des Systems waren, in dem die Personen unter sozialem Druck handelten, sondern die an dieses Systems herangetragen wurden. Eine Bewertung, ob ostentativer Luxus Verschwendung war oder nicht, unterlag freilich dem Wandel, und Fürsten und Höflinge, die diesen demonstrativen Konsum pflegten, gingen mit der jeweils zeitgebundenen Be- und Verurteilung sicherlich nicht stets konform. Dies bedenkend, sind Erklärungen vonnöten, weshalb diejenigen Personen, die dem sozialen System Fürstenhof angehörten, einem luxuriösen Lebensstil anhingen und warum fürstliche Rationalität danach trachtete, in prächtige Kunstgegenstände wie teure Geschenke zu investieren. Vor allem auch deshalb, weil mittelalterliche Fürsten durch die Erhebung von Steuern oder durch Anleihen Geld einnahmen, mit dem sie sich einen luxuriösen Lebensstil überhaupt erst leisten konnten, ist eine Analyse ihrer Ausgaben für höfische Kultur nach Maßgabe ökonomischer Kategorien durchaus gerechtfertigt.

Die Theorie sozialer Systeme nach Talcott Parsons[50] und Niklas Luhmann[51] bietet einen allgemeinen Rahmen zum Verständnis von Struktur und Dynamik sozialer Interaktionen. Die Anwendung dieses theoretischen Konzepts auf den höfischen Kontext heißt, daß im vorliegenden Fall das grundlegende Problem der Aufrechterhaltung der Systemstruktur und der Systemfunktionen beachtet werden muß. Die wesentlichen Funktionen eines fürstlichen Hofes waren vor allem die Generierung und die Repräsentation von Macht sowie die Integration der sozialen Eliten. Grundsätzlich hatte ein Hof, abgesehen von der Gewährleistung der Befriedigung der täglichen Bedürfnisse des Fürsten und seiner Hofgesellschaft und der Regulierung des Zugangs zum Fürsten, die organisatorischen Routinen für Regierung und Verwaltung bereitzustellen.[52] Dieser, auf der Makroebene ansetzenden Interpretation soll eine akteursbezogene Erklärung auf der Mikroebene ergänzend zur Seite gestellt werden. Struktur- und Funktionserhalt lassen sich dann sehr viel präziser als zuvor in Form zweier vom Fürsten verfolgter Hauptziele fassen. Einerseits nämlich mußte der Fürst bestrebt sein, die formale und die informelle soziale Hierarchie an seinem Hof in der Weise zu konservieren, daß er

---

50 Vgl. Talcott Parsons, The Social System, Glencoe/Ill. 1951.

51 Vgl. Niklas Luhmann, Die Gesellschaft der Gesellschaft, Frankfurt a.M. 1997; ders., Soziale Systeme. Grundriß einer allgemeinen Theorie (Theorie der Gesellschaft/Niklas Luhmann, Bd. 1), Darmstadt 2002.

52 Vgl. Werner Paravicini, The Court of the Dukes of Burgundy: a Model for Europe?, in: Ronald G. Asch und Adolf M. Birke (Hrsg.), Princes, Patronage, and the Nobility: The Court at the Beginning of the Modern Age, c.1450–1650, Oxford 1991, S. 69–102, hier S. 71–86.

sich selbst an der Spitze dieser Hierarchie halten konnte. Die Behauptung dieser Spitzenposition war freilich nicht nur essentiell für den Fürsten selbst, weil ihn genau dies in die Lage versetzte, Macht auszuüben, sondern lag auch im vitalen Interesse der Höflinge, die persönlich mit ihm verbunden waren und deren soziale Positionen Ausdruck des Maßes an Gunst waren, das der Fürst ihnen gewährte. Das soziale Kapital, das die Höflinge als integraler Bestandteil der höfischen Gesellschaft in Händen hielten, mußte in der Öffentlichkeit durch Zuschreibung symbolischen Kapitals[53] bestätigt werden, beispielsweise durch Zuwendungen in Form von wertvollen Geschenken. Dieses erste Ziel des Fürsten ist symptomatisch für die interne Aufgabe, Struktur und Funktion des höfischen Systems mit Hilfe der höfischen Kultur aufrechtzuerhalten. Andererseits mußte der Fürst aber, in Hinblick auf den Wettbewerb mit anderen Fürsten um Status und Prestige, versuchen, insbesondere durch die Entfaltung der Pracht seiner höfischen Kultur seine eigene soziale Position im Rahmen der Konkurrenz mit seinen Standesgenossen abzusichern. Dieses zweite Ziel beschreibt also die externe Aufgabe der höfischen Kultur, die über den binnenhöfischen Bereich hinausweist. Hier ging es nun nicht mehr um die Aufrechterhaltung von Struktur und Funktion des eigenen Hofes, sondern um die Strukturierung der Beziehungen des Fürsten zu anderen Fürsten. Die höfische Kultur diente dem Fürsten in diesem Zusammenhang als Mittel der Stabilisierung in einer dauerhaft durch Konkurrenz bestimmten Umwelt. Gleichzeitig lieferte diese externe Funktion aber auch die Motivation für die Höflinge, weil das Maß an Gunst, das sie in Folge ihrer persönlichen Beziehungen erfuhren, parallel mit dem Prestige des Fürsten stieg.

An zwei Beispielen soll im folgenden sowohl die Rationalität von Investitionen als auch die integrative Funktion der höfischen Kultur gezeigt werden. An den Höfen der Fürsten aus dem Hause Valois im späten 14. und beginnenden 15. Jahrhundert wurden, wie oben bereits erwähnt, Geschenke zum neuen Jahr in Anlehnung an antike Traditionen getauscht.[54] Insbesondere für den königlichen und den burgundischen Hof gilt, daß die interne formale höfische Hierarchie in einem gewissen Umfang anhand der Verteilung der monetären Werte der Geschenke dargestellt werden kann, die der französische König und der burgundische Herzog an ihre Höflinge gaben.[55] Auch die informelle höfische Hierarchie fand hierin ihren sichtbaren Ausdruck. Einer der engsten Vertrauten Herzog Philipps des Kühnen, der oben genannte Guy de La Trémoille, ist mit wertvollen Geschenken von hoher Qualität bedacht worden, mit denen ansonsten nur andere Fürsten beschenkt wurden. Im 15. Jahrhundert investierten die burgundischen Herzöge aber auch in Hofordnungen, in denen die Anwesenheit der Höflinge bei Hof festgeschrieben wurde.[56] In diesem speziellen Fall umfaßte die Investition sowohl monetäre wie

---

[53] Vgl. BOURDIEU, Kapital.

[54] Vgl. HIRSCHBIEGEL, Étrennes; ders., Das Neujahrsfest an den französischen Höfen, in: Gerhard Fouquet, Harm von Seggern und Gabriel Zeilinger (Hrsg.), Höfische Feste im Spätmittelalter (Mitteilungen der Residenzen-Kommission, Sonderheft 6), Kiel 2003, S. 19–38.

[55] Vgl. HIRSCHBIEGEL, Étrennes, passim.

[56] Zu den burgundischen Hofordnungen WERNER PARAVICINI, ‚Ordonnances de l'Hôtel' und ‚Escroes des gaiges'. Wege zu einer prosopographischen Erforschung des burgundi-

auch nichtmonetäre Komponenten. Hohe Summen wurden ausgegeben für die praktische Aufrechterhaltung des Hofes, indem die Höflinge nach täglicher Anwesenheit bezahlt wurden. Die Einschreibung dieser Zahlungen in ein formal-normatives Dokument bedeutete, daß die Herzöge auf ein gewisses Maß an Entscheidungskompetenz verzichteten, dafür aber im Gegenzug die Verpflichtung der Höflinge, zu dienen, erhielten, und zudem eine einigermaßen zuverlässige Informationsquelle zur Hand hatten, die es ihnen erleichterte, die Höhe der jährlichen Ausgaben zu planen.[57] Das Geld, das bei diesen Gelegenheiten ausgegeben wurde, war nicht verschwendet, weil es gestattete, sowohl die formale als auch die informelle Hierarchie zu definieren, aufrechtzuerhalten und zu perpetuieren. Ausgaben für höfische Kultur waren also mit Blick auf die binnenhöfische Funktion dieser Kultur auch im ökonomischen Sinn Investitionen und damit durchaus rationale und in gewissem Maß auch effiziente Wahlhandlungen des Fürsten.

Wie war es demgegenüber um Rationalität und Effizienz des für die externe, zwischenhöfische Wirkung eingesetzten ostentativen Luxus bestellt? Die verschwenderische Praxis europäischer Fürsten des späten Mittelalters erinnert in einigen Zügen an den sogenannten *potlatch*, einen von indianischen Ureinwohnern praktizierten Ritus.[58] Die hervorzuhebende Annahme dieser prominenten anthropologischen Erklärung für die Vernichtung von Ressourcen und materiellen Gütern besagt, daß nur derjenige, der wertvolle Güter weggeben kann, als reich angesehen wird. So gesehen konkurrieren die in den *potlatch* involvierten Personen um die höhere soziale Position dadurch, daß sie versuchen, mehr zu geben als die anderen. Dabei wird die Teilnahme am *potlatch* gemeinhin als ein Verhalten interpretiert, das dem ökonomischen Prinzip widerspricht, weil dieses Prinzip fälschlicherweise mit dem Anhäufen, nicht mit der Vernichtung wertvoller Gegenstände identifiziert wird. Es sollte aber der Theorie rationaler Wahlhandlungen folgend beachtet werden, daß Individuen selbst aus der Hergabe von Gegenständen Nutzen ziehen können, weil sie bei dieser Verhaltensweise ihren Wohlstand und damit korrespondierend ihren sozialen Status zeigen können. Neben diesen Ähnlichkeiten zwischen indianischem *potlatch* und der Statuskonkurrenz europäischer

---

schen Staats im fünfzehnten Jahrhundert, in: Neithard Bulst und Jean-Philippe Genet (Hrsg.), Medieval Lives and the Historian. Studies in Medieval Prosopography, Kalamazoo 1986, S. 243–266; HOLGER KRUSE, Die Hofordnungen Herzog Philipps des Guten von Burgund, in: ders. und Werner Paravicini (Hrsg.), Höfe und Hofordnungen (Residenzenforschung, Bd. 10), Sigmaringen 1999, S. 141–165.

57 Vgl. ULF CHRISTIAN EWERT und SVEN ERIK HILSENITZ, Lediglich ein Finanzdokument? Eine organisationstheoretische Betrachtung der burgundischen Hofordnung des Jahres 1433, in: Ewert und Selzer (Hrsg.), Ordnungsformen, S. 20–33, hier S. 23; ULF CHRISTIAN EWERT, Did Long-term Changes in the Mode of Ruling Affect Late Medieval State Finances? A Dynamic Statistical Approach to Revenue Data for Valois-Burgundy (1383–1476), in: Économies et Sociétés, AF: Histoire économique quantitative 30 (2003), S. 1775–1806, hier S. 1794 und 1796; ders., Der mittelalterliche Fürstenhof zwischen Informalität und formaler Ordnung: Rollenkonzepte und spieltheoretische Aspekte, in: Reinhardt Butz und Jan Hirschbiegel (Hrsg.), Informelle Strukturen bei Hof. Dresdener Gespräche III zur Theorie des Hofes (Vita Curialis, Bd. 2), Münster 2009, S. 11–40.

58 Vgl. HOMER G. BARNETT, The Nature of the Potlatch, in: American Anthropologist 40 (1938), S. 349–358; MARCEL MAUSS, Die Gabe. Form und Funktion des Austauschs in archaischen Gesellschaften, Frankfurt a. M. 1990.

Fürsten im Spätmittelalter gibt es jedoch auch einen fundamentalen Unterschied: Während im *potlatch* die Teilnehmer ihren Besitz bis zur Besitzlosigkeit vernichten, handelte es sich im Wettbewerb europäischer Prinzen um Status und Prestige vom späten Mittelalter an in nicht wenigen Fällen um geliehenes Geld, das eingesetzt wurde für jene Luxusgüter, mit denen man die Konkurrenten zu beeindrucken suchte. Unter diesen Umständen waren es in erster Linie abgeleiteter Wohlstand und abgeleitete Großzügigkeit, die durch entsprechenden demonstrativen Konsum zurschaugestellt wurden. Der ostentative Luxus, mit dem andere beeindruckt werden sollen, ist hier in erster Linie Ausdruck der Fähigkeit, Mittel zu beschaffen, keine Demonstration des real vorhandenen Wohlstands.

Nichtsdestotrotz scheint die Teilnahme an diesem Wettstreit durch den Einsatz von Geldmitteln zur Beeindruckung anderer eine rationale Strategie gewesen zu sein, den Rang eines Fürsten abzusichern. Diese Bewertung ist insofern folgerichtig, als in einem tragfähigen Konzept menschlichen Handelns die Schaffung einer höfischen Kultur, in die entsprechend investiert wird und in der Luxusgüter verausgabt werden, zunächst als rationales Handeln bewertet werden muß, weil dieses Handeln es den Akteuren erlaubte, ihren eigenen Nutzen in einem weiteren Sinn zu vergrößern.[59] Ob diese Strategie ebenfalls effizient war, soll im folgenden mit einem spieltheoretischen Modell untersucht werden. Das empirisch zu beobachtende Phänomen der Nutzung ostentativen Luxus und verschwenderischen Konsums durch Fürsten zum Zwecke, andere Fürsten zu beeindrucken, wird hier vereinfacht mit dem sogenannten *Gefangenendilemma*[60] als Spiel beschrieben. Es wird angenommen, die Spieler (hier: die Fürsten) können zwischen zwei Strategien wählen, indem sie sich entweder für ostentativen Luxus und verschwenderischen Konsum entscheiden („prunken") oder aber darauf verzichten („nicht prunken"). Dieses Spiel ist nicht-kooperativ, denn die beteiligten Spieler streben von sich aus keine Einigung an. Daher ist dieser Modelltyp geeignet, unter Zugrundelegung verschiedener weiterer Verhaltensannahmen, den fürstlichen Statuswettbewerb in seinen wesentlichen Zügen abzubilden und somit die handlungsleitende Anreizstruktur der Spieler offenzulegen, welche diese veranlaßt, andere Statuskonkurrenten mit Hilfe höfischen Prunks beeindrucken zu wollen. Folgende An-

[59] Vgl. ULF CHRISTIAN EWERT, Erfolgreiche Koordination durch Kultur? Herrschaftsmythen der Frühen Neuzeit und die *Organizational-Culture*-These, in: Historical Social Research 23/3 (1998), S. 58–89, hier S. 65–67; ders. und JAN HIRSCHBIEGEL, Gabe und Gegengabe. Das Erscheinungsbild einer Sonderform höfischer Repräsentation am Beispiel des französisch-burgundischen Gabentausches zum neuen Jahr um 1400, in: Vierteljahrschrift für Sozial- und Wirtschaftsgeschichte 87 (2000), S. 5–37, hier S. 11–12.

[60] Vgl. DAVID M. KREPS, Game Theory and Economic Modelling, Oxford 1990, S. 28–29 und S. 37–39; MANFRED J. HOLLER und GERHARD ILLING, Einführung in die Spieltheorie, 3. Aufl. Berlin u. a. 1996, S. 2–7; zur Anwendung spieltheoretischer Konzepte im Rahmen der Hofforschung EWERT, Spieltheorie, S. 29–31; ders. und HIRSCHBIEGEL, Gabe und Gegengabe, S. 8–11; ULF CHRISTIAN EWERT, Fürstliche Standortpolitik und städtische Wirtschaftsförderung. Eine ökonomische Analyse des Verhältnisses von Fürst und Stadt im spätmittelalterlichen Europa, in: Werner Paravicini und Jörg Wettlaufer (Hrsg.), Der Hof und die Stadt. Konfrontation, Koexistenz und Integration im Verhältnis von Hof und Stadt in Spätmittelalter und Früher Neuzeit (Residenzenforschung, Bd. 20), Ostfildern 2006, S. 429–447; ders., Fürstenhof zwischen Informalität und formaler Ordnung.

nahmen sind dazu notwendig. Die Spieler (Fürsten) versuchen ihren Nutzen zu maximieren. Dabei handeln sie ebenso risikoscheu wie auch strategisch, indem sie mögliche Strategiewahlen ihrer Gegenspieler zu antizipieren versuchen. Außerdem treffen alle Spieler ihre Strategiewahl simultan. Weiterhin existiert keine übergeordnete Instanz, die über entsprechende Mittel verfügt, in das Spiel koordinierend einzugreifen oder möglicherweise zwischen den Spielern getroffene Absprachen über ihre Strategiewahl zu garantieren oder Verstöße zu sanktionieren.

	A		B		C		
1	**A:** ***nicht prunken*** **β**		**B:** ***nicht prunken*** **β**		**C:** ***nicht prunken*** **β**		Pareto-Optimum
2	**A:** ***nicht prunken*** **δ**		**B:** ***nicht prunken*** **δ**		C: *prunken* α		
3	**A:** ***nicht prunken*** **δ**		B: *prunken* α		**C:** ***nicht prunken*** **δ**		
4	**A:** ***nicht prunken*** **δ**		B: *prunken* γ		C: *prunken* γ		
5	A: *prunken* α		**B:** ***nicht prunken*** **δ**		**C:** ***nicht prunken*** **δ**		
6	A: *prunken* γ		**B:** ***nicht prunken*** **δ**		C: *prunken* γ		
7	A: *prunken* γ		B: *prunken* γ		**C:** ***nicht prunken*** **δ**		
8	A: *prunken* γ	A ⇐	B: *prunken* γ	B ⇐	C: *prunken* γ	C ⇐	Nash-Gleichgewicht

Auszahlungsmatrix eines Gefangenendilemmas mit drei Spielern (Fürsten A, B, C), die alle zwischen zwei Strategien („prunken" oder „nicht prunken") wählen können; $\alpha > \beta > \gamma > \delta$ and $3\beta > (\alpha + 2\delta)$

In der Tabelle ist die Verteilung der Nutzenwerte in einer Auszahlungsmatrix (*pay-off matrix*) für einen Statuswettbewerb zwischen drei Fürsten abgebildet. Somit gibt es acht mögliche Strategiekombinationen. Dieses Spiel kann allerdings ohne Verlust der Allgemeingültigkeit seiner Ergebnisse für eine Statuskonkurrenz mit beliebig vielen Spielern verallgemeinert werden. Da das Prunken für einen Fürsten eigentlich nur dann Sinn macht, wenn er der einzige ist, der dies tut, wird angenommen, daß jeder Fürst den höchsten individuellen Nutzenwert (α) in genau einer solchen Situation erzielen kann. Demgegenüber würden die anderen Fürsten, welche auf Prunk verzichtet haben, den niedrigsten möglichen Nutzenwert (δ) für sich verbuchen. Sollte im Falle des Prunkens aber mindestens ein anderer Fürst ebenfalls diese Strategie wählen, erhalten alle Beteiligten, die auf ostentativen Luxus und verschwenderischen Konsum setzen, den Nutzenwert γ, welcher kleiner als α, aber größer als δ ist. Dies läßt sich damit begründen, daß die prunkenden Fürsten zwar die Kosten für die von ihnen zur Schau gestellte Pracht tragen müssen, die damit verbundene Wirkung aber zumindest teilweise neutralisiert wird, wenn andere ebenfalls ihre Konkurrenz durch Zurschaustellung ihres Reichtums zu beeindrucken versuchen. Würden hingegen alle Spieler auf Prunk und Prahlerei verzichten, erreichten sie ein Nutzenniveau von β, welches ebenfalls kleiner als α, aber doch größer als γ ist. Hier könnten zwar keine einseitigen Prestigegewinne mit Hilfe höfischen Prunks gemacht werden, aber es fielen natürlich auch keine Kosten dafür an.

Wofür würden sich rational handelnde Fürsten bei diesen Spielregeln entscheiden? Für risikoscheue Spieler ist es vernünftig, den eigenen Nutzen nicht unbedingt direkt zu maximieren, indem die absolut beste Alternative gewählt wird, sondern vielmehr zu versuchen, die am wenigsten ungünstige aus der Menge der möglichen Alternativen auszusuchen. Diese Handlungsmaxime zwingt aber alle Spieler, sich für die Strategie des Prunkens zu entscheiden, wenn sie überlegen, welches Nutzenniveau sie für sich selbst in Abhängigkeit der möglichen Strategiewahlen der Gegenspieler bestenfalls erzielen können. Ergebnis ist die Kombination der jeweils in diesem Sinne „besten" Antworten der Spieler auf die wahrscheinliche Strategiewahl der Gegenspieler, das sogenannte Nash-Gleichgewicht. Hierbei handelt es sich um ein stabiles Gleichgewicht, weil niemand ohne grundlegende Änderung der Anreizstruktur bereit sein wird, eine andere Strategiewahl als die des Protzens zu treffen. Anstatt also gemeinsam auf das gegenseitige Sichübertreffen-wollen zu verzichten – dies wäre ökonomisch gesprochen das Pareto-Optimum –,[61] wählen alle Fürsten die Variante höfischen Prunks, obwohl dies ein geringeres Nutzenniveau nicht nur für alle gemeinsam, sondern auch für jeden einzelnen bedeutet. Sie geraten in dieses Dilemma, weil jeder fürchtet, der einzige Verzichtende zu sein und damit möglicherweise einen noch geringeren Nutzen realisieren zu können. Damit wird aber deutlich, und genau das kann mit einem solchen Modell gezeigt werden, daß das Fehlen einer koordinierenden und sanktionierenden Instanz es den Spielern unmöglich macht, eine andere Strategie zu wählen, wenn sie sich rational verhalten.[62]

Der innerhalb des eigenen Hofes sinnvolle und effiziente Einsatz einer kostspieligen materiellen und nichtmateriellen Hofkultur bleibt deshalb auch in der Statuskonkurrenz zwischen Fürsten eine rationale Strategie. Sie wird jedoch hier ineffizient und damit verschwenderisch. Treffenderweise steht die Praxis des Austausches von Neujahrsgeschenken an den Höfen der Valois-Dynastie im spätmit-

---

[61] Im Gegensatz zum Nash-Gleichgewicht ist das Pareto-Optimum aufgrund der Bedingung $3\beta > (\alpha + 2\delta)$ bzw. allgemein bei n Spielern $n\beta > (\alpha + (n-1)\delta)$ dadurch gekennzeichnet, daß alle Spieler den höchsten gemeinsamen Nutzen erzielen können. Ein solches Ergebnis des Spiels wäre außerdem eine optimale Verteilung des Nutzens zwischen den Spielern, denn jeder Spieler könnte sein eigenes Nutzenniveau nur noch auf Kosten mindestens eines Gegenspielers erhöhen. Auch wenn es somit effizient und damit in gewisser Weise wünschenswert wäre, kann es unter den gemachten Annahmen über das Verhalten der Spieler und den Spielmechanismus nicht zustande kommen. Die Risikoscheu der Spieler sowie das Fehlen einer koordinierenden und sanktionierenden Instanz verhindern einen simultanen Verzicht aller Spieler auf den höfischen Prunk. Dieses Resultat gilt prinzipiell ebenso für endliche Wiederholungen des Spiels, auch wenn in wiederholten Spielen die Möglichkeit besteht, Vertrauen zwischen den Spielern aufzubauen. Nur bei einer unendlichen Zahl von Wiederholungen, wenn die Spieler somit nicht wissen, wann die letzte Runde gespielt wird, darf man erwarten, daß Spieler gegebenenfalls auf höfischen Prunk verzichten und damit zeitweise Nutzeneinbußen hinzunehmen bereit sind, weil sie hoffen, in weiteren Runden diese Prestigeverluste wieder kompensieren zu können.

[62] An anderer Stelle konnte ebenfalls gezeigt werden, daß auch die mit höfischen Luxusgütern Beschenkten dies gar nicht wirklich ablehnen konnten. Vgl. EWERT und HIRSCHBIEGEL, Gabe und Gegengabe, 8–11.

telalterlichen Frankreich im Kontext des „Kampfes der Zeichen".[63] Beschrieben wird damit der ruiniöse und zerstörerische Wettbewerb der beteiligten Fürsten, den Rivalen mit immer noch schöneren und teureren Geschenken zu übertreffen. Folgerichtig kann dieser Ausgabenwettstreit als mit ursächlich für die Auflösung des Systems der verschiedenen Valois-Höfe in Frankreich im frühen 15. Jahrhundert gelten. Die infolge der krankheitsbedingten Ausfälle des Königs Karl VI. offene und instabile Statushierarchie der *princes du sang*, die immer von neuem definiert werden mußte, hatte sich in einen zerstörerischen Kampf zwischen den Fürsten verwandelt,[64] und zwar in einer Weise, wie es das spieltheoretische Modell zeigt. Daß die Stabilität der Hierarchie zwischen den um Prestige konkurrierenden Fürsten ein entscheidendes Element für die tatsächliche Erscheinungsform des Wettbewerbs war, zeigen andere Beispiele, in denen solche Hierarchien wohldefiniert und hinreichend stabil waren und deshalb die Prestigekonkurrenz weniger zerstörerisch ausgetragen worden ist.[65] Außerdem gab es natürlich auch immer Beispiele für Fürsten, die offensichtlich die destruktive Komponente eines solchen Statuswettbewerbs erkannt hatten und mehr oder weniger stark einer Mitwirkung entsagten. Der französische König Karl VII. zog sich aus dem Neujahrsgeschenkverkehr zurück und nutzte dieses Instrument nur noch, um die innerhöfischen Beziehungen insbesondere zu seinen Gefolgsleuten zu stärken.[66] Sein Sohn Ludwig XI. ging noch einen Schritt weiter und stellte nicht höfischen Prunk, sondern Sparsamkeit zur Schau, freilich wohl wissend um seinen Status.[67]

*

Weil die materiellen und die nichtmateriellen Aspekte der höfischen Kultur eng miteinander verbunden sind, muß der Versuch, fürstliche Bestrebungen zu erklären, eine reiche und prächtige materielle Hofkultur zu entfalten, bei möglichen Motivationen ansetzen, eine hochentwickelte nichtmaterielle höfische Kultur zu schaffen. Außerdem kann das Globalziel des höfischen Makrosystems, sein Streben, Struktur und Funktion aufrechtzuerhalten und Stabilität sicher zu stellen, in zwei konkrete, akteursbezogene Ziele differenziert werden, die dann auf der Mikroebene des Systems verfolgt werden. Dies war das fürstliche Motiv, die soziale Hierarchie am eigenen Hof in einem stabilen Gleichgewicht zu halten und gleichzeitig den eigenen Status im Kreis anderer Fürsten abzusichern. Schließlich waren Ausgaben für teure und exklusive Objekte, die Bedienung des materiellen

---

63 SIMONA SLANICKA, Krieg der Zeichen. Die visuelle Politik Johanns ohne Furcht und der armagnakisch-burgundische Bürgerkrieg (Veröffentlichungen des Max-Planck-Instituts für Geschichte, Bd. 182), Göttingen 2002.

64 Vgl. ELIAS, Prozeß der Zivilisation, hier Bd. 2, S. 192-194.

65 Die Verf. danken Karl-Heinz Spieß, Greifswald, der auf diesen Umstand aufmerksam machte und am Beispiel der deutschen Fürsten des 15. Jahrhunderts in ihren sozialen Zusammenhängen und gemeinsamen Festen illustrierte. Hierzu auch sein Beitrag im vorliegenden Band.

66 Vgl. HIRSCHBIEGEL, Étrennes, S. 91, 219-220, 505-507.

67 Vgl. WERNER PARAVICINI, Schlichtheit und Pracht: Über König Ludwig XI. von Frankreich und Herzog Karl den Kühnen von Burgund, in: Claudia Nolte, Karl-Heinz Spieß und Ralf-Gunnar Werlich (Hrsg.), Principes. Dynastien und Höfe im späten Mittelalter (Residenzenforschung, Bd. 14), Stuttgart 2002, S. 63-86.

Aspekts der höfischen Kultur, Ausdruck der Verfolgung einer rationalen Strategie im Rahmen der im späten Mittelalter vorherrschenden Bedingungen der Machtausübung. Diese Bedingungen können am besten durch den dauerhaften Zwang zur Bestätigung und steten Rückversicherung personaler Beziehungen charakterisiert werden. War aber nun demonstrativer Konsum, auch wenn er sicher sinnvoll war, nicht doch Verschwendung von Geld? Darauf gibt es unserer Meinung nach zwei Antworten. Ostentativer Luxus mag die geeignete und möglicherweise auch effiziente Wahl des Fürsten zur Aufrechterhaltung der sozialen Struktur seines eigenen Hofes gewesen sein. Sie war es aber sicher nicht im Zusammenhang mit der fürstlichen Statuskonkurrenz, also dem Streben aller Fürsten nach Prestige. Im ersten Fall war demonstrativer Konsum sinnvoll nicht nur zur Stabilisierung sondern auch zur Perpetuierung sozialer Strukturen. Im letzten Fall allerdings muß der Versuch, Standesgenossen durch aufwendiges Zeremoniell und Zurschaustellung teurer materieller Objekte zu beeindrucken, nach Maßgabe ökonomischer Kriterien wie etwa dem Konzept des Pareto-Optimums, durchaus als Geldverschwendung definiert werden. Sich gemeinsam des Statuskampfes zu enthalten hätte Kosten gespart. Aber in den meisten Fällen hielten die Fürsten dennoch daran fest, obwohl dies kostspielig war. Wenn die Struktur der Konkurrenz um Status und Prestige aber keinen Verzicht auf die Auseinandersetzung erzwang, bestand auch keine Möglichkeit zur einseitigen Aufkündigung demonstrativen und andere beeindruckenden Verhaltens. Dieses spieltheoretische Ergebnis weist darauf hin, daß es auf der Ebene des Kontakts zwischen Fürsten einer viel komplexeren Institution als der des Hofes bedurft hätte, um die Verschwendung von Geld und Ressourcen zu vermeiden.

Beatrix Bastl

Weder Fisch noch Fleisch: Wenn alle Gaben zwischen symbolischem und realem Kapital schwanken

Der adelige Gabentausch stellt eine Sonderform allgemeiner Gabensysteme dar[1] und ist zugleich eng mit der Frage nach dem Charakter und der Funktion des adeligen Luxus verknüpft. Beim Adel ist das ‚Gabenspiel' des Gebens und Nehmens, Retourgebens und erneuten Nehmens und die damit in Zusammenhang stehende Akkumulation von symbolischem und realem Kapital[2] eng mit unterschiedlichen Legitimationsformen seiner Herrschaftsfunktion verbunden sowie mit der besonderen Position, die Frauen in diesem Kontext zukam.[3] Die Herrschaft über eine Grundherrschaft oder die Regentschaft basierte nicht immer auf der Grundlage des in einem Territorium gängigen Erbrechts. Töchter des Adels wurden zunehmend durch Hausgesetze und durch die Primogenitur von der Sukzession in der Herrschaft ausgeschlossen. Gleichwohl sind im Falle adeliger Ehefrauen, zu deren Aufgaben auch die Haushaltsführung gehörte und deren Witwenversorgung bereits in den Eheverträgen ausgehandelt wurde, Fragen von Gabentausch, Luxus und sozialer Integration eng verknüpft. Besonders bei Hochzeiten und Todesfällen erhält man durch Eheverträge und Testamente einen guten Einblick in die Strukturen des adeligen Gabensystems und zugleich in die Funktion von Luxus. Sie geben Auskunft über Herrschaft und die Ordnung der Geschlechter. Sie stellen das Rechtsinstrument – und nicht mehr und damit auch nur einen Ausschnitt - des adeligen Gabensystems oder Gabenspiels dar. Der folgende Beitrag zielt auf eine Analyse des adeligen Gabensystems in der Frühen Neuzeit am Beispiel des habsburgischen Adels und zugleich auf eine kritische Musterung bestehender theoretischer Interpretationsangebote für die sozialen Funktionen des Gabentausches. Die Verbindung mit Fragen der Funktion von Luxus eröffnet dabei neue Perspektiven.

---

1 Gadi Algazi: Introduction: Doing things with gifts, in: ders., Bernhard Jussen und Valentin Groebner (Hrsg.), Negotiating the Gift: Pre-modern Figurations of Exchange, Göttingen 2003, S. 9–27; Patrick J. Geary, Exchange and Social Science Modeling. The Limitations of a Construct, in: Algazi, Jussen und Groebner (Hrsg.), Negotiating the Gift, S. 129–140; Jan Hirschbiegel, Étrennes. Untersuchungen zum höfischen Geschenkverkehr im spätmittelalterlichen Frankreich der Zeit König Karls VI. (1380–1422), München 2003, besonders S. 9–21, S. 37–69.

2 Pierre Bourdieu, Ökonomisches Kapital, kulturelles Kapital, soziales Kapital, in: Reinhard Reckel (Hrsg.), Soziale Ungleichheit, Göttingen 1983, S. 183–198. Über die Anwendbarkeit dieser Theorie auf den französischen Adel vgl. Monique de Saint Martin, Der Adel. Soziologie eines Standes, Konstanz 2003.

3 Beatrix Bastl, Tugend, Liebe, Ehre. Die adelige Frau in der Frühen Neuzeit, Wien 2000, S. 25–148. Vgl. dazu auch den Projektbericht von Anette Hojer, ‚L'Arte del Dono. Scambio culturale tra Italia e Spagna (1550–1650)'. Internationaler Studientag der Bibliotheca Hertziana, Max-Planck-Institut für Kunstgeschichte, Rom, 14.–15. Januar 2008, in: Frühneuzeit-Info 19/1 (2008), S. 131–134.

1. Gabentausch zwischen Luxus und Integration einer sozialen Schicht[4]

Bevor wir uns dem Thema der ‚Gabe' im Hinblick auf die Bedeutung von Luxus und sozialer Integration nähern, sind diese Begriffe kurz im Kontext verschiedener Forschungsansätze zu erörtern:

Im Jahr 1925 erschien Marcel Mauss' Essay *Sur le don* (Paris 1925) und machte Geschichte.[5] Die Faszination, die von diesem Essay ausging, galt nicht nur der vergleichenden Methode mit der eine ungeheure Fülle ethnographischen Materials systematisch organisiert werden konnte, sondern auch den befremdlichen Resultaten, die dabei zu Tage traten. Mauss nennt den archaischen Tausch ein System totaler Leistungen, insofern er in jeder seiner Bewegungen das Ganze der Gesellschaft erfaßt, also gleichermaßen von ökonomischer, moralischer, religiöser, juristischer und nicht zuletzt ästhetischer Qualität ist. Das System kennt zwei fundamentale Formen: den Tausch, der auf ein Bündnis zielt, und jenen anderen, dessen zentrale Motive Kampf und Rivalität bilden.

Die durchkomponierten Hochzeitsfeste des Adels in der Frühen Neuzeit bieten anschauliche Beispiele für die Mauss'sche Theorie: Die Verpflichtung, empfangene Geschenke zu erwidern, bedingen die Aussteuer, die Mitgift und wie das Wort bereits deutlich sagt – die Widerlage, das was man dem Gegebenen entgegenzusetzen

[4] BEATRIX BASTL, Gabentausch. Wiener Adelshochzeiten und ihre Bedeutung für die interkulturelle Kommunikation, in: Wiener Geschichtsblätter 4 (1999), S. 257–260. Literatur zum gesamten Komplex: HELMUTH BERKING, Schenken. Zur Anthropologie des Gebens, Frankfurt a. M. und New York 1996; DIRK BARGHOP, Schwierige Kommunikation: Gabentausch im frühen Prinzipat. Senecas „De beneficiis" und die „Therapie" der Patronage, in: Erhard Chvojka, Richard van Dülmen und Vera Jung (Hrsg.), Neue Blicke. Historische Anthropologie in der Praxis. Publikation der Arbeitsstelle für Historische Kulturforschung, Universität des Saarlandes, Wien 1997, S. 51–70; BEATE WAGNER-HASEL, Wissenschaftsmythen und Antike. Zur Funktion von Gegenbildern der Moderne am Beispiel der Gabentauschdebatte, in: Annette Völker-Rasor und Wolfgang Schmale (Hrsg.), MythenMächte – Mythen als Argument, Berlin 1998, S. 33–64; EGON FLAIG, Geschichte ist kein Text. „Reflexive Anthropologie" am Beispiel der symbolischen Gaben im römischen Reich, in: Horst Walter Blanke, Friedrich Jaeger und Thomas Sandkühler (Hrsg.), Dimensionen der Historik. Geschichtstheorie, Wissenschaftsgeschichte und Geschichtskultur heute. Jörn Rüsen zum 60. Geburtstag , Köln 1998, S. 345–360; MAURICE GODELIER, Das Rätsel der Gabe. Geld, Geschenke, heilige Objekte, München 1999; BETTINA KESS (Hrsg.), Geschenkt! Zur Kulturgeschichte des Schenkens, Heide 2001 [Begleitbuch zur gleichnamigen Ausstellung in den Volkskundlichen Sammlungen in Schleswig vom 9. 12. 2001 bis 3. 3. 2002]

[5] MARCEL MAUSS, Die Gabe, in: ders., Soziologie und Anthropologie II, Frankfurt a. M. u. a. 1978, S. 10–20; DAVID CHEAL, The Social Dimensions of Gift Behavior, in: Journal of Social and Personal Relationships 3 (1986), S. 423–439; ders., „Showing them you love them": Gift Giving and the Dialectic of Intimacy, in: The Sociological Review 35/1 (1987), S. 423–439; ders., The Gift Economy, London 1988, S. 150–169; GEORG ELWERT, Gabe, Reziprozität und Warentausch. Überlegungen zu einigen Ausdrücken und Begriffen, in: Eberhard Berg, Jutta Lauth und Andreas Wimmer (Hrsg.), Ethnologie in Widerstreit, München 1991, S. 159–177; JÜRGEN HANNIG, Ars donandi. Zur Ökonomie des Schenkens im frühen Mittelalter, in: Geschichte in Wissenschaft und Unterricht 3 (1986), S. 159–177; FRIEDRICH ROST, Schenken als Verlieren, in: Dieter Lenzen (Hrsg.), Melancholie als Lebensform, Berlin 1989, S. 149–162.

hat.[6] Freundschaftliche Gefühle sollen damit zwischen zwei Familien geschaffen und die Heirat soll besiegelt werden.

Im Falle der testamentarisch verfügten Geschenke sind jedoch andere Umstände gegeben, die sich nicht ohne weiteres in Mauss' Schema einfügen lassen. Denn bei diesen Geschenken handelt es sich einerseits um Gaben an die *memoria*, also des Gedenkens an eine bestimmte Person, andererseits aber auch um ökonomisches Kapital (denn der weitergegebene Gegenstand hatte ja einen Wert), welches gleichzeitig immer ein symbolisches darstellte; denn das symbolische Kapital beruhte auf der Aussagekraft des materiellen/kulturellen Kapitals.

Natalie Zemon Davis bemerkt in ihrem Buch *Die schenkende Gesellschaft*, dass Geschenke im Lebenszyklus – also zu Geburt, Heirat und Tod – viel stärker strukturiert waren, als jene im Jahreslauf:

> das heißt, sie scheinen sich präziser auf Guthaben und Schulden in der Lebensgeschichte zu beziehen als die Gaben, die durch einen kirchlichen Feiertag angeregt wurden. Aber auch hier herrschte nicht, von der Schenkung zu Lebzeiten abgesehen, einfach die bloße Berechnung. Geburt, Heirat und Tod wurden durch eine ausgefeilte und verschlungene Choreographie von Gaben gestaltet. Manche waren genau bemessen, andere nicht. Das Modell der Gabe und Gegengabe und selbst die Vorstellung von zirkulierenden Geschenken können nicht hinreichend die wechselnden Beziehungen von Familien in einer Gemeinschaft darstellen. Wir sollten uns vielleicht besser bewegliche Felder des Schenkens vorstellen, die intensive Verbindungen zwischen unterschiedlichen und wechselnden Gruppen schufen.[7]

Warum man in dem hier vorliegenden gesellschaftlichen Umfeld auch dieser Argumentation nur eingeschränkt folgen kann bzw. weshalb das Bezugssystem des adeligen Gabentausches auch im Jahreslauf komplexer ist, werde ich im folgenden im Kontext der Funktionen von Luxus zu zeigen versuchen.

Zunächst aber zu den Begriffen Luxus und Integration im Bezug auf die Adelsgesellschaft: Luxus, oder das was man als solchen empfand, stellte ein probates gesellschaftliches Mittel dar, um sich innerhalb eines bestimmten sozialen Standes integrieren zu können. Christian Graf von Krockow beschreibt in seinem Buch *Die Heimkehr zum Luxus*[8] nicht nur den Charakter, den Luxus hat, sondern auch seine Struktur:

> Luxus ist also nicht zu verwechseln mit der Bequemlichkeit, die man für Geld kaufen kann. Unter Umständen erfordert er große Anstrengungen ebenso wie die Disziplin und den Einfallsreichtum. Wahrscheinlich sollte man ihn bestimmen als das Überflüssige, das über des Lebens Notdurft und Notwendigkeit demonstrativ hinausführt. Je nachdem, ob diese Demonstration sich in erster Linie gegen die materiellen Verhältnisse oder gegen die herrschenden Konventionen richtet, tritt entweder der Aufwand oder das Abweichen in den Vordergrund. [...] Sofern wir dem unvernünftigen Aufwand nur ein wenig Nachdenklichkeit widmen, stoßen wir auf Zusammenhänge, die sich leicht durchschauen lassen. Das

---

6 Natalie Zemon Davis, Die schenkende Gesellschaft. Zur Kultur der französischen Renaissance, München 2002, S. 43–45 beschreibt das Gabensystem bei der Hochzeit, basierend auf Sekundärliteratur, nur unzutreffend. Auch eine Analyse französischer Eheverträge zeigt ein Bild, welches den deutsch-österreichischen Quellen nahe verwandt ist. Vgl. dazu Monique Valtat, Les contrats de mariage dans la famille en France au XVIIième siècle, Paris 1953, S. 9.

7 Davis, Die schenkende Gesellschaft, S. 52–53.

8 Christian Graf von Krockow, Die Heimkehr zum Luxus. Von der Notwendigkeit des Überflüssigen, Stuttgart 1980.

Überflüssige und Unvernünftige, das allem Notwendigen und Nützlichen verloren ist, wirkt als ein Signal der Freiheit. Bestätigt wird, was der Mensch weniger als alles andere entbehren kann: Selbstachtung und Würde.[9]

Horst Mühlmann, der in seiner Dissertation über *Luxus und Komfort* diese Begrifflichkeiten untersucht, bemerkt dazu: „Mit dem Wort Luxus ist von Anfang an ein stark negativer Wertakzent dominant verbunden, insofern es dazu dient, Arten menschlicher Lebensführung zu erfassen, bei denen das ‚rechte Maß' überschritten wird."[10] Für uns relevant sind seine Analysen des Wortes in den einschlägigen Enzyklopädien wie bei Johann Georg Krünitz und dem Begriffswandel und der Wortaufwertung seit dem 18. Jahrhundert.[11] Eine im Jahr 2007 in Wien vorgelegte Diplomarbeit in der Studienrichtung Publizistik- und Kommunikationswissenschaft zum Thema *Inszenierung von Luxus* macht letztlich deutlich, wie wenig man den Begriff Luxus heute zu definieren oder abzugrenzen vermag.[12]

Für die vorliegende Studie waren vorrangig zu beachten die Arbeiten von Rémy Saisselin *The Enlightenment against the Baroque* (1992), Maxine Berg und Elizabeth Eger (Hrsg.), *Luxury in the Eigteenth Century* (2003) und Linda Levy Peck, *Consuming Splendor* (2005), wobei Levy Peck die letzten Themata des Luxus und der Verschwendung aufgriff, die auch hier behandelt werden.[13]

Berg und Eger, die sich mit einer Geschichte des Luxus beschäftigen, stellen einen engen Zusammenhang zwischen dem Luxus an sich und jenen fernöstlichen Waren her, die zunehmend auf den europäischen Markt kamen. Sie behaupten daher auch einen starken Zusammenhang zwischen der Fremdheit der Sache, die den Luxus und dessen Rarität ausmachen würden.[14] Wenn man allerdings die in der Folge zu untersuchenden Frauentestamente ansieht, dann besteht Luxus in der Fülle (Bekleidung, Gegenstände) und in der Qualität (Silber, Schmuck) des zu Vererbenden, und nicht in dessen Rarität oder Fremdheit. Es sind genau diese Dinge, die man benötigt, um sich innerhalb einer bestimmten sozialen Schicht zu behaupten; es sind Gegenstände im weitesten Sinn, welche Luxus als das Notwendige erscheinen lassen. So argumentiert Linda Levy Peck in ihrer Arbeit *Consuming Splendor*, dass Luxus als Produkt einer expandierenden Ökonomie, Erscheinung und Glanz, die Markierungen von Hierarchie, unterminieren würde;[15] und sie schließt den Kreis der Argumente mit dem Hinweis auf Elizabeth Lady Compton, welche ihre eigene Ehre mit dem Besitz von Kleidung, Bediensteten, Kutschen,

---

9 Ebd., S. 8 und 10.

10 HORST MÜHLMANN, Luxus und Komfort. Wortgeschichte und Wortvergleich, Bonn 1975, S. 25.

11 Ebd., S. 71, 79 und 110.

12 KATHARINA PERHAB, Inszenierung von Luxus – eine kommunikationswissenschaftliche Studie. Diplomarbeit, Universität Wien 2007.

13 RÉMY G. SAISSELIN, The Enlightenment against the Baroque. Economics and Aesthetics in the Eighteenth Century, Oxford 1992, S. 14–41; MAXINE BERG und ELIZABETH EGER (Hrsg.), Luxury in the Eighteenth Century. Debates, Desires and Delectable Goods, Basingstoke 2003; LEVY PECK, Consuming Splendor: Society and Culture in Seventeenth-century England, Cambridge 2005.

14 BERG und EGER (Hrsg.), Luxury, S. 1, 8–9.

15 LEVY PECK, Consuming Splendor, S. 8. Vgl. dazu auch: CHRISTOPHER J. BERRY, The Idea of Luxury: A Conceptual and Historical Investigation, Cambridge 1994.

Schmuck, Barmherzigkeit und außergewöhnlich schöner Innenarchitektur in Verbindung brachte.[16]

Als Luxus wird deshalb nicht die Frage nach importierten Gütern verstanden, sondern das Geben von Geschenken oder Gaben und deren Weitergabe an potentielle Erben, die vorrangig die Integration in die Gesellschaft sichert, der man angehört.

3. Eheverträge

Gabe heißt immer auch Kredit. Durch die Annahme des ‚Geschenkes' Braut wird die Familie des Bräutigams zum Schuldner und ist gezwungen, die angenommene Gabe mit hohen Zinsen zurückzuzahlen. Der Geldwert der Mitgift muß widerlegt und das Heiratsgut der Braut hypothekarisch sichergestellt werden. Auch der Begriff der Ehre ist damit verbunden; denn ein Prestigezuwachs kann nur durch verschwenderische Zurschaustellung von Luxus und Vernichtung der angehäuften Reichtümer innerhalb eines aufwendigen Festes erfolgen.

Die in meinem Buch *Tugend, Liebe, Ehre* analysierten 288 Eheverträge reichen vom 15. bis zum 18. Jahrhundert.[17] Der in den Eheabreden mehrfach genannte Grund *mit mund und hand versprochen und zuegesagt* weist darauf hin, daß es in den vorhergehenden Jahrhunderten eine mündliche Tradition gegeben haben muß. Die vorliegenden Eheverträge nennen innerhalb allgemeiner Formeln die Vertragsziele, also den Grund der Eheschließung (*Arenga*), der mit der *Invocatio*, der Anrufung Gottes beginnt. Die Eheverträge dienten der Erhaltung des ‚Hauses'; zwar ließe sich dieses Ziel auch mit Hilfe der testamentarischen Verfügungen verfolgen, doch deren Umsetzung lag ausschließlich in den Händen der Nachwelt.

Wesentlicher Bestandteil einer zufriedenstellenden Heiratsabrede ist der Passus, daß diese mit dem Rat und unter Hinzuziehung der Verwandtschaft beider Teile geschehe. Diese kann aber auch zu Gottes Lob und Ehre und der Erweiterung, Vermehrung und Stärkung verwandtschaftlicher Bande beschlossen werden. Es gab aber auch noch ganz andere Zwecke, um eine Ehe zu schließen. So sieht der Ehevertrag so mancher Paare vor, das Seelenheil in der Ehe zu suchen. Dies bedeutete, seine Sexualität innerhalb dieser Ehe zum Zwecke der Erzeugung ehelicher Kinder einzubringen und zu leben. Eine Haltung, die sich im Begriff der keuschen Ehe manifestiert.

Innerhalb der Eheverträge lässt sich folgender Aufbau festmachen: Den Vertragszielen (*Arenga*) folgten die Heiratsklausel (Verlöbnis bis Beilager), die Religionsklausel (Mischehen) und als umfangreichster Punkt das eheliche Güterrecht (Heiratsgut, Ausstattung, Widerlage, Morgengabe und *Wittum*). Die vorgefundenen Eheverträge enthielten keinen Erbverzicht der Töchter und der Schwiegersöhne; diese Erbverzichtserklärungen existierten immer nur als Nebenakten in den gegebenen Fällen. Für das Heiratsgut und die Aussteuer hatten die Töchter auf ihr Erbrecht zu verzichten.

---

16 Levy Peck, Consuming Splendor, S. 8–9.

17 Bastl, Tugend, S. 88.

Verschiedenartige Zuwendungen werden im Ehegüterrecht mit dem Begriff Morgengabe bezeichnet. Sie stammen in den uns vorliegenden Eheverträgen vom Mann bzw. von der Mannesseite. Als Morgengabe begegnen nicht nur am Morgen nach der Hochzeitsnacht tatsächlich überreichte Gaben, sondern auch bei der Eheschließung (Erstellung des Ehevertrages) selbst vorgenommene Zuwendungen.

Bei der Bestellung einer Morgengabe lassen sich verschiedene Zwecke annehmen. Sie dient als *pretium virginitatis,* als Auszeichnung der Frau als Ehefrau, der Bildung eines Ehegutes durch Zusammenfassung von proportional aufeinander abgestimmten Ehegaben und Sicherung der wirtschaftlichen Zukunft der Kinder aus dieser Ehe. Die Grundstruktur der Morgengabe ist eine multifunktionale. Entwicklungslinien sind schwer herauszuarbeiten, sie verlaufen verwickelt und gebrochen. Dies gilt auch für das Verhältnis der verschiedenen Erscheinungsformen der Morgengabe zueinander, und ab wann, zeitlich gesehen, die Frau freie Verfügungsgewalt darüber hatte, ist ebenfalls ungeklärt. So verweist Diane Owen Hughes auf westgotische und lombardische Gesetzessammlungen, die die klarste Beschreibung der Morgengabe enthielten, während das burgundische Recht nur den Fruchtgenuss daran kenne.[18] Im 10. und 11. Jahrhundert hielten die Eheverinbarungen des westgotischen Spanien fest, daß die Männer ihr Ehegeschenk in Anerkennung der Jungfräulichkeit der Braut leisten würden. Sogar im byzantinischen Venedig wäre die traditionelle Gegengabe zum Heiratsgut nicht die *donatio propter nuptias* des *Codex Justinian* gewesen, sondern das *donum die lunae,* welche am Tag nach der Hochzeit gegeben und nach der venezianischen Praxis der Hochzeitsfeier am Sonntag so benannt wurde. Owen Hughes konstatiert ein Verschwinden dieser Heiratsgabe im 16. Jahrhundert: „and it was the aristocracy's turning from bilateral principles that everywhere drove this assign into oblivion."[19]

Nun, überall geriet die Morgengabe nicht in Vergessenheit; zumindest für den österreichischen und süddeutschen Raum ist dieser Ansicht zu widersprechen.

Zunächst aber zur Wertrelation zwischen der Morgengabe und den beiden anderen Heiratsgaben, die innerhalb der Forschung sogar zur Konstruktion verschiedener Eheformen wie Morgengabsehe und Leibgedingsehe führte. Spieß und Brauneder geben diese Relation zwischen Mitgift/Widerlage und Morgengabe häufig mit 1:0,5 und 3:1 an, das heißt, die Morgengabe machte die Hälfte oder ein Drittel derselben aus.[20] Die uns vorliegenden Eheverträge ergeben allerdings ein ganz anderes Bild:

Zwei Drittel der Eheverträge (190 von 288) enthalten eine genaue Entsprechung von Heiratsgut und Widerlage und davon 115 wiederum zeigen eine gleich große

[18] DIANE OWEN HUGHES, From Brideprice to Dowry in Mediterranean Europe, in: Journal of Family History 3 (1978), S. 262–296.

[19] Ebd., S. 290.

[20] KARL-HEINZ SPIESS, Familie und Verwandtschaft im deutschen Hochadel des Spätmittelalters. 13. bis Anfang des 16. Jahrhunderts, Stuttgart 1993, S. 142; WILHELM BRAUNEDER, Die Entwicklung des Ehegüterrechts in Österreich. Ein Beitrag zur Dogmengeschichte und Rechtstatsachenforschung des Spätmittelalters und der Neuzeit, Salzburg und München 1973, S. 23–33; ders., Artikel „Mitgift", in: Adalbert Erler u. a. (Hrsg.), Handwörterbuch zur deutschen Rechtsgeschichte (= HRG), Bd. 3, Berlin 1984, S. 344 ; ders., Artikel „Widerlegung", in: Adalbert Erler u. a. (Hrsg.), HRG Bd. 5, Berlin 1998, S. 566.

Morgengabe, woraus sich ein Verhältnis von 1:1:1 ableiten läßt. 17 Eheverträge bei einem 1:1 Verhältnis von Heiratsgut und Widerlage bieten keine Morgengabe an, und in 46 Eheverträgen ist die Morgengabe doppelt so hoch wie die einzelnen anderen Gaben, und in 12 Fällen betrug das Verhältnis der einzelnen Gaben zur Morgengabe 3:1. In allen anderen Gabenverhältnissen ist eine Erbeinigung oder Erbabfindung zu vermuten bzw. stellt die Verehelichung für denjenigen, der eine überraschend hohe Summe innerhalb des ‚Gabenspiels' anbietet, als besonders erstrebenswert dar, oder die Vermögenslage erlaubt diese Handlungsweise gegenüber dem ökonomisch beschränkteren Vertragspartner/der Vertragspartnerin.

So erhält Johanna Theresia Gräfin von Lamberg von ihrem Bräutigam eine Morgengabe von 28 500 fl., welche in keinem Verhältnis zum Heiratsgut von 3 000 fl. und zur Widerlage von 4 500 fl. steht. Welche Sozialstrategien dahinterstehen, lassen sich nur erahnen; entweder war das Sozialprestige der Familie Lamberg so erstrebenswert, daß für eine Einheirat in ihre *familia* viel geboten wurde, und/oder das Vermögen, welches Ferdinand Bonaventura besaß, erlaubte eine solche Transaktion, denn bei Vortod des Bräutigams erwartete Johanna Theresia ein Vermögen. Ihr blieb zu freiem Eigen das Heiratsgut, die Widerlage, die Schenkung (= Morgengabe), Kleider, Kleinodien, Geschenke, Ringe, Ketten, Halsbänder „ales waß zu Jhrem Leib gehörig", was sie in währender Ehe von ihrem Mann bekommen hat.

Natürlich erhalten manche Bräute auch zusätzlich zum Bargeld Schmuck, wie Maria Josefa Fürstin von Esterházy von ihrem Bräutigam Franz Anton Reichsgraf von Lamberg und Sprinzenstein zwei Diamantringe und ein Gabenverhältnis (Heiratsgut, Widerlage, Morgengabe) von 1:2:1,5. Maria Rosa erhält zwei Brillantringe zur Verlobung mit ihrem Onkel Ferdinand Bonaventura II. von Harrach und Maria Josepha von Harrach Schmuck als Morgengabe von ihrem Bräutigam Johann Karl Reichsfürst von Liechtenstein zu Nikolsburg.[21] Innerhalb der Verträge und Briefe des Adels der Frühen Neuzeit sind solche Gegenstände sehr selten erwähnt; aber auch die Testamente nennen Schmuck – der für das 19. Jahrhundert so selbstverständlich als Gabe angenommen wird – äußerst selten, so daß man dieses Geschenk für den in Betracht kommenden Zeitraum durchaus marginalisieren kann. Sowohl Maria Rosa als auch ihre Schwester Maria Anna in ihrer ersten Ehe mit Nikolaus Sebastian Graf Lodron erhalten statt einer Widerlage und einer Morgengabe die Summe von 20 000 fl. Dies legt den Schluß nahe, daß auch innerhalb dieser Gaben eine Erbeinigung oder eine Erbabfindung zu sehen ist. Hingegen werden Maria Josepha sowohl in der ersten Ehe mit Johann Karl Reichsfürst von Liechtenstein und in der zweiten Ehe mit Josef Reichsfürst von Lobkowicz ein Heiratsgut von 3 000 fl. mitgegeben und eine Widerlage in der doppelten Höhe, also 6 000 fl., zugesichert. Dies wiederum impliziert, daß die eingesetzten Geldwerte nur einen Nennwert darstellen und letztlich keine große Bedeutung mehr haben.

---

[21] Allgemeines Verwaltungsarchiv, Wien, Familienarchiv Harrach, Karton 742: Ehevertrag Maria Rosa und Ferdinand Bonaventura II. von Harrach, Wien 9. 10. 1740; ibid., Karton 741: Ehevertrag Maria Josepha von Harrach und Johann Karl Reichsfürst von Liechtenstein.

Ganz selten erfährt man durch andere Quellengattungen, wie viel und welchen Schmuck eine Braut als Morgengabe bekam; hier erklärt es eine Witwe:

In dieser specification ist zu sechen, der geschmuk, den mir mein vnterter h. gemal, der hoh vndt wol geborne graff iohan friterich graff von herberstein, zur morgen gabe geschenckt hat

1 ein timantener zug hat der gröseren stäner drei vndt zwäntzig, der klineren carmäsir stöntel zway huntert vndt zwei vndt zwäntzig;
2 ein timanteneß cröitz hat zimlich grose stein treitzehen ab hengente berlen in golt gefast drei so davon hengen;
3 ein timantene harnatel hat steinl finff vndt zwäntzig
4 ein timantener ring hat in der miden fir stein vndt carmosir stein sechtzehen;
5 ein robinen halß bäntel hat stein ein vndt dreisig, dass anhengerl von robin hat steinl acht vndt dreisig;
6 ein robinen brust stuk in form einer rosen gearbeit hat stein ein huntert vndt fier;
7 zwei robinene orgeheng, haben bäite zu samen stäner drei huntert zwelffe, an denen hengen zwei berlen in golt gefast, seindt gar klein;
8 zwei har natlen in golt geffast midt robinen haben zu samen bäte steinel zwei vndt ahtzig
9 ein robinen ring in der miten seindt fir timantel ausen herum seint robinl zwelff.[22]

Innerhalb der bereits erwähnten Ökonomie der Scham haben wir gesehen, welche Frauen eine Morgengabe zuerkannt bekamen, nämlich jene, deren körperliche Unversehrtheit vom Bräutigam erworben werden konnte. Im Zusammenhang mit den Witwenwiederverehelichungen findet sich diese körperbezogene Gabe nämlich nicht oder wenn, nur mit einer Begründung, welche die Ausnahme erklärt.

Wenn man sich nun den gesamten Komplex des Gabenspiels vor Augen hält, dann sieht der Regelfall folgendermaßen aus:

Bei Vortod der Braut blieb dem Witwer der Zinsgenuß des Heiratsgutes, und nach seinem Tod fiel es an die Erben der Frau. Die Morgengabe wurde von der Frau nach ihrem Gutdünken vererbt. Bei Vortod des Bräutigams hatte die Braut den lebenslänglichen Zinsgenuß der Widerlage, und nach ihrem Tod fiel diese den Erben des Mannes anheim. Dieser Musterfall läßt den Schluß zu, daß man sich mittels des Ehevertrages bemühte, ein Gleichgewicht der ökonomischen Kräfte zwischen den Adelsfamilien herzustellen.

---

[22] „In dieser Aufstellung ist jener Schmuck vermerkt, den mir mein Gemahl, der hoch- und wohlgeborene Graf Johann Friedrich von Herberstein als Morgengabe geschenkt hat:
1 Ein Halsgehänge aus Diamanten mit 23 größeren und 220 kleineren Karmesin Steinen.
2 Ein Kreuz aus großen Diamanten mit 13 daran hängenden Perlen, die in Gold gefasst sind, wobei drei davon frei hängen.
3 Eine Haarnadel aus 25 Diamanten.
4 Ein Diamantring, der in der Mitte 4 Steine hat und 16 Karmosin Steine.
5 Ein Rubinhalsband aus 31 Steinen, wobei der Anhänger 38 Rubinsteine enthält.
6 Eine Brosche (für die Brust) aus Rubinen in Form einer Rose gemacht, die 104 Steine trägt.
7 Zwei Ohrgehänge aus Rubin, die zusammen 311 Steine haben und an denen zwei kleine goldgefasste Perlen hängen.
8 Zwei Haarnadeln mit 82 in Gold gefassten Rubinen.
9 Ein Rubinring, der in der Mitte 4 Diamanten hat und darum herum 12 Rubine."
Steiermärkisches Landesarchiv, Graz, Landrecht, Testamente, 1712, Nr. 11: Testament der Maria Elisabeth Gräfin von Herberstein, verwitwete Truchsessin von Wetzhausen, geborene Gräfin von Wagensperg (28. 6. 1712).

4. Testamente

Der Zusammenhang von Ehevertrag und Testament ist zunächst einmal durch die Kasuistik der Vielzahl antizipierter Substitutionsfälle, wie er auch in den adeligen Hausverträgen gegeben ist, herzustellen. Darüber hinaus handelt es sich um eine Verzahnung der Lebenden mit den Toten, die durch ihre Anordnungen, Gaben und das Erbe einander wechselseitig ernähren und als soziales Subjekt etablieren.[23] Problematisch ist bereits der Terminus Testament, der einen Widerspruch zwischen den vorgefundenen letzten Verordnungen und dem Begriff Testament in der rechtshistorischen Literatur enthüllt. Die in den 201 untersuchten Frauentestamenten sich zeigenden Begrifflichkeiten korrelieren nur zum Teil mit dem rechtshistorisch manifesten Begriff Testament. Ein Testament mußte eine Erbeinsetzung (*heredis institutio*) enthalten, der Gebrauch bestimmter Worte war dafür nicht notwendig. Substitutionsbestimmungen stellen wichtige Teile eines adeligen Frauentestamentes dar, sind fast immer vorhanden und können ganze Genealogien von ersetzenden Erben bestimmen. Testamente wurden meist im Zuge einer umfassenden vermögensrechtlichen Auseinandersetzung mit den präsumptiven Erben erstellt.[24]

Der Güternachlaß war aber nicht nur privatrechtliche Angelegenheit, sondern religiöse Verpflichtung. Die Quellengruppe Testamente gehört wegen des durchgängigen *Memento-mori*-Motivs in den großen Bereich der Todes-Literatur.[25]

Ich möchte hier explizit jene Testamente des 17. Jahrhunderts behandeln, die als Quellen auf die eingangs genannten Fragen der Sozial- und Mentalitätsgeschichte Auskunft geben.[26] Aus diesem Grund müssen auch Einzelanalysen (23 Testamente/Beilagen) im Vordergrund stehen.

---

23 Völlig anders stellt sich dies offensichtlich im 20. Jahrhundert dar: Die Volkskundlerin ULRIKE LANGBEIN, Geerbte Dinge. Soziale Praxis und symbolische Bedeutung des Erbens, Wien 2002, S. 220 bemerkte dazu: „Eines der wohl verblüffendsten Ergebnisse meiner Untersuchungen ist die Tatsache, dass die geerbten Dinge zum überwiegenden Teil nicht zum Erbe im klassischen Sinne gehören, obwohl sie von meinen Interviewpartnern so klassifiziert wurden. Nicht einer der Gegenstände, um die es in den Interviews ging, war testamentarisch oder anders formalisiert verfügt worden. Die Ursachen für diesen überraschenden Befund sind sicherlich vielfältiger Art. Einen wesentlichen Grund sehe ich in einem traditionellen Erb-Verständnis, das sich in der Testierpraxis widerspiegelt: Gemeinhin ist die Kategorie „Erbe(n)" auf den Versorgungsaspekt und die Übertragung ökonomischer Ressourcen fokussiert. Deshalb ist tendenziell nur das vererb- und testierwürdig, was in irgendeiner Weise in ökonomischen Kategorien gedacht werden kann, beispielsweise Geldbeträge, Immobilienbesitz, wertvolle Antiquitäten, Schmuckgegenstände o. ä. Anders verhält es sich mit den Dingen, die durch den Rost der ökonomischen Welt fallen und demzufolge kaum in ein Testament aufgenommen werden."

24 Ausführlich: BASTL, Tugend, S. 84–158.

25 PAVEL KRÁL, Heiratsverträge und Testamente in Böhmen im 16. und 17. Jahrhundert, in: Josef Pauser, Martin Scheutz und Thomas Winkelbauer (Hrsg.), Quellenkunde der Habsburgermonarchie (16.–18. Jahrhundert). Ein exemplarisches Handbuch, Wien und München 2004, S. 477–494.

26 Eine Auswahl von 100 Testamenten aus dem 17. Jahrhundert soll durch die Kommission für Österreichische Rechtsgeschichte in den nächsten Jahren (2011 ff.) in Druck gebracht werden. Die in diesem Aufsatz verwendeten Testamente finden sich im Quellenverzeichnis am Ende dieses Textes.

In allen diesen Testamenten werden umfangreiche Gaben an Bekleidung und Schmuck – ausgehend von den nächsten Verwandten bis zu den Bediensteten – geleistet. Normalerweise werden Legate oder Vergabungen als *memoria* oder/und als Salär vergeben; Verwandte erhalten eine Dotations-*memoria*, Bedienstete eine Salär-*memoria*. Die Natur der Sache sagt jedoch nichts über ihre Funktionalität aus, denn so kann auch Bargeld oder Obligationen als Dotations-*memoria* gegeben werden und trägt nicht den Charakter eines Salärs. Umgekehrt können auch Brautringe sowie Bett- und Tischwäsche den Status eines Salärs zuerkannt bekommen und damit wandelt sich stark symbolisches Kapital (Ausstattung) in reales mit Memorialcharakter. Es liegt ausschließlich im Ermessen der Erblasserin, welche Gedächtnisgabe sich als Geschenk oder als Gehalt definiert.

Einen Grundzug aller dieser Testamente stellt auch das Gerechtigkeitsempfinden dar, welches sich im Gedanken der Gleichheit der Kinder in der Ungleichheit ihres biologischen Geschlechtes äußert. Dieses *suum cuique* – jedem das Seine – innerhalb einer ständischen Gesellschaft scheint das Gefühlsleben der Testatorinnen mit Stringenz zu durchziehen. Es handelt sich um einen Grundzug, der das Denken innerhalb einer durchaus ungleichen Sozietät prägt.

Diese Argumente lassen sich innerhalb der folgenden Testamente gut verfolgen. Elisabeth von Lamberg bestimmt 1638:

> finften was mein geschmuckh frauen zier leibs khleiter endt vnd gebendt auch wenigs silber geschier betrift sollen dieselben auf meine döchter souill ich den nah mier im leben verlasen werde zu gleich erben vnnd nachfolgenden söhnen aber auß meinem geschmuck ietwödtern ein gemächel ring (= Vermählungsring) zue gestölt werden[27]

Maria Constantia Gräfin von Lamberg differenziert genau zwischen ihren drei Töchtern und drei Söhnen, wobei in diesem Fall, aus Gründen der gerechten Aufteilung, die Töchter und deren Erben Bargeld und Schmuck, die Söhne Liegenschaften erben:

> meinen drey söhnen aber bleibt erblichen vnd aigenthumblichen die herrschaft kränigberg (= Kranichberg) sambt dennen weingartten zu gumpoldtskhirchen (= Gumpoldskirchen), wien auch die drey heyser in wienn (= Wien) in obgesezten werth, dergestaldten, das sie dauon ihren dreyen schwestern, sambt der verstorbenen schwester seelige khinder das einige, baar beyzutragen schuldig, waß ihnen aus obberührten ihren legitime auß dennen angelegten capitalien vnd barschafft nit bezahlt möchten werden.[28]

Ein gutes Beispiel der Donations-*memoria* finden wir bei Juliana von Starhemberg, deren Testament ausführlich auf die Beweggründe der Schenkung, als auch jene der Gedächtnisgabe eingehen und so eine Transparenz der Gaben ermöglicht, wie sie nicht oft zu finden ist. Aus diesen Gründen seien ausführliche Passagen des Testamentes zitiert:

---

27 „5. Was meinen Schmuck und meine Kleidung betrifft sowie mein weniges Silbergeschirr, das sollen meine Töchter zu gleichen Teilen erben und den nachgeborenen Söhnen außer meinem Schmuck auch jedem ein Vermählungsring gegeben werden."

28 „Meine drei Söhne erben die Herrschaft Kranichberg und die Weingärten in Gumpoldskirchen und die drei Häuser in Wien im vorhandenen Wert, wobei sie ihren drei Schwestern samt den Kindern der einen verstorbenen Schwester jenes Geld in bar zu geben haben, was ihnen aus dem Pflichtteil zusteht und aus dem angelegten Kapital und dem vorhandenen Bargeld zu bezahlen ist."

Meiner freülen regina streinin gebornen herrin von schwarzenau, nachdem ich sie von iugent auf erzogen, vnnd sie mir allen khündtlichen gehorsamb vnnd treu erwisen mein stainene khöten sambt noch ainer von cronen golt, vnnd grossen glidern guldene khöten, damit sie ier auß beeden ein rechtschaffene wie mans iezt tregt khan machen lassen.
Die übrigen khlaineten auch das halß bandt samt dem khlainet mit dem saffier, so ichs anderst nach hinter mier verlassen wuerd bitt ich meine liebe frau döchter frau susanna frau von starhenberg geborne gräfin von meggau vnnd frau anna sabina frau von starhenberg geborne freiherrin von dietrichstain sie wöllens verkhauffen vnnd den werth darumben gleich thaillen,vnnd innen meiner zugedenkhen was annemlichers darumb khauffen. Schließlichen ist noch ein guldene kheten verhanden die meines lieben herren vater seeligen hannß wilhelbm freiherren von rogendorff gewesen, vnnd in seiner iugent an seinem halß, entlichen mein allerliebster herr seeliger biß an sein endt getragen, die verschaff vnnd bitt ich wölen meine liebe sön dem eltern meinem lieben enengl dem reichardt meines sons gundagger herren von starhenberg elterm son lassen, doch das derselbig nit macht hab solche zuuerthain ausser noth, sonder auf seine erben zu hinterlassen, zwar ist der werth der khetten gering, aber die weil sie von seinem ehn vnd vhren geliebt vnnd getragen, also wolt ich auch gern das sie von deren nachkhumen gehert wuerde.[29]

Daran schließt sich an eine lange Liste von Legaten, die erläutert, wer was aus Gedächtnisgründen zu bekommen hat; ausführlich werden Schmuck (Art, Steine, Silber oder Gold) und Bekleidung, auch Stoffe und Farben, beschrieben, welches dieses Testament unter die besonders interessanten einreiht.

Barbara Freiin von Maschkhon hingegen verweist in ihren Legaten auf eine Salärs-*memoria:* „der frauen iudith tschikhullini gebohrner kheglouitschin verschaffe ich in ansehung sie mir in meiner krankhheit vnndt andern begebenheiten vüll dienste gelaistet 55 fl."[30] Gleichfalls verweist sie darauf, daß die Gedächtnisgaben durchaus geschlechtsspezifisch gehandhabt werden, sofern dies möglich ist: „herrn franz anthoni graffen von auersperg als meinem geehrten herrn enikhel verschaffe ich ein vergultes rosßgeschir zu einer gedöchtnus."[31] Anastasia Freiin von Breuner bestimmt dabei auch mit über das Geschlecht ihres ungeborenen Kindes, in dem eine Tochter 10000 fl. als Gedächtnisdonation, ein Sohn hingegen

---

29 „Meinem Fräulein Regina Strein von Schwarzenau, die ich von klein auf erzogen habe und die mir alle kindliche Treue und Gehorsam erwiesen hat, vermache ich eine Edelsteinkette und eine aus Kronengold sowie eine große goldene Gliederkette, damit sie sich daraus eine Kette machen lassen kann, wie man sie jetzt trägt.
Meine lieben (Schwieger-)Töchter Susanna von Starhemberg geborene Gräfin von Meggau und Anna Sabina von Starhemberg geborene Freiherrin von Dietrichstein ersuche ich die übrigen Kleinodien und das Halsband mit dem Saphir zu verkaufen und den Erlös zu gleichen Teilen zwischen ihnen aufzuteilen und sich etwas Tragbares zu kaufen, um meiner dabei zu gedenken. Schließlich ist noch eine goldene Kette vorhanden, die meinem seligen Vater Hans Wilhelm Freiherrn von Roggendorf gehörte, und die er in seiner Jugend an seinem Hals trug, die auch mein seliger Ehemann bis zu seinem Tod trug, diese vermache ich meinem lieben Enkel Reichhardt, dem ältesten Sohn meines ältesten Sohnes Gundaker von Starhemberg und bitte meine anderen Söhne darauf zu achten, daß mein Enkel Reichhardt diese Kette nicht verkaufe, sondern sie wiederum seinen Erben hinterlassen möge; zwar ist der Wert der Kette gering, aber weil sie von seinen Ahnen und Urahnen geliebt und getragen wurde, hätte ich gerne, daß diese Kette von den Nachkommen geehrt würde."

30 „Frau Judith Czikulini geborene Keglevitsch vermache ich 55 fl., weil sie mir in meiner Krankheit und anderen Begebenheiten beistand."

31 „Herrn Franz Anton Graf zu Auersperg, meinem geehrten Herrn Enkel, vermache ich ein vergoldetes Rossgeschirr (Zaumzeug) zum Gedächtnis."

nur 2000 fl. als Gedächtnisdonation empfangen soll, was sich daraus erklärt, daß Söhne ohnehin vom Vater mehr erbten als Töchter; nämlich im Normalfall ‚Haus und Herrschaft'.

Testamente als Ausdruck der verschiedensten Anliegen im Sinne des Sektionstitels und die Verzahnungen der verschiedenen Gabenarten legen die Vermutung nahe, daß eine Trennung der verschiedenen Begrifflichkeiten, wie wir sie heute haben, weder möglich noch beabsichtigt waren.[32]

Im Kapitel Eheverträge, als Teil des adeligen ‚Gabenspiels', wurde darauf hingewiesen, wie wichtig dem Adel dieses ökonomische Gleichhalten der Familien ist, dann zeigt sich dies auch innerhalb der Quellengattung Testamente als bestätigt.

Wenn Emotionen zwischen Eheleuten über das übliche Maß hinausgehen, kommt es zu Gaben, die wegen ihrer Besonderheit gerade erwähnt und die große Gefühle betonen. So testiert Maximiliana Barbara Freiin von Lamberg 1622 ihrem Mann Hans Albrecht von Lamberg anlässlich der bevorstehenden Geburt ihres fünften Kindes:

> zum sechsten, wiewoll ich meinen lieben herrn ehegemahl zum heyrathgueth tausendt gulden zuegebracht vnnd er mier tausendt gulden enndtgegen zu ainer freyen morgengab geschenkht so will ich ihme doch sowoll dass heyrathgueth alß die morgengab sambt dem mähel rüng damit er mich vermählet widerumb zu ruekh geschennckht vnnd doniert haben.[33]

5. Gaben – zwischen symbolischem und realem Kapital, Dotation oder Salär

Eckart Conze und Monika Wienfort thematisierten in ihrer Einleitung zu den Themen und Perspektiven historischer Adelsforschung zum 19. und 20. Jahrhundert nochmals Pierre Bourdieus Habituskonzept.[34] Die Autoren betonen, daß

---

[32] Siehe dazu das Testament der Elisabeth Gräfin Erdödy vom 5.1.1671, Haus-, Hof- und Staatsarchiv, Wien (HHSTA), FA Erdödy, Karton 2 E, Lad. 3, Fasz. 3, 4, welche sehr deutlich die Vermischung der Salärs- und Gedächtnisgaben unter den Bedienten zeigt: „meinen dienstbotten solle man ihr restirenden liedlohn ohne abgang bis auf die zeit, dass sye entlassen werden, bezahlen, vnndt vber dises verschaffe ich der iungfrau margaretha 150 fl., der mariza 150 fl., der eva 50 fl., der regerl 100 fl., der anna catherl 100 fl.vnndt begehr von meiner schwester der fraw musconin dass sye meine khlaider vnter ihnen austhaillen solle vnndt an statt der anna catherl solle sye ihrer iungfrauen der mariza daruon auch etwaß geben, denen laggeyen, koch, kutscher vber die besoldung einem ieglichen 20 fl., zu einem recompens."

[33] „6. Obwohl ich meinem Ehemann 1000 fl. Heiratsgut gebracht habe und er mir 1000 fl. als Morgengabe geschenkt hat, möchte ich dennoch, daß er sowohl das Heiratsgut als auch die Morgengabe mit dem Ehering, mit dem wir einander vermählt wurden, wiederum zurück geschenkt bekommt."

[34] Eckart Conze und Monika Wienfort, Einleitung. Themen und Perspektiven historischer Adelsforschung zum 19. und 20. Jahrhundert, in: Eckart Conze und Monika Wienfort (Hrsg.), Adel und Moderne. Deutschland im europäischen Vergleich im 19. und 20. Jahrhundert, Köln u. a. 2004, S. 1–16, hier S. 9–11; Bourdieu, Kapital, S. 183–198. Über die Anwendbarkeit dieser Theorie auf den französischen Adel vgl. de Saint Martin, Der Adel.

diese Unterscheidung von ökonomischen, sozialem und kulturell-symbolischen Kapital an die Überlegungen Joseph Schumpeters[35] zum Kapitalbegriff anschließen und einen begrifflichen Rahmen darstellen, innerhalb dessen eine Betrachtung adeliger Selbstdarstellung differenziert betrachtet werden kann: „Wie kaum eine andere gesellschaftliche Gruppe ist der Adel geeignet, Mechanismen von sozialer Inklusion und Exklusion, von Selbst- und Fremdpositionierung im sozialen Raum sowie von Produktion und Reproduktion von Kapital beziehungsweise von Verrechnung und Tausch unterschiedlicher Kapitalsorten am konkreten historischen Beispiel zu studieren."[36]

Einen Hinweis auf die schwierige Definition der Begriffe Dotation und/oder Salär und der Umwandlung von realem in symbolisches Kapital und umgekehrt stellt die Tatsache der Berufsmäßigkeit – wenn man diesen modernen Ausdruck verwenden will, der natürlich den gesamten Sachverhalt nur rudimentär erfaßt – von Hofdamen dar. Grundsätzlich wurden die innerhalb der älteren Literatur als reine Ehrendamen bezeichneten Frauen erst sehr spät auf den Aspekt hin untersucht, daß sie selbstverständlich Vertreterinnen eines Berufsstandes waren, indem sie ein Salär bezogen bzw. dotiert wurden.[37]

Von den Hofdamen wurde die Bereitschaft und die Fähigkeit zur Erfüllung eines geregelten Dienstes verlangt und ebenso einiges an Berufsqualifikationen.[38] Katrin Keller weist in ihrem Buch über die Hofdamen explizit darauf hin, daß diese sich in ihrem eigenen Selbstverständnis als Amtsträgerinnen sahen und dies der moderne Begriff des Berufsstandes nur unvollkommen ausdrücken könnte.[39]

Für ihre Dienste sollten die Damen ein Gehalt beziehen; sehr oft aber wurden Geschenke in ihrem Geldwert angegeben. Einen wichtigen Hinweis auf diese Tatsache liefert der Besuch des Kurfürsten Friedrich August von Sachsen in Wien im Jahre 1695 bei dem die Geschenke für jene Hofdamen, die bei Tisch gedient hatten, genau mit ihrem Geldwert aufgelistet erscheinen:

Die Fraeulein und Hof=Dames, so die Aufwartung bey der Kayserin Tafel vor den Chur=Fuersten gehabt, als: Der Fraeulein Zinzendorf eine Haar=Nadel = 1000 fl. Fraeulein

35 Joseph Schumpeter, Die sozialen Klassen im ethnisch homogenen Milieu, in: Archiv für Sozialwissenschaft und Sozialpolitik 57 (1927), S. 1–67.

36 Conze und Wienfort, Einleitung, S. 10.

37 Margit Ksoll, Der Hofstaat der Kurfürstin von Bayern zur Zeit Maximilians I., in: Zeitschrift für bayerische Landesgeschichte 52 (1989), S. 59–69. Britta-Juliane Kruse, Witwen. Kulturgeschichte eines Standes in Spätmittelalter und Früher Neuzeit, Berlin 2007. Der Begriff ‚dotiert' ist nicht zu verwechseln mit demselben für das Heiratsgut und die Mitgift.

38 Beatrix Bastl und Gernot Heiss, Hofdamen und Höflinge zur Zeit Leopolds I. Zur Geschichte eines vergessenen Berufsstandes, in: Opera Historica 5 (1996), S. 187–265, hier S. 190–192; Beatrix Bastl, Das Österreichische Frauenzimmer. Zum Beruf der Hofdame in der Frühen Neuzeit, in: Jan Hirschbiegel und Werner Paravicini (Hrsg.), Das Frauenzimmer. Die Frau bei Hofe in Spätmittelalter und früher Neuzeit. 6. Symposium der Residenzen-Kommission der Akademie der Wissenschaften in Göttingen, Stuttgart 2000, S. 355–375; dies., Das Österreichische Frauenzimmer. Zur Rolle der Frau im höfischen Fest- und Hofleben des 15. bis 17. Jahrhunderts, in: Opera Historica 8 (2000), S. 79–105; Hirschbiegel, Étrennes, S. 123–130.

39 Katrin Keller, Hofdamen. Amtsträgerinnen im Wiener Hofstaat des 17. Jahrhunderts, Wien 2005. S. 9–14.

Kniphausen einen Ring = 1000 fl. Diese beyde haben vorgeschnitten. Fraeulein von Molart eine Haar=Nadel = 1050 fl. Fraeulein Hamilton ein Halsband = 1050 fl. Fraeulein von Thurin 1 Paar Armbaender = 1050 fl. Fraeulein von Santelier 2 Ringe = 1050 fl. Fraeulein Weissenwolff ein Haarband = 1050 fl.[40]

Mehrere Dinge fallen in diesem Zusammenhang auf:

1. Die Umrechnung von Dotation in Salär d.h. von Gabe/Geschenk in Kapital, von symbolischem Kapital in reales Kapital und vice versa.
2. Die Gleichwertigkeit der Beträge, d.h. was auch immer man gab, wurde gleichzeitig in einem Geldwert berechnet, die alle einander entsprechen und deren Abweichungen sich ebenfalls alle im Rahmen von 50 fl. bewegen.
3. Das Streben nach sozialer Gerechtigkeit, welches so gerne als bürgerlich angesehen, ja das auf ein wie auch immer geartetes bürgerliches Familienmodell verweisen soll, erweist sich als vollkommen obsolet.[41] Gerechtigkeit ist geradezu einer der Topoi innerhalb der Testamente adeliger Frauen, den ich unter den Begriff Strafandrohung subsumierte, denn nicht anders sind die zahlreichen Ermahnungen zu interpretieren, die immer wieder den Zwang zur Einigkeit der Kinder untereinander betonen.[42] Mehrfach gelten die ausgestoßenen Drohungen den Söhnen und Stiefsöhnen, sich doch mit der vom Vater zugekommenen großen Erbsportion zufriedenzugeben und den Töchtern das geringere mütterliche Erbteil, welches sie innerhalb der Legate zuerkannt bekamen, ungeschmälert zu belassen.[43] Gerechtigkeit findet sich auch innerhalb der Erbenverzeichnisse, wenn es darum geht, daß tote Kinder durch die Enkel ‚ersetzt' werden, um soziale Gleichheit zu erzeugen (Johanna Beatrix Fürstin von Liechtenstein, 15.2.1676 oder Emilia Catharina Freiin von Sprinzenstein, 1685).
4. „Freigebigkeit als höfisches Verhalten ist nicht nur zielorientiert motiviert durch den Erwerb und die Akkumulation des symbolischen Kapitals der Ehre – gemessen an den den einzelnen Geschenken eignenden Werten und damit distinktiven Charakters. Das entscheidende Kriterium hierbei ist die Konvertierbarkeit in soziales Kapital in Form der Etablierung von Anerkennungsverhältnissen und deren Reproduktionsfähigkeit".[44] Wenn Jan Hirschbiegel diese Konvertierbarkeit behauptet, so muss man dies nicht nur unterstreichen, sondern geradezu als unabdingbare Notwendigkeit formulieren.

---

[40] BASTL und HEISS (Hrsg.), Hofdamen und Höflinge, S. 191.

[41] LANGBEIN, Geerbte Dinge, S. 228f.: „Zusammenfassend ist festzuhalten, dass die Analyse des Erbens als soziale Praxis eine markante Affinität zwischen dem Thema ‚geerbte Dinge' und einem bürgerlichen Familienmodell zutage gebracht hat, die unabhängig von der sozialen Herkunft der Akteure in drei Formen in Erscheinung tritt: erstens im Sinne eines emotional und ethisch begründeten Familien-Begriffs, der die Wege der Dinge im Erbprozeß definiert; zweitens aufgrund des Ideals der Gleichheit, das den Vorstellungen von Gerechtigkeit zugrunde liegt, die im Erbfall geltend gemacht werden; und drittens wegen der Struktur der Ungleichheit, die den familiären Alltag und den Erbprozeß maßgeblich beeinflusst."

[42] Allgemeines Verwaltungsarchiv, Wien, Familienarchiv Harrach, Karton 473, Testament der Eleonora Gräfin von Harrach, geborene Fürstin von Liechtenstein, 21.5.1756; ebd., Familienarchiv Trauttmansdorff, Karton 27, Eva Johanna Gräfin Trauttmansdorff, geborene Gräfin Sternberg, 30.11.1674.

[43] BASTL, Tugend, S. 131.

[44] HIRSCHBIEGEL, Étrennes, S. 130.

5. Annette Weiner untersuchte in ihrem Buch *Inalienable Possessions*[45] in ethnographischer Hinsicht diese Problematik, und kam zu bemerkenswert ähnlichen Ergebnissen, die in Auszügen hier zitiert sein mögen:

> The inherent tension in keeping-while-giving follows from two fundamental contradictions: one, the challenge to give is at the same time a challenge to the ability to keep, and two, the challenge to surrender the documentation of difference between exchange participants is, at the same time, a challenge to the guardianship of autonomy [...].Yet to overcome these contradictions is to erase the difference between one inalienable possession and another, thereby nullifying the difference between oneself and another.
> [...] a woman's or a man's sexuality as manifested in other culturally reproductive and productive domains, remains too important to the natal group to be completely transferred in marriage to those outside the group. What makes the equivalency rule of exchange misleading is that when siblings marry, they do not relinquish their sibling roles. On the contrary, with marriage these roles now assume weighty economic and political significance for all the participants.

Nach Annette Weiner wird auch die Kategorie Geschlecht von der Kategorie Herrschaft geschluckt; eine ganz ähnliche Erfahrung innerhalb der ‚Elite-Frauen' wurde für die Frühe Neuzeit im Bereich des Heiligen römischen Reiches Deutscher Nation gemacht.[46]

Letztlich geht es um so etwas wie soziale Gerechtigkeit oder Gleichwertigkeit der Geschlechter innerhalb eines ganz bestimmten, konkreten gesellschaftlichen Gefüges. Wäre das Wort in Österreich nicht so belastet und dadurch verpönt, dann könnte man sagen, daß es zu einer Harmonisierung der Gaben und damit auch zu einer der Geschlechter kommt oder kommen soll. Dies ist natürlich erstaunlich, denn es entsteht dadurch eine erhebliche Kluft zwischen tatsächlicher und intendierter Rechtslage, adeliger Mentalität und Billigkeit (im Sinne von Gerechtigkeit) im Geschlechterverhältnis.

6. Quellen:

Eleonora Gräfin von Harrach, geborene Fürstin von Liechtenstein, 21.5.1756 (Allgemeines Verwaltungsarchiv, Familienarchiv Harrach, Karton 473). Johanna Beatrix Fürstin von Liechtenstein, geborene Gräfin von Dietrichstein, 15.2.1676 (Herrschaftsarchiv Liechtenstein, Vaduz, Karton 490). Maria Eleonora Gräfin von Sprinzenstein, geborene Gräfin von Kurz, 4.12.1687 (Niederösterreichisches Landesarchiv, Herrschaftsarchiv Ottenstein, Karton C-IV-6, Fasz. 1551). Elisabeth von Lamberg, geborene Freiin von Schiefer, 24.7.1638 (Niederösterreichisches, Herrschaftsarchiv Ottenstein, Karton A-I-5, Fasz. 70). Maria Constantia Gräfin von Lamberg, geborene Freiin von Questenberg, 29.5.1684 (Niederösterreichisches Landesarchiv, Herrschaftsarchiv Ottenstein, Karton A-III-#, Fasz. 294). Emilia Catharina Freiin von Sprinzenstein, geborene Freiin von Wackenfels, 1685 (Niederösterreichisches Landesarchiv, Herrschaftsarchiv Ottenstein, Karton C-III-9, Fasz. 1490). Helena Rebekka Gräfin von Starhemberg, geborene Gräfin von Schallenberg, 15.11.1698 (Oberösterreichisches Landesarchiv, Familienarchiv Starhemberg, Bestand Riedegg, Schachtel 96).

---

45 Annette B. Weiner, Inalienable Possessions. The Paradox of Keeping-While-Giving, Berkeley 1992; folgende Zitate auf S. 150f.

46 Dazu zuletzt: Beatrix Bastl, Der Adel in den Österreichischen Erblanden. Selbstverständnis – Selbstdarstellung – Selbstbehauptung, in: zeitenblicke 4 (2005), Nr. 2, URL: www.zeitenblicke.historicum.net/2005/4/bastl/index.html [07.01.2009].

Sophia Agnes Fürstin von Dietrichstein, geborene Gräfin zu Mansfeld, 1.10.1674 (Allgemeines Verwaltungsarchiv, Familienarchiv Harrach, Karton 799). Katharina Freiin von Herberstein, geborene Khuen von Belasy, 23.11.1622 (Steiermärkisches Landesarchiv, Familienarchiv Herberstein, Auswärtige Archive: Sch. 284, H. 24). Juliana von Starhemberg, geborene Freiin von Roggendorf, 12.3.1632 (Oberösterreichisches Landesarchiv, Familienarchiv Starhemberg, Bestand Riedegg, Schachtel 96: II/5/4). Barbara Freiin von Maschkhon, verwitwete Gräfin von Erdödy, geborene Gräfin von Draschkovits, 26.2.1687 (Haus-, Hof- und Staatsarchiv, Familienarchiv Erdödy, Karton 2 E, Lad. 3, Fasz. 3, 4). Judith Rebecca Gräfin von Lamberg, geborene Gräfin von Würben und Freudenthal, 6.3.1690 (Allgemeines Verwaltungsarchiv, Familienarchiv Harrach, Karton 205). Elisabeth Gräfin von Erdödy, 5.1.1671 (Haus-, Hof- und Staatsarchiv, Familienarchiv Erdödy, Karton 2 E, Lad. 3, Fasz. 3, 4). Maximiliana Barbara Freiin von Lamberg, geborene Freiin von Khuenburg, 10.12.1622 (Niederösterreichisches Landesarchiv, Herrschaftsarchiv Ottenstein, Karton A-I-5, Fasz. 64). Anna Helena Fürstin von Portia, geborene Gräfin von Lamberg, 30.1.1674 (Oberösterreichisches Landesarchiv, Familienarchiv Lamberg, Herrschaftsarchiv Steyr, Schachtel 1239). Barbara Gräfin von Khevenhüller, geborene Freiin von Teufel, 18.8.1634 (Haus-, Hof- und Staatsarchiv, Herrschaftsarchiv Grafenegg, Schachtel 141). Maria Franziska Gräfin von Harrach, geborene Fürstin von Eggenberg, 1.9.1679 (Allgemeines Verwaltungsarchiv, Familienarchiv Harrach, Karton 728). Christina Cordula Czernin von Chudenitz, geborene Helinockin, 4.12.1634 (Allgemeines Verwaltungsarchiv, Familienarchiv Trauttmansdorff). Eva Johanna Gräfin von Trauttmansdorff, geborene Gräfin von Sternberg, 30.11.1674 (Allgemeines Verwaltungsarchiv, Familienarchiv Trauttmansdorff, Karton 27). Dorothea von Starhemberg, verwitwete von Stubenberg, geborene Freiin von Thannhausen, 10.6.1617 (Oberösterreichisches Landesarchiv, Familienarchiv Starhemberg, Urkunde Nr. 3946). Maria Isabella Gräfin von Lamberg, geborene Freiin von Eibiswald, 3.3.1692 (Steiermärkisches Landesarchiv, Familienarchiv Lamberg, Schachtel 17, H. 123). Sidonia Elisabeth Fürstin von Liechtenstein, geborene Gräfin von Salm-Reifferscheidt, 6.8.1688 (Allgemeines Verwaltungsarchiv, Familienarchiv Trauttmansdorff, Karton 27). Anastasia Freiin von Breuner, geborene Freiin von Teufel, 15.6.1642 (Haus-, Hof- und Staatsarchiv, Herrschaftsarchiv Grafenegg, Schachtel 69).

Hans Ottomeyer

Bernstein und Politik – Staatsgeschenke des preußischen Hofes

Zu den Eigenschaften, welche ein Herrscher haben sollte und nach außen zu zeigen hatte, gehörte vor allem die Tugend der Freigebigkeit, die als *Largitas* in vielen Herrschaftsallegorien herausgestellt und in panegyrischen Gedichten beschrieben wurde. In seiner grundlegenden Schrift *Der Fürst* von 1532 widmet Niccolò Machiavelli dieser Tugend ein ganzes Kapitel: „Von der Freigebigkeit und der Sparsamkeit". Darin problematisiert er sie zugleich, indem er warnend darauf hinweist, daß ein Fürst gut daran tut, nur das zu verschenken, was ihm zu eigen ist, aber keineswegs Güter oder Geld, die ihm nicht gehören oder was er geradewegs oder durch überhöhte Steuern anderen fortgenommen hat. Der Ruhm der Freigebigkeit hat seine Bedingung: Er „hängt davon ab, ob der Fürst von seinem eigenen Vermögen, von dem seiner Untertanen oder von dem fremder Leute austeilt".[1]

Die Bernsteinfunde an der preußischen Ostseeküste waren von jeher etwas ganz Besonderes. Sie waren keineswegs sagenumwoben, sondern über die ungewöhnlichen physikalischen Eigenschaften des fossilen Baumharzes hinaus mit handfesten Geldwerten und ummünzbaren Privilegien verbunden:

> Den Bernstein in Preußen zu suchen, hat sich der König von Preußen auf seinem Gebiet, als ein ihm zugehöriges Recht, allein vorbehalten, weswegen daselbst von ihm gewisse Aufseher und Beamten bestellet worden, welche genau Acht haben, damit nichts entwendet werde. Alles, was denn da gefunden wird, muss in die königliche Bernsteinkammer, welche auf dem Schlosse zu Königsberg angelegt ist, eingeliefert werden. Hier wird er unter der Aufsicht eines königl. verpflichteten Aufsehers, von darzu abgerichteten Leuten, nach seinen Farben, und besonders seinen Größen, sortiret, die großen oder auch besondern Stücke für den König selbst bei Seite geleget, die übrigen aber tonnenweise an die Kaufleute oder Drechsler verkauft, da denn der Preis, nach der Größe der Stücke, bis auf 80 Thaler, und höher, steigt.[2]

So resümiert Johann Georg Krünitz (1728–1796) in seiner *Oekonomischen Encyklopädie* die Auffassung in der zweiten Hälfte des 18. Jahrhunderts, als Bernstein längst seine eminente Bedeutung als königliches Privileg und preußische Handelsware verloren hatte.

Bernstein, der vor allem im Wasser der Ostsee gefischt, nur nebenher am Strand gesammelt oder damals im Tagebau abgebaut wurde, galt somit als Eigentum des Herrschers. Diese Entwicklung hatte mit den strengen Regalrechten des Deutschen Ordens eingesetzt, war nicht als Privileg, sondern auch als Pflicht 1264 an den Bischof von Samland und 1342 an das Zisterzienserkloster Oliva bei Danzig

---

1 Niccolo Machiavelli, Der Fürst, Wiesbaden 1980, S. 68.

2 Johann Georg Krünitz, Oekonomische Enzyklopedie, Bd. IV, Berlin 1774, S. 244f.

verpachtet worden und kam dann von der Oberhoheit der polnischen Könige 1660 an die Kurfürsten von Brandenburg und späteren Könige von Preußen.[3]

In der Rechtssystematik galt Bernstein einerseits als ein Bodenschatz wie jeder Schatz, der sich tiefer fand „als eine Pflugschar geht". Für die Gewinnung aus dem Wasser oder das Lesen an den Stränden galten andererseits besondere Rechtskonstruktionen, die im Lehnsrecht verankert waren: „Man theilet auch die Regalien in hohe und geringere, da die erstern die Regierung und den Staat selbst betreffen, und mit der Person des Regenten unzertrennlich verbunden, die letztern aber mehr auf einen Nutzen angesehen seyn, und Privat-Personen mitgetheilet werden können [...]."[4] Demnach gehörte zum Staatseigentum neben den Wäldern, Flüssen, Meeren, Metallen, dem Wild, „vergrabenen und gefundenen Schätzen und dergleichen" auch die „Wasser-Einkünfte, als Agtstein", womit der preußische Bernstein gemeint ist.[5] Zeugnis davon gibt die Buchführung eines ‚Strandmeisters' im Bezirk Lochstedt, Ostpreußen, über empfangenen und eingelieferten Bernstein in den Jahren 1704–1706 (Abb. 1).

Unter diesen Prämissen war kein Material geeigneter als preußisches Staatsgeschenk zu dienen, als Bernstein, der vom Monarchen nicht mit Steuermitteln gekauft, sondern mit der Souveränität und dem rechtmäßigen Besitz seines Territoriums direkt rechtlich verbunden und somit dessen eigenster Besitz war. Er galt nach damals geltenden Vorstellungen „als eines der edelsten Reichs-Gütter so Ewr. Königl. Majestät zufließen".[6]

Die Geschichte der Staatsgeschenke der Herzöge von Preußen wurde in der Literatur oft nachgezeichnet,[7] sei aber in den Grundlinien der Entwicklung noch einmal rekapituliert.

Es läßt sich feststellen, daß die verschiedenen Qualitäten des Bernsteins in den Jahrhunderten gegensätzliche Bewertungen erfuhren. Pharmazeutisch wurde der weiße Bernstein am höchsten bewertet. Demzufolge wurde dieser bis in das 16. Jahrhundert hinein für Arbeiten verwendet, die als Gerät in ständigem Gebrauch waren oder als Stücke zum persönlichen Gebrauch präsentiert wurden. Das sind Paternoster – oder Rosenkranzschnüre, Messergriffe, Teller oder Trinkgefäße. Mit der Tendenz zu flächigen Arbeiten sank die Wertschätzung großer homogener Stücke zugunsten der Verwendung möglichst variantenreicher Qualitäten, um Intarsien daraus zusammenzusetzen.

---

[3] ALFRED ROHDE, Bernstein. Ein deutscher Werkstoff. Seine künstlerische Verarbeitung vom Mittelalter bis zum 18. Jahrhundert, Berlin 1937 (Denkmäler deutscher Kunst), GISELA REINEKING VON BOCK, Bernstein. Das Gold der Ostsee, München 1981, S. 20f. und SUSANNE NETZER, Bernsteingeschenke in der preußischen Diplomatie des 17. Jahrhunderts, in: Jahrbuch der Berliner Museen 35 (1993), 9. Folge, S. 227–246, hier: S. 229.

[4] JOHANN HEINRICH ZEDLER, Grosses vollständiges Universial-Lexikon aller Wissenschaften und Künste, Leipzig 1732-1754, Bd. 30 (1741), S. 863f., Sp. 1708f.

[5] Ebd., S. 864, Sp. 1709.

[6] Eingabe an Friedrich den Großen durch die Zunft der Bernsteindrechsler im Jahr 1742 (REINEKING VON BOCK, Bernstein, S. 38).

[7] ROHDE, Bernstein; REINEKING VON BOCK, Bernstein; WINFRIED BAER, Ein Bernsteinstuhl für Kaiser Leopold I. Ein Geschenk des Kurfürsten Friedrich Wilhelm von Brandenburg, in: Jahrbuch der Kunsthistorischen Sammlungen in Wien 78 (1982), S. 92-137; NETZER, Bernsteingeschenke.

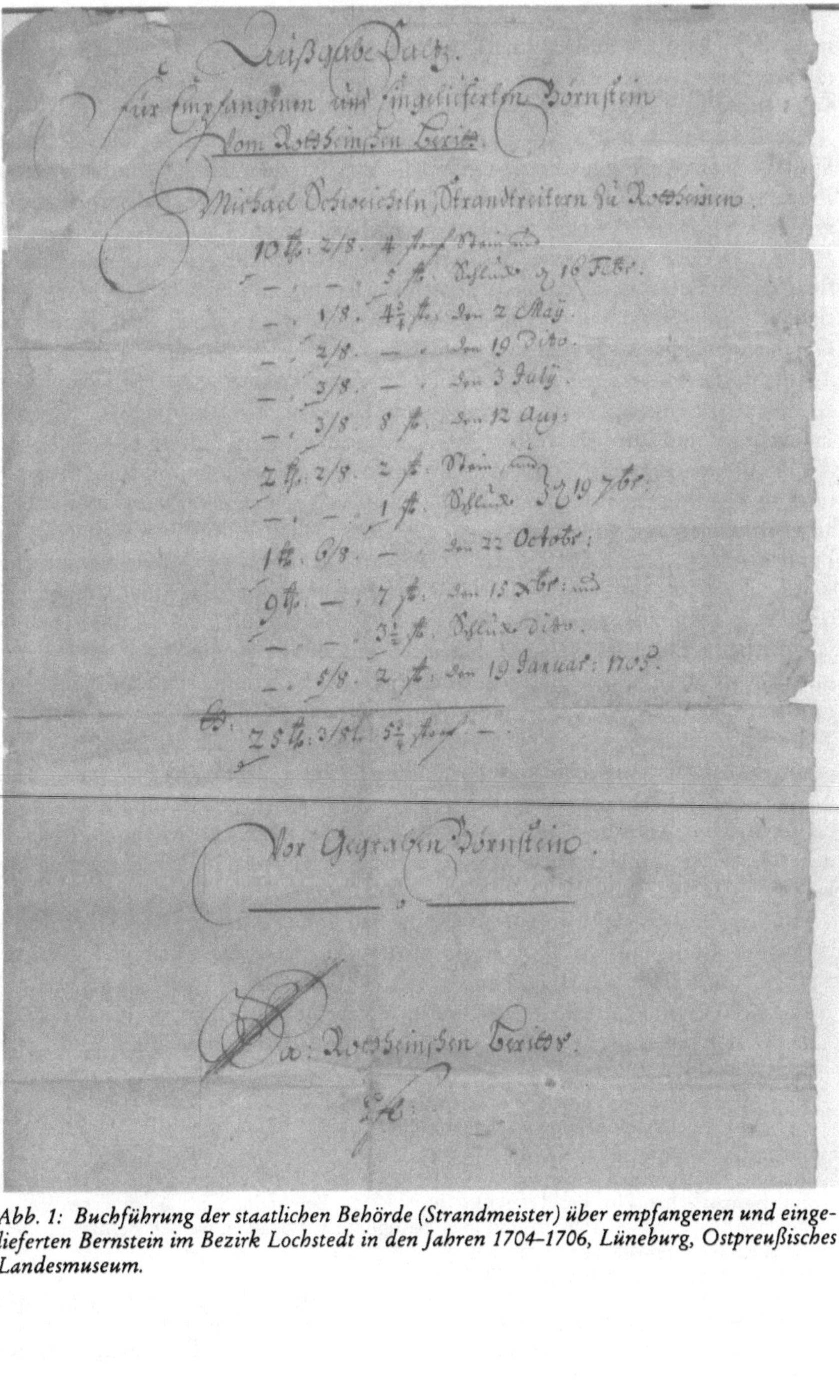

Abb. 1: Buchführung der staatlichen Behörde (Strandmeister) über empfangenen und eingelieferten Bernstein im Bezirk Lochstedt in den Jahren 1704–1706, Lüneburg, Ostpreußisches Landesmuseum.

Insbesondere Herzog Albrecht von Preußen (1490–1568) aus dem Hause Hohenzollern-Ansbach und Bayreuth, verheiratet erst mit Dorothea von Dänemark (1526), dann mit Anna Maria von Braunschweig-Lüneburg (1550), sowie sein Sohn Albrecht Friedrich (1553–1618) und dessen Frau Marie Eleonore von Jülich-Kleve-Berg (1550–1608) haben große Stücke von Bernstein systematisch zu Staatsgeschenken arbeiten lassen und an die benachbarten und genannten Höfe als *Praesente* verschenkt.[8] Der Moskauer Zarenhof war der Hauptadressat der großartigsten Bernsteinarbeiten aus dem ‚preußischen Silber'.

Unter Herzog Albrecht war das Bernsteinregal der wichtigste Faktor der Staatsfinanzen und machte durch die bedeutenden Ausfuhren über Russland nach Persien und in die Türkei den Reichtum des Landes aus. Deswegen waren die Geschenke an den Moskauer Hof in mehrfacher Hinsicht ein diplomatisches Plädoyer für die souveräne Stellung des Herzogtums Preußen. Die Hofrechnungen sprechen von Uhrengehäusen, Brettspielen, Kästchen, Kredenzmessern, Figuren, Hausaltären und Trinkgeschirren „von ganzem Bernstein".[9] Erhalten sind davon die berühmten achtzehn Teller, die sich als vollständiger Satz im Schloss Rosenborg in Kopenhagen befinden (Abb. 2). Die gleich großen Bernstein- und Silberarbeiten zeigen im Mittelfeld die wechselnden Wappenmotive protestantischer Fürstenhäuser an der Ostsee, unter einem durchsichtigen roten Bernstein, umfaßt von opakem gelbem Bernstein. Die Tellerfahne aus Silber trägt die Wappen des preußischen Herzogpaares, d. h. Brandenburg und Braunschweig-Lüneburg, sowie die Jahreszahl 1585. Mogens Bencard bringt dieses Datum in Zusammenhang mit einer in diesem Jahr erschienenen preußischen Gesandtschaft am dänischen Hof anläßlich der Vollendung und Einweihung von Schloss Kronenborg. Auf dem Teller finden sich die Initialen S.M.Z.B.H.Z.B.U.L., die sich auf Sophia Markgräfin zu Brandenburg, Herzogin zu Braunschweig und Lüneburg beziehen, eine Nichte des dänischen Königs Frederik II. Die Silberarbeiten sind von dem Königsberger Meister Andreas Kniffel gestempelt, die gedrehten Bernsteinteile werden dem Drechsler Stentzel Schmitt zugeschrieben, der seit 1563 unter Vertrag am Königsberger Hof stand.[10]

Die Gravur der beiden Territorialwappen auf dem Fahnenrand des Herzogpaares deutet darauf hin, daß das Geschenk ursprünglich ihnen persönlich gehörte, um dann als Präsent weitergegeben zu werden. Darin drückt sich eine ständig begegnende Grundhandlung und ein Verhaltensmuster aus, demzufolge der Fürst stets etwas Eigenes geben sollte – diese Tradition findet sich bis hin zum Peters-

[8] Frühere Staatsgeschenke der Hochmeister des Deutschen Ordens an den ungarischen und französischen Hof bei Reineking von Bock Bernstein, S. 28f. Dies waren insbesondere Rosenkränze, Marien- und Heiligenfiguren aus opakem weißen Bernstein, allerdings noch kein profanes Gebrauchsgerät.

[9] Netzer, Bernsteingeschenke, S. 232.

[10] Mogens Bencard, Märchenhafte Steine aus dem Meer, in: Kunst und Antiquitäten (1987), H. 6, S. 22-34, hier: S. 25; Reineking von Bock, Bernstein, S. 29, Anm. 53: Stentzel Schmitt war als Hofkünstler bzw. Freimeister für 100 Mark und ein Hofkleid im Jahr tätig.

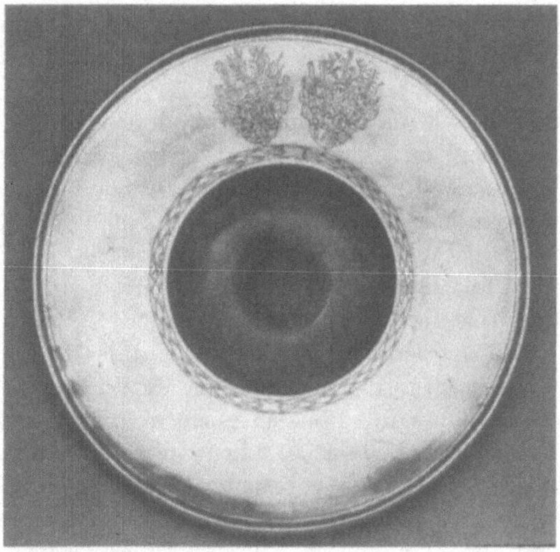

Abb. 2: Teller, Andreas Kniffel (Silberarbeit) und Stentzel Schmitt (Bernsteinarbeit), Königsberg, 1585, Silber und Bernstein, Kopenhagen, Schloss Rosenborg.

burger Bernsteinzimmer, das der preußische König Friedrich Wilhelm I. 1716 Zar Peter dem Großen schenkte.[11]

Wappen wurden jedoch auch eingesetzt, um das Geschenk dem Beschenkten zuzueignen, wie dies bei einer in München aufbewahrten Schale von 1590 der Fall ist: Sie trägt das in Eglomisétechnik ausgeführte und mit Bernstein überfangene Wappen König Sigismunds III. von Polen (1587–1632).[12]

Ein Deckelpokal mit den Medaillenporträts der beiden genannten Herzogpaare von Preußen, ebenfalls in der Münchner Residenz, dürfte an die Eltern der Braut von Herzog Albrecht Friedrich (1553–1618), Marie Eleonore von Jülich-Kleve-Berg, nach Kleve gegangen und erst über das Erbe der Düsseldorfer Wittelsbacher an Kurfürst Karl Theodor von Pfalz-Bayern (1724–1799) gefallen sein. Er läßt sich entsprechend spät in den Inventaren der Münchner Schatzkammer verzeichnet finden.[13] Dasselbe gilt für einen kleinen, mit Bernstein furnierten Schreibkasten von um 1580, der in den Münchner Inventaren seit 1792 registriert ist. Er stammt aus Königsberg, wo ein ähnliches Stück in den Inventaren geführt wurde, und stammt wohl ebenfalls aus der Werkstatt des Stentzel Schmitt.[14] Die Arbeit ist von

[11] GOERD PESCHKEN, Bernsteinkabinett und Rote Kammer, in: Aspekte der Kunst und Architektur in Berlin um 1700, bearb. von Guido Hinterkeuser und Jörg Meiner, hrsg. v. der Stiftung Preußische Schlösser und Gärten, Potsdam 2002, S. 48–57 und PETER BRUHN, Das Bernsteinzimmer in Zarskoje Selo bei Sankt Petersburg, 2. Aufl., Berlin 2004.

[12] REINEKING VON BOCK, Bernstein, S. 29, Abb. 63; vgl. HANS THOMA und HERBERT BRUNNER (Hrsg.), Schatzkammer der Residenz München. Katalog, München 1964, S. 224f., Nr. 522.

[13] REINEKING VON BOCK, Bernstein, S. 31f., Abb. 68; THOMA und BRUNNER (Hrsg.), Schatzkammer der Residenz, S. 224, Nr. 520 (Höhe 33,8 cm). Ein weitgehend ähnliches Gefäß in Form eines Buckelpokals mit Löwenmasken und Porträtmedaillons (Königsberg um 1580) befindet sich in den Staatlichen Museen Kassel.

[14] REINEKING VON BOCK, Bernstein, S. 32, Abb. 83; THOMA und BRUNNER (Hrsg.), Schatzkammer der Residenz, S. 224, Nr. 521. Der Schreibkasten ist mit einem Porträtmedaillon und dem Buchstaben „S" sowie Medaillons mit Maria und Christus verziert.

größtem Einfluß, weil sie die verschiedene Farbigkeit des Bernsteins erstmals bewußt als Gestaltungsmotiv für Flächen einsetzt und damit den Beginn einer Tradition schafft.

Dieses Motiv ist auch Thema des Mühle- und Schachspiels von 1594, das als Geschenk an Landgraf Moritz den Gelehrten von Hessen-Kassel gelangte.[15] Ein auf starke Kontraste angelegtes Bernsteinfurnier bildet das wesentliche Gestaltungsmoment dieses Schachspiels, das mit 28 Fürstenporträts und vier Wappenschildern reich verziert wurde, welche auf die Empfänger verweisen. Anlaß war die Hochzeit von Moritz mit der Gräfin von Solms-Lauterbach 1593, welche ein Jahr später das Geschenk nach sich zog.

Unter Friedrich Wilhelm, dem Großen Kurfürsten (reg. 1640–1688), setzte sich der Brauch fort, Staatsgeschenke für Fürsten vor allem aus Bernstein zu fertigen. Unter ihm wurde Preußen zu einem souveränen Herzogtum, das 1660 im Frieden von Oliva endgültige Anerkennung fand. Auf dieses Ereignis bezieht sich das aus Bernstein gefertigte ganzfigurige Doppelporträt *en miniature* des Kurfürsten und seiner ersten Frau Luise Henriette von Oranien (1627–1667), welche das Paar idealtypisch mit den Krönungsinsignien der Erbhuldigung von 1640 zeigt (Abb. 3). Es ist nach 1647, dem Hochzeitsjahr des Kurfürstenpaares, zu datieren.[16] Dieses Hauptwerk der Bernsteinschneidekunst wird Jakob Heise zugeschrieben. Es wirkt durch die Aushöhlung der Figuren sowie durch die Farbigkeit und Transluzens des Materials. Die Schwester des Kurfürsten von Brandenburg, Hedwig Sophie, hatte 1649 den Landgrafen Wilhelm VI. von Hessen-Kassel geheiratet und dies dürfte der Anlaß gewesen sein, sich *in effigie* bei dem verwandten Hof in das Gedächtnis zu bringen.

Die Bernsteingeschenke an den Moskauer Hof, die in den Jahren 1649, 1655, 1673, 1675 und 1688 archivalisch bezeugt sind, haben sich nicht mehr im Kreml erhalten. Insbesondere das Staatsgeschenk von 1688 an die Zaren Johann und Peter Alexejewitsch ist gut dokumentiert, da Michel Redlin Material und Arbeitslohn getreulich aufgelistet und am 4. September 1688 die Summe von 2282 Gulden für einen Schrank, einen zwölfarmigen Kronleuchter und ein Brettspiel berechnet hat. Diese Stücke wurden Jahre zuvor nach eigenen Entwurfszeichnungen Redlins in Danzig gefertigt und kamen nach über zwei Jahren durch einen Gesandten an den russischen Hof.[17]

Anläßlich einer preußischen Gesandtschaft an den russischen Hof von 1673 ist aus dem Bericht des kurfürstlich-brandenburgischen Gesandten Joachim Scultetus Genaueres über die Modalitäten der Geschenkübergabe zu erfahren: Die Geschenke wurden bei der Audienz im Kreml an dem Herrscher vorbeigetragen,

---

[15] Reineking von Bock, Bernstein, S. 32, Abb. 84 und 85; Ekkehard Schmidtberger und Thomas Richter (Hrsg.), Schatzkunst 800 bis 1800 – Kunsthandwerk und Plastik der Staatlichen Museen Kassel im Hessischen Landesmuseum Kassel, Wolfratshausen 2001, S. 172, Kat.Nr. 71, Inv.Nr. B VI.16, dort ein weiteres Spielbrett, datiert 1611, signiert „HK" (für Hans Klingenberg).

[16] Reineking von Bock, Bernstein, S. 33, Abb. 141; Staatliche Kunstsammlungen Kassel, Inv.Nr. B VI.20, vgl. Schmidtberger und Richter (Hrsg.), Schatzkunst, S. 252f., Kat. Nr. 110 mit weiterer Literatur.

[17] Reineking von Bock, Bernstein, S. 35.

Abb. 3: Friedrich Wilhelm von Brandenburg und Luise Henriette von Oranien, Jacob Heise, Königsberg, nach 1547, Bernstein, Silber, teilweise emailliert, Messing, vergoldet, 22,5 x 20,1 x 8,8 cm, Kassel, Staatliche Kunstsammlungen.

wobei er sie in Augenschein nahm und zugleich darüber verfügte: „Die Präsente sind dem Zaren sehr angenehm gewesen, besonders die Uhr, der Bernsteinkasten und die Krone. Den Kasten hat sogleich die Zarin bekommen, die Krone hat der Zar in seinem Gemach aufhängen lassen und erwähnt, er wolle sie dem König von Persien mit der großen Gesandtschaft, welche dorthin abgehen sollte, schicken"; die Gegengeschenke aus Rußlands waren, wie fast immer, Zobelpelze.[18]

Von der Gesandtschaft im Jahr 1689 sind ungewöhnlicherweise die Zeichnungen des Johann Reyer, der die Stücke fertigte, erhalten geblieben. Fast kanonisch hat sich ein Muster für die Geschenke herausgebildet. Auch hier ist es eine Dreizahl, nämlich Spielbrett, Kronleuchter und Kabinettkasten, Stücke, die vom Typus her für den persönlichen Gebrauch des Herrschers in den inneren Gemächern bestimmt waren.[19]

Schon im Vorfeld der Erhebung Preußens zum Königreich darf man das großartige Geschenk Kurfürst Friedrich Wilhelms von Brandenburg an Kaiser Leopold I. vermuten. Der *Fauteuil à bras* mit gepolsterten Rücken-, Seiten- und Armlehnen hat allen Zeichen nach den Rang eines Thrones. Es wurde 1677 von Nicolaus Turow signiert und konnte von Winfried Baer darüber hinaus mit Gottfried Wolfram und Christoph Maucher in Zusammenhang gebracht werden. Der großen Zeichnung, die in Berlin blieb (Abb. 4), entsprechen eine Vielzahl von Fragmenten, welche im Besitz der Kunstkammer des Wiener Kunsthistorischen Museums sind und von dem zerfallenen Thronsessel herrühren, dessen komposite Gestaltung durch verschiedenfarbige Bernsteinreliefs erreicht wurde. Gottfried Wolfram, der 1701 das

[18] NETZER, Bernsteingeschenke, S. 233, mit weiteren Angaben.
[19] Ebd.

Abb. 4: Bernsteinthron, Umfeld der Werkstatt von Nicolaus Turow, Danzig, um 1677, Zeichnung auf Papier, 170,3 x 149,6 cm, Berlin, Staatliche Museen, Kupferstichkabinett.

Bernsteinzimmer zu fertigen begann, betont in einem Schreiben seine Mitarbeit an dem Thronsessel des Kaisers.[20]

Erwähnt sei noch die Bestellung einer Bernsteintriade – ein Ensemble von Konsoltisch, Paradespiegel mit Bernsteinrahmen und zwei Girandolenleuchtern – für Versailles im Jahr 1679, dann eines Spiegelrahmens mit Darstellungen aus Ovids Metamorphosen im selben Jahr, desweiteren ein Tisch für den englischen König William III., von dem in den Archivalien im Jahr 1692 die Rede ist.

Die genannten Staatsgeschenke wurden in Danzig in Auftrag gegeben. Es liegt in der Natur der Sache, daß sich diese kunstvollen Gebilde bald selbst zerstörten. Da die Bernsteinarbeiten auf einen Holzrahmen oder ein Holzgestell mit Leim aufgesetzt wurden, haben sich durch die verschiedenen Ausdehnungskoeffizienten Holz und Bernstein voneinander getrennt. So blieb etwa von den Schatullen keine einzige erhalten, die Kurfürst Friedrich III. von Brandenburg anläßlich seiner Krönung zum ersten König von Preußen an die europäischen Souveräne verschenkte, in deren Kreis er sich fortan gestellt wußte.[21]

Die preußischen Staatsgeschenke aus Bernstein stehen im Zusammenhang des Konzerts der europäischen Mächte im 16. und 17. Jahrhundert, als Brandenburg danach strebte, mit politischen, militärischen und diplomatischen Mitteln einen

---

[20] BAER, Bernsteinstuhl, S. 91–138, NETZER, Bernsteingeschenke, S. 233–235; Preußen 1701. Eine europäische Geschichte, hrsg. v. Deutschen Historischen Museum und der Stiftung Preußische Schlösser und Gärten Berlin-Brandenburg, Berlin 2001, 2 Bde., hier: Bd. II, Kat.Nr. II. 18 und II. 19. Bernstein für Thron und Altar. Das Gold des Meeres in fürstlichen Kunst- und Schatzkammern, hrsg. v. Wilfried Seipel, Wien 2006, S. 76-83.

[21] NETZER, Bernsteingeschenke, S. 231.

neuen Platz zu finden. Es ging dabei nicht so sehr um Repräsentation im Vergleich zu anderen Höfen, als vielmehr um das Erlangen von Souveränität als einer wesentlichen Grundlage für die Bestimmung eines Staatswesens über sich selbst. Damit war der Anfang gemacht für eine vernunftgemäße Neuordnung des Staates, dem im Laufe der Frühen Neuzeit eine gesteigerte Bedeutung zukam. Da die Einwilligung zu der gewünschten Souveränität von der Zustimmung der bereits souveränen Monarchen Europas abhing, waren diese Machtzentren nur mit diplomatischen Mitteln günstig zu stimmen. Adressaten der Bernsteinpräsente als äußeren Zeichen der preußischen territorialen Herrschaftsansprüche und des Regalrechts waren dementsprechend die Herrscher in Wien, Moskau, Kopenhagen, Frankreich, zeitweise Dresden und Krakau. Die Art der Bernsteingeschenke wandelte sich entsprechend: Das Gerät für den persönlichen Gebrauch oder für die Kunstkammer wurde abgelöst durch raumgreifende Ausstattungsgegenstände, die für die inneren Gemächer der Residenzen reserviert waren, wo die kostbaren Möbel ihren Platz erhielten. Ein Beispiel dafür ist der wiederum in Königsberg in Auftrag gegebene prachtvolle Kabinettschrank aus Bernstein, den Friedrich Wilhelm I. an den sächsisch-polnischen König August den Starken überreichte, als dieser im Mai 1728 zu Besuch in der preußischen Residenzstadt Berlin weilte.[22]

Die Staatsrepräsentation stand aber auch bei den Möbelstücken nicht im Dienst ihrer einzelnen Bewohner, sondern drückte durch eine nichtverbale Sprache von Zeichen und hierarchischen Abfolgen den Anspruch und Rang des Staates aus. Das Einhalten solcher Normen, aber auch jede Abweichung davon, waren eine deutliche Stellungnahme zu dem gesellschaftlichen Rang, eine Erklärung zu den politischen Zielen des Auftraggebers. Die Stellung im Verband des Heiligen Römischen Reiches und die Erringung der Souveränität, ausgedrückt durch die Königswürde, waren die erklärten politischen Ziele, welche nicht nur sprachlichen Ausdruck erfuhren, sondern auch in den Architekturen, Ausstattungen und gegenseitigen Geschenken sichtbar wurden. Diese Formen wurden damals klar verstanden, aber bedürfen in unserer Zeit der Verdeutlichung und Interpretation.

Nichts ist verfehlter, als die Repräsentationskunst dieser Zeit, die Möbel, das Tafelgerät, die Staatsgeschenke oder die Kunstkammerstücke als Kunstgewerbe beziehungsweise Kunsthandwerk einschränkend mißzuverstehen. Sie dienten dediziert politischen Zwecken und fügten sich in geordnete Erscheinungsbilder, welche Konventionen und Ansprüche in einem sozialen Umfeld verdeutlichten. Darin waren die Dinge Zeichen, welche nach Typus, Material und Gestaltung starke Aussagekraft besaßen. Mit ausschließlich ästhetischen oder kunsthandwerklichen Kategorien wird man den Zeugnissen der neuzeitlichen und barocken Staatskunst nicht gerecht. Sie waren unerläßliche Requisiten in der Inszenierung des Staatenlebens und gewannen dabei eine Bedeutung, die sich bis heute bewährt, um sich in Einvernehmen zu setzen. Das Hauptziel war, mit friedlichen Mitteln den Rang der Staaten darzustellen, die sich einander zuzuordnen hatten. Das geschah in Abläufen der *conspicious consumption* vor den Augen der anderen Staatsoberhäupter,

---

[22] Vgl. JUTTA KAPPEL, Der große Bernsteinschrank. ‚Etwas nie gesehenes und Unschätzbahres', in: Bernsteinkunst aus dem Grünen Gewölbe, hrsg. v. den Staatlichen Kunstsammlungen Dresden, Berlin und München 2005, S. 25–37.

ihrer Gesandten oder vor Gästen, die dann darüber berichteten. In den so geschaffenen Erfahrungshorizont bettete sich jede Neuerung und nuanciert veränderte Geste. Das verschollene Bernsteinzimmer, dem man über seinen materiellen Wert hinaus eine Bedeutungstiefe zumessen muß, nimmt daher in den preußisch-russischen, jetzt deutsch-russischen Beziehungen einen Platz ein, der seine Popularität auch bei genauerem Hinsehen durchaus rechtfertigt.

Mit ihrem materiellen Erbe ragt die Barockzeit bis in unser Jahrhundert, das sich schwer tut, die überlieferten repräsentativen Gestaltungen als Gesamtkunstwerk, Raumschöpfung und pathetische Bildwelten in ihrem politischen Anspruch zu interpretieren und als eminente historische Zeugnisse zu erfassen.

Die Regel, daß die europäischen Souveräne und Fürsten sich auf mehrfache Weise absicherten, indem sie bevorzugt kostbare Geschenke an ihre Nachbarn sowohl aus dem Bereich ihrer Berg- und Wasserregals wie auch systematisch Produkte eigener Manufakturen und überdies erhaltene Geschenke weiter schenkten, läßt sich vielerorts beobachten und gibt die wesentliche Grundstruktur der höfischen Geschenkkultur ab.[23]

---

[23] Vgl. Guy Walton, The Era of Louis XIV: A Turning Point in the History of Diplomatic Gifts, in: Howard Creel Collinson (Hrsg.), The French Court Style and its influence, Toronto 1991, S. 199–213 sowie Leonor d'Orey (Hrsg.), Royal and Princely Tables of Europe: Commissions and Gifts. International Symposium Acts, Lissabon 1999, darin insbesondere Lorenz Seelig, German Silver Services at Foreign Courts – Foreign Silver Services at German Courts, S. 166–179.

Zwischen Ökonomie und Ehre

John Gillingham

Wirtschaftlichkeit oder Ehre? Die Ausgaben der englischen Könige im 12. und frühen 13. Jahrhundert*

Einleitung[1]

Dank der Überlieferung eines Quellenkorpus, das sowohl in Umfang als auch typologischer Vielfalt (neben Verwaltungsdokumenten auch eine Reihe höfischer Literatur, inklusive Historiographie, Romane und Hofkritik) für seine Zeit bemerkenswert ist, nimmt der Hof der angevinischen Könige von England in der Geschichte der Königs- und Fürstenhöfe Europas eine bedeutende Stellung ein: Es ist der erste Hof, der aus einer Vielfalt von Blickwinkeln beobachtet werden kann. Überdies gehörten die Könige von Heinrich II. bis Johann zu den reichsten Herrschern in Westeuropa. Laut Walter Map scherzte Ludwig VII. einst, daß der deutsche Kaiser Krieger und Kampfpferde besitze, aber kein Gold, Seide oder sonstigen Überfluß, daß „[n]os in Francia nichil habemus nisi panem et uinum et gaudium"; daß es aber dem König von England an nichts fehle: „[H]omines, equos, aurum et sericum, gemmas, fructus, feras et omnia possidet."[2] Bislang wurde jedoch sehr wenig über die Kosten dieser „omnia" geschrieben. Daher führt der erste Teil dieses Artikels kurz in Art und Auftreten der Quellen ein, die Aufschluß über die Ausgaben des englischen Königshofes geben. Obwohl Heinrich II. und seine Söhne ihren Reichtum ihren ausgedehnten Besitzungen in Frankreich verdankten und bis 1203 viel Zeit in Frankreich verbrachten, besitzen wir leider erst für die Zeit nach den großen Verlusten von 1203/04 ausreichend Quellen, um einigermaßen verläßliche Zahlen für die königlichen Ausgaben zu errechnen. Dieser Beitrag wird sich daher unvermeidlich auf königlichen Hof und Haushalt in England konzentrieren. Im zweiten Teil werde ich darlegen, daß höfischer Luxus soziale und politische Integration weder beförderte noch behinderte. Er vermochte nur einen mehr oder weniger glänzenden Rahmen zu bieten, in dem der Herrscher seine Person darstellte. Erfolg oder Mißerfolg hingen weder vom Niveau noch den Kosten dieser Prachtentfaltung ab, sondern ausschließlich vom politischen Geschick des Herrschers.

Angesichts der Zahl der Veröffentlichungen, die sich dem Thema der Einnahmen der englischen Könige im 12. und frühen 13. Jahrhundert widmen, ist es bemerkenswert, wie wenig zu ihren Ausgaben geschrieben wurde.[3] Und dies,

---

* Aus dem Englischen übersetzt von Thomas Gruber.

1 Ich bin David Carpenter für seine Anmerkungen zu einem Entwurf dieses Artikels sehr dankbar.

2 Walter Map, De Nugis Curialium, Distinctio V c. 5, hrsg. v. M. R: James, Oxford 1983, S. 450.

3 Sybille Schröders methodische Auswertung der Quellen aus der Regierungszeit Heinrichs II. erschien leider erst nach Abschluß dieses Konferenzbeitrags, vgl. Sybille Schröder, Macht und Gabe. Materielle Kultur am Hof Heinrichs II. von England, Husum 2004.

obwohl es sich um eine Angelegenheit von größter Bedeutung handelt, die auch als solche erkannt wurde. Ausgedrückt wird dies beispielhaft und deutlich im Vorwort zum *Dialogus Scaccarii* (*Dialogue of the Exchequer*), verfaßt von Richard FitzNigel in den späten 1170er Jahren und gewidmet Heinrich II., als dem „mundanorum principum maxime":

Sepe te vidimus utroque tempore gloriosum, non parcentem quidem pecunie thesauris, sed pro loco, pro tempore, pro personis, legittimis sumptibus insistentem.

Nach FitzNigels Meinung waren die Hauptgebiete legitimer Ausgaben:

Illo [d.h. im Krieg] enim in municipiis firmandis, in stipendiis ministrandis et in aliis plerisque locis pro qualitate personarum ad conseruandum regni statum effunditur; hoc uero, licet arma quiescant, a deuotis principibus construuntur basilice, Christus alitur et uestitur in paupere et ceteris operibus misericordie insistendo mammona distribuitur.

Der Schatzmeister (*treasurer*), den Richard I. später zum Bischof von London machen sollte, sah Almosen als *felix mercimonium*, eine ewige Vergütung zeitlich begrenzter Auslagen.[4] Darin schwingt die Ansicht mit, daß alle Großzügigkeit letztlich eine Art Investition darstellte, die als Gegenleistung Loyalität und gute Dienste erwartete. Der königliche Beamte (*clerk*) und Chronist Roger von Howden berichtet, daß im Februar 1191 Richard I.

[t]hesauros quoque ita profuse distribuit comitibus, baronibus, militibusque et servientibus exercitus, quod nullus prædecessorum suorum unquam vel in anno dederit, quantum tunc donavit in mense Februarii. Unde et favorem donantis creditur promeruisse, quia hilarem datorem diligit Deus.[5]

Natürlich wußte jeder, daß Könige andererseits nicht so viel und großzügig ausgeben sollten, daß ihnen das Geld knapp wurde. In den Worten Richard FitzNigels: „Porro mobilium copia vel defectus principum potestates humiliat vel exaltat."[6] Vielmehr war es Zeichen guter Herrschaft, *copia vel defectus* genau im Auge zu behalten. Wace erzählt in den 1170er Jahren eine Anekdote über Herzog Richard I. der Normandie, wonach der Herzog – dessen Vortrefflichkeit in der ganzen Christenheit Gesprächsthema gewesen sei – sich in einem hohen Turm eingeschlossen habe, um eine Woche lang ungestört die Bilanzen aller seiner Beamten überprüfen zu können.[7] Ein Herrscher jedoch, der Geld hortete, beging einen groben politischen Fehler. Sicher konnten Könige reich sein, wie es die Quellen für Eduard II. im Jahr 1326 und für Richard II. 1399 belegen. Es half ihnen wenig. Heute wie Gestern mußte der Hof des Herrschers, um Wirkung zu zeigen, der Brennpunkt eines Systems der Vermögenszirkulation sein. Selbst der naive Heinrich III. verstand dies und ließ deshalb folgende Worte auf den großen Giebel der *Painted Chamber* im Palast von Westminster schreiben: „Ke ne dune ke ne tine ne prent

---

4 Richard FitzNigel, Dialogue of the Exchequer, hrsg. v. Charles Johnson u.a., Oxford 1983, S. 2.

5 William Stubbs (Hrsg.), Gesta Henrici et Ricardi (Rolls Series), London 1867, Bd. 2, S. 157. Zur zeitgenössischen Diskussion des zeitlosen Problems der Freigebigkeit siehe: J. Flori, Richard Coeur de Lion, Paris 1999, S. 389–406, und den Aufsatz von Frédérique Lachaud in diesem Band.

6 FitzNigel, Dialogue of the Exchequer, S. 1.

7 Wace, The Roman de Rou, übersetzt v. G. S. Burgess, Jersey 2002, S. 148f.

ke desire."[8] Als ein solches Zentrum des Umlaufs von Besitz nahm Peter von Blois den Hof Heinrichs II. wahr, als er von der „immensitas illa pecuniarum, quam donat, quam recepit, quam congregat, quam dispergit" sprach. In Peter von Blois' Augen hatte all dieses Geben und Nehmen, Einsammeln und Verteilen eine integrative Funktion; es diente „ad pacem populi".[9]

Teil 1: Quellenarten

Bis ins späte 12. Jahrhundert stammen alle Zeugnisse fast ausschließlich aus literarischen Quellen, die natürlich viel mehr über die Einstellung des Verfassers als über die Tatsachen der Ausgaben verraten. So schrieb Heinrich von Huntingdon im Abschnitt *De contemptu mundi* seiner *Historia Anglorum* in Vorwegnahme des Todes des einzigen legitimen Sohnes Heinrichs I. beim Untergang des Weißen Schiffes:

Vidimus igitur Willelmum filium regis, uestibus sericis et auro consutis indutum, famulorum et custodum turba consertum, gloria quasi celesti choruscantem.[10]

Eine ganz andere Moral ergibt sich aus Geoffrey Gaimars lapidarer Darstellung dessen, was er in den 1130er Jahren die „plus bels fais" Heinrichs I. nennt:

Ço est d'amur e dosnaier,
De boscheier e del gaber
E de festes e des noblesces,
Des largetez e des richesces
E del barnage k'il mena,
Des larges dons k'il dona;
D'iço devereit hom bien chanter [...][11]

Dieses Zitat wurde beschrieben als „the earliest known and quite explicit formulation of an entirely new historiographical concept [...] a wholly secular and superbly self-possessed celebration of the world's delights, values and activities."[12] Wir wissen nicht, wieviel dies alles gekostet haben muß, aber es ist bekannt, daß Heinrich I. ein sehr reicher Monarch war. Wir haben sogar eine einzelne schriftliche Quelle, die *pipe roll* (große Rechnungsrolle) für das Jahr 1130, die uns erlaubt, einen (sicherlich unvollständigen) Betrag für die Einnahmen in England in jenem

8 Dasselbe Motto [in etwa: „Wer nicht gibt, was er hat, wird nicht erhalten, was er begehrt." Anm. d. Ü.] ließ er auch auf einem Schachbrett (oder einem Zählbrett) in Woodstock und, auf Latein, auf den Fenstern der Kleinen Halle in Westminster anbringen: S. DIXON-SMITH, The Image and Reality of Alms-Giving in the Great Halls of Henry III, in: Journal of the British Archaeological Association 152 (1999), S. 79–96, hier S. 80 u. 84–85. Vgl. P. BINSKI, The Painted Chamber at Westminster, London 1986 und P. HYAMS, What did Henry III of England Think about in Bed?, in: B. Rosenwein (Hrsg.), Anger's Past, Ithaca 1998, S. 92–126.

9 Petri Blesensis Epistolae, Patrologia Latina Bd. 207, Sp. 199f.

10 HENRY OF HUNTINGDON, Historia Anglorum, hrsg. v. D. Greenway, Oxford 1996, S. 592.

11 G. GAIMAR, Estoire des Engleis, hrsg. v. A. Bell, Oxford 1960, Z. 6504–6510.

12 A. R. PRESS, The Precocious Courtesy of Geoffrey Gaimar, in: G. S. Burgess (Hrsg.), Court and Poet, Liverpool 1981, S. 267–276, hier S. 268f.

Jahr anzugeben: 23 597 Pfund.[13] Die *pipe rolls* des Rechnungshofes (*exchequer*) sind in einer praktisch ununterbrochenen Reihe von 1154 bis 1832 überliefert, und wir verdanken dieser erstaunlichen institutionellen Kontinuität nicht nur frühe Dokumente aus der *exchequer*, wie jener vereinzelten Rolle von 1130, sondern auch viele frühe Schriftzeugnisse aus dem königlichen Haushalt, u.a. das früheste von allen, die *Constitutio domus Regis*, die wohl die Situation am Ende der Regierungszeit Heinrichs I., d.h. um 1135, wiedergibt.

Constitutio domus Regis

Die *Constitutio* listet die täglichen genehmigten Ausgaben der königlichen Hofbeamten in einer Mischung aus Bargeld, Nahrungsmittel und Getränken sowie Kerzen auf. Einigen, vor allem den höherrangigen dieser Beamten, wurden mehr Barmittel zugestanden, wenn sie sich nicht am Hof aufhielten. Die *Constitutio* nennt über 100 Personen (150 einschließlich Jagdpersonal).[14] Zweifelsfrei zogen jedoch mehr Leute mit dem König umher als diese Zahl vermittelt. So werden etwa die *household knights* nicht erwähnt, die angesichts ihrer Bedeutung zusätzlich eigenes Personal mitgeführt haben dürften.[15] Auch die oberen Kanzleibeamten hatten zweifellos eigene *clerici* und Bedienstete, die ebenfalls nicht aufgeführt werden.[16] Der König jedenfalls rechnete damit, mehr als 150 Personen verpflegen zu müssen. Den Bäckern war aufgetragen, täglich genug Brot für 720 zu backen,[17] was – bei zwei Mahlzeiten am Tag – 360 hungrige Münder bedeutet. (Allerdings hatte laut Wilhelm von Malmesbury der Ratgeber Heinrichs I., Robert von Meulan, lediglich eine Mahlzeit am Tag befürwortet, was dank seines Einflusses an allen Adelshöfen Einzug gehalten habe.)[18] Uns liegt nicht genügend Material vor, um die Preise um 1135 abschätzen und die Kosten dieser täglichen Rationen berechnen zu können. Jedenfalls muß ein Großteil der Speisen und Getränke ent-

[13] Wahrscheinlich wurde diese Rolle beim *exchequer* aufbewahrt, weil sie ein „gutes Jahr" betraf: J. GREEN, The Earliest Surviving Pipe Roll, in: Bulletin of the Institute of Historical Research 55 (1982), S. 1–17. Barratts Schätzung zufolge betrugen Eduards I. durchschnittliche Einnahmen aus England unter Berücksichtigung der Inflation nur ungefähr drei Viertel derjenigen Heinrichs I. im Jahr 1130: N. BARRATT, English Royal Revenue in the Early Thirteenth Century and its Wider Context, 1130–1330, in: R. Bonney, M. Bonney und W.M. Ormrod (Hrsg.), Crises, Revolutions and Self-Sustained Growth: Essays in European Fiscal History, 1130–1830, Stamford 1999, S. 59–96, hier S. 86.

[14] Spätere Quellen legen nahe, daß des Königs Hundemeute oft etwas vom Rest des Hofes getrennt reiste. Was vielleicht besser so war, da, wenn man Johannes von Salisbury trauen darf, sich die Jagdleute besonders schlecht benahmen.

[15] F. BARLOW, William Rufus, London 1983, S. 146. Das ganze Kapitel enthält eine hervorragende Analyse von Hof und Haushalt. Siehe auch: J. O. PRESTWICH, The Military Household of the Norman Kings, in: English Historical Review 96 (1981), S. 1–35 und S. D. CHURCH, The Household Knights of King John, Cambridge 1999.

[16] William FitzStephen zufolge beschäftigte Thomas Becket 52 *clerici*, viele davon in seinem Gefolge: J.C. ROBERTSON (Hrsg.), Materials for the History of Thomas Becket (Rolls Series), London 1875–1885, Bd. 3, S. 29.

[17] FITZNIGEL, Dialogue of the Exchequer, S. 130. In dieser Frage bin ich noch unveröffentlichten Arbeiten von Stephen Church verpflichtet.

[18] WILLIAM OF MALMESBURY, Gesta Regum Anglorum, hrsg. v. R. A. B. Mynors u. a., Oxford 1998, Sp. 407.

weder ohne Kosten für den König oder unter Marktwert bereitgestellt worden sein.[19] Aus der Kritik am Hof Wilhelms II., wie sie sich bei Eadmer von Canterbury, Wilhelm von Malmesbury und dem *Anglo-Saxon Chronicle* findet, ist sattsam bekannt, daß die Ankunft des königlichen Hofes ein furchteinflößendes Ereignis sein konnte.[20] Zudem reiste eine Menge anderer Personen im Gefolge des Hofes mit, wenn auch auf eigene Kosten. Eine *account roll* Hughs de Neville, des Hauptförsters von König Johann, die bemerkenswerterweise auf uns gekommen ist und den Zeitraum vom 1. März bis 27. April 1207 abdeckt, belegt, daß er und seine Bediensteten im engen Gefolge des Königs und der Königin reisten, daß er aber Nahrung, Getränke und Feuerholz für sich sowie Heu und Hafer für die Pferde an den meisten Tagen selbst kaufte.[21] Wie Robert Barlett bemerkte, „Hugh's household ... was pumping fifteen or sixteen shillings a day into local economies" – und zweifellos steckte der reisende Königshof noch wesentlich mehr hinein.[22] In Walter Maps Darstellung des Hofes Heinrichs I. – für ihn das Musterbild eines gut organisierten Hofs mit hinreichend bekannt gemachter Reiseroute – zog der Hof so viele Kaufleute „cum mercibus et deliciis venalibus" aus allen Regionen Englands und dem Ausland an, „ut non essent alias nundine fertiles quam circa ipsum quocumque divertebat."[23]

In Bewegung gehalten wurden die Dinge von der Jagdlust und vor allem von politischer Berechnung: Man wollte örtliche Beamte im Auge behalten, Beschwerden anhören und die politische Temperatur in den Regionen messen. Wenn diese Einschätzung zutrifft, dann müßte die Reisetätigkeit des königlichen Haushalts zur Integration des Reichs beigetragen haben.

Exchequer Rolls

Die *exchequer rolls* geben einen gewissen Aufschluß über Ausgaben, insbesondere über die genehmigten Aufwendungen örtlicher Amtsträger aus dem Geld, das sie selbst eingetrieben hatten. Durch dieses Verfahren entfiel die Notwendigkeit, das Geld erst zentral einzusammeln und dann für die örtliche Ausgaben neu zu verteilen. Alles in allem jedoch haben die Historiker die *pipe rolls* dazu genutzt, über Einnahmen statt über Ausgaben zu schreiben. Und selbst die eben genannte Ausgabenart wurde analytisch meist eher als Einnahme (als „credit revenue" in Barratts Wortwahl) denn als Ausgabe behandelt.[24]

---

19 Richard FitzNigel sagte, er kenne Leute, die gesehen hätten, wie Lebensmittel zu festen Zeiten *ad curiam* gebracht wurden, aber diese Praxis war unter Heinrich I. aufgegeben worden, weil sie weder dem König noch den Bauern entgegenkam, wie letztere bewiesen, als sie – ihre Pflugscharen schwingend – *ad regis curiam* marschierten: FITZ NIGEL, Dialogue of the Exchequer, S. 40f.

20 Laut MALMESBURY, Gesta regum, Sp. 411 ordnete Heinrich I. die Vorratsrequisition (*purveyance*) neu. Tatsächlich stellte sie aber noch Jahrhunderte später ein Problem dar.

21 C.M. WOOLGAR (Hrsg.), Household Accounts from Medieval England, London 1992, Bd. 1, S. 110–116.

22 R. BARTLETT, England under the Norman and Angevin Kings, Oxford 2000, S. 142.

23 MAP, De Nugis, Dist. V c. 6, S. 225.

24 N. BARRATT, The Revenues of King John, in: English Historical Review 111 (1996), S. 835–855. Die Vorgehensweise der Historiker wird durch den Umstand erklärt, daß

Da uns die *pipe rolls* über einen so langen Zeitraum zur Verfügung stehen, sind sie nützliche Indikatoren für die traditionelle Rolle des Hofes als des Ortes, an dem Luxusgüter zum ersten Mal gesehen und ausprobiert werden konnten.[25] In England wurde der Markt für Gewürze von der Nachfrage und Kaufkraft des königlichen Haushalts bestimmt. Der königliche Kammerherr (*king's chamberlain*) für London besaß ein Requisitionsrecht (*right of prise and pre-emption*), ein Recht der ersten Wahl für Luxusimporte, sowie das Recht auf ein kostenloses Faß (*tun*) Wein. Orientalische Gewürze und Latwerge (*electuaria*) waren nicht nur eine kostspielige Art, den Speiseplan zu variieren. Vielmehr gilt Pamela Nightingales Aussage, wonach „for the rich they became more like the modern interest in health foods, with the added prestige which was attached to Arabic science and Byzantine culture."[26] Obwohl einige Gewürzkäufe auf der Abrechnung für London in der *pipe roll* von 1130 verzeichnet sind, war es wahrscheinlich Eleonore von Aquitanien, die den Höflingen südliche Eßgewohnheiten und würzigere Speisen nahebrachte. In der *pipe roll* von 1158 ist denn auch der Kauf von Pfeffer, Kümmel, Zimt und Mandeln für die Königin vermerkt.[27] Dies war zweifellos nur ein Aspekt des zunehmenden Handels mit dem Süden und dem Mittelmeerraum. Zucker taucht zum ersten Mal in den *pipe rolls* unter Johanns Regierung auf, in der auch Reis, Nelken, Ingwer, Muskatnuß und Safran gekauft wurden.[28] Aber nicht alle Luxusgüter kamen aus dem Ausland. Ein Steinbutt, der in der Themse gefangen worden war, wurde gewürzt und Johann gegen 20 Schilling 10 Pfennig nach Craike in Yorkshire gesandt.[29]

Die *pipe rolls* tragen auch Detailangaben zu den Ausgaben an den großen Festen im königlichen Kalender, vor allem für Weihnachten bei. 1211 verbrachte Johann Weihnachten in Windsor. Der *constable* von Windsor war John FitzHugh, *keeper* der königlichen Münze in London und somit gut positioniert, um Luxuskäufe auf dem Londoner Markt zu tätigen. Für dieses Hochfest gab er 3 Pfund 5 Schilling 4 Pfennig aus, um 60 Pfund Pfeffer, 18 Pfund Kümmel, ein halbes Pfund Galgant, drei Pfund Zimt, ein Pfund Nelken, ein halbes Pfund Muskatnuß und zwei Pfund Ingwer zu kaufen; und weitere 32 Pfund 12 Schilling 11 Pfennig für: 1500 Becher und 1200 Krüge, 10000 Heringe, 1800 Wittlinge, 4000 Teller, 900 Schellfische,

---

die *pipe rolls* zwar „much income" ausließen, aber ebenso auch „most expenditure": N. VINCENT, Why 1199? Bureacracy and Enrolment under John and his Contemporaries, in: A. Jobson (Hrsg.), English Government in the Thirteenth Century, Woodbridge 2004, S. 17–48, hier S. 26.

25 Allerdings scheint es sich bei diesem ersten Auftauchen von Dienstkleidung (*liveries*) für Mitglieder des königlichen Haushalts in der *pipe roll* für 1169–1170 eher um ein zufälliges Vorkommnis im Buchungsvorgang als um eine neue Gewohnheit gehandelt zu haben: siehe F. LACHAUD, Liveries of Robes in England, c. 1200–c. 1330, in: English Historical Review 111 (1996), S. 279–298, hier S. 281.

26 P. NIGHTINGALE, A Medieval Mercantile Community, New Haven 1995, S. 40, 54, 70. Wilhelm von Malmesbury war der Meinung, der Schiedsrichter höfischen Modegeschmacks seiner Zeit, Robert von Meulan, sei vom byzantinischen Kaiser Alexius inspiriert worden: MALMESBURY, Gesta regum, Sp. 407.

27 Pipe Role [PR] 31 Henry I, S. 144; PR 4 Henry II, S. 175.

28 NIGHTINGALE, Mercantile Community, S. 59.

29 PR 13 John, S. 110.

3000 Neunaugen sowie für die Arbeiten an den Häusern und Tischen, für den Transport von 24 Fässern Wein nach Windsor usw. usw.[30] Da die Vorbereitungen für solche Feste Wochen vorher begannen, war es am sinnvollsten, die Einkäufe von den Verantwortlichen vor Ort machen und später im Schatzamt abrechnen zu lassen, weswegen überhaupt der Beleg dieser Ausgaben in den *pipe rolls* erscheint.[31] Ebenso wurden Einkäufe für den Weinkeller des Königs, wie den erhaltenen in Clarendon, oft von örtlichen Amtsträgern vorgenommen.[32] Eine Rechnungsprüfung des *exchequer* ergab für König Johanns Wein im Jahr 1201 über 700 Fässer (*tuns*, wobei eine *tun* 252 Gallonen umfaßt) in 15 Schlössern und Häusern.[33] Auch Ausgaben für königliche Bauwerke wurden sinnvollerweise vom zuständigen örtlichen Amtsträger gemacht. Aus diesem Grund nimmt man an, daß der größte Teil königlicher Bauausgaben in den *pipe rolls* aufgezeichnet wurde.[34] Als Konsequenz neigen Historiker dazu, diesen Teil königlicher Ausgaben zu betonen bzw. überzubetonen. Allen Browns Ansicht von 1955, nach der „the building and maintenance of castles forms the largest regular item of royal expenditure in the years 1154–1216", ist oft wiederholt worden.[35] Dabei gab Johann sicherlich regelmäßig viel mehr für die täglichen Unterhaltskosten seines Haushalts aus (s. unten).

Zweifellos ist der Aussagewert der *pipe rolls* für die königlichen Ausgaben begrenzt. Ausgaben vor Ort wurden vom König genehmigt, und zwar fast immer durch Breve bzw. Kurzbefehl (*writ*), aber die *pipe roll* vermerkt das Datum nicht, an dem der *writ* versandt wurde, so daß die Ausgaben normalerweise nur grob auf dieses oder das vorhergehende *exchequer*-Jahr datiert werden können. So bezeugt John FitzHughs Bericht für 1211, daß er 1450 Pfund Mandeln, 1500 Pfund Datteln, fünf Körbe Feigen, 30 Pfund Pfeffer und zehn Pfund Kümmel kaufte – aber ob sie an Weihnachten in Windsor oder an Ostern im Tower von London verzehrt wurden, wissen wir nicht.[36] Und genau deswegen, weil *pipe-roll*-Ausgaben Ausgaben örtlicher Vertreter sind, also von Leuten, die während der Geldausgabe per definitionem nicht am Hofe sind, neigt diese Art von Quelle dazu, uns sehr wenig von der materiellen Kultur des Hofs während des restlichen Jahres mitzuteilen. Wenn Höflinge wie Peter von Blois religiöse Skrupel wegen ihres eigenen Ehrgeizes bekamen, fingen sie an, eloquent von den Belastungen durch das Reisen mit dem Hof Heinrichs II. zu berichten, von der miserablen Qualität des Essens und

---

30 Ebd., S. 109.

31 Ebenso sind die Planungskosten für Kriegszüge in den *pipe rolls* verzeichnet, selbst wenn der Kriegszug später abgesagt wurde, wie etwa 1205. Siehe PR 7 John, S. xvii.

32 Zum Weinkeller in Clarendon siehe T. B. JAMES und A. M. ROBINSON, Clarendon Palace, London 1988, S. 117f. Peter des Roches mußte Johann ein *tun* guten Weins schenken, nachdem er versäumt hatte, den König daran zu erinnern, der Gräfin von Aumale einen Gürtel zu schenken: PR 11 John, S. 172.

33 PR 4 John, S. 82–84.

34 R. A. BROWN, Royal Castle Building in England, 1154–1216, in: English Historical Review 70 (1955), S. 353–398, hier S. 354; H.M. COLVIN (Hrsg.), The History of King's Works, London, 1963, Bd. 1, S. 52.

35 BROWN, Royal Castle Building, S. 376.

36 PR 13 John, S. 108 (wobei Windsor naheliegt, weil von Transportkosten die Rede ist). Siehe PR 14 John, S. 43 für weitere Ausgaben John FitzHughs für Luxusgegenstände, von denen viele auf den Messen von St. Ives und Lynn gekauft wurden.

Trinkens und den Schwierigkeiten, ein anständiges Bett zu finden. Zeitweise, so Peter von Blois, seien „meretrices et tabernacularii curiales" die einzigen Leute gewesen, die gewußt hätten, wohin Heinrich II. als nächstes reisen werde.[37]

Chancery Rolls

Das Problem des undatierten *writ* stellt sich deutlich weniger, sobald mit der Regierungszeit Johanns die *chancery rolls* als Quelle nutzbar werden, vor allem die Rollen der *liberate*-Breven, (d.h. von *writs*, die Ausgaben autorisierten), die sich später zu den Rollen der *letters close* entwickeln sollten. Auf Grundlage der Eintragung dieser datierten *writs* waren die Historiker zum ersten Mal in der Lage, das Itinerar des Königs Tag für Tag zu rekonstruieren. Eine der ersten *writs*, die auf das älteste erhaltene Fragment einer Rolle von *writs of ‚liberate'* aus dem zweiten Regierungsjahr Johanns abgeschrieben wurde, befiehlt unter dem Datum des 27. Mai 1200 in Pont-Audemer in der Normandie dem Justitiar, Geoffrey FitzPeter, *nepoti nostro* William of Windsor (manchmal auch als Wilhelm von Lüneburg bezeichnet) 70 Mark zu geben, damit er sein *hernasium* (Harnasch) kaufen könne.[38] Dennoch teilen die *chancery rolls* aus der Sicht der königlichen Ausgaben die Grundeigenschaften der *pipe rolls*. Selbst wenn sie Ausgaben im Namen des Hofes anordnen, werden diese von Leuten vorgenommen, die sich per definitionem nicht am Hof aufhalten, da sie ja aufgrund einer schriftlichen Anweisung handeln, die sie vom Hof gesandt bekommen haben.

Chamber and Wardrobe Rolls

Der älteste erhaltene Beleg für Geld, das aus der königlichen Kammer bezahlt wurde, bezieht sich auch auf Beträge, die überwiegend außerhalb des Hofes ausgegeben wurden. Dieses älteste Fragment, das im Dokument selbst als *Transcriptum rotuli de camera regis* beschrieben wird, verzeichnet 22 Auszahlungen aus der Kammer (zusammen über 4672 *livres angevins*) zugunsten von William Marshal und William Mortimer zwischen dem 26. April 1202 und dem 6. Juli 1203.[39] Das meiste davon scheint für die Verteidigung der Nordostgrenze der Normandie bestimmt gewesen zu sein – zu einem Zeitpunkt, als sich der König und seine Kammer an anderem Ort aufhielten. Anders gesagt: Dieses Fragment spiegelt die allgemein bekannte Tatsache wider, daß die für die Ausgaben zuständigen Abteilungen

---

[37] Patrologia Latina Bd. 207, Brief 14, Sp. 47–49. Eine der Folgen des streßreichen Reiselebens mag die Entscheidung gewesen sein, Aufzeichnungen nicht in Form von Büchern, sondern von Rollen aufzubewahren. Da ihnen die Bindung fehlte, was sie eigentlich eher unhandlich machte, waren sie relativ leicht – ihr einziger Vorteil gegenüber Büchern: VINCENT, Why 1199?, S. 41f.

[38] H.G. RICHARDSON (Hrsg.), Memoranda Roll 1 John (Pipe Roll Society, New Series, Bd. 21), 1943, S. 89. Spätere Fragmente aus diesem Jahr wurden mit den Rollen für das dritte und vierte Regierungsjahr gedruckt in: T.D. HARDY (Hrsg.), Rotuli de liberate ac de misis et prestis, regnante Johanne, London 1844, S. 1–108.

[39] S.R. PACKARD (Hrsg.), Miscellaneous Records of the Norman Exchequer, 1199–1204, Northampton, Mass. 1927, S. 67–69.

des Haushalts (Kammer und *wardrobe*) zu Zeiten, zu denen sich der König im Krieg befand und Eile geboten war, wichtiger waren als zu Friedenszeiten. Sieben der verzeichneten Zahlungen werden als *prestita* geführt, d.h. als Vorschuß aus königlichen Mitteln, für den der Empfänger zu einem zukünftigen Zeitpunkt Rechenschaft ablegen oder den er zurückzahlen würde müssen. Offenbar mußten die Empfänger der *prestita* diese erst einmal an die Kammer zurückzahlen oder ihre Verwendung rechtfertigen. Nur wenn aus irgendeinem Grund die Rechnungsprüfung der Kammer noch nicht stattgefunden hatte, wurde eine neue Rolle angefertigt und dem *exchequer* gesandt; in diesem Fall dem normannischen *exchequer*, was zweifellos der Grund für ihr Überleben war.[40]

Das älteste Fragment eines Finanzkontos, das die *chamber* anfertigte, während sie in England war, bezieht sich auf den Zeitraum vom Himmelfahrtstag im Mai 1205 bis zum 12. Februar 1206.[41] Obwohl als *rotulus de praestito* gedruckt, haben die Kammer-Mitarbeiter dort nicht nur Vorschußzahlungen, sondern auch Geschenke und andere Ausgabearten verzeichnet. Zum Beispiel wurden am 7. November 1205 fünf Mark an Robert de Berners bezahlt, damit dieser nach Oxford gehe und den Geburtstag des Königs am 24. Dezember dort vorbereite. Andere Einträge nennen Geschenke an Gesandte, die Zahlung von Gebühren (etwa an Philipp von Cognac, den illegitimen Sohn Richards I.), die Bezahlung einer Hafer-Lieferung für den königlichen Haushalt, eine Zahlung an Thomas *de camera*, damit er Wagen mit „Schätzen" nach Winchester bringe, eine andere zur Verstärkung des Schiffes der *wardrobe*.[42] Der nächste überlieferte *rotulus de praestito* deckt das ganze 12. Regierungsjahr ab (28. Mai 1210 bis 2. Mai 1211). Da er die Wochen einschließt, in denen Johann mit 700 Schiffen und einer Armee nach Irland zog, ist er die erste englische *household roll*, die Ausgaben während eines Feldzugs dokumentiert.[43] Interessanterweise verzeichnet die Rolle ungefähr alle zwei Wochen Zahlungen an Bogenschützen und Sergeanten, auch nachdem der König aus Irland zurückgekehrt war. Anscheinend reiste Johann in England nun mit einer bewaffneten Leibwache.[44] Zu dieser Zeit befand sich im königlichen Haushalt der (noch unmündige) Erbe eines großes Vermögens: Watkin (d.h. Walter) de Beauchamp. Während er selbst regelmäßig Taschengeld in Form kleiner Geldbeträge von der *chamber* bekam, belegt die *pipe roll*, daß das Land, dessen Erbe er war, sehr viel größere Erträge für den König abwarf.[45]

---

40 Weitere Aufzeichnungen dieser Art für die *exchequer* und mit Bezug zu Johanns 14. bis 18. Regierungsjahr finden sich in: PR 17 John und Prestita Roll 14–18 John, S. 74–100.

41 Abgedruckt in: H. COLE (Hrsg.), Documents Illustrative of English History in the 13th and 14th Centuries, London 1844, S. 270–275.

42 Ebd., S. 270f., 273. Das Wort *wardrobe* kam gerade in Mode als eine Alternative zur Kammer, d.h. als Bezeichnung für den Ort, an dem der König seine Wertsachen aufbewahrte. Ein anderes, schlecht erhaltenes Fragment derselben Art und mit Bezug zum Zeitraum von November 1212 bis Januar 1213 findet sich in: PR 17 John, S. 85–88.

43 HARDY (Hrsg.), Rotuli de liberate, S. 172–253. Vgl. S. CHURCH, The 1210 Campaign in Ireland: Evidence for a Military Revolution?, in: Anglo-Norman Studies 20 (1997/8), S. 45–57.

44 HARDY (Hrsg.), Rotuli de liberate, S. 230–244.

45 Ebd., S. 230f., 235f., 243, 245; vgl. PR 13 John, S. xv–xvi.

Die im erhaltenen Fragment von Mai 1205 bis Februar 1206 aufgeführten Ausgaben sind so gering und so sporadisch, daß man von der Existenz einer anderen, heute verschollenen Rolle ausgehen muß, die andere Aufwendungen der *chamber* verzeichnete. Die ältesten erhaltenen dieser Art, die sogenannten *mise rolls*, beziehen sich auf das 11. und 14. Herrschaftsjahr Johanns (1209/10[46] bzw. 1212/13[47]). Beide wurden vor über 150 Jahren in gedruckter Form veröffentlicht und bedürfen, soweit mir bekannt, weiterhin dringend einer systematischen Untersuchung, die hier nicht geleistet werden kann. Sie verzeichnen Käufe aller Art. Der Schneider des Königs war ausreichend damit beschäftigt, ihm Kleider aller Art zu liefern. Auch Gold und Pergament gehörten zu den häufig eingekauften Gegenständen. 1213 kaufte Johann für 12 Pfennige vier Kisten, um *cartas et scriptas in garderoba* aufzubewahren; zudem gab er 2 Schilling 8 Pfennig für fünf Harngläser *et chassiis* [Schreine] *eorum* aus.[48] Zu den wiederkehrenden Aufwendungen gehörten der Sold und die Schuhe der für die Wagen und Packpferde der *wardrobe* Verantwortlichen sowie vergleichbare regelmäßige Zahlungen und Lieferungen für die Wäscherin des Königs. Daneben gab es zahlreiche Geschenke für Gesandte und Besucher des Hofes sowie Zahlungen für Personen, deren Unterhalt zu Lasten des Königs ging, etwa die Töchter des Königs von Schottland. Solche Eintragungen werfen ein neues Licht auf die diplomatische Praxis.[49] So erfahren wir, daß Johann 1209 mehr für die Betreuung Heinrichs, des Sohns des Herzogs von Sachsen, ausgab, als die einschlägige *pipe roll* verzeichnet.[50] Gelegentlich finden sich Beträge für Baukosten, z.B. am 10. Juli 1212, als 100 Mark an Philip Mark für die Errichtung eines Turmes in Nottingham gehen. Da sich Johann an jenem Tag vor Ort aufhielt, war es praktischer, das Geld aus der Kammer zu nehmen.[51]

Die *mise rolls* erlauben den Historikern Einblicke ins Johanns Geschmack und Vorlieben, die für keinen seiner Vorgänger möglich sind. Die enorme Anzahl an Ausgaben für die königliche Jagd belegen, daß seine Jagdleidenschaft mehr war als nur die Meinung voreingenommener Chronisten. Die Rolls verzeichnen auch die Anzahl der Armen, die er speiste, und sein Almosengeben, wann immer er an einem Feiertag auf die Falkenjagd ging oder wenn er und seine Freunde die Fastenvorschriften der Kirche an Freitagen und hohen Feiertagen brachen, wie sie es oft taten.[52] Bei einer Gelegenheit bezahlte Johann 9 Schilling 4 Pfennig, um 100 Arme

---

[46] HARDY (Hrsg.), Rotuli de liberate, S. 109–171.

[47] Rotulus Misae in: COLE (Hrsg,), Documents, S. 231–269.

[48] Ebd., S. 238, 241, 255.

[49] Etwa die These (auf Grundlage der Erwähnung eines Geheimboten in der *mise roll* für 1209), Johann habe herausgefunden, daß Philip August Margarete von Schottland heiraten wollte: A. A. M. DUNCAN, John King of England and the Kings of Scots in: S. D. Church (Hrsg.), King John: New Interpretations, Woodbridge 1999, S. 247–271, hier S. 260.

[50] Neun Zahlungen an Heinrich, Sohn des Herzogs von Sachsen, angefangen mit 5 Schillingen am 18. Mai und 1 Mark am 20. May: HARDY (Hrsg.) Rotuli de liberate, S. 110f. Vgl. PR 12 John, S. 78.

[51] COLE (Hrsg.), Documents, S. 235. Dies bedeutet, daß in den *pipe rolls* die Ausgaben für jene Schlösser und an jenen Orten unterbewertet werden, die einen großen Stellenwert im Itinerar des Königs einnehmen.

[52] C. R. YOUNG, King John of England: an Illustration of the Medieval Practice of Charity, in: Church History 24 (1960), S. 264–274.

zu speisen: „pro anima regis Ricardi."[53] Der Umstand, daß der königliche Wasserträger (*ewerer*) nicht nur auf täglicher Basis entlohnt wurde, sondern eine Extrazahlung erhielt, wenn der König ein Bad genommen hatte, versetzte die Historiker in die Lage zu berechnen, daß Johann in seinem 11. Regierungsjahr 25 Bäder einnahm. Vielleicht schlief er schlecht. Jedenfalls machte sein Schneider 20 Schillinge für Materialien geltend, die wohl für einen Bademantel gedacht waren.[54] Ein Diener von Philip Mark erhielt 2 Schillinge, weil er der Geliebten des Königs Rosen aus dem Garten des Justitiars in Ditton brachte, als sich der König dort aufhielt.[55]

Household Rolls

Die *mise rolls* sind jedoch kein Verzeichnis der alltäglichen Aufwendungen für die Speisung und Versorgung des königlichen Haushalts, kein *rotulus hospitii*. Die früheste derartige (in drei Fragmenten) erhaltene Aufstellung bezieht sich auf 91 Tage im 10. Regierungsjahr Heinrichs III. (1225/1226) zwischen Dezember 1225 und Juli 1226.[56] Hierbei ist die Rechnungsaufstellung, die jeden Tag erstellt (*per dietas*, daher heute üblicherweise als *diet account* bezeichnet) und theoretisch jeden Abend kontrolliert wurde, in verschiedenen Rubriken angeordnet: *dispensarium* (d. h. Brot), Speisekammer, Küche, Waschküche, Soßenküche, Wachs (nach Gewicht, nicht nach Kosten), Saal, Feuerholz für den Saal, Gemach, Feuerholz für Gemach, Stall, Bezahlung der Stallknechte, Geld für Pferde. Am Ende findet sich jeweils eine *summa* für die Ausgaben jedes Tages.[57] Zwischen dem 7. Dezember 1225 und dem 28. Januar 1226 belief sich diese auf sechs oder sieben Pfund pro Tag. Zusätzlich bezog der Hof Weinfässer (*tuns*) aus seinen Kellern, normalerweise ungefähr eins am Tag. Man wird daraus schließen dürfen, daß die Speisekammer des Königs vor allem Bier kaufte. Nicht verzeichnet sind Wild, Fisch und Getreide aus den Wäldern, Fischteichen und Gütern des Königs. Der Rolle zufolge gab Heinrich III. über die beiden Weihnachtsfeiertage 1225 in Winchester 51 Pfund aus – wahrscheinlich wollte niemand spät am Heiligen Abend noch Buchführung machen. Während dieser beiden Tage wurden 13 Weinfässer aus den königlichen Kellern

---

53 COLE (Hrsg.), Documents, S. 241.

54 Ad supertunicam domini Regis ad surgendum de nocte, in: HARDY (Hrsg.), Rotuli de liberate, S. 151

55 COLE (Hrsg.), Documents, S. 234. Der König hatte sich in Ditton (Surrey) am 1. Juni aufgehalten; der Überbringer der Rosen erhielt sein Geld am 25. Juni in Carlisle.

56 Zusätzlich existiert eine vollständige Rolle für das 44. Regierungsjahr (1259–60) und andere Fragmente für das 46., 50. und 55. Jahr (1261–62, 1265–66, 1270–71). Zu dieser Frage siehe nun die beiden grundlegenden Studien von DAVID CARPENTER, The Meetings of King Henry III and King Louis IX, in: Thirteenth Century England 10 (2005), S. 1–30 und ders., The Household Rolls of King Henry III of England (1216–72), in: Historical Research (2005), S. 1–25.

57 Abgedruckt in: F.A. CAZEL (Hrsg.), Roll of Divers Accounts for the Early Years of the Reign of Henry III, London 1982, S. 93–102. Es verzeichnet die Kosten der täglichen Portionen, nicht der täglichen Einkäufe. Das letzte der drei Fragmente (18. Juni bis 7. Juli) besitzt einen neuen Standardeintrag: *in elimosina forinseca*, normalerweise 4 Schilling pro Tag.

entnommen.[58] Gelegentlich sparte der König Geld, indem er einen seiner hochrangigen Untertanen besuchte. So wurde der Hof zum Beispiel am 21. Dezember 1225 in Waltham vom Bischof von Winchester ausgehalten, so daß sich die Ausgaben des Königs für diesen Tag nur auf 5 Schillinge und 10 Pfennig beliefen.[59]

Zweifellos war die Beherbergung von König und Hof eine teure und gefährliche Investition. Einer ca. 1220 niedergeschriebenen Geschichte zufolge hatte der Erzbischof von Canterbury, Hubert Walter, Johann zu Weihnachten 1203 nach Canterbury eingeladen, wo dieser drei Tage verbracht habe. Der Erzähler versichert uns, es sei ein gutbesuchter und glänzender Hof gewesen: „moult grans gens, moult fu la cours riche et pleniere, et mervelles i ot bel servi." Beim Aufbruch habe Johann den Erzbischof gefragt, ob jener wisse, warum er so lange geblieben sei. Nach Huberts höflicher Antwort, er nehme an, es sei geschehen, um ihm Ehre zu erweisen, habe er sich vom König eines Besseren belehren lassen müssen:

Par les dens Dieu! dist li rois, autrement vait la chose: vous estes si larghes, si vaillans et de si grant despens que nus ne vous poroit ataindre; vous volés avoir par vous seus tout le beubant d'Engletierre; mais, la merchi Diu, je vos ai ore si mené que jamais ne vos porés aidier ne jamais n'aurés que mangier.[60]

Glücklicherweise fallen die Fragmente des *diet account* für das 10. Regierungsjahr Heinrichs III. mit dem frühesten erhaltenen Haushaltsplan zusammen, einer Gesamtaufstellung aller Einnahmen und Ausgaben der *wardrobe*, die 1227 an den *exchequer* gesandt wurde und sich über drei Viertel des 8., die Gesamtheit des 9. und 10. und die Hälfte des 11. Regierungsjahrs erstreckt (Januar 1224 bis April 1227).[61] Diese *wardrobe*-Aufstellung verzeichnet im 9. bis 11. Jahr Ausgänge unter den Rubriken: „expensis in hospitio; expensis in warderoba"; Kosten und Sold für Ritter und *sergeants-at-arms* (d. h. den militärischen Haushalt).[62] Dieser Haushaltsplan beziffert die Gesamtausgaben des 10. Regierungsjahres für „expensis in hospitio" auf 2478 Pfund 12 Schilling 3 Pfennig, also auf durchschnittlich weniger als sieben Pfund pro Tag, was den Angaben des fragmentarischen *diet account*

---

[58] Und die Speisekammer (*buttery*) gab 2 Pfund 8 Schilling 6 Pfennig dafür aus. 136 Pfund Wachs (normalerweise 10 bis 15 Pfund pro Tag) wurden bereitgestellt.

[59] Der 26. Dezember, an dem der Hof in Ashley von William Brewer unterhalten wurde, scheint gänzlich kostenfrei gewesen zu sein: CAZEL (Hrsg.), Roll of Divers Accounts, S. 94f. Hugh de Nevilles Bericht (siehe Fußnote 21) verrät, daß Geoffrey FitzPeter und Saer de Quincy Johanns Haushalt im März 1207 beherbergten.

[60] Der Erzählung zufolge nahm Hubert die Herausforderung an und lud Johann zu Ostern und Pfingsten erneut ein: F. MICHEL (Hrsg.), Histoire des ducs de Normandie et des rois d'Angleterre, Paris 1840, S. 105f. Zu Weihnachten 1203 war Johann tatsächlich in Canterbury. Hubert Walter war berühmt für seinen glänzenden Haushalt: „Nullus enim antecessorum suorum, nullus principum, nec etiam aliaequiparari valuit; scilicet, in clericorum, militum, clientum nobili caterva, in donativis erogandis, in sumptuosis aedificiis aedificandis." RALPH OF COGGESHALL, Chronicon Anglicanum, hrsg. v. J. Stevenson (Rolls Series) London 1875, S. 160.

[61] Zuerst abgedruckt und diskutiert in: T. F. TOUT, Chapters in the Administrative History of Medieval England, Bd. 1, Manchester 1920, S. 192–196 u. 233–238; Wiederabdruck in: CAZEL (Hrsg.), Roll of Divers Accounts, S. 50–54.

[62] Im achten Regierungsjahr Heinrichs III. scheinen die Kosten für den militärischen Haushalt unter dem ziemlich großen Posten der *expensis in warderoba* subsumiert worden zu sein.

durchaus entspricht. Darüber hinaus beliefen sich die täglichen Ausgaben des königlichen Privathaushalts während der gesamten vom Bericht von 1227 umfaßten Zeitspanne (d.h. von Januar 1224 bis April 1227) auf ungefähr 2500 Pfund pro Jahr.[63] Es scheint also, als seien die im fragmentarischen *diet account* für Heinrichs 10. Regierungsjahr genannten Einzelheiten ziemlich typisch für die späten 1220er. In jenem Jahr, einem ruhigen Jahr, belief sich der Anteil der Einnahmen der *wardrobe*, die für den königlichen Privathaushalt aufgewandt wurden, auf 37 Prozent.[64] In Jahren mit größeren kriegerischen Aktivitäten nahmen die Kosten des Privathaushalts einen geringeren Anteil der gesamten Einnahmen der *wardrobe* ein: lediglich 27 Prozent im 9. Regierungsjahr, als die *wardrobe* mit 4314 Pfund einen großen Betrag dafür ausgab, den eben zum Ritter geschlagenen Bruder des Königs, Richard von Cornwall, in die Gascogne zu entsenden, und 19 Prozent im 8. Regierungsjahr, als der königliche Haushalt die Belagerung Bedfords unternahm.[65] Insgesamt kam in dieser Zeit etwas mehr als die Hälfte der *wardrobe*-Einnahmen aus der *exchequer* und der Rest aus einer Vielfalt von Quellen. Leider ist noch niemand die *pipe roll* für 1226 durchgegangen, um die „gemeinen" Einnahmen des Königs hinzuzufügen, so daß weiterhin im Dunkeln bleibt, welcher Anteil des königlichen Gesamteinkommens für Haushaltsausgaben verwandt wurde.[66]

Nach den 1220ern Jahren stiegen die Kosten für die Versorgung des königlichen Haushalts drastisch an. Bis 1234/5 hatten sich die durchschnittlichen Tagesausgaben auf etwa 13 Pfund verdoppelt (4713 Pfund im ganzen Jahr) und betrugen in den späten 1270ern ca. 20 Pfund.[67] Es wäre aber ein Irrtum anzunehmen, die 1220er Jahre seien ein Jahrzehnt mitten in einem Langzeittrend gewesen. Historiker stellen sich manchmal gerne vor, die Dinge seien im 12. Jahrhundert (und früher) billiger und einfacher gewesen, vor allem jene Historiker, die ein eher romantisches Bild Heinrichs II. als eines Königs haben, der die Zurschaustellung verachtete.[68] Aber man muß sich vergegenwärtigen, daß Heinrich III. in den 1220ern noch nicht einmal 20 Jahre alt und unverheiratet war.[69] Die Ausgaben des Hofes

---

63 CARPENTER, Household Rolls, S. 13f.

64 CAZEL (Hrsg.), Roll of Divers Accounts, S. 52f.

65 Die Einnahmen im achten Regierungsjahr beliefen sich auf über 9000 Pfund, im neunten auf 8 803 Pfund.

66 Carpenters Schätzung für das Haushaltsjahr von Michaelis 1224 bis Michaelis 1225 betrug 16500 Pfund, aber die finanzielle Situation wurde zeitweise verändert durch die Gewährung von Steuern in Form eines Fünfzehnten auf den beweglichen Besitz im Februar 1225, der ungefähr 40000 Pfund einbrachte. Obwohl mehr als 31000 Pfund für die Verteidigung der Gascogne gegen eine Invasion ausgegeben wurden, befand sich der König 1225/26 wahrscheinlich in einer verhältnismäßig gesunden finanziellen Lage. Für die Problematik der Quellen, die dieser Annahme zugrunde liegen, siehe D. CARPENTER, The Minority of Henry III, London 1990, S. 109–112, 376–378, 413f.

67 CARPENTER, Household Rolls, S. 12–14 u. 25.

68 So v. a. J. E. A. JOLLIFFE, Angevin Kingship, London 1963 und W.L. WARREN, Henry II, Berkeley 1973.

69 Die beiden ältesten erhaltenen Rollen des Haushalts der Königin beziehen sich auf 1252 und 1253 und legen tägliche Ausgaben von vier bis fünf Pfund nahe. Wenn sich die Königin beim König befand, übernahm er alle Kosten ihres Haushalts. 1259/60 stiegen seine Kosten um 30 bis 40 Prozent, wenn sie bei Hofe war: CARPENTER, Household Rolls, S. 23f. Zu Johanns Versorgung seiner Frau siehe N. VINCENT, Isabella of Angoulême: John's Jezebel, in: CHURCH (Hrsg.), King John. New Interpretations, S. 187–206.

sind sicherlich wesentlich höher gewesen, als Heinrich II. und Richard I. zu den beeindruckendsten Herrschern Europas gehörten.

Mit Johanns Herrschaftsbeginn liegt uns gerade genug Quellenmaterial vor, um einen groben quantitativen Vergleich mit späteren Jahrhunderten vorzunehmen. Die Gesamtsummen, die die beiden *mise rolls* für seine Regierungszeit nennen, können verglichen werden mit späteren Beträgen für *wardrobe*-Ausgaben, abzüglich der Summen, die für die täglichen Bedürfnisse des Haushalts ausgegeben wurden. Die *mise roll* für Johanns 11. Jahr (7. Mai 1209 bis 26. Mai 1210) listet Ausgaben von 5771 Pfund auf, wobei die *mise-roll*-Ausgaben für das ganze Jahr wohl bei über 6000 Pfund gelegen haben müssen, da einer der neun Unterbeträge fehlt. Die *mise roll* des 14. Jahres (3. Mai 1212 bis 22. Mai 1213) enthält vier Unterbeträge, die insgesamt über 15 700 Pfund ergeben, inklusive eines Geschenks von 10 000 Mark für Otto IV. am 27. September 1212. (Selbst wenn Johann nicht mehr als 2300 Pfund für die Versorgung seines Haushalts aufwandte, würde dies immer noch 18 000 Pfund ergeben.) Beide Jahre blieben ohne Kriegszüge, die die Haushaltsausgaben in die Höhe hätten treiben können.[70] *Wardrobe*-Ausgaben abzüglich der Kosten für den Privathaushalt beliefen sich in Heinrichs III. 9. Regierungsjahr (1224/5) auf 7601 Pfund, einen beträchtlichen Betrag. Allerdings wurden nicht weniger als 4316 Pfund für die Entsendung Richards von Cornwall in die Gascogne aufgewandt, mithin auf die wohl erfolgreichste militärische Unternehmung des 13. Jahrhunderts. In Heinrichs 10. Regierungsjahr, einem wesentlich ruhigeren, finden wir hingegen Ausgaben von in etwa 4500 Pfund.[71] Dies war deutlich weniger als bei Johann im Jahr 1209/10 und wesentlich weniger als 1212/13. Tatsächlich sollte es eine ganze Weile dauern, bis die Haushaltsausgaben eines englischen Königs, der sich nicht im Krieg befand, jene Johanns im Jahr 1212/13 erreichten.

Teil 2: Zwischen Wirtschaftlichkeit und Ehre

Die schriftlichen Quellen verraten eine Menge über Ausgaben, im 13. Jahrhundert wesentlich mehr als noch im 12. Aber über die Spannung „between economics and honour“ sagen sie wenig aus. Ob ein Herrscher großzügig oder geizig war, ob er sein Geld sinnvoll ausgab oder nicht: alles Meinungssache. In einer Angelegenheit jedoch waren sich die meisten Beobachter einig. Der Hof des Königs mußte prächtig sein. Oder in David Carpenters Worten: „The food and drink which the household provided were integral to the political process, allowing the king to display his magnificence and demonstrate his generosity. Day by day, dining in his chamber, he sought to influence chosen guests. At the great feasts, dining in the hall, he aimed to impress the wider body politic.“[72] Bei seinem Besuch in Paris im Jahr 1254 lud Heinrich III. Ludwig in den Vieux Temple ein. Während des großen

---

[70] Im August 1209 ließ John gegenüber den Schotten seine Muskeln spielen. 1212/13 gab es große Kriegsvorbereitungen, aber schließlich keine Kämpfe.

[71] Cazel (Hrsg.), Roll of Divers Accounts, S. 52f.

[72] Carpenter, Household Rolls, S. 20f.

Banketts an jenem Tag wurde – Matthew Paris zufolge – niemand abgewiesen: wer immer auftauchte, bekam zu essen. Nach dem Mahl habe Heinrich III. Geschenke an die französischen Adeligen verteilt, *prout decuit tantum regem dare et tales primates gratanter recipere*. Nicht einmal zu Assuerus', Artus' oder Karls des Großen Zeiten habe es eine so glanzvolle Vielfalt an Speisen, einen derartigen Überfluß an Getränken, solch höfische Aufmerksamkeit von seiten der Diener usw. gegeben. Die Kosten dieses Besuchs (die verschwenderischen Geschenke ausgenommen) beliefen sich laut Matthew Paris auf 1 000 Pfund pro Woche. Der Staatsschatz sei „multum inde mutilat[us]". Andererseits: „Veruntamen honor domini regis Anglorum omniumque Anglicorum non mediocriter est exaltatus et multipliciter aucmentatus."[73] Aber so war es schon immer gewesen. Wie Wilhelm von Malmesbury vermerkt, feierte Wilhelm der Eroberer die großen Festtage mit „[c]onuiuia sumptuosa et magnifica". Ferner:

Omnes eo cuiuscumque professionis magnates regium edictum accersiebat, ut exterarum gentium legati spetiem multitudinis apparatumque delitiarum mirarentur. Nec ullo tempore comior aut indulgendi facilior erat, ut qui aduenerant largitatem eius cum diuitiis conquadrare ubique gentium iactitarent.[74]

Für genau diesen Zweck bauten die Könige die großen Säle wie Hrothgars Heorot. Daher kam auch Joinvilles Bewunderung für die großen Säle in Saumur: „li grans roys Henris d'Angleterre les avoit faites pour ses grans festes tenir."[75]

Bei Gelegenheiten wie diesen stellten sich die Könige zur Schau, und es gab immer Tausende, die sie sehen wollten. Heinrich von Huntingdon schrieb:

Reges ergo gentium subditis suis quasi Deus sunt [...]. Horum igitur cacuminum mundi tanta est sublimitas, ut in eos uidendo ceteri non sacientur [...]. Nec mirandum est si ad eos inspiciendos mulierum turba, uel iuuenum turba, uel etiam uiri leuitatis, prosiliunt, sed etiam sapientes et discretione graues ad uidendum sepe uisos, nescio qua gratia mulcente, impelluntur.[76]

Was die materielle Kultur seines Hofes betraf, war Johann ein hervorragender König. Das wissen wir nicht dank des unerwartet frühen Überlebens von Haushaltsaufstellungen, sondern dank der Chronisten, die ansonsten allesamt ihm gegenüber sehr kritisch eingestellt waren. Als Heinrich III. versuchte, Ausgaben für einen Kreuzzug zu sparen, schien es Matthew Paris, er sei „a vestigiis patris sui impudenter devians."[77]

Johann beeindruckte mit der prunkvollen Zurschaustellung höfischer Großzügigkeit. Die Gewänder (*festiva indumenta*), die er seinen Rittern jeweils zu Weihnachten 1201, 1207 und 1213 schenkte, waren sogar einem so feindseligen

---

[73] MATTHEW PARIS, Chronica Majora, hrsg. v. H. R. Luard, London 1872-1873, Bd. 5, S. 482.

[74] MALMESBURY, Gesta Regum, Sp. 279.

[75] N. DE WAILLY (Hrsg.), Histoire de Saint Louis, Paris 1868, S. 35. Als Peter von Blois über die „immensitas illa pecuniarum" schrieb, die durch Heinrichs II. Hände gehe, betonte er dessen Bauvorhaben: „In muris, in propugnaculis, in munitionibus, in fossatis, in clausuris ferarum et piscium, et in palatiorum aedificiis nullus subtilior, nullusque magnificentior invenitur". Patrologia Latina Bd. 207, Sp. 199–200.

[76] HUNTINGDON, Historia Anglorum, S. 604.

[77] PARIS, Chronica Majora, Bd. 5, S. 114.

Beobachter wie Roger Wendover eine besondere Bemerkung wert.[78] Auch der Verfasser der *Histoire des ducs de Normandie* bemerkte die Großzügigkeit, mit der Johann unter seinen Rittern zu den drei Hochfesten Gewänder verteilte. Ihm zufolge fand niemand die Tore von Johanns Sälen verschlossen vor: Wer immer an seinem Hof essen wollte, konnte dies tun.[79] Diese Sätze erinnern an die Beschreibung von Heinrichs III. Bankett 1254 in Paris durch Matthew Paris, aber mit dem Unterschied, daß der Verfasser der *Histoire* behauptet, den Alltag zu beschreiben. In England waren „John's building operations [...] even more extensive than his father's."[80] Hier wie in Irland ging er in die Vorstellungswelt des Volkes als großer Schloß- und Burgenbauer ein.[81] Es wäre verwunderlich, wenn Johanns Hof in den Jahren der *mise rolls* nicht der Brennpunkt einer großen materiellen Umverteilung gewesen wäre. Auf der Grundlage von Barratts Berechnungen und Schätzungen, und unter Berücksichtigung der Inflation, war der König von England zwischen 1202 und 1212 wohlhabender als zu irgend einer anderen Zeit zwischen 1130 und 1330.[82] Aber Reichtum, Luxus und Pracht waren nicht genug. Wenn die politische Begabung und Persönlichkeit eines Königs stark genug waren, war es möglich, Geld zu sparen, wie es bei Heinrich I. der Fall gewesen zu sein scheint.[83] Prächtige und gut besuchte Hofhaltungen waren zweifellos Foren, in denen der politischen Elite integrative Werte mitgeteilt werden konnten. Gaimar widmet zum Beispiel 130 Verszeilen der Art und Weise, wie Wilhelm Rufus seine ritterlichen und höfischen Werte demonstriert, sowie seinem geistreichen Humor, der Zügelung seiner Leidenschaften und der Fähigkeit, potentiell problematische Episoden zu seinem eigenen Vorteil zu wenden: all dies in dem großen Saal, den Wilhelm Rufus gerade in Westminster hatte bauen lassen, damals der größte nördlich der Alpen.[84] Aber die Persönlichkeit des Königs war wichtiger als der Schauplatz. Bei diesen besonderen Anlässen war Johann vielleicht wirklich prächtig gekleidet und trug noch mehr Juwelen und Edelsteine um den Hals als sonst,[85] aber er war weder höfisch noch ritterlich. Johann wollte die politische Elite nicht unter seiner Führung einen: er hoffte zu regieren, indem er sie spaltete. Nach der *Histoire des ducs* gefiel es ihm, Haß zwischen seinen Baronen anzustacheln.[86] Als er im Februar 1214 nach Frankreich aufbrach, um seine verlorenen Gebiete zurückzuerobern, setzte er auf Sieg, in der Hoffnung, daß Sieg im Krieg auch die Unruhen in England beenden würden, die seit 1212 brodelten. In den zehn Jahren vor 1214 hatte Johann Eng-

---

[78] Ebd., Bd. 2, S. 475, 520, 571.

[79] MICHEL (Hrsg.), Histoire des ducs, S. 105.

[80] BROWN, Royal Castle Building, S. 356.

[81] COLVIN (Hrsg.), History of the King's Works, Bd. 1, S. 82.

[82] BARRATT, English Royal Revenue, S. 58–96, v. a. Tafel 3.10.1.

[83] Wilhelm von Malmesbury zufolge gab er die zu Weihnachten, Ostern und Pfingsten üblichen großen Festmahle auf, was auch bedeutete, daß das zeremonielle Tragen der Krone seltener wurde (Gesta regum, Sp. 279).

[84] GAIMAR, Estoire, S. 5972–6104. Siehe J. GILLINGHAM, Kingship, Chivalry and Love: Political and Cultural Values in the Earliest History Written in French, in: ders. (Hrsg.), The English in the Twelfth Century, Woodbridge 2000, S. 233–258.

[85] Zu Johanns üblichen Juwelen siehe HARDY (Hrsg.), Rotuli de liberate, S. 23.

[86] MICHEL (Hrsg.), Histoire des ducs, S. 105. Ebenso schädlich war seine Reputation dafür, zögernde Frauen des Adels in sein Bett zu zwingen.

land auf und ab durchzogen und den Norden wesentlich häufiger besucht als seine Vorgänger. Aber die Barone aus dem Norden waren als erste dabei, wenn es galt, die Magna Charta einzufordern. Die Reiseroute von Johanns Haushalt hatte offenbar nicht dabei mitgeholfen, die politische Gesellschaft zu integrieren. Peter von Blois mag noch der Meinung gewesen sein, daß all der Reichtum, den Heinrich II. anhäufte und weiterverteilte – „immensitas illa pecuniarum, quam donat, quam recepit, quam congregat, quam dispergit" – beitrug „ad pacem populi".[87] Als der Reichtum durch Johanns Hände ging, brachte er nicht Frieden, sondern Krieg: eine demütigende Niederlage auf dem Festland und Bürgerkrieg in England.

[87] Patrologia Latina Bd. 207, Sp. 199–200.

Stefan Weiß

Luxus und Verschwendung am päpstlichen Hof in Avignon und der Ausbruch des Großen Abendländischen Schismas*

Der Zusammenhang von Luxus und Integration ist die leitende Fragestellung dieses Bandes. Damit ist implizit die Frage gestellt, ob dieser Zusammenhang nicht auch negativer Art sein kann, also Luxus und Desintegration zusammengehören. Es handelt sich um ein Problem, welches primär in den Bereich der *longue durée* gehört, repräsentiert etwa durch die Arbeiten von Werner Sombart und Norbert Elias, welche ostentativem Luxus eine wichtige Rolle bei der Entstehung des modernen Kapitalismus bzw. des modernen Staates zugewiesen haben.[1] Immerhin pflegen langfristige, strukturelle Entwicklungen mitunter gleichsam eruptiv in Ereignisse einzumünden, welche keiner der Handelnden vorhergesehen hat. Genau das ist bei einem der wichtigsten Ereignisse des Mittelalters, dem Ausbruch des Großen Abendländischen Schismas, der Fall gewesen.

Man hat mit Recht darauf hingewiesen, daß nichts die katholische Christenheit des späten 14. und frühen 15. Jahrhunderts so leidenschaftlich wie dieses Schisma bewegt hat, verständlicherweise, denn im Unterschied zur sogenannten Großen Politik mit ihren Haupt- und Staatsaktionen war vom Schisma jeder Gläubige direkt betroffen, da die Entscheidung für oder gegen einen der beiden konkurrierenden Päpste massive Folgen für das eigene Seelenheil hatte. Insofern ist es erstaunlich, daß die Frage nach den Gründen für den Ausbruch des Schismas in der Forschung recht stiefmütterlich behandelt wird; im Vordergrund steht bis heute die Rechtsfrage, also die Frage, ob die Kardinäle im Recht waren, als sie Bartholomäus Prignano bzw. Urban VI., den sie einige Monate zuvor selbst gewählt hatten, für einen Intrusus erklärten und an seiner Stelle Robert von Genf bzw. Clemens VII. zum Papst wählten.[2] Dabei ist immerhin eines unbestritten: daß

* Eine veränderte Fassung dieser Studie erscheint unter dem Titel Luxury and extravagance at the papal court in Avignon and the outbreak of the Great Western Schism, in: JOËLLE ROLLO-KOSTER und THOMAS M. IZBICKI (Hrsg.), A Companion to the Great Western Schism (1378–1417), (im Erscheinen).

1 WERNER SOMBART, Der moderne Kapitalismus, 2. Aufl., 3 Bde. in 6 Halbbänden, München und Leipzig 1916–1927; ders., Luxus und Kapitalismus, 2. Aufl., München und Leipzig 1922; NORBERT ELIAS, Die höfische Gesellschaft, Frankfurt a. M. 1983; ders., Über den Prozeß der Zivilisation, 2 Bde., Frankfurt a. M. 1981 (Neudr. der Ausgabe Bern 1969).

2 Für die Ereignisgeschichte des Schismas ist nach wie vor grundlegend NOËL VALOIS, La France et le Grand Schisme d'Occident, 4 Bde., Paris 1896–1902, hier Bd. 1; vgl. auch LUDWIG VON PASTOR, Geschichte der Päpste seit dem Ausgang des Mittelalters, Bd. 1, 5.–7. Aufl., Freiburg 1925, S. 120–210; MICHAEL SEIDLMAYER, Die Anfänge des Großen Abendländischen Schismas. Studien zur Kirchenpolitik insbesondere der spanischen Staaten und zu den geistlichen Kämpfen der Zeit (Spanische Forschungen der Görresgesellschaft, 2. Reihe Bd. 5), Münster 1940; HOWARD KAMINSKY, Simon de Cramaud and

nämlich die juristischen Argumente, mit denen die Kardinäle ihr Tun rechtfertigten, nicht mit ihren Motiven identisch waren. Die Frage nach ihren Motiven wird meist eher im Vorbeigehen beantwortet. Wir können zwei Deutungsmuster unterscheiden, die sich eher ergänzen als widersprechen. Die eine Lehrmeinung – repräsentiert vor allem durch Noël Valois – macht die Person Urbans VI. verantwortlich. Er habe die Kardinäle schlecht behandelt, nicht auf ihren Rat gehört, es abgelehnt, nach Avignon zurückzukehren, ihren luxuriösen Lebensstil einschränken, ja sie zu altapostolischer Einfachheit anhalten wollen. Die Urban gemachten Vorwürfe gipfeln in der Behauptung, er sei mit seiner Wahl zum Papst plötzlich verrückt geworden, gleichsam an Caesarenwahnsinn erkrankt. Wohlgemerkt: für all diese Vorwürfe lassen sich Quellenbelege anführen,[3] und ich will ihre subjektive Berechtigung keineswegs bestreiten. Indes stellt sich doch die Frage, ob wir es hier lediglich mit persönlicher Antipathie zwischen Papst und Kardinälen zu tun haben oder ob diese Antipathie nicht vielmehr Ausdruck eines grundsätzlichen Gegensatzes war. Konflikte zwischen Papst und Kardinalkollegium hatte es schon früher gegeben, ohne daß sie zum Ausbruch eines Schismas geführt hätten, dies mag immerhin als Indiz dafür dienen, daß es um mehr als um persönliche Empfindlichkeiten gegangen ist.

Dies ist auch der Ausgangspunkt für die zweite Lehrmeinung: Sie sieht die Ursache für den Konflikt in einer Frage der Kirchenverfassung. Zuerst begründet worden ist sie von Martin Souchon,[4] seither ist sie vor allem von Walter Ullmann vertreten worden.[5] Es sei um die Frage gegangen, ob die katholische Christenheit gleichsam absolutistisch allein vom Papst regiert werde, oder ob die Kardinäle einen gleichsam konstitutionellen Anspruch auf Mitsprache gehabt hätten. Indes stellt sich hier die Frage, warum und ob überhaupt diese Frage gerade 1378 akut ge-

---

the Great Schism, New Brunswick 1983, S. 1–30; ders., The Great Schism, in: Michael Jones (Hrsg.), The New Cambridge Medieval History, Bd. 6, Cambridge 2000, S. 674–696. Den neusten Überblick bietet JEAN FAVIER, Les papes d'Avignon, Paris 2006, S. 549–598; vgl. auch PAUL OURLIAC Das Schisma und die Konzilien (1378–1449), in: Michel Mollat de Jourdin und André Vauchez (Hrsg.), Die Geschichte des Christentums, Bd. 6: Die Zeit der Zerreißproben, deutsche Ausgabe hrsg. v. Bernhard Schimmelpfennig, Freiburg 1991, S. 75–131; immer noch wertvoll ist KARL A. FINK, Das große Schisma bis zum Konzil von Pisa, in: Hubert Jedin (Hrsg.), Handbuch der Kirchengeschichte, Bd. 3,2, Freiburg 1968, S. 490–516.

3 Vgl. VALOIS, La France, Bd. 1, S. 67–75; SEIDLMAYER, Anfänge, S. 8–15; ARMAND JAMME, Renverser le pape. Droits, complots, et conceptions politiques aux origines du Grand schisme d'Occident, in: Coup d'État à la fin du Moyen Age? Aux fondements du pouvoir politique en Europe occidentale, hrsg. v. Francois Foronda, Jean-Philippe Genet and José Manuel Nicto Soria (Collection de la Casa de Velázquez 91), Madrid 2005, S. 433–482.

4 MARTIN SOUCHON, Die Papstwahlen von Bonifaz VIII. bis Urban VI. und die Entstehung des Schismas 1378, Braunschweig 1888; ders., Die Papstwahlen in der Zeit des großen Schismas. Entwicklung und Verfassungskämpfe des Kardinalats von 1378 bis 1417, 2 Bde, Braunschweig 1898–1899 (Neudr. in einem Bd. Aalen 1970); kritisch bereits ALBERT HAUCK, Kirchengeschichte Deutschlands, Bd. 5,2, 9. unveränderte Aufl., Berlin 1958 (zuerst 1920), S. 679f. Anm. 4; und vor allem die Rezension zu Souchons letztgenanntem Werk von Johannes Haller in: Göttingische Gelehrte Anzeigen (1900), S. 876–903.

5 WALTER ULLMANN, The Origins of the Great Schism. A Study in 14th-century Ecclesiastical History. London 1948.

worden ist. Daß die Kardinäle nach dem Ausbruch des Schismas solche Ansprüche vertreten haben, dafür lassen sich Belege finden, jedoch deutet kaum etwas darauf hin, daß sie diese Ansicht schon vor dem Ausbruch gehabt hätten.[6] Es stellt sich somit die Frage, ob in jener spezifischen Situation von 1378 etwas geschehen ist, was die Frage des Mitspracherechts der Kardinäle virulent werden ließ.

Daß dies in der Tat so war, möchte ich im folgenden darlegen. Meine These geht dahin, daß das Schisma in erster Linie über finanzielle Fragen ausgebrochen ist, bzw. über die Frage, ob und in welchem Maße die päpstlichen wie die kardinalizischen Einnahmen für luxuriöse Lebensführung hätten ausgegeben werden sollen.

Wir müssen hier etwas zurückgreifen. Das Schisma ist 1378 ausgebrochen nach dem unerwarteten Tod Papst Gregors XI. Er hatte im Jahr zuvor den Sitz des Papsttums nach langer Abwesenheit wieder von Avignon nach Rom verlegt. Viele Zeitgenossen, darunter so prominente wie Francesco Petrarca und die Heilige Katharina von Siena,[7] hatten jedoch gefordert, daß mit der Rückkehr nach Rom nicht einfach die Avignoneser Verhältnisse bruchlos nach Rom übertragen werden sollten; die Rückkehr solle vielmehr Teil einer grundsätzlichen Reform der Kirche – einer Reform an „Haupt und Gliedern" – sein. Auch an der Kurie gab es eine starke Strömung, welche in diese Richtung ging. Vor allem Gregors Vorgänger, Urban V., ist hier zu nennen, seine reformerische Tätigkeit hat jüngst Ludwig Vones eingehend dargestellt.[8] Urban V. hatte ja schon seinerseits versucht, das Papsttum wieder nach Rom zurückzuführen.

Wir müssen uns also, um den Ausbruch des Schismas zu verstehen, zunächst dem Avignoneser Papsttum zuwenden. Dieses genießt damals wie heute keinen guten Ruf.[9] Als prominenten Zeitgenossen können wir abermals Francesco

---

[6] Am wichtigsten ist in diesem Zusammenhang eine Wahlkapitulation aus dem Jahre 1353. Nach dem Tode Clemens VI. hatten die Kardinäle gefordert, der neue Papst solle ihre Rechte in einem besonderen Gesetz anerkennen. Dies hat Innozenz VI. jedoch abgelehnt. Vgl. seine Konstitution *Sollicitudo pastoralis* von 6. Juli 1353 in: Pierre Gasnault und Marie-Hyacinte Laurent (Hrsg.), Innozenz VI. (1352–1362): Lettres secrètes et curiales, bisher 6 Fasz., Paris 1959–2007, Nr. 435. Zur Sache vgl. GUILLAUME MOLLAT, Contribution à l'histoire du Sacré Collège de Clément V à Eugène IV, in: Revue d'histoire ecclésiastique 46 (1951), S. 22–112 u. 566–594, hier S. 100. Über die Problematik der päpstlichen Wahlkapitulationen vgl. jetzt vor allem THOMAS KRÜGER, Überlieferung und Relevanz der päpstlichen Wahlkapitulationen. Zur Verfassungsgeschichte von Papsttum und Kardinalat, in: Quellen und Forschungen aus italienischen Archiven und Bibliotheken 81 (2001), S. 228–255 (dort die ältere Literatur); ders., Die zwei Körper des Papstes, in: Heinz Krieg und Alfons Zettler (Hrsg.). In frumento et vino optima, Festschrift für Thomas Zotz, Osfildern 2004, S. 297–316, hier S. 313, Anm. 75. Demnach hat es bei der Doppelwahl von 1378 keine Kapitulationen gegeben, sehr wohl aber bei den folgenden Papstwahlen, und zwar in beiden Obödienzien.

[7] Über die Rolle Katharinas von Siena im Schisma vgl. PASTOR, Geschichte der Päpste, Bd 1, S. 108–110 und S. 136f.

[8] LUDWIG VONES, Urban V. (1362–1370). Kirchenreform zwischen Kardinalkollegium, Kurie und Klientel (Päpste und Papsttum, Bd. 28), Stuttgart 1998.

[9] Vgl. DANIEL P. WALEY, Opinions of the Avignon Papacy: A Historiographical Sketch, in: Storiografia e storia. Studi in onore di Eugenio Dupré Theseider, Bd. 1, Rom 1974, S. 175–188; THOMAS M. MARTIN, Das avignonesische Papsttum im Spiegel der zeitgenössischen Kritik, in: Mitteilungen des Oberhessischen Geschichtsvereins Giessen, Neue Folge 77 (1992), S. 445–477.

Petrarca heranziehen, der ja selbst lange im päpstlichen Avignon gelebt hat, also Augen- und Zeitzeuge war. Immer wieder geißelt er den Luxus und die Verschwendung, welchen Papst und Kardinäle getrieben hätten, um dann ihren Lebensstil wirksam mit dem Christi und der Apostel zu kontrastieren.[10] Mit dem Vorwurf des Luxus, der Verschwendung hängt eng ein weiterer zusammen, der Vorwurf der Habgier. Um ihren ausschweifenden Lebenswandel zu finanzieren, hätte die Kurie die Kirche mit immer neuen Abgaben belastet.[11]

Die Frage, ob und inwieweit diese Vorwürfe berechtigt waren, ist keineswegs leicht zu beantworten. Man hat schon lange gemerkt, daß Petrarca und die anderen zeitgenössischen Kritiker der Kurie alles andere als originell waren, daß sie weitgehend Topoi variierten, die seit jeher zum Arsenal der Kirchen- und Papstkritik gehört haben.[12] Sicher ist, daß wir sehr stark nach einzelnen Pontifikaten differenzieren müssen. Einen ersten Eindruck mag ein Diagramm (siehe folgende Seite) geben, in dem die kurialen Küchenausgaben und der Weinverbrauch nach einzelnen Pontifikaten aufgeschlüsselt sind.[13]

Daß die Unterschiede zwischen den einzelnen Päpsten erheblich waren, ist offensichtlich. Freilich, der naheliegende Schluß, daß die Päpste, welche hier den geringsten Aufwand zu verbuchen hatten, auch die sparsamsten gewesen sind, stimmt so nicht. Im päpstlichen Gesamthaushalt machten die Lebensmittelausgaben nur einen kleinen Teil der Ausgaben aus; die Hauptausgabeposten waren einerseits die Posten für den Palastbau – hier sind vor allem Benedikt XII. und Clemens VI. zu nennen – ansonsten die Ausgaben für den Krieg in Italien. Unter Johannes XXII. und dann wieder unter Innozenz VI., Urban V. und Gregor XI. war die Unterwerfung des Kirchenstaates, die ihrerseits wieder die Voraussetzung für Rückkehr des Papsttums nach Rom war, das alles beherrschende Ziel der päpstlichen Politik. Diese These läßt sich auf Heller und Pfennig belegen, weil wir in den päpstlichen Rechnungsbüchern die entsprechenden Ausgaben minutiös verzeichnet finden.[14] Bei den genannten vier Päpsten machten die Ausgaben für den Krieg in Italien durchschnittlich 50–60 Prozent der Ausgaben aus, für die Küche waren

---

[10] Vgl. vor allem PAUL PIUR (Hrsg.), Petrarcas Liber sine nomine, Petrarcas „Buch ohne Namen" und die päpstliche Kurie : Ein Beitrag zur Geistesgeschichte der Frührenaissance (Deutsche Vierteljahrsschrift für Literaturwissenschaft und Geistesgeschichte, Buchreihe 6), Halle 1925; zu Petrarca vgl. VONES, Urban V., S. 5f. und jetzt auch KARLHEINZ STIERLE, Francesco Petrarca. Ein Intellektueller im Europa des 14. Jahrhunderts, Darmstadt 2003, S. 263–375 (freundlicher Hinweis von Werner Paravicini).

[11] Zur zeitgenössischen Kritik an der Kurie vgl. HALLER, Papsttum und Kirchenreform, Bd. 1, S. 3–7; PASTOR, Geschichte der Päpste, Bd. 1, S. 78–82.

[12] So schon HALLER, Papsttum und Kirchenreform, Bd. 1, S. 10f.

[13] Vgl. STEFAN WEISS, Die Versorgung des päpstlichen Hofes in Avignon mit Lebensmitteln (1316–1378). Studien zur Sozial- und Wirtschaftsgeschichte eines mittelalterlichen Hofes, Berlin 2002, S. 193–203; PHILIPPE GENEQUAND, Les recettes et les dépenses de la caisse centrale de la papauté d'Avignon sous Clément VII (1378–1394): édition des résultats comptables et analyses, in: Mélanges de l'École Française de Rome – Moyen Age 114/1 (2002), S. 391–524.

[14] Vgl. vor allem YVES RENOUARD, Les relations des papes d'Avignon et des compagnies commerciales et bancaires de 1316 à 1378 (BEFAR 151), Paris 1941; ders., Recherches sur les Compagnies commerciales et bancaires utilisées par les papes d'Avignon avant le Grand Schisme, Paris 1942.

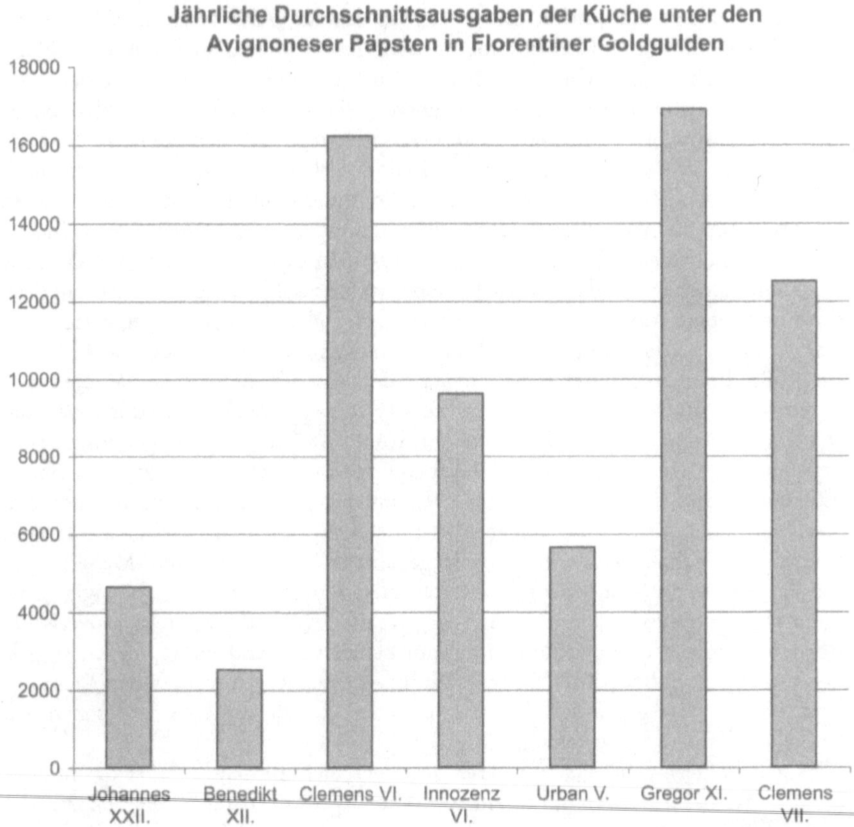

es zwei bis vier Prozent. Wir können sogar konstatieren, daß es – mit Ausnahme von Benedikt XII. – gerade die sparsamen Päpste waren, bei denen die Ausgaben für den Italienkrieg am höchsten waren. Mit anderen Worten: Kosten für Luxus und Kosten für Krieg konkurrierten miteinander: wollte man genügend Mittel für die Kriegsführung aufbringen, dann mußte man die Ausgaben für Luxus im weitesten Sinne, also in erster Linie für prunkvolle Hofhaltung, möglichst einschränken. Wir sehen das recht gut an der oben abgedruckten Graphik: Johannes XXII. war ein sehr kriegerischer Papst, der mit Nachdruck, wenn auch mit wenig Erfolg, in Italien Krieg geführt hat. Er war sowohl für seine Habgier wie für seinen Geiz, nicht aber für seine Verschwendung berüchtigt. Benedikt XII. hat den Krieg in Italien völlig eingestellt, er war der friedlichste der Avignoneser Päpste; an dem Chaos in Mittelitalien hat er freilich nichts ändern können. Clemens VI. hat unser Bild von Avignoneser Papsttum am meisten geprägt; mit vollen Händen hat er das Geld unter die Leute gebracht, Italien hat er weitgehend sich selbst überlassen. Unter Innozenz VI. erfolgte dann ein grundsätzlicher Kurswechsel, er hat mit der Entsendung des Kardinals Albornoz nach Italien die Unterwerfung des Kirchenstaates wiederaufgenommen und zugleich begonnen, die Ausgaben für die Hofhaltung zurückzuschrauben. Urban V. ist diesen Weg konsequent weitergegangen.

Dann aber, mit Gregor XI., trat eine grundlegende Änderung ein. Er war ein Neffe Clemens' VI., und hat offenbar dessen Hofhaltung zu kopieren, ja zu übertreffen versucht. Indes, Clemens VI. hatte noch auf die wohlgefüllten Schatztruhen seiner Vorgänger zurückgreifen können, er hatte außerdem kostspielige Kriege in Italien tunlichst vermieden. Beides war bei Gregor XI. nicht der Fall. Außenpolitisch hat er die Linie Innozenz' VI. und Urbans V. konsequent und auch erfolgreich weitergeführt. Es gelang ihm, ein Bündnis diverser oberitalienischer Mächte gegen die Mailänder Visconti – die Hauptgegner des Papsttums in Italien – zustande zubringen. Gegen Ende des Jahres 1376 ist nicht nur Gregor XI. nach Rom aufgebrochen, sondern ist auch ein päpstliches Söldnerheer, geführt von dem Kardinal Robert von Genf, über die Alpen nach Italien vorgedrungen; diesem gelang es, bedeutende Erfolge gegen Mailand und Florenz zu erzielen. 1378 begann ein großer Friedenskongreß in Sarzana, auf dem fast alle italienischen Mächte vertreten waren, auf dem man unter dem Vorsitz eines päpstlichen Legaten einen allgemeinen Frieden zu schließen hoffte.[15] Insofern ist Gregor ein sehr erfolgreicher Papst gewesen, freilich, diese Erfolge haben ihren Preis gehabt, und zwar im buchstäblichsten Sinne. Zwar ist es seinem Kämmerer gelungen, die Einnahmen der Kurie auf ein zuvor nie erreichtes Maß zu steigern, indes die Ausgaben stiegen noch weitaus schneller. Das hat Folgen gehabt. In immer stärkerem Maße wurde das Papsttum von Spenden und Krediten auswärtiger Herrscher abhängig, sind politische Entscheidungen förmlich gegen entsprechende Zahlungen verkauft worden. All das brachte freilich immer nur kurzfristige Entlastung, fest steht, daß sich das Papsttum beim Tode Gregors XI. in einer schweren finanziellen Krise befand, einen Ausweg aus dieser Krise zu finden, würde die erste und schwerste Aufgaben des neuen Papstes sein.

Es gab immerhin bereits Vorbilder, an denen sich ein neuer Papst orientieren konnte. Mehrfach hatten schon in der Vergangenheit neugewählte Päpste die finanzielle Lage des Papsttums durch einen strengen Sparkurs, durch eine Bescheidung insbesondere der Kosten für die Hofhaltung, saniert. So war seinerzeit Johannes XXII. vorgegangen, ähnlich hatten Innozenz VI. und dann Urban V. gehandelt. Ähnliche Absichten hat auch Urban VI. gehabt. Bereits die Wahl seines Namens ist hier aufschlußreich. Wir wissen seit langem, daß die Päpste ihren neuen Namen nicht willkürlich annahmen, daß dies vielmehr eine programmatische Aussage war.[16] Mit der Wahl seines neuen Namens machte ein Papst klar, welchem seiner Vorgänger er in besonderem Maße nacheifern wollte. Dadurch, daß Bartholomäus Prignano sich Urban nannte, machte er deutlich, daß er sich Urban V. zum Vorbild erwählt hatte,[17] den Papst, der die Ausgaben für die Hof-

---

[15] Einen guten Überblick bietet GUILLAUME MOLLAT, Les papes d'Avignon (1305-1378), 10. Aufl., Paris 1965, S. 258-261.

[16] Vgl. BERND ULRICH HERGEMÖLLER, Die Geschichte der Papstnamen, München 1980, der auf die hier interessierenden Fälle jedoch nicht eingeht.

[17] Die Ähnlichkeit Urbans VI. mit Urban V. war wohl größer, als es Urban VI. bewußt gewesen ist. Anscheinend hatten einige Kardinäle die Absicht gehabt, schon Urban V. abzusetzen, was jedoch nicht zur Ausführung gekommen ist. Vgl. VONES, Urban V., S. 211 mit Anm. 5 nach der Aussage des Franziskus de Aguzzonis, Bischofs von Faenza und späteren Kardinals in: LUDWIG PASTOR (Hrsg.), Ungedruckte Akten zur Geschichte

haltung beinahe wieder auf den Stand von Johannes XXII. und Benedikt XII. zurückgefahren hatte. Das mußte an sich keinen Widerstand im Kollegium hervorrufen. Die Finanzkrise war den Kardinälen kein Geheimnis, gerade weil sie eine Sanierung der päpstlichen Finanzen für nötig hielten, dürften sie Prignano gewählt haben, war er ihnen doch als sittenstrenger Mann und erfahrener Administrator bekannt.[18]

Freilich – und hier begannen die Kardinäle zu erkennen, daß sie einen Fehler gemacht hatten – Urban VI. wollte sich nicht darauf beschränken, die päpstlichen Finanzen zu sanieren, er wollte auch die Kardinäle bzw. das Geld der Kardinäle zu diesem Zweck heranziehen. Und – damit nicht genug – er wollte auch den Lebensstil der Kardinäle grundlegend reformieren. Wir müssen uns die finanzielle Lage der Kardinäle vor Augen halten. Diese war – was vielleicht überraschen wird – erheblich besser als die des Papstes selbst. Die Kardinäle hatten zwei Haupteinnahmequellen: zum einen die Einnahmen aus ihren Pfründen, zum anderen erhielten sie einen Anteil aus den päpstlichen Einnahmen. Wir wissen leider kaum etwas über die Höhe der Einnahmen aus den Pfründen,[19] dafür aber könnte man die Gelder, welche sie aus der zweiten Einnahmequelle bezogen, doch wenigstens annähernd bestimmen. Bestimmte Einnahmearten der Kurie – die großen Servitien, die Visitationsgelder, die Census und die Einnahmen aus den verschiedenen Provinzen des Kirchenstaates – wurden jeweils zur Hälfte zwischen der päpstlichen Kammer und der Kammer des Kardinalskollegiums geteilt.[20] Die Kardinalskammer verteilte dann ihren Anteil der eingegangenen Gelder zu gleichen Teilen an die Mitglieder des Kollegiums. Über die Rechnungsbücher der päpstlichen Kammer sind so indirekt auch die Einnahmen der Kardinalskammer greifbar, man müßte zu den entsprechenden Einnahmetiteln der päpstlichen Kammer jeweils die gleiche Summe hinzuaddieren; diese ist an die Kardinalskammer gegangen.

Überhaupt können wir die Bedeutung dieser Kardinalskammer, der *camera collegii cardinalium*, kaum hoch genug einschätzen. Wir reden zwar immer gern vom ‚Kollegium' der Kardinäle, indes existierte dieses institutionell ausschließlich in Form dieser Kammer. Ansonsten war es in das Belieben der Päpste gestellt, inwieweit sie die Kardinäle als Einheit oder als Einzelpersonen behandelten.

Die große Bedeutung der Kammer, also der Finanzverwaltung, können wir gleichsam spiegelbildlich auch auf Seiten der Päpste wahrnehmen: Die wichtigste kuriale Institution war die *camera apostolica*, die päpstliche Kammer; man hat

---

der Päpste vornehmlich im XV., XVI. und XVII. Jahrhundert, Freiburg im Breisgau 1904, S. 10–15.

[18] Bekanntlich hatte Bartholomäus Prignano durchaus schon vor seiner Wahl zum engeren Kreis der Kandidaten gehört, die als Nachfolger Gregors XI. im Gespräch waren. Es geht also nicht an, seine Wahl ausschließlich auf den Druck der erregten Volksmenge zurückzuführen. Vgl. SEIDLMAYER, Anfänge, S. 4–6.

[19] Als Fallstudie vgl. ANDREAS REHBERG, Kirche und Macht im römischen Trecento: Die Colonna und ihre Klientel auf dem kurialen Pfründenmarkt (1278–1378) (Bibliothek des Deutschen Historischen Instituts in Rom, Bd. 88), Tübingen 1999, S. 101–119.

[20] Immer noch grundlegend sind JOHANN P. KIRSCH, Die Finanzverwaltung des Kardinalkollegiums im 13. und 14. Jahrhundert, Münster 1895, und PAUL M. BAUMGARTEN, Untersuchungen und Urkunden über die Camera Collegii Cardinalium für die Zeit von 1295 bis 1437, Leipzig 1898.

ihren Vorsteher, den Kämmerer, gar den „Premierminister“ des Papstes genannt.[21] Zur Illustration dieser These sei nur ein Beispiel herausgegriffen: Im Papstpalast von Avignon hatte der Kämmerer sein Schlafzimmer direkt unter dem des Papstes, beide waren durch eine Treppe verbunden.[22] Er war somit derjenige Ratgeber, der dem Papst auch räumlich am nächsten war.

In dem Maße, in dem die päpstlichen Einnahmen stiegen, stiegen somit auch die Einnahmen der Kardinäle. Insofern war – aus der Sicht des Kollegiums – Gregor XI. ein sehr guter Papst gewesen, war es ihm doch gelungen, die Einnahmen auf einen nie zuvor erreichten Stand zu erhöhen. An den Kosten für den Krieg in Italien dagegen war das Kollegium nicht beteiligt, diesen mußte der Papst aus seinen Einnahmen allein finanzieren. Wir haben schon gehört, daß er dazu immer weniger in der Lage war, er hatte mehrfach schon Kredite bei den Kardinälen aufnehmen müssen. Kurzum: während unter Gregor XI. die Kurie in immer größere Finanznot geriet, durften sich die Kardinäle über ständig steigende Einnahmen freuen.

Daß dies auf die Dauer nicht so weitergehen konnte, dürfte wenigstens dem Großteil der Kardinäle klar gewesen sein, warum hätten sie sonst Urban VI. gewählt? Womit sie freilich nicht gerechnet haben dürften, waren die Versuche Urbans, seine Hand auf ihre Einkünfte zu legen. Schon kurz nach seiner Wahl kam es zum ersten Eklat. Üblicherweise pflegte ein neugewählter Papst seinen Wählern, also den Kardinälen, ein größeres Geldgeschenk zu machen; üblich waren 75 000 bis 100 000 Gulden, eine Summe, die dann zu gleichen Teilen unter die Kardinäle verteilt wurde.[23] Das war ein recht beträchtlicher Betrag, etwa ein Viertel oder Drittel einer durchschnittlichen päpstlichen Jahreseinnahme. Als Urban jedoch keine Anstalten für eine derartige Schenkung machte und die Kardinäle nachfragten, erwiderte er, es sei kein Geld im Schatz, also könne er ihnen nichts geben.[24]

Aber damit nicht genug, auch in ihren Lebensstil mischte der Papst sich ein. Dafür gab es immerhin Präzedenzfälle. Schon Johannes XXII. und Innozenz VI. – beides sparsame Päpste, die auf verschwenderische folgten – hatten Konstitutionen erlassen, welche den Luxus, den die Kardinäle trieben, einzuschränken versuchten.[25] Nur als Beispiel seien die Vorschriften über das Essen herausgegriffen. Johannes XXII. hatte festgelegt, daß die Hauptmahlzeit eines Kardinals lediglich

[21] So BERNARD GUILLEMAIN, La cour pontificale d'Avignon. Étude d'une société (Bibliothèque des Écoles Françaises d'Athènes et de Rome, Bd. 201), Paris 1962, S. 278.

[22] Vgl. BERNHARD SCHIMMELPFENNIG, Ad maiorem papae gloriam. Oder: Wozu dienten die Räume des Papstpalastes in Avignon?, in: ders., Papsttum und Heilige – kirchliches Recht und Zeremoniell. Ausgewählte Aufsätze, hrsg. v. Georg Kreuzer und Stefan Weiß, Neuried 2005, S. 292–320, hier S. 303.

[23] Vgl. BAUMGARTEN, Untersuchungen, S. CLIIIf. und ders., Miscellanea Cameralia II,I: Wahlgeschenke der Päpste an das heilige Kollegium, in: Römische Quartalschrift 22 (1908), S. 36–47. Am sparsamsten war Urban V. gewesen, der lediglich 40 000 Gulden hatte verteilen lassen. Vgl. BAUMGARTEN, Miscellanea, S. 42f.

[24] MARC DYKMANS, La troisième élection du pape Urbain VI, in: Archivum historiae pontificiae 15 (1977), S. 217–264, hier S. 257.

[25] NORMAN P. ZACOUR, Papal Regulation of Cardinals' Households in the Fourteenth Century, in: Speculum 50 (1975), S. 434–455.

aus zwei Gängen zu je zwei Fleisch- oder Fischgerichten bestehen dürfe, sowie – nach Belieben – aus Vorsuppe, Nachtisch, Zwischengerichten, Obst, Süßigkeiten und Beilagen im weitesten Sinne. Wohlgemerkt, das war eine Vorschrift, die einschränkend gedacht war; man wird davon ausgehen müssen, daß es zumindest bei manchen Kardinälen doch schon erheblich üppiger zugegangen war. Auch war diese Vorschrift lediglich für das alltägliche Essen bestimmt, sie wurde ausdrücklich für den Fall außer Kraft gesetzt, daß ein Kardinal Gäste bewirtete; dann stand es ihm frei, welchen Aufwand er betreiben wollte.

Innozenz VI. hat dann eine ähnliche Konstitution erlassen, ein Vergleich beider Stücke zeigt sehr schön, wie der Lebensstandard sich seither entwickelt hatte. Während Johannes noch von *einer* täglichen Hauptmahlzeit ausgegangen war, sieht Innozenz deren *zwei* vor, und auch was die Zahl der Gänge und Gerichte betrifft, ist er großzügiger als sein Vorgänger.[26] Wohlgemerkt, auch dies war eine Vorschrift, die einschränkend gedacht war, abermals wird man damit rechnen müssen, daß manche Kardinäle noch Besseres gewohnt waren.

Und nun Urban VI.: Er plante allen Ernstes, die Kardinäle sollten sich beim Mittag- und Abendessen mit einem einzigen Gang aus einem einzigen Gericht begnügen![27] Man versteht jetzt, warum manche Kardinäle der Ansicht waren, er sei plötzlich verrückt geworden. Wie auch immer es nun um seinen Geisteszustand bestellt gewesen sein mag, offensichtlich ist, daß seine Reformpläne in vielfacher Hinsicht an zeitgenössische Forderungen zur Reform der Kirche anknüpften. Diese gipfelten – ich erwähnte es schon – in dem bekannten Schlagwort von der „Reform an Haupt und Gliedern". Nun hat man zwar mit Recht darauf hingewiesen, daß nicht wenige von Urbans VI. Vorgängern erhebliche Anstrengungen zur Reform der Kirche unternommen hatten,[28] der Unterschied besteht aber darin, daß diese sich weitgehend auf die Reform „der Glieder" beschränkt hatten, während Urban VI. mit den Reformen am „Haupt" – also an der Kurie selbst – beginnen wollte. Seine Pläne entbehrten nicht der Logik, gerade insoweit die Finanzen betroffen waren: In dem Maße, in dem die Kardinäle ihren Luxus einschränkten, konnten sie ihr Geld für andere Zwecke einsetzen, insbesondere für ihre Kirchen. Man sollte nicht übersehen, daß 1377 nicht nur der Papst nach Rom auf seinen angestammten Bischofssitz zurückgekehrt war, sondern auch die Kardinäle zu ihren Titelkirchen. Jeder Kardinal war ja entweder Bischof eines suburbikarischen Bistums oder Presbyter bzw. Diakon einer stadtrömischen Kirche bzw. Diakonie. Die meisten Kardinäle haben diese ihre Kirchen 1377 erstmals zu Gesicht bekommen, zuvor waren diese jahrzehntelang verwaist gewesen und weitgehend in Verfall geraten.[29] Hier Abhilfe zu schaffen, war Urbans Anliegen; in den Klagen über den neuen Papst wird hervorgehoben, er habe angekündigt, er wolle den Kardinälen ihren Anteil an den Servitien – das war die einträglichste der aufzuteilenden Einnahmearten – nicht mehr auszahlen lassen, er wolle diesen viel-

---

26 Vgl. WEISS, Versorgung, S. 277f.

27 SEIDLMAYER, Anfänge, S. 10 mit Anm. 34 (dort die Quellenbelege zusammengestellt).

28 Vgl. jetzt vor allem VONES, Urban V., S. 34–39 (dort die ältere Literatur).

29 Vgl. PASTOR, Geschichte der Päpste, Bd. 1, S. 81f.

mehr dazu verwenden, ihre Titelkirchen wieder instandzusetzen.[30] Aus der Sicht der Kardinäle muß dies als ein drohender Dammbruch erschienen sein; ihnen wurde implizit die Verfügungsgewalt über eine ihrer wichtigsten Einnahmequellen entzogen.

Nicht nur bei den Ausgaben, sondern auch bei den Einnahmen der Kardinäle setzte der Reformeifer des neuen Pontifex somit an. Er wollte ihnen verbieten, sich Pensionen von auswärtigen Fürsten zahlen zu lassen.[31] Ich habe schon erwähnt, daß es unter Gregor XI. nicht selten war, daß der Papst sich in seinen Entscheidungen von Zahlungen der jeweiligen Bittsteller bestimmen ließ, nur als ein Beispiel sei die Approbation der Wahl König Wenzels von Böhmen zum römischen König genannt. Analoges galt auch für die Kardinäle, welche man auf diese Weise dem eigenen Anliegen günstig stimmen wollte.[32]

Mit dem Verbot der Pensionen war aber keineswegs das Ende der päpstlichen Zumutungen erreicht. Die ganze Leidenschaft des neuen Papstes galt dem Kampf gegen die Simonie, also gegen den Ämterkauf. Auch das war an sich nichts Neues oder Bedrohliches, viele Päpste hatten schon Maßnahmen gegen diese ergriffen. Jedoch hat der Kampf gegen die Simonie bei Urban eine besondere Stoßrichtung gehabt, insofern sie sich gegen die gerade bei den Kardinälen häufige Pfründenhäufung richtete. Bekanntlich hatte ja jeder Kardinal zahlreiche Pfründen, d.h. kirchliche Ämter, inne und bezog die damit verbundenen Einnahmen. Die damit verbundenen Amtspflichten wurden jedoch, – wenn überhaupt – von einem gering besoldeten Vertreter wahrgenommen. Das wollte Urban beseitigen. Auf die Anfrage der Kardinäle, ob nicht sie selbst von dem geplanten Gesetz gegen die Simonie ausgenommen werden würden, antwortete der Papst, er werde nicht einmal seinen eigenen Neffen von der neuen Vorschrift entbinden. Gerade auf diesem Feld waren die Kardinäle in einer sehr schwachen Position. Generell nämlich untersagte das Kirchenrecht die Pfründenhäufung;[33] daß sie dennoch legal möglich war und gerade bei den Kardinälen gehäuft vorkam, lag einzig daran, daß der Papst ihnen – zumindest bisher – die nötigen Dispense erteilt hatte. Mit anderen Worten: Auch in ihrer zweiten Haupteinnahmequelle, den Pfründen, waren die Kardinäle bedroht.[34]

---

[30] Aussage des Johannes Remigius (Bibliothèque nationale de France, Paris, ms. latin 11745, fol. 106r, vgl. SEIDLMAYER, Anfänge. S. 219f.) bei ETIENNE BALUZE (Hrsg.), Vitae paparum Avenionensium, neu hrsg. v. G. Mollat, 4 Bde., Paris 1914–1927 (1. Aufl. Paris 1693), hier Bd. 2, S. 515 mit Anm. 3; vgl. SOUCHON, Die Papstwahlen in der Zeit des Großen Schismas, Bd. 1, S. 6.

[31] SEIDLMAYER, Anfänge, S. 10f. mit Anm. 35 sowie S. 274 und S. 288.

[32] Beispiele für derartige Pensionen findet man bei REHBERG, Kirche und Macht, S. 152f.

[33] Einschlägig ist hier die Konstitution Johannes' XXII. *Exsecrabilis* von 19. 11. 1317: Extravag. Joh. XXII. tit. 3, in: Emil Friedberg (Hrsg.), Corpus juris canonici, Bd. 2, Leipzig 1879, S. 1207. Eine ähnliche Konstitution – *Horribilis et detestabilis* von 1. 2. 1363 – hat auch Urban V. erlassen. Vgl. dazu vor allem VONES, Urban V., S. 290–296. Bezeichnenderweise hat jedoch Urban V. – anders als später Urban VI. – die Kardinäle von ihrer Durchführung ausgenommen (ebd., S. 292).

[34] Vgl. besonders die Aussage des fr. Gundisalvus bei SEIDLMAYER, Anfänge, S. 298 und S. 10f. (mit Zusammenstellung der Belege).

Daß es Urban VI. mit seinem Anliegen durchaus ernst war, können wir aus seinem Verhalten nach dem Ausbruch des Schismas erkennen; er hat immerhin versucht, diese Politik durchzuhalten. Dietrich von Niem etwa rühmt ihm nach, er habe sich während seiner gesamten Amtszeit niemals mit Simonie befleckt, er habe vielmehr alle Benefizien ohne Entgelt vergeben und – vor allem – habe er immer im Gedächtnis behalten, wem er welche Pfründe verliehen habe, weil er ihm keinen Mitbewerber habe geben wollen.[35]

Bis zur Wahl Clemens' VII. hat sich der Konflikt zwischen Urban und den Kardinälen ständig zugespitzt. Anscheinend ist Urban sehr bald zu dem Schluß gekommen, daß er auf eine Unterstützung der Kardinäle bei seinem Vorhaben nicht zählen konnte. Schon unmittelbar nach seiner Krönung begann er, eine Anzahl ihm von früher bekannter Neapolitaner als vertraute Ratgeber an die Kurie zu berufen, sie waren gleichsam die Speerspitze der entstehenden neapolitanischen Dominanz an der neuen Kurie, welche Urban dann nach dem Ausbruch des Schismas aufzubauen beginnen sollte. Diese neuen Ratgeber konnten sich bevorzugter Behandlung Urbans erfreuen, während die Kardinäle, die herkömmlicherweise die wichtigsten Berater des Papstes waren, zunehmend aus dieser Funktion verdrängt wurden.[36] Der neue Papst war der Ansicht, sie sollten zu ihren Titelkirchen zurückkehren und dort ihrer Residenzpflicht genügen. Aber noch Schlimmeres hatten sie zu befürchten: Urban machte kein Geheimnis daraus, daß er neue Kardinäle ernennen wollte, selbstverständlich solche, auf die er glaubte zählen zu können. Nun war es an sich nichts Ungewöhnliches, daß ein neuer Papst neue Kardinäle ernannte, neu war aber, daß er eine außergewöhnlich große Anzahl ernennen und daß er den Rat und die Zustimmung der alten Kardinäle bei den Neuernennungen nicht einholen wollte.[37] Nach den an der Kurie kursierenden Gerüchten sollten 20 bis 30 neue Kardinäle ernannt werden; sie hätten die bereits amtierenden 22 Kardinäle völlig majorisiert. Aber nicht allein deshalb dürften sich die Kardinäle von diesem Vorhaben bedroht gefühlt haben; es hätte auch massive finanzielle Folgen

---

[35] THEODERICUS DE NIEM, De scismate libri tres, hrsg. v. G. Erler, Leipzig 1890, S. 58. Über Dietrich von Niem vgl. vor allem HERMANN HEIMPEL, Dietrich von Niem (c. 1340–1418) (Westfälische Biographien, Bd. 2), Münster 1932.

[36] Vgl. ARMAND JAMME, Renverser le pape, S. 445 nach dem Bericht des Cristoforo da Piacenza. Ediert bei Pastor, Geschichte der Päpste, Bd. 1, S. 806f.; A. SEGRE, I dispacci di Cristoforo da Piacenza procuratore mantovano alla corte ponteficia, 1371-1383, in: Archivio storico italiano, 5. Serie, Bd. 43 (1909), S. 27–95 und Bd. 44 (1909), S. 253–326, hier Bd. 44, S. 272, Nr. 31; WALTER BRANDMÜLLER, Zur Frage nach der Gültigkeit der Wahl Urbans VI. – Quellen und Quellenkritik, in: Annuarium Historiae Conciliorum 6 (1974), S. 78–120, hier S. 119, Nr. 24 (24. 6. 1378), der anders als ARNOLD ESCH, Das Papsttum unter der Herrschaft der Neapolitaner. Die führende Gruppe Neapolitaner Familien an der Kurie während des Schismas 1378–1415, in: Festschrift für Hermann Heimpel, Bd. 2 (Veröffentlichungen des Max-Planck-Instituts für Geschichte, Bd. 36/2), Göttingen 1971, S. 713–800, hier S. 719f., die Invasion der Neapolitaner an der Kurie schon vor dem Ausbruch des Schismas beginnen läßt.

[37] DIETER GIRGENSOHN, Wie wird man Kardinal? Kuriale und außerkuriale Karrieren an der Wende vom 14. zum 15. Jahrhundert, in: Quellen und Forschungen aus italienischen Archiven und Bibliotheken 57 (1977), S. 138–162; BRIGIDE SCHWARZ, Über Patronage und Klientel in der spätmittelalterlichen Kirche, in: Quellen und Forschungen aus italienischen Archiven und Bibliotheken 68 (1988), S. 284–310.

gehabt. Wie schon ausgeführt, wurde der den Kardinälen zustehende Anteil an den päpstlichen Einnahmen nach gleichen Teilen unter diese aufgeteilt. Mit anderen Worten: Verdoppelte sich die Anzahl der Kardinäle, halbierte sich der Anteil des einzelnen Kardinals an diesen Einnahmen.

Dies – die Ernennung von 29 neuen Kardinälen am 18. September durch Urban VI. – hat dann offenbar aus der Sicht der alten Kardinäle das Faß gleichsam zum Überlaufen gebracht: Zwei Tage später, am 20. September 1378, schritten sie zur Wahl Roberts von Genf, ist somit das Schisma förmlich ausgebrochen. Es ist aber bezeichnend und beweist, daß hier ein grundsätzlicher Gegensatz zwischen Urban und den Kardinälen bestand, daß Urban VI. auch mit dem von ihm kreierten neuen Kollegium, das ja – wohlgemerkt – ausschließlich aus von ihm ernannten Kardinälen bestand, beständig im Streit lag. Er ist einmal nur knapp einer Verschwörung einiger Kardinäle entgangen; sie hatten ihn absetzen wollen; er seinerseits hat sie foltern und hinrichten lassen.[38] Der Hintergrund dieses Dauerkonflikts ist eben darin zu sehen, daß die neuen Kardinäle selbstverständlich die gleichen Vergünstigungen wie die alten genießen wollten,[39] dies aber im Widerspruch zu Urbans Reformabsichten stand.

Ich fasse zusammen: Unmittelbar nach seiner Wahl ist Urban VI. mit einem grundlegenden Reformprogramm hervorgetreten – das war es, was seine Wähler von ihm erwartet hatten. Anders aber als sie erwartet hatten, setzte dieses Reformprogramm bei ihnen selbst – den Wählern – an, mutete ihnen neue Ausgaben, verkleinerte Einnahmen und eine Beschneidung ihres gesamten Lebensstils zu.[40]

Analoge Absichten hat Urban VI. auch im Hinblick auf die Kurialen gehabt. Ein radikales Zurückfahren der Ausgaben für die Hofhaltung hätte ja in erster Linie sie betroffen. Es ist bezeichnend, daß neben den Kardinälen der päpstliche Kämmerer, Petrus de Cos, einer der Hauptbetreiber des Schismas war.[41] Der Kämmerer aber war zugleich der eigentliche Vorsteher des päpstlichen Haushaltes, derjenige, dem die Kurialen den Treueid leisteten, von dem sie ihr Gehalt erhielten. Darüber hinaus war er während einer Vakanz sogar das Oberhaupt der Kurie, insofern er – solange kein neuer Papst amtierte – die Finanz- und Hofverwaltung selbständig leitete. Daß er in Übereinstimmung mit den meisten Kurialen handel-

---

38 Vgl. Pastor, Geschichte der Päpste, Bd. 1, S. 146 mit Anm. 3.

39 Von Urbans VI. Nachfolger, Bonifaz IX., ist belegt, daß er den Kardinälen keineswegs immer ihren Anteil an den Servitien hat auszahlen lassen, diesen vielmehr nicht selten ebenfalls beansprucht hat. Vgl. BAUMGARTEN, Untersuchungen, S. 256, Nr. 354 und GERD TELLENBACH, Beiträge zur kurialen Verwaltungsgeschichte im 14. Jahrhundert, in: QFIAB 24 (1932/33), S. 150–187, hier S. 152–158. Für Urban VI. sind die entsprechenden Quellen leider nicht erhalten.

40 Es sei nur am Rande vermerkt, daß auch in die Beziehungen Urbans VI. mit hochgestellten Laien die Geldfrage hineinspielte. Man kennt die bedeutende Rolle, welche Onorato Caetani, der Graf von Fondi, beim Ausbruch des Schismas spielte. Er schützte die Kardinäle vor dem Zorn Urbans VI.; in seinem Palast fand die Wahl Clemens VII. statt. Seine Feindschaft gegen Urban rührte unter anderem daher, daß dieser sich geweigert hatte, ihm einen Kredit von 20000 Gulden zurückzuzahlen, welche Onorato Caetani seinem Vorgänger geliehen hatte. Vgl. VALOIS, La France, Bd. 1, S. 77.

41 DANIEL WILLIMAN, The Camerary and the Schism, in: Genèse et débuts du grand Schisme d'Occident, Avignon 25–28 septembre 1978, Paris 1980, S. 65–71.

te, wird dadurch bewiesen, daß diese fast alle von Urban abfielen und sich Clemens anschlossen. Am Ende stand Urban „allein wie ein Sperling auf dem Dach“, wie ein zeitgenössischer Chronist es ausdrückte.[42] Insofern kann man den Ausbruch des Schismas einerseits als eine Revolte von Kurie und Kardinälen gegen den Papst interpretieren.

Werfen wir nun einen Blick auf Urbans Gegner, Robert von Genf bzw. Clemens VII. Auch bei ihm war der Name Programm.[43] Clemens VI., der letzte Papst dieses Namens, war derjenige Papst gewesen, unter dem das Avignoneser Papsttum zum Synonym für Luxus und Verschwendung geworden war; er hatte den aufwendigsten und eindrucksvollsten Hof unterhalten. Die meisten Kurialen dürften auf seine Amtszeit eher nostalgisch als auf eine gute alte Zeit zurückgeschaut haben. Die Frage, ob sie sich Urban oder Clemens anschließen sollten, lief für sie darauf hinaus, ob sie sich mit einer erheblichen Beschneidung ihres bisherigen Lebensstils abfinden wollten oder ob sie den Papst unterstützen wollten, der eine Weiterführung dieser angenehmen Lebensweise wenigstens in Aussicht stellte. Welche Wahl die Kurialen getroffen haben, haben wir bereits gehört: Fast alle haben sich Clemens VII. angeschlossen. Es ist charakteristisch für Clemens, daß er – ganz anders als Urban – unmittelbar nach seiner Wahl den Wählern das übliche Geldgeschenk gemacht hat – 4000 Gulden für jeden Kardinal, das macht 80000 Gulden für das gesamte Kollegium.[44] Auch was wir von seinem Pontifikat wissen, bestätigt, daß er bestrebt war, die alten Zeiten möglichst weiterzuführen. Das war freilich nur bedingt möglich. Mit dem Schisma war auch ein großer Teil der Einnahmen weggefallen, den Berechnungen Faviers und Genequands zufolge betrugen sie nur noch rund die Hälfte der zuletzt unter Gregor XI. erzielten Summe.[45] Dagegen sind die Küchenausgaben – wieder im Vergleich zu Gregor XI. – nur geringfügig zurückgegangen;[46] sie liegen weit über denen Urbans V. und Innozenz' VI. Und – vergessen wir nicht –, daß diese unter Gregor XI. den absoluten Höchststand des Avignoneser Papsttum erreicht hatten. Dieser hohe Stand ist von Clemens also annähernd gehalten worden, offenbar im Gegensatz zu den Intentionen, welche Urban VI. gehabt hatte. Auch was wir sonst vom höfischen Leben unter Clemens VII. wissen, stimmt mit dem Befund der Rechnungsbücher über-

[42] Theodericus de Niem, I 11 und 12, hrsg. v. G. Erler, Leipzig 1890, S. 27; vgl. SEIDLMAYER, Anfänge, S. 21.

[43] So schon YVES RENOUARD, La papauté à Avignon, Paris 1954 (Neudr. 2004), S. 60.

[44] BAUMGARTEN, Miscellanea, S. 44f.; vgl. HAUCK, Kirchengeschichte 5,2, S. 678.

[45] JEAN FAVIER, Les finances pontificales à l'époque du grand schisme d'occident 1378–1409 (BEFAR, Bd. 211), Paris 1966, S. 688f.; GENEQUAND, Les recettes, S. 455f. Demnach haben die durchschnittlichen päpstlichen Jahreseinnahmen unter Clemens VII. 190000 Gulden betragen. Das war etwas mehr als die Hälfte dessen, was Gregor XI. eingenommen hatte.

[46] Die durchschnittlichen Jahresausgaben der Küche betrugen unter Clemens VII. im Durchschnitt 8% der Gesamtausgaben (GENEQUAND, Les recettes, S. 482). In absoluten Zahlen ergeben 200000 Gulden (ebd., S. 492) in 16 Pontifikatsjahren jährliche Durchschnittsausgaben der Küche von 12500 Gulden. Hier ist zu berücksichtigen, daß die Kammer unter Clemens VII. in Kammergulden rechnete, dessen Wert geringfügig höher war als der des Florentiner Gulden, der zuvor als Leitwährung gedient hatte. Vgl. dazu WEISS, Versorgung, S. 63.

ein. Howard Kaminsky zufolge war der Stil seines Pontifikats geprägt von „luxury, extravagance, and easy-going morality"[47], was nicht nur dem persönlichen Geschmack des Papstes entsprach, sondern auch den Zweck hatte, durch eine solch repräsentative Hofhaltung seinen herrscherlichen Anspruch über die gesamte Christenheit zu betonen.[48] Indes weist der gleiche Kaminsky sehr zu Recht darauf hin, daß hier eine der Ursachen dafür liegt, daß Clemens sich gerade nicht gegen seinen Gegner durchsetzen konnte, obwohl er vom französischen Hof massiv unterstützt wurde,[49] in einem sehr viel höheren Maße, als sein Konkurrent Urban von Karl von Durazzo oder anderen Herrschern. Zwar sind die Kurialen – wie gesagt – fast alle zu Clemens übergegangen, konnte er somit bruchlos die institutionelle Kontinuität der Avignoneser Zeit weiterführen, jedoch, die römische und italienische Bevölkerung insgesamt stand ganz überwiegend auf Urbans Seite. Das zeigte sich unmittelbar nach der Wahl Clemens' VII. Die Kardinäle hatten sorgfältige Vorbereitungen getroffen, hatten ihre Verbindungen und Kontakte benutzt, um zahlreiche römische Adlige und Söldnerführer aus der Umgebung auf ihre Seite zu ziehen. Auf diese glaubten die Kardinäle zählen zu können, um Urban nötigenfalls gewaltsam abzusetzen. Indes, ebensoschnell wie die Kurialen zu Clemens übergingen, verlor Clemens seinen Rückhalt in der Bevölkerung, begannen seine nichtkurialen Anhänger von ihm abzufallen.[50] Die Anerkennung im Kirchenstaat ist Urban VI. fast ohne sein Zutun gleichsam in den Schoß gefallen. Binnen kürzester Zeit standen ihm Truppen zur Verfügung, die sich denen seiner Gegners als überlegen erwiesen.

Dabei hat sich die Bevölkerung mitunter sogar gegen die eigene Regierung durchgesetzt. Obwohl die Königin Johanna von Neapel für Clemens VII. Partei ergriffen hatte, konnte er sich gleichwohl nicht auf Dauer im Königreich Neapel halten, mußte er Italien preisgeben und sich nach Avignon zurückziehen. Umgekehrt hat Johannas Parteinahme für Clemens entscheidend zu ihrem Sturz und ihrer Ermordung beigetragen. Insofern kann man das Schisma andererseits als Revolte der italienischen Bevölkerung gegen die Kurie – wohlgemerkt: gegen die Kurie, nicht gegen den Papst – interpretieren.

Urban VI. und Clemens VII. waren Antipoden, was die Gestaltung ihrer Pontifikate anging. Während wir bei Clemens VII. eine prachtvolle, aufwendige und darum sehr kostspielige Hofhaltung konstatieren können, scheint Urban die Ausgaben des Hofes konsequent zurückgefahren zu haben. Zwar ist die Quellenlage für ihn sehr viel schlechter,[51] aber es ist doch signifikant, daß er – der ja ebenfalls nur etwa die Hälfte der katholischen Christenheit auf seiner Seite hatte – sehr viel weniger als vor ihm Gregor XI. oder gleichzeitig Clemens VII. mit finanziellen

---

[47] KAMINSKY, Simon, S. 28. Mit den gleichen Worten hatte HALLER, Papsttum und Kirchenreform 1, S. 123, den Pontifikat Clemens' VI. charakterisiert.

[48] Umgekehrt sind die Ausgaben für karitative Zwecke, welche etwa unter Johannes XXII. 7,1% der Ausgaben ausgemacht hatten, fast auf den Nullpunkt (0,4%) gesunken. Vgl. GENEQUAND, Les recettes, S. 483f. (Ausgaben der Aumône und Pignotte) und S. 504.

[49] KAMINSKY, Simon, S. 27f.

[50] Vgl. JAMME, Renverser, S. 463f.

[51] Vgl. GERD TELLENBACH, Repertorium Germanicum, Bd. 2, Berlin 1933, S. 77*–81*; FAVIER, Les finances, S. 5.

Forderungen an diese herangetreten ist. Auch zeitgenössische Chronisten rühmen seine Mäßigkeit in Geldforderungen.[52] Dies lag freilich nicht allein an seiner Sparsamkeit, es lag auch daran, daß Urban von der Politik seiner Vorgänger profitierte, insofern er in der Lage war, wenigstens einigermaßen den Kirchenstaat zu kontrollieren. Während Clemens weitgehend von den Abgaben des französischen Klerus lebte, konnte Urban in Rom und Mittelitalien als Landesherr regieren, konnte er in weitaus größerem Maße als sein Rivale auf die Ressourcen seines eigenen Reiches zurückgreifen.[53]

Ich fasse zusammen: Beim Tode Gregors XI. befand sich das Papsttum in einer kritischen Lage: Das, was man jahrzehntelang angestrebt hatte, die Rückkehr nach Rom, war endlich Realität geworden, indes – die Kurie hatte dafür einen hohen Preis bezahlt, und zwar sowohl im wörtlichen als auch im übertragenen Sinne. Nicht nur herrschte in den päpstlichen Kassen gähnende Lehre, auch das Ansehen, die Legitimität der Päpste hatte schweren Schaden genommen. In Rom angekommen, stellte sich heraus, daß mit der Umsiedlung keineswegs die alten Probleme gelöst waren, sich vielmehr zahlreiche neue stellten. Die Kurie mußte sich in fremder Umgebung neu einrichten, die nötige Infrastruktur teils instandsetzen, teils neuerrichten, die immer zu Revolten neigende Bevölkerung unter Kontrolle halten, sich mit dem stadtrömischen Adel arrangieren, die labile Herrschaft über den Kirchenstaat festigen, einen haltbaren Frieden in Italien zustande bringen, all das Aufgaben, die nicht nur Mühe, sondern vor allem auch Kosten verursachen würden. Dies erforderte radikale Einschnitte bei den Ausgaben für die päpstliche Hofhaltung und legte zumindest den Gedanken nahe, daß auch die Kardinäle einen – ihrem Reichtum entsprechenden – Beitrag zu den nötig werdenden Aufwendungen leisten sollten. Hier war aber auch der kritische Punkt erreicht, an dem Kurie und Kardinäle dem Papst die Gefolgschaft verweigerten.

Wir können nun auch die diesem Band zugrunde liegende Frage nach dem Zusammenhang von Luxus und Integration für unser Thema beantworten: Auf der einen Ebene, der Ebene der Kurie und der Kardinäle, hat der Luxus in der Tat integrierend gewirkt. Für ihre reichlichen Einnahmen und ihren luxuriösen Lebensstil leisteten die Kurialen und die Kardinäle gute Arbeit – die Avignoneser Päpste verfügten über die relativ beste Administration, die höchstentwickelte Rechtsprechung, die höchstentwickelte Diplomatie der damaligen Zeit. Desintegrierend wirkte der Luxus jedoch auf der Ebene der katholischen Christenheit, insofern die Legitimität des Papsttums sowohl bei den Laien als auch beim niedrigen und gerade auch beim hohen Klerus immer stärker ins Wanken geriet. Gerade der hohe Klerus war es ja, der in erster Linie die Abgaben an die Kurie aufbringen mußte, der in erster Linie von der Pfründenhäufung der Kurialen betroffen war. Dieses Dilemma hat Urban VI. zu lösen versucht, er ist gescheitert. Nicht ohne eigenes

---

52 THEODERICUS DE NIEM, De scism I,69 hrsg. v. G. Erler, Leipzig 1890, S. 122f.; vgl. HAUCK, Kirchengeschichte, 5,2, S. 770.

53 „Après la conquête albornozienne, à Rome bien plus qu'en Avignon, le pouvoir pontifical est de nature seigneuriale. Il résulte du contrôle de l'armée, de forteresses, de villes, de réseaux nobilitaires, bref des instruments ‚classiques' de domination utilisés par les États". (Zit. nach JAMME, Renverser S. 481).

Verschulden – mit einer etwas diplomatischeren Vorgehensweise hätte er das Schisma vielleicht verhindern oder doch zumindest eindämmen können. Erheblich größer ist die Verantwortung der Kardinäle.[54] Ihre Sorge um die Verfassung der Kurie galt weniger abstrakten Rechtsnormen, als vielmehr den Änderungen, welche Urban VI. an der kurialen und kardinalizischen Finanzverwaltung vornehmen wollte. Ähnlich war das Benehmen Urbans VI. deshalb so schwer zu ertragen, weil er den Kardinälen ihre mangelnde Opferbereitschaft vorhielt. Kurzum: es war in erster Linie die Sorge um den eigenen Geldbeutel, die das Handeln der Kardinäle bestimmte. Als man „die Säulen des Statthalters Christi" – um Katharina von Siena zu zitieren[55] – ihres schmückenden Beiwerks entkleidete, erwies es sich, daß sie hohl waren.

Immerhin soll nicht geleugnet werden, daß es gleichsam mildernde Umstände gibt, die ihr Tun teilweise entschuldigen mögen. Zunächst einmal wissen wir alle, daß der Mensch im allgemeinen und Eliten im besonderen, wenn es um Einsparungen geht, bei sich selbst zuletzt anfangen. Das ist eine so verbreitete und gerade auch aus der Gegenwart bekannte Verhaltensweise, daß es kaum erstaunen kann, wenn man sie auch im 14. Jahrhundert findet.

Mir scheint aber, daß sich hier darüber hinaus ein generelles Problem der Kirchengeschichte bemerkbar macht. Es ist ja in mehreren Beiträgen zu dem vorliegenden Band ausgeführt worden, daß das Ausmaß an Luxus, welches ein König, Fürst oder sonstige Standesperson aufwandte, nicht nur durch seine individuelle Verschwendungssucht, sondern auch durch gesellschaftliche Zwänge gesteuert wurde. Auch die sparsamsten Avignoneser Päpste haben mitunter große Feste gefeiert, einen prächtigen Palast gebaut und unterhalten, also das übliche Ambiente eines zeitgenössischen Hofes entfaltet.

Das galt in analoger Weise auch von den Kardinälen: Man erwartete von ihnen, daß sie ein großes Haus und ein stattliches Gefolge unterhielten; beides war auch nötig, um ihre zahlreichen Aufgaben erfüllen zu können. Darüber hinaus mußten sie mit entsprechendem Prunk auftreten können, insbesondere beim Zusammentreffen und bei Verhandlungen mit hochgestellten Laien, den Fürsten und Königen, welche den päpstlichen Hof aufsuchten oder zu denen sie als Gesandte geschickt wurden. All das kostete Geld und erforderte entsprechende Einnahmen; es ist somit immerhin verständlich, wenn ein Kardinal einen ähnlichen Lebensstil pflegen wollte wie die Fürsten, mit denen er zu tun hatte. Aber – und hier unterscheidet sich eben ein geistlicher Fürst von einem laikalen Fürsten – während bei hochgestellten Laien ein solcher Prestigekonsum gesellschaftlich weitgehend akzeptiert wurde, war das bei geistlichen Fürsten in sehr viel geringerem Maße der Fall. Ich erwähnte schon, wie stereotyp die Kritiker der Kurie über die Jahrhunderte hinweg argumentierten; das liegt daran, daß sich dieser Rollenkonflikt über die Jahrhunderte hinweg immer wieder von neuem entzündet hat. Auf der einen

[54] Diese betont auch VALOIS, La France, Bd. 1, S. 82f. und 4, S. 479f.; ähnlich SEIDLMAYER, Anfänge, S. 8: „[…] der schwere Mangel [des damaligen Kardinalkollegs] an Verantwortungsbewußtsein, an Uneigennützigkeit und Opferbereitschaft auch in nur verhältnismäßig geringfügigen materiellen Dingen springt in die Augen […]".

[55] Zit. nach PASTOR, Geschichte der Päpste, Bd. 1, S. 136.

Seite erwartete man von hohen Klerikern, insbesondere natürlich vom Papst selbst, einen vergleichbaren Aufwand, wie ihn Könige und Fürsten pflegten, auf der anderen Seite aber stand das Ideal der armen Kirche, das gerade im späten 14. Jahrhundert immer stärkeren Anklang fand.[56] Bevor man die Kardinäle verurteilt, sollte man bedenken, daß dieser Widerspruch in der Person Christi selbst begründet ist: er ist sowohl Gottes Sohn als auch leidender Mensch, er bietet somit Anknüpfungspunkt und Rechtfertigungsgrund sowohl für eine reiche wie für eine arme Kirche. Ein idealer Papst und ein idealer Kardinal hätte gleichzeitig reich und arm, zugleich mächtig und ohnmächtig sein müssen. Da das aber nicht möglich war, waren die hohen Kleriker gleichsam zu einer Gratwanderung zwischen diesen beiden Extremen gezwungen. Ein gewisses Bewußtsein dafür, daß hier soziale Zwänge wirksam waren, denen sich auch ein Kirchenfürst nicht entziehen konnte, findet sich gar bei einem so strengen Kritiker der Kurie wie Francesco Petrarca. Als ihn der Kardinal Elias Talleyrand bat, ihm einmal darzulegen, welche Lebensführung er für einen Geistlichen in seiner Stellung für richtig halte, erwiderte Petrarca: „Wenn du auch nach außen nicht so sein kannst, wie du möchtest, sei wenigsten innerlich so, wie du sein sollst! [...] Sitz immer in prächtigem Palast, aber deinen Geist laß in der Einöde schweifen! Inmitten deines Reichtums gedenke der Armut, bei der Tafel des Fastens! Laß auf dem Tisch das Gold, an deinen Fingern die Ringe funkeln, aber heller leuchte die Verachtung aller dieser Dinge in deinem Geist".[57] Man kann schwerlich erwarten, daß eine so subtile Unterscheidung allgemeinen Anklang fand.

[56] Immer noch lesenswert ist HERBERT GRUNDMANN, Religiöse Bewegungen im Mittelalter, Berlin 1935, 2. Aufl., Darmstadt 1970; vgl. jetzt VONES, Urban V., S. 34–37.

[57] Petrarca, Epistulae ad rebus familiaribus 14,1, hier zit. nach der Übersetzung bei PIUR (Hrsg.), Buch, S. 62.

Barbara Stollberg-Rilinger

Zur moralischen Ökonomie des Schenkens bei Hof (17.–18. Jahrhundert)

In der zeitgenössischen Literatur zum Gesandtschaftswesen finden sich die folgenden beiden Anekdoten über das Schenken bei Hof. Als Zar Peter I. bei seinem Abschied vom Kaiserhof einem kaiserlichen Pagen, „der von Geburt ein Graf war", seine Mühe belohnen wollte und ihm eine Hand voll Dukaten reichte, „bekam [er] aber zur Antwort, daß ein Kayserlicher Edel-Knabe zur Ehre seines Herrn niemals ein Geschenk von Geld annähme. Dieses edle Gemüth gefiel dem Czaaren so wohl, daß er dem Pagen einen kostbaren Degen mit den Worten verehrte: Es ist mir lieb, daß ihr eurem Herrn zu Ehren das Geld verachtet. Nehmet also diesen Degen, um eben solche Ehre des Kaysers damit zu verfechten."[1]

Die zweite Anekdote berichtet von einem genau entgegengesetzten Verhalten:

Als die Gesandten der Niederlande nach dem Abschluß eines „sehr wichtigen Vertrages" mit Frankreich von Kardinal Richelieu gefragt worden seien, ob sie das Abschiedsgeschenk des Königs in Juwelen oder in Silbergeschirr haben wollten, antworteten sie, „qu'il leur seroit plus commode de leur recevoir en lettres de change, pour en toucher la valeur à Amsterdam". Der Hof, so der Kommentar, habe das „trop marchand" gefunden und sich über den erstaunlichen Präzedenzfall noch lange amüsiert.[2]

Beide Anekdoten legen Zeugnis ab von einer spezifisch höfisch-adeligen Haltung im Umgang mit Gaben. In beiden Fällen steht die *Gestalt* der Gabe in Frage, nicht ihr materieller Wert. Obwohl dieser in beiden Fällen jeweils der gleiche blieb, wurde der Vorgang ganz verschieden bewertet, je nachdem, welche Gestalt die Gabe annahm. Jeder bekam am Ende, was ihm gebührte. Die Gaben charakterisierten ihre Empfänger: der Degen die aristokratische Ehrliebe des Pagen; der Wechselbrief den Krämergeist der niederländischen Gesandten. Während der Degen des Zaren symbolisch auf den Schenkenden zurückverwies und zugleich dessen Wertschätzung des Beschenkten zum Ausdruck brachte, begründete der Wechselbrief kein persönliches Verhältnis zwischen den Beteiligten; an die Stelle der moralischen Verpflichtung der Person trat die nackte ökonomische Transaktion. Geld erscheint in diesen Anekdoten „gemein" im doppelten Sinne: Es zeigt nicht an, wodurch es erworben wurde, es wirkt „ohne Ansehen der Person" und daher

1 FRIEDRICH CARL VON MOSER, Teutsches Hof-Recht, 2 Bde., Frankfurt a. M. 1754–1755, Bd. 2, S. 786. Ähnliche Anekdoten finden sich öfter, z. B. ABRAHAM DE WICQUEFORT, L'Ambassadeur et ses fonctions, 2 Teile, Amsterdam 1746 [1. Aufl. 1676], Teil 1, S. 955, 959; weitere Beispiele bei JEANNETTE FALCKE, Studien zum diplomatischen Geschenkwesen am brandenburgisch-preußischen Hof im 17. und 18. Jahrhundert, Berlin 2006.

2 WICQUEFORT, L'Ambassadeur, Bd. 1, S. 959, Bd. 2, S. 343; siehe FRIEDRICH CARL VON MOSER, Kleine Schriften zur Erläuterung des Staats- und Völker-Rechts, wie auch des Hof- und Cantzley-Ceremoniels, 12 Bde., Frankfurt a. M. 1751–1765, Bd. 1, S. 138 („Von der Staats-Galanterie").

ständisch egalisierend.[3] Deshalb läßt sich die adelige Selbststilisierung, die in beiden Anekdoten zum Ausdruck kommt, auf die lapidare Formel bringen: „Pecuniam contemnimus", „Wir verachten das Geld".[4]

Das heißt nun keineswegs, die höfischen Akteure hätten sich nicht um ihren ökonomischen Vorteil gekümmert. Man denke nur etwa daran, daß es durchaus vorkam, die Geschenke, die Gesandte bei ihrer Abschiedsaudienz erhielten, zu Geld zu machen. Auch Klagen über den zu geringen Wert eines Abschiedsgeschenks werden gelegentlich kolportiert.[5] Es wäre allerdings ebenso unangemessen, daraus nun umgekehrt zu schließen, die oben genannten Anekdoten seien nichts anderes als ideologische Verschleierungen des schieren materiellen Interesses gewesen. Vielmehr muß man, um unterschiedliche Handlungslogiken angemessen rekonstruieren zu können, ein erweitertes Verständnis von Ökonomie zugrunde legen und darf nicht Ökonomie mit kapitalistischer Marktwirtschaft gleichsetzen. Von „moralischer Ökonomie" soll vielmehr hier die Rede sein, d.h. von allgemeineren Austauschbeziehungen, die nicht nur materielle, sondern auch immaterielle Güter umfassen.[6]

Wenn ich im folgenden vom Schenken bei Hof im 17. und 18. Jahrhundert handele, so ist also Schenken dabei in einem möglichst weiten Sinne zu verstehen: Gemeint sind zunächst einmal alle möglichen Arten von Gaben oder Austauschvorgängen.[7] Begriff und Wahrnehmung des Schenkens unterliegen historischer Veränderung; vom modernen Begriffsverständnis soll das Verständnis des historischen Gegenstandes nicht vorschnell eingeengt werden. Denn erst durch die zunehmende Dominanz des marktförmigen Austauschs traten Formen des unentgeltlichen

---

[3] Siehe GEORG SIMMEL, Zur Psychologie des Geldes, in: ders., Aufsätze 1887–1890, Gesamtausgabe, Bd. 2, Frankfurt a. M. 1989, S. 49–65, hier S. 58.

[4] So schon ULRICH VON HUTTEN, Praedones (1520), in: Eduard Böcking (Hrsg.), Schriften, Bd. 4, Leipzig 1860, S. 363–406; siehe PIERRE BOURDIEU, Sozialer Sinn. Kritik der theoretischen Vernunft, Frankfurt a. M. 1987, bes. S. 230.

[5] Belege bei FALCKE, Geschenkwesen, S. 201 ff.; zur Klage über den geringen Wert eines Geschenks siehe die Anekdote bei WICQUEFORT, L'Ambassadeur, Bd. 1, S. 958.

[6] Grundlegend EDWARD P. THOMPSON, Plebeische Kultur und moralische Ökonomie. Aufsätze zur englischen Sozialgeschichte des 18. und 19. Jahrhunderts, Berlin 1980, S. 290–318; siehe NORBERT SCHINDLER, Jenseits des Zwangs? Zur Ökonomie des Kulturellen inner- und außerhalb der bürgerlichen Gesellschaft, in: Zeitschrift für Volkskunde 81 (1985), S. 192–219; ferner HELMUT BERKING, Schenken. Zur Anthropologie des Gebens, Frankfurt a. M. 1996; DAVID J. CHEAL, The Gift Economy, London 1988; JACQUES T. GODBOUT, The World of the Gift, Montreal 1998; MAURICE GODELIER, Das Rätsel der Gabe. Geld, Geschenke, heilige Objekte, München 1999; MARK OSTEEN (Hrsg.), The Question of the Gift. Essays Across Disciplines, London 2002.

[7] GADI ALGAZI, Einleitung, in: ders., Bernhard Jussen und Valentin Groebner (Hrsg.), Negotiating the Gift. Pre-Modern Figurations of Exchange, Göttingen 2003, S. 9–27; siehe Bourdieus Konzept der Kapitalsorten in: BOURDIEU, Sozialer Sinn, S. 205–245; überzeugend angewendet auf den Kaiserhof unter Karl VI.: ANDREAS PEČAR, Die Ökonomie der Ehre. Der höfische Adel am Kaiserhof Karls VI. (1711–1740), Darmstadt 2003; zur Patronage als Form der Gabenkultur HEIKO DROSTE, Patronage in der frühen Neuzeit – Institution und Kulturform, in: Zeitschrift für historische Forschung 30 (2003), S. 555–590; BIRGIT EMICH, NICOLE REINHARDT und CHRISTIAN WIELAND, Stand und Perspektiven der Patronageforschung. Zugleich eine Antwort auf Heiko Droste, in: Zeitschrift für historische Forschung 32 (2005), S. 233–265; GUIDO O. KIRNER, Politik, Patronage und Gabentausch, in: Berliner Debatte Initial 14 (2003), S. 168–183.

Gebens als solche schärfer hervor; und erst durch die legalistische Definition im bürgerlichen Recht wurde die „Schenkung" als vollkommen einseitige Eigentumsübertragung von aller moralischen Reziprozität gelöst.[8] Erst dadurch kam es zu der uns geläufigen eindeutigen Gegenüberstellung von Kaufen und Schenken – das eine ganz konventionell, präzise normiert und völlig unpersönlich-abstrakt, das andere ganz freiwillig, ohne Maß, Zahl und Gegenleistung, reiner Ausdruck einer persönlichen Beziehung. Die darin sich offenbarende Entgegensetzung zweier getrennter Sphären – hier Ökonomie, dort Kultur, hier Zwang, dort Freiheit, hier rationales, unpersönliches Kalkül, dort freie Entfaltung persönlicher Beziehungen – diese „bürgerliche Zwei-Reiche-Lehre" (Norbert Schindler) ist ihrerseits eine soziale Distinktionsstrategie derjenigen, die über genügend ökonomische Ressourcen verfügen, um sich in eine vom ökonomischen Zwang befreite Sphäre zurückziehen zu können.[9]

Für die Vormoderne ist eine solche Gegenüberstellung besonders unangemessen.[10] Wie in letzter Zeit vielfach gezeigt worden ist, gab es im Mittelalter und in der Frühen Neuzeit vielmehr durchaus fließende Übergänge zwischen Geschenk und Bezahlung, Geschenk und Besoldung, Geschenk und Bestechung, Geschenk und Tribut.[11] Worum es sich jeweils handelt, ist ganz offensichtlich keine objektive Gegebenheit, sondern eine Frage der wechselseitigen Geltungszuschreibung. Nicht der Gegenstand selbst, der vom einen zum andern wandert, soll hier thematisiert werden, sondern die Bedeutung, die ihm beide Seiten zuschreiben, die Erwartungen, die beide Seiten damit verbinden, und nicht zuletzt die Reaktion, die er beim Empfänger auslöst.

Es geht im folgenden also nicht um die quantitative Rekonstruktion der tatsächlichen Gabenpraxis an bestimmten Höfen – das ist Sache der landesgeschichtlichen Hofforschung.[12] Es soll vielmehr anhand von Stichproben aus zeremonialwissen-

---

[8] Zur wissenschaftsgeschichtlichen Tradition siehe Beate Wagner-Hasel, Egoistic Exchange and Altruistic Gift: On the Roots of Marcel Mauss' Theory of the Gift, in: Algazi u. a. (Hrsg.), Negotiating the Gift, S. 141–171, die zeigt, daß die Theorie der Gabe von Mauss als Gegenmodell zur kapitalistischen Marktwirtschaft und zum Modell des *homo oeconomicus* entwickelt wurde. Marcel Mauss, Die Gabe, in: ders., Soziologie und Anthropologie, Bd. 2, Berlin 1978, S. 1–144; vgl. Godelier, Rätsel der Gabe.

[9] Schindler, Jenseits des Zwangs, S. 195.

[10] So schon Jacob Grimm, Über Schenken und Geben, in: ders., Kleine Schriften, Bd. 2, Berlin 1865, S. 173–211; siehe ferner die Literatur in Anm. 6.

[11] Jürgen Hannig, Ars donandi. Zur Ökonomie des Schenkens im früheren Mittelalter, in: Geschichte in Wissenschaft und Unterricht 37 (1986), S. 149–162; Valentin Groebner, Gefährliche Geschenke. Ritual, Politik und die Sprache der Korruption in der Eidgenossenschaft im späten Mittelalter und am Beginn der Neuzeit (Konflikte und Kultur, Bd. 4), Konstanz 2000; Christian Windler, Tribut und Gabe. Mediterrane Diplomatie als interkulturelle Kommunikation, in: Saeculum 51 (2000), S. 24–56; Arnould-Jan Bijsterveld, The Medieval Gift as Agent of Social Bonding and Political Power: A Comparative Approach, in: Esther Cohen und Mayke B. de Jong (Hrsg.), Medieval Transformations. Texts, Power, and Gifts in Context, Leiden, S. 123–156; zuletzt ders., Do ut des. Gift Giving, Memoria, and Conflict Management in the Medieval Low Countries, Hilversum 2007.

[12] So zuletzt Jan Hirschbiegel, Étrennes. Untersuchungen zum höfischen Geschenkverkehr im spätmittelalterlichen Frankreich der Zeit König Karls VI. (1380–1422), München 2003.

schaftlichen Handbüchern,[13] Gesandtschaftsratgebern,[14] aber auch Hofdiarien, also anhand verschiedener Genres, die sich alle mit dem Gabenverkehr bei Hof befassen, gefragt werden: Wie klassifizierten die Zeitgenossen die Geschenke bei Hof, wo zogen sie begriffliche Grenzen, welche Unterscheidungen trafen sie? Welche unterschiedlichen Wirkungen schrieben sie verschiedenen Arten von Gaben zu? Welche Werte, Regeln und Verhaltensnormen verbanden sie damit explizit oder implizit?[15] Gab es konkurrierende Werte und Geltungsansprüche, und wie ging man mit den daraus folgenden Verhaltensdilemmata um?[16] Schließlich: Lassen sich im beobachteten Zeitraum (17.–18. Jahrhundert) signifikante Veränderungen feststellen?

Fragt man nach der zeitgenössischen Klassifizierung von Geschenken, so fallen vor allem zwei Arten von Unterscheidungskriterien ins Auge. Die einen betreffen den Status der Beteiligten bzw. die Relation zwischen ihnen: Danach unterschied man Geschenke von Fürst zu Fürst, Geschenke zwischen Fürst und eigenen bzw. fremden Untertanen und schließlich Geschenke unter Privatleuten, wobei noch einmal zwischen Geschenken von ständisch Höheren an Geringere und umgekehrt differenziert wurde. Das andere Unterscheidungskriterium betrifft den mehr oder weniger hohen Grad der Reziprozität. So unterschied man zwischen „notwendigen" und „willkürlichen" Geschenken;[17] an anderer Stelle zwischen „freywilligen Ehren-Beschenkungen (Spontanea Lautia, Praesente)", „schuldigen Gaben (Debita)" und „verdanckenden Wieder-Verschuldungs-Gaben (Remuneratoria)".[18] Darüber, ob es sich bei diesen Gaben um Geld, Silbergeschirr, Juwelen, Porträts, Pferde, Waffen oder auch um immaterielle Güter wie Titel, Würden, Dienstleistungen, Komplimente oder andere Gunst- und Ehrbezeugungen handelte, war damit durchaus noch nichts gesagt.[19] Die Zeitgenossen faßten materielle und immaterielle Gaben bezeichnenderweise im Begriff der *insinuationes* zusammen: Geschenke waren *insinuationes reales*, Komplimente *insinuationes verbales*.[20]

---

13 Zu diesem Genre siehe MILOŠ VEC, Zeremonialwissenschaft im Fürstenstaat, Frankfurt a. M. 1998; VOLKER BAUER, Hofökonomie. Der Diskurs über den Fürstenhof in Zeremonialwissenschaft, Hausväterliteratur und Kameralismus, Wien 1997.

14 Zu den Gesandtenhandbüchern siehe BARBARA STOLLBERG-RILINGER, Die Wissenschaft der feinen Unterschiede. Das Praezedenzrecht und die europäischen Monarchien vom 16. bis zum 18. Jahrhundert, in: Majestas 10 (2003), S. 125–150.

15 Zu dem methodischen Problem, theoretische Aussagen über die Logik der Praxis zu machen, siehe BOURDIEU, Sozialer Sinn, S. 180f.; ferner WINDLER, Tribut und Gabe, S. 26f.

16 Siehe die anregende These, die zuletzt von Gadi Algazi vertreten worden ist: Je fließender die Grenze zwischen marktförmigem Transfer und freiwilligem Geschenk, desto größer das Bemühen der Beteiligten, diese Grenze durch feinste symbolische Distinktionen oder durch kollektiv geteilte Fiktionen dennoch sichtbar zu machen. ALGAZI, Einleitung, S. 18; siehe BOURDIEU, Sozialer Sinn, bes. S. 205f.

17 MOSER, Hof-Recht, Bd. 2, S. 780; ders., Kleine Schriften, Bd. 1, S. 36f.

18 CONRAD HOEVELEN, Candorins Vollkommener Teutsche Gesandte nach allen dessen genauesten Eigenschafften wie nemlich selbiger in denen vor bey und nach der ihme auffgebürdeten Verrichtung vorzufallen gewöhnlichen Begebenheiten gebührlichst [...] sich zuverhalten, treu meinend vorgestellet, Frankfurt a. M. 1679, S. 228 u. 262.

19 MOSER, Hof-Recht, Bd. 2, S. 785; ders., Kleine Schriften, Bd. 1., S. 105; siehe ebd., S. 9 über Titel und andere zeremonielle Ehrenbezeugungen: „Das ist allemahl auch Geldes werth".

20 CHRISTIAN WEISE, Der kluge Hoffmeister, Frankfurt a. M. 1677. Ich danke André Krischer, Münster, für diesen Hinweis.

Ich greife im folgenden zwei Arten von Geschenkbeziehungen heraus: erstens die Geschenke zwischen dem Fürsten und seinem Hofpersonal und zweitens die Geschenke im Gesandtschaftsverkehr zwischen den Höfen.

I.

Was die Geschenke innerhalb eines Hofes, d.h. vom Fürsten bzw. seiner Familie an die Hofmitglieder betrifft, so wurden wiederum zwei wesentliche Unterscheidungen getroffen, nämlich zum einen, ob es sich bei den Empfängern um die Inhaber hoher Hofämter oder um niedere Bedienstete handelte, und zum anderen, ob die Geschenke „notwendig" oder „willkürlich" waren. Es gab eine breite Skala von Erscheinungsformen der Gabe – von dem außerordentlichen, ganz freiwillig gewährten Gnadengeschenk bis zur fest bemessenen, regelmäßig anfallenden Gabe, die sich kaum von der Besoldung unterschied, sondern ein Bestandteil davon war.[21]

Wie die neuere Hofforschung gezeigt hat,[22] beruhte die Ökonomie des Hofes bis ins 18. Jahrhundert in elementarer Weise auf allen möglichen Formen von Gaben *jenseits* der exakt bemessenen und regulär gezahlten Besoldung. Schon die Zeitgenossen stellten eine gewisse Korrelation zwischen dem Grad der „Notwendigkeit" und dem Rang der Hofbediensteten her. Je höher der Rang der Hofämter, so könnte man vorsichtig verallgemeinern, desto höher war der Anteil an Gnadengeschenken und anderen besonderen Zuwendungen gegenüber dem regulären Gehalt – wobei noch zu berücksichtigen ist, daß auch die eigentliche Besoldung kaum je wirklich regelmäßig und pünktlich erfolgte. Ein Beispiel vom Hof Kaiser Karls VI.: Ein diamantbesetztes Kaiserporträt für den Fürsten Adam Franz von Schwarzenberg wurde auf 15000 fl geschätzt – während die regulären Gehälter der Spitzenhofämter immer noch bei 2000 fl pro Jahr lagen. Den Vorschlag der Hofkonferenz, die Gehälter deutlich zu erhöhen, lehnte Karl VI. ab mit der bezeichnenden Begründung, er ziehe es vor, „pro tempore et persona, bey meinem belieben, ein oder andern eine beyhülff" zuzulegen.[23] Je höher der Rang der Hofämter, desto höher war daher auch die Notwendigkeit für die Inhaber, Aufwendungen für die Amtsausübung aus eigenem Vermögen zu finanzieren.[24] Inwiefern sich das für die Beteiligten auf lange Sicht dennoch ökonomisch auszahlte, kann nicht verallgemeinernd, sondern nur für den einzelnen Fall beantwortet werden, denn, wie Jeroen Duindam jüngst festgestellt hat: „enormous benefits for some" standen „enormous debts

---

21 MOSER, Hof-Recht, Bd. 2, S. 780 führt als Beispiel die regelmäßigen Kleidergeschenke an die niederen Bediensteten an, auf die sie je nach der Gewohnheit des Hofes einen Anspruch haben konnten, deren materieller Wert aber sehr variieren konnte.

22 PEČAR, Ökonomie der Ehre; zu Schenkungen im besonderen ebd., S. 120f.; JEROEN DUINDAM, Vienna and Versailles. The Courts of Europe's Dynastic Rivals, 1550–1789, Cambridge 2003, S. 90ff.; zuletzt MARK HENGERER, Kaiserhof und Adel in der Mitte des 17. Jahrhunderts, Konstanz 2004, S. 307ff. u. 586ff.

23 Siehe PEČAR, Ökonomie der Ehre, S. 118 u. 120; ebenso DUINDAM, Vienna and Versailles, S. 117.

24 PEČAR, Ökonomie der Ehre, S. 23–25.

and recurring disappointments for others" gegenüber.[25] Diese Asymmetrie war überaus kennzeichnend für den Hof als Handlungssystem, und nur die Wahrnehmungs- und Verhaltensgewohnheiten der Beteiligten erklären, wieso das System trotz dieser strukturell angelegten Enttäuschungshäufigkeit funktionierte.

Die Ökonomie bei Hof war dem Anspruch nach von einer strukturellen Reziprozität geprägt: Die „Diener", d.h. die adeligen Inhaber ranghoher Hofämter, waren verpflichtet, dem Fürsten zu dienen; der Fürst war verpflichtet, seine Diener angemessen zu belohnen. Die Macht des Fürsten und die Attraktivität seines Hofes hingen zweifellos von seiner Fähigkeit ab, Ressourcen zu verteilen und sich auf diese Weise seine Höflinge zu verpflichten.[26] Allerdings war das Verhältnis zwischen Fürst und Diener ein asymmetrisches. Soweit die Gaben und Gegengaben nicht präzise bemessen waren und vor allem der Zeitpunkt ihrer Leistung nicht festgelegt war, befand sich der Fürst im Vorteil. Während der Diener eine allgemeine, ungemessene und vor allem vorauseilende Leistungsbereitschaft zu beweisen hatte, stand es dem Fürsten frei, wann er seine Gegenleistung spendete – solange nur die Erwartung des Dieners begründet war, daß es überhaupt eine angemessene Gegenleistung geben werde. Das System funktionierte so lange, wie beide Seiten eine gewisse Erwartungssicherheit haben konnten. Diese Erwartungssicherheit beruhte nur zum Teil auf der tatsächlichen Erfahrung, daß Dienst auf die Dauer angemessen belohnt zu werden pflegte, zum größeren Teil aber auf der gemeinsamen Teilhabe an einem aristokratischen Tugendsystem, das vom Fürsten eine scheinbar voraussetzungs- und bedingungslose *liberalitas* und *largesse* verlangte, dem Dienenden hingegen eine scheinbar ebenso voraussetzungs- und bedingungslose persönliche Loyalität und Dienstbereitschaft vorschrieb.

Für beide Seiten galt die gleiche aristokratische Verhaltensnorm, wonach die Annahme einer freiwilligen Gabe den Empfänger in einem umfassenden Sinne zur Dankbarkeit verpflichte. „Der Beschenkte wird seine Verpflichtung und Dankbarkeit um so stärker empfinden, je weniger an sie appelliert wurde. Höfische Reziprozität, durch eine freiwillige, ehrende Gabe eingefädelt, potenziert so die Kraft der Bindung."[27] Dabei wirkte sich gerade die ungewisse Zeitspanne zwischen

---

[25] DUINDAM, Vienna and Versailles, S. 118; PEČAR, Ökonomie der Ehre, S. 125f.

[26] Allg. NORBERT ELIAS, Die höfische Gesellschaft. Untersuchungen zur Soziologie des Königtums und der höfischen Aristokratie, Frankfurt a. M. 1983. Dies wurde schon von den Zeitgenossen klar formuliert: Freigebigkeit des Fürsten, sofern sie nicht zu Verschwendung ausartete, diente der Festigung seiner Macht, so THOMAS HOBBES, Leviathan, Kap. 10, in: ders., The English Works, ed. William Molesworth, London 1839–1845, ND Aalen 1966, Bd. III. Vgl. etwa BALDESAR CASTIGLIONE, Das Buch vom Hofmann (1528), Stuttgart 1986, S. 367; zahlreiche weitere Belege bei FALCKE, Geschenkwesen, S. 53–62. Ähnlich urteilt selbst ein Anwalt hausväterlichen Wirtschaftens wie VEIT LUDWIG VON SECKENDORFF, Teutscher Fürsten-Staat, Frankfurt 1656, Neudruck: Aalen 1972, S. 152. Siehe aus der Perspektive des Privatmanns: CHRISTIAN THOMASIUS, Kurzer Entwurf der politischen Klugheit, Frankfurt a. M. 1707 [Ausgewählte Werke, Bd. 16, Hildesheim 2002], S. 224; Christian Wolff, Vernünfftige Gedancken von der Menschen Thun und Lassen, zu Beförderung ihrer Glücksehligkeit, Frankfurt a. M. 1733 [Gesammelte Werke, 1. Abt., Bd. 4, Hildesheim 1976], S. 674ff.

[27] HARALD HAFERLAND, Höfische Interaktion. Interpretationen zur höfischen Epik und Didaktik um 1200, München 1988, S. 151; siehe im Anschluß daran BERKING, Schenken, S. 78ff.

Gabe und Gegengabe verstärkend aus, weil sie es ermöglichte, jeden einzelnen Akt als frei gewährte Großzügigkeit erscheinen zu lassen. Pierre Bourdieu spricht von der „institutionell organisierten und garantierten Verkennung", die dem Gabentausch zugrundeliege, indem sie die „unvermeidlich eigennützigen Verhältnisse durch die ehrlich gemeinte Fiktion eines uneigennützigen Tauschs in freiwillige Verhältnisse auf Gegenseitigkeit verwandeln will". Entscheidend sei dabei die zwischen Gabe und Gegengabe liegende Pause, „die es ermöglicht, Gabe oder Gegengabe als jeweils einleitende Akte der Großzügigkeit erscheinen zu lassen und wahrzunehmen, die [...] bar jeder *Berechnung* sind".[28]

Auf das deutlichste kommt diese Paradoxie der Gabe in Gracians *Oraculo manual* zum Ausdruck, wo es heißt: „Nie wird die Forderung des Interessierten der Gabe des edelmüthig Verpflichteten gleich kommen. [...] Die edle Sitte ist die größte Verpflichtung. Für den rechtlichen Mann ist keine Sache theurer, als die, welche man ihm schenkt."[29] Nur wenn man diese ebenso verbindliche wie freiwillige Selbstverpflichtung voraussetzt, macht Gracians Klugheitsregel Sinn, die lautet, man solle nicht darauf warten, daß man durch die Leistung anderer verpflichtet werde, sondern immer der erste sein, der sich den anderen durch seine Leistung verpflichtet:

> Die zum voraus erwiesene Gunst hat zwei große Vorzüge: die Schnelligkeit des Gebers verpflichtet den Empfänger um so stärker; und dieselbe Gabe, welche nachmals Schuldigkeit wäre, wird, zum Voraus erteilt, zur Verbindlichkeit des Anderen. Dies ist eine sehr feine Weise, die Verpflichtungen zu vertauschen, indem die des Erstern zum Belohnen, jetzt sich in die des Verbundenen zum Leisten verwandelt.

Mit anderen Worten: Je selbstloser und freiwilliger eine Leistung daherkam, desto stärker verpflichtete sie zur Gegenleistung. Kam man dem anderen mit seiner Gabe zuvor, so verpflichtete man ihn damit nur um so mehr. Daß dieser paradoxe Effekt auch tatsächlich eintrat, setzte allerdings einen gemeinsam geteilten Ehrenkodex voraus. Deshalb fügte Gracian hinzu: „Jedoch ist dies nur zu verstehen von Leuten, welche Gefühl für Verpflichtungen haben", bei „niedrigen Gemütern" zeige es keine Wirkung.[30]

Dieses höfisch-aristokratische System wechselseitiger Erwartungen verteilte die Risiken allerdings sehr ungleich zwischen Fürst und Diener. Die Zeitgenossen haben das mehr oder weniger klar reflektiert. Ich möchte dafür ein Beispiel vom Wiener Hof des 18. Jahrhunderts etwas ausführlicher zitieren, nämlich das Tagebuch des Obersthofmarschalls Johann Josef Khevenhüller-Metsch, das sehr ein-

---

28 BOURDIEU, Sozialer Sinn, 205f.; danach WINDLER, Tribut und Gabe, S. 37. Zum grundlegenden Paradox der Gabe, die gerade dann Nutzen bringt, wenn sie vollkommen selbstlos gegeben wird, siehe GODBOUT, The World of the Gift, S. 79f. Als bloße Ideologie im Gegensatz zu den „wirklichen" Beziehungen bezeichnet die frühneuzeitliche Gabenpraxis am französischen Hof SHARON KETTERING, Gift-giving and Patronage in Early Modern France, in: French History 2 (1988), S. 131–151; siehe dazu die Kritik von DROSTE, Patronage sowie GROEBNER, Gefährliche Geschenke, S. 34: Die Fiktion, daß jedesmal „neu, aus Zuneigung und ohne Erwartung geschenkt werde", sei „kein ‚falsches', sondern richtiges Bewußtsein, weil es erst Handeln ermöglicht".

29 BALTASAR GRACIÁN, Das Handorakel und Kunst der Weltklugheit (Dt. v. Arthur Schopenhauer), Rheda-Wiedenbrück 1997, S. 118 (Nr. 272).

30 Ebd., S. 104 (Nr. 236).

dringlich zeigt, wie ein ranghoher Amtsträger sich in dem Spannungsfeld zwischen aristokratischem Dienstideal und ökonomischem Vorteil orientierte.

Im Jahr 1745, als Khevenhüller schon seit drei Jahren das Amt des Obersthofmarschalls versah, beauftragte ihn die Erzherzogin Maria Theresia mit der Mission, als böhmischer Gesandter zur Kaiserwahl nach Frankfurt zu fahren. Diesen Auftrag betrachtete Khevenhüller als Zumutung, und er versuchte ihm auszuweichen – zum einen, weil er seinem hohen Amtsrang nicht entsprach, und zum anderen und vor allem, weil er ihm erhebliche Kosten bereiten würde. In seinem Tagebuch legte er aus diesem Anlaß Rechenschaft über seine Dienstauffassung ab:

> Mein erstes Principium, als ich zu dienen angefangen, ware immer, für meinen Herrn oder Frauen alle möglichste Déférence und einen blinden Gehorsamm in allen billigen Sachen [...] zu bezeigen, zumahlen meines Erachtens man nicht aus Lieb dienet, wann man mit seinem Herrn immer vorauß, sozusagen pactiren und Conditionen machen will [...]. Allein nebst deme, daß es ein übles interessirt- und hochmüthiges Hertz andeutet, so sehe ich nicht, wie ein gescheider und selbst mit einem gutten Hertzen begabter Herr zu dergleichen Ames mercenaires [...] ein wahres, vollkommenes Vertrauen setzen kann.

Gegenüber der Erzherzogin habe er bei aller schuldigen Unterwürfigkeit angedeutet,

> daß – ob zwar große Herren von ihren Unterthanen den Gehorsamm als eine schuldige Zurückgab ansehen, auch auf dise Weis anfordern können – sie dennoch ihres Orths *obligatione antidorali et gratitudinis* gebunden sein und endlichen eben von darummen dergleichen Diener bei Gelegenheit mehr distinguiren und belohnen, und nicht zur Récompense ihres gutten Gemüths und bekannter Bereitwilligkeit immer mit neuen unangenehmen Zumuthungen und Sacrificien [...] angehen sollen.[31]

Sein Appell an die Erzherzogin, ihrer Pflicht zur Reziprozität nachzukommen, hatte indessen nicht die gewünschte Wirkung. Vier Jahre später schrieb Khevenhüller deutlich desillusioniert in sein Tagebuch:

> Ungehindert ich mich wegen der Franckfurter Commission sehr verblutet und nun schon einige Jahre dermahliger Herrschafft diene, kann mich nicht rühmen, die geringste Liberalität von ihnen ersehen zu haben; so nicht Vorwurffs-halber anzeige, sondern der Wahrheit zu Lieb und damit mann mir nach meinem Tod (wo vermuthlich, wann die gegenwärtige Umstände fürdaueren, wenig von der vätterlichen Verlassenschafft mehr übrig sein dörffte) keine üble Wirthschafft und unnütze Verschwendung aufbürden könne. Die Herrschafften seind freilich von allen Seiten bishero überladen gewesen; allein es scheinet, die großen Herrn wissen in der That selten ihre Gutthaten recht auszuspenden, so auch eine deren schwärsten Künsten bei einen großen Herrn ist, welche gemainiglich oder alles auf einen Hauffen zu werffen oder ihre Gnaden also ungleich auszutheilen pflegen, daß die gab meistentheils den Dienst oder zu weit übersteiget, oder nicht dem Werth nach belohnet.[32]

Khevenhüllers Erfahrung, die sich vermutlich verallgemeinern läßt,[33] macht die strukturellen Risiken des Hofdienstes deutlich. Sie zeigt in aller Klarheit, daß das

---

[31] JOHANN JOSEPH KHEVENHÜLLER-METSCH, Aus der Zeit Maria Theresias. Tagebuch des Fürsten Johann Joseph Khevenhüller-Metsch, 7 Bde., Wien 1907–1925, Bd. 2 , S. 51f. (6. Mai 1745).

[32] Ebd. Bd. 2, S. 338 (19. Juli 1749).

[33] Präzise Forschungsergebnisse dazu sind noch selten; gerade die Unregelmäßigkeit des höfischen Belohnungssystems einschließlich der Gehaltszahlungen macht die Rekonstruktion so schwierig. Siehe zuletzt PEČAR, Ökonomie der Ehre, S. 103–126; DUINDAM, Vienna and Versailles, S. 110ff.; allgemein ferner DROSTE, Patronage, S. 584f., mit weiterer Literatur.

Gleichgewicht der höfischen Reziprozität stets prekär und die Vor- und Nachteile zwischen Fürst und Dienern ungleich verteilt waren, aber auch, wieso sich die Diener dem System dennoch in der Regel nicht entzogen. Die Bindung des Dieners an den adeligen Ehrenkodex, nämlich bedingungslose Dienstbereitschaft mit Verachtung materieller Vorteile zu verbinden, konnte sich der Fürst zunutze machen. Zugleich veranlaßte der Glaube an die gemeinsame aristokratische Verhaltensnorm der Großzügigkeit den Diener zur Geduld gegenüber dem Herrn. Zügige und genau bemessene Gegenleistungen einzufordern mußte er sich selbst verbieten, um nicht als *ame mercenaire*, als „Krämerseele" dazustehen. Wer allerdings einen genügend langen Atem (und entsprechend genug eigenes Vermögen) hatte, konnte sich in einem solchen System nicht nur behaupten, sondern auch langfristig erhebliche Gewinne davontragen, ohne gegen das aristokratische Selbstverständnis zu verstoßen – so wie es übrigens auch im Falle von Khevenhüller-Metsch war. Langfristig zahlte sich seine Dienstbereitschaft nämlich eindeutig aus; seine Tochter erhielt beispielsweise ein Hochzeitsgeschenk von 12 000 fl; 1753 wurde sein Gehalt von 3 200 auf 6 500 fl erhöht; 1763 wurde er in den Reichsfürstenstand erhoben. Überdies erhielt er als *Introducteur des Ambassadeurs* von auswärtigen Gesandten regelmäßig wertvolle Geschenke, von denen in seinem Tagebuch nie die Rede ist.[34] Zunächst wirkte sich allerdings der Faktor Zeit, d. h. die Ungemessenheit des Intervalls zwischen Leistung und Gegenleistung, zu Gunsten seiner Herrin aus und erweiterte deren Macht- und Verfügungsspielraum. Der schwebende, aber nicht einklagbare Anspruch des Dieners auf fürstliche Rekompensation nötigte ihn, in der Position der erwartungsvollen Dienstbereitschaft dauerhaft auszuharren, wenn er nicht die Hoffnung ganz aufgeben und den Hof verlassen wollte.

Die kulturanthropologische Theorie des Gabentauschs geht davon aus, daß die ungemessene Zeitspanne zwischen Gabe und Gegengabe ein Verpflichtungsverhältnis auf Dauer stellt, weil gerade die großzügige Vorleistung den anderen dauerhaft verpflichtet.[35] Zwischen Fürst und Hofdiener verhielt es sich aber tendenziell umgekehrt: Der Fürst verpflichtete sich den Diener gerade dadurch dauerhaft, daß er mit seiner Gegenleistung auf sich warten ließ. Nicht erst die Gaben selbst waren es, die den Höfling zum Dienst veranlaßten, sondern die *Erwartung* dieser Gaben – ähnlich, wie nicht erst die Gewaltanwendung selbst, sondern schon ihre bloße

[34] Siehe dazu HANS WAGNER, Royal Graces and Legal Claims. The Pension Payments of Maria Theresa and their Withdrawal by Joseph II, in: Stanley Winters und Joseph Held (Hrsg.), Intellectual and Social Developments in the Habsburg Empire from Maria Theresia to World War I, New York 1973, S. 5–29, hier S. 13f. Siehe für eine einzelne Familie ESTEBAN MAUERER, Südwestdeutscher Reichsadel im 17. und 18. Jahrhundert. Geld, Reputation, Karriere: Das Haus Fürstenberg, Göttingen 2001, der nachweist, daß die Grafen bzw. Fürsten von Fürstenberg im Dienst des Kaisers erheblich höhere Mittel aus eigenem Vermögen aufwenden mußten, als ihnen jemals als Gehalt zustand, geschweige denn als ihnen tatsächlich gezahlt wurde; sie tauschten den Aufstieg in den Reichsfürstenstand gegen die Verelendung ihrer Familiengüter, soweit es ihnen nicht gelang, dies durch vorteilhafte Heiraten auszugleichen.

[35] Siehe BOURDIEU, Sozialer Sinn, S. 205f. u. 218–220; HAFERLAND, Höfische Interaktion, S. 150ff.; BERKING, Schenken, 22; DROSTE, Patronage, S. 581; WINDLER, Gabe und Tribut, S. 37; HIRSCHBIEGEL, Étrennes, S. 125.

Erwartung zum Gehorsam veranlaßt. Es reichte, *manchmal* zu geben, ebenso wie es reichte, *manchmal* zu strafen, um den Effekt zu erreichen.

Dieses System war allerdings nicht gegen Enttäuschung gefeit. Die willkürliche und ungerechte Entlohnung treuer Dienste war nicht zufällig ein gängiger Topos der Hofkritik.[36] Mit scharfer Ironie kommentierte ein Kritiker wie Friedrich Carl von Moser die Wirkung des Faktors Zeit:

> Das kurtze Leben der Menschen mag auch vil Schuld daran seyn, daß große Herrn außer Stand gesetzt werden, ihre Danckbarkeit thätig zu bezeugen. Wenigstens sollte man disen Schluß machen müssen, wann man von einem, der sich alt, lahm, arm und todt gedient hat, den Nachruhm bey Hof erschallen hört: Wenn der Mann noch länger am Leben geblieben wäre, würde man ihn reichlich belohnt haben.[37]

Wie erwähnt, wurde in den zeitgenössischen Hoftraktaten hinsichtlich der Geschenke eine klare Grenze gezogen zwischen adeligen Hofamtsinhabern und niederen Hofbediensteten. Letztere hatten gesichertere Ansprüche auf präziser bemessene Gaben; für sie, so heißt es, stellten regelmäßige Geschenke zu bestimmten Anlässen einen Teil der Besoldung dar.[38] Es kennzeichnete geradezu die niedere ständische Qualität der einfachen Hofbediensteten, daß sie einen gewohnheitsrechtlichen Anspruch auf bestimmte Gaben zu bestimmten Terminen geltend machen konnten und nicht wie der Adel an die kollektive Fiktion einer ungemessenen, freiwilligen und bedingungslosen Dienstbereitschaft gebunden waren.

Vor diesem Hintergrund ist bemerkenswert, daß Friedrich Carl von Moser, selbst Minister im hessisch-darmstädtischen Dienst, das adelige Wertsystem geradezu auf den Kopf stellte, indem er ironisch empfahl: „Wer großen Herren als Favorit und zum bloßen Umgang und Lustbarkeiten dienen will, thut besser, wann er ohne alle oder mit weniger Besoldung auf Geschenke, oder wie man es bey Hof nennt, aus Liebe und Ehre, dient; wer aber dem Herrn und Land wesentliche Dienste leisten will, der mache seine Sache vorher gewiß."[39] Der bürgerliche gelehrte Rat Moser drehte also die adelige Distinktionsstrategie einfach um. Aus seiner Perspektive war es die „gewisse", d.h. regelmäßig gezahlte und genau bemessene Besoldung, die ihrem Empfänger einen moralischen Mehrwert einbrachte, denn sie begründete die Erwartung, daß er nicht dem Fürsten persönlich, sondern dem allgemeinen Landeswohl verpflichtet sei. Die adelige Dienstbereitschaft „aus Liebe und Ehre", d.h. aus persönlicher Verpflichtung hingegen qualifizierte Moser moralisch ab, indem er sie der Sphäre des Privaten und des Willkürlichen zuwies. Das freiwillige und „gnädige" Geschenk entsprach dem privaten Umgang des „Favoriten" mit dem Fürsten, seinem Dienst bei bloßen fürstlichen „Lustbarkeiten". Das sichere, regelmäßige Gehalt hingegen entsprach der ebenso sicheren, regelmäßigen und die persönliche Bindung übersteigenden Loyalität gegenüber

---

[36] Siehe HELMUTH KIESEL, „Bei Hof, bei Höll". Untersuchungen zur literarischen Hofkritik von Sebastian Brant bis Friedrich Schiller (Studien zur deutschen Literatur, Bd. 60), Tübingen 1979.

[37] MOSER, Hof-Recht, Bd. 2, S. 779: „Aularum beneficia sunt lenta, praecipies injuriae

[38] Ebd. 780.

[39] Ebd. 779.

dem ganzen Land und dem Gemeinwohl.[40] In diesem neuen, bürokratisch-professionellen Koordinatensystem wurde das aristokratische Ideal der *liberalitas* radikal entwertet: Von Freiwilligkeit, Großzügigkeit und Gnade zu Willkür und Despotismus war nur mehr einer kleiner Schritt.

II.

Die Ökonomie des Hofes läßt sich nicht angemessen rekonstruieren, wenn man nur die innerhalb eines Hofes getauschten Gaben und Dienste in Betracht zieht. Je enger die europäischen Höfe durch das zunehmend verstetigte, zeremonialisierte und normierte Gesandtschaftswesen zu einem dichten Beziehungsnetz verflochten wurden,[41] desto wichtiger wurden die zwischenhöfischen Gaben für das Kalkül aller Beteiligten – für die Gesandten selbst, aber ebenso für die Inhaber hoher wie niederer Hofämter.

Bei Gesandtschaften – ob ordentlichen oder außerordentlichen – wechselte eine ungeheure Menge materieller Gaben die Besitzer. Auch bei diesen zwischenhöfischen Geschenken unterschieden die Zeitgenossen zwischen „notwendigen" und „willkürlichen" Gaben. Ein Gesandter ersten Ranges, ein *ambassadeur*, hatte sämtliche Höflinge und Bedienstete, mit denen er während seiner Gesandtschaft zu tun bekam, angemessen zu beschenken – angefangen bei den Trommlern und Kanonieren, die seinen Einzug ankündigten, bis zu dem Obersthofmarschall, Zeremonienmeister oder *introducteur des ambassadeurs* an der Spitze der Hierarchie, der ihn beim Fürsten zur solennen Audienz einführte. An wohlorganisierten Höfen sammelte der Oberhofmeister diese Gaben und teilte sie zu bestimmten Terminen an die einzelnen Bediensteten gemäß ihrem Rang aus.[42] Die Größenordnungen dieser Geschenke und die Pflicht des Gesandten zu angemessener Repräsentation seines Herrn machten Gesandtschaften zum aufwendigsten Fürstendienst überhaupt, der am wenigsten durch reguläres Gehalt oder andere Aufwandsent-

---

[40] Siehe DROSTE, Patronage, S. 587f., der zwar auf die grundsätzliche Funktionalität der persönlichen Patronagebeziehungen für den Prozeß der Staatsbildung hinweist, aber auch den Punkt benennt, an dem es zu Konflikten mit der sich ausbildenden Bürokratie kam.

[41] Siehe MATTHEW ANDERSON, The Rise of Modern Diplomacy, 1450–1919, London 1995; LUCIEN BÉLY, L'invention de la diplomatie. Moyen âge, les temps modernes, Paris 1998; KLAUS MÜLLER, Das kaiserliche Gesandtschaftswesen im Jahrhundert nach dem Westfälischen Frieden, 1648–1740, Bonn 1976; JEREMY BLACK, British Diplomats and Diplomacy, 1688–1800, Exeter 1999; zuletzt Christian Windler, Hillard von Thiessen (Hrsg.), Akteure der Außenbeziehungen (Externa. Geschichte der Außenbeziehungen in neuen Perspektiven, Bd. 1), Köln u. a. 2010.

[42] Siehe MOSER, Kleine Schriften, Bd. 1, S. 157; ders., Hof-Recht, Bd. 2, S. 789f. Ein Beispiel für den Umfang dieses Aufwands bei FALCKE, Geschenkwesen, S. 223f. Siehe HOEVELEN, Candorins Vollkommener teutsche Gesandte, S. 261–267; JOHANN CHRISTIAN LÜNIG, Theatrum Ceremoniale Historico-Politicum oder Historisch-und Politischer Schau-Platz Aller Ceremonien, 2 Bände, Leipzig 1719–1720, Bd. 1, S. 388; JULIUS BERNHARD VON ROHR, Einleitung zur Staats-Klugheit, Leipzig 1718, S. 1457f.; WICQUEFORT, L'Ambassadeur, Bd. 1, S. 964–968. Es gab erhebliche Konflikte darum, wer das Abschiedsgeschenk an den Gesandten überreichen dürfe, eben weil damit der Empfang des entsprechenden Gegengeschenks verbunden war.

schädigungen gedeckt wurde.[43] Umgekehrt hatte der Gesandte seinerseits Anspruch auf ein Abschiedsgeschenk des Gastgebers, das ihm „ohne Beleidigung des Völcker-Rechts nicht entzogen und zurückgehalten werden“ konnte.[44] Nach Abraham de Wicquefort waren die Abschiedsgeschenke so fest etabliert wie das Völkerrecht selbst.[45]

Mit dieser gewohnheitsrechtlich etablierten Geschenkpraxis sind allerdings bei weitem nicht alle Gaben erfaßt, die zwischen Gesandten und gastgebendem Hof ausgetauscht wurden. Der rasche Wechsel der Allianzen, die vielen kleinen und großen militärischen Konflikte schufen eine stetige Atmosphäre des Mißtrauens und gegenseitigen Belauerns, die den Wert von Informanten oder gar einer dem eigenen Hof verpflichteten Partei an fremden Höfen steigerte.[46] Es ist davon auszugehen, daß die zwischenhöfische Gabenpraxis ein unsichtbares, aber um so dichteres wechselseitiges Verpflichtungsnetz zwischen einzelnen Mitgliedern der verschiedenen Höfe stiftete. Die Zeitgenossen waren sich dessen bewußt. In der 1725 auf Französisch im Druck erschienenen Korrespondenz der niederländischen Gesandten mit Jan de Witt konnte man z.B. nachlesen, was Hugo Grotius über den schwedischen Hof geschrieben hatte: Mit 20000 Reichstalern, verteilt an verschiedene Höflinge, richte man mehr aus als mit dem Zehnfachen an Subsidien, gezahlt an die Krone: „parce que ce qu'on donne au public n'oblige personne en particulier.[...] On ne doit point négliger l'avantage qu'on peut tirer d'une judicieuse distribution de quelques sommes d'argent, surtout dans un Royaume, [...] où l'on ne fait rien pour rien, où chacun prefère le particulier au public.“[47] *Persönliche, individuelle* Verpflichtungsverhältnisse zu stiften war erfolgversprechender als abstrakte Beziehungen „von Staat zu Staat“.

Aus moderner Sicht erscheint die Grenze zur Bestechung fließend. Es fragt sich, ob, und wenn ja, wo die Beteiligten selbst die Grenze zwischen legitimen und illegitimen Gaben zogen. Da die Höflinge ihr Privatvermögen in den Dienst ihres Amtes zu stellen gezwungen waren, erschien auch die Annahme von noch so wertvollen Geschenken grundsätzlich als völlig legitim.[48] Allenfalls wenn Hofbediens-

---

[43] Ausführlich MOSER, Kleine Schriften, Bd. 1, S. 182ff. (Von dem Gehalt der Gesandten); LÜNIG, Theatrum ceremoniale, Bd. 1, S. 388; MÜLLER, Gesandtschaftswesen, S. 162ff. mit anschaulichen Beispielen.

[44] MOSER, Kleine Schriften, Bd. 1, S. 130; siehe ebd., S. 6f.; LÜNIG, Theatrum ceremoniale, Bd. 1, 388. Allgemein dazu HEINZ DUCHHARDT, Das diplomatische Abschiedsgeschenk, in: Archiv für Kulturgeschichte, 57 (1975), 345–362; FALCKE, Geschenkwesen, S. 204–220.

[45] WICQUEFORT, L'Ambassadeur, Bd. 1, S. 961.

[46] Zum Beispiel FRANÇOIS DE CALLIÈRES, Der staatserfahrene Abgesandte oder Unterricht, wie man mit hohen Potentaten in Staats-Sachen klug tractiren soll, Leipzig 1717, S. 34–39 (Orig.: De la manière de negocier avec les souverains, Brüssel 1716).

[47] Lettres et négociations entre Jean de Witt et Messieurs les plénipotentiaires des Provinces Unies des Pais-Bas, Amsterdam 1725, Bd. 4, S. 307 u. 327f.; siehe MOSER, Kleine Schriften, Bd. 1, S. 101ff.

[48] Siehe DUCHHARDT, Abschiedsgeschenk, S. 356f.; MÜLLER, Gesandtschaftswesen, S. 178f. wundert sich, daß „Korruption, nach allem, was wir wissen, eine seltene Erscheinung“ war. PEČAR, Ökonomie der Ehre, S. 123f. mit Anm. 544, u. S. 332, spricht zwar von „Bestechungssummen“, weist aber zugleich auf die Unangemessenheit der modernen Perspektive hin, die die moderne Trennung von Amts- und Privatvermögen (im Sinne von Max Weber) voraussetze, die eben am frühneuzeitlichen Hof nicht gegeben war – weder was die Kosten, noch was die Einkünfte der Höflinge betraf. Vgl. jetzt Arne Karsten,

tete von Fremden regelmäßige Pensionen bezogen, schien die Grenze zum Anstößigen für manche überschritten zu sein.[49] Es galt auch nicht als anstößig, daß man sich durch Geschenke Personen an fremden Höfen zu Dankbarkeit verpflichtete. Durchaus repräsentativ ist der Ratschlag Julius Bernhard von Rohrs, der den Potentaten nahelegt, den Gesandten ausreichend Mittel zur Verfügung zu stellen, damit sie in der Lage seien, „durch Beschenkungen und Pensiones gute Freunde unter denenjenigen zu verschaffen, die alda in gutem Ansehen stehen. Wenn diese Ausgaben wohl angewendet werden, so bringen sie dem Fürsten, der solche hergiebt, mit reichem Wucher Nutzen, und räumen die meisten Schwürigkeiten aus dem Wege, die dessen Ansehen zu wieder sind. Hingegen aber, wenn er diese Mittel nicht ergreifft, so kommen seine Abgesandten in ihre Staats-Handlungen übel fort, er bekommt zu dem wenig Alliirten und stehet in Gefahr die alten zu verlieren."[50]

Trotz der allgemeinen Akzeptanz der Gaben im Gesandtenverkehr war man sich selbstverständlich dessen bewußt, daß die Loyalität des Gesandten ebenso wie der Höflinge mit ihrem jeweiligen Herrn durch außergewöhnliche Gaben von Fremden womöglich Schaden leiden könnte. So rechnete man beispielsweise durchaus damit, daß ein außerordentlich wertvolles Abschiedsgeschenk nur aus dem Kalkül heraus gemacht worden sein könnte, um den Gesandten zu diskreditieren und bei seinem Herrn Zweifel an seiner Loyalität zu wecken.[51]

Trotzdem fällt auf, daß sich in der gesamten Gesandtschaftsliteratur – soweit ich sehe – keinerlei scharfe und ausdrückliche Kritik an Korruption findet. Offen geäußertes Mißtrauen widersprach ebenso den höfischen Verhaltensnormen wie explizite Verbote. Was sich aber findet, sind moralische Exempla. Kolportiert werden spektakuläre Ausnahmefälle, in denen Gesandte ein Geschenk zurückwiesen, weil sie ihren Auftrag nicht im Sinne ihres Herrn hatten ausführen können, das Verhältnis zwischen den Höfen gespannt war oder gar ein gewaltsamer Konflikt bevorstand.[52] Diese Ausnahmen von der Regel machten aber zugleich deutlich, daß die Ablehnung eines Geschenks als Verstoß gegen die Konventionen der Reziprozität heikel war und von dem Gebenden als manifeste Feindseligkeit interpretiert werden mußte. Angesichts eines grundlegenden Normkonflikts zwischen der Pflicht zur Dankbarkeit gegenüber dem Gastgeber und der Pflicht zur Loyalität gegenüber dem eigenen Herrn konnte es keine eindeutigen Verhaltensregeln geben. Deshalb vermieden es die Autoren, eine klare und eindeutige Grenze zwischen erlaubtem und unerlaubtem Verhalten zu ziehen und Geschenke von Bestechung kategorisch zu unterscheiden. Stattdessen führten sie eine Kasuistik positi-

---

Hillard von Thiessen (Hrsg.). Nützliche Netzwerke und korrupte Seilschaften, Göttingen 2006; Ivo Engels, Andreas Fahrmeir, Alexander Nützenadel (Hrsg.). Geld – Geschenke – Politik. Korruption im neuzeitlichen Europa, München 2009.

49 So MOSER, Kleine Schriften, Bd. 1, S. 100f. Die regelmäßige Pension ist es auch, durch die Moser den Landesdiener vom Günstling unterscheidet.

50 ROHR, Staats-Klugheit, S. 1458f., in Anlehnung an CALLIÈRES, Der staatserfahrene Abgesandte.

51 Ebd., S. 136f.

52 Beispiele ebd., S. 952f. u. S. 956; siehe auch DUCHHARDT, Abschiedsgeschenk, S. 356f.; FALCKE, Geschenkwesen, S. 225, 306ff.

ven Verhaltens vor, so daß es der Urteilskraft, Klugheit und Ehrliebe des Einzelnen überlassen blieb, daraus für sein eigenes Handeln im gegebenen Fall Konsequenzen zu ziehen.

Auf allgemeines Unverständnis an den europäischen Höfen mußte die Verfügung der Generalstaaten stoßen, die 1651 ihren Gesandten die Annahme jeder Art von Gaben – „direkt oder indirekt, auf welche Art und Weise es auch sei" – strikt verboten hatten: Damit maße man sich an, ein von „allen Nationen der Erde anerkanntes Prinzip" zu verunglimpfen, so hieß es, und verrate ein tiefes Mißtrauen gegenüber den eigenen Gesandten.[53] Daß die Niederländer sich damit selbst keinen Gefallen getan hatten, illustrieren die Gesandtenkorrespondenzen der 1660er Jahre. Ludwig XIV. bot den niederländischen Gesandten im Anschluß an ihre Vertragsverhandlungen reiche Geschenke an, die sie ablehnen mußten, obwohl man ihnen bei Hof bedeutet hatte, daß man ein Geschenk des Königs nicht zurückweisen dürfe. Das Geschenk eines Mächtigen ablehnen hieß, sich seiner Macht demonstrativ zu entziehen. Ludwig faßte die Verweigerung entsprechend als Affront auf, und er verbot seinen eigenen Unterhändlern ebenfalls, die Geschenke der Niederländer anzunehmen. Die leer ausgegangenen französischen Kommissare machten nicht ihren König, sondern die Niederländer für die entgangenen Gaben verantwortlich – mit der Folge, so der zeitgenössische Kommentar, daß die Generalstaaten anschließend ebensoviele Feinde am französischen Hof hatten, wie Personen an den Verhandlungen beteiligt gewesen waren.[54] Die Regeln der Reziprozität – „le bienséance veut, que si l'on reçoit, on donne" – ließen sich eben nicht ungestraft ignorieren.

Ein Verbot von Geschenken ließ sich nicht durchsetzen; es entsprach nicht den höfischen Interaktionsstrukturen, die auf persönlichen Verpflichtungsverhältnissen beruhten. Im Laufe der Frühen Neuzeit ist stattdessen eine zunehmende Normierung der Geschenkpraxis im Gesandtschaftswesen zu beobachten.[55] Die Gesandtengeschenke wurden nach und nach einer ganzen Reihe von Konventionen unterworfen. Zum einen war der Zeitpunkt entscheidend: Erst nach dem Abschluß der *Ambassade* wurden die Geschenke fällig.[56] Zum anderen legte man Wert auf Öffentlichkeit: Das Geschenk an den Gesandten hatte im Rahmen einer solennen Audienz überreicht zu werden.[57] Gelegentlich wurde sogar verordnet, daß er es nur mit Wissen und Konsens des Herrn annehmen dürfe, obwohl das Geschenk dem Gesandten selbst und nicht etwa seinem Herrn gehörte.[58] Und schließlich etablierte sich hinsichtlich der Qualität der Geschenke ein hohes Maß an Gleichförmigkeit. So schreibt z.B. Abraham de Wicquefort: „Les presents des Ambassadeurs ordinaires sont reglés à environ deux mille écus, pour ceux des Testes Couronnées et de Venise, mais on y ajouste quelquefois un present extraordi-

---

[53] WICQUEFORT, L'Ambassadeur, Bd. 1, S. 961–963.
[54] Ebd., S. 964; MOSER, Kleine Schriften, Bd. 1, S. 96–98.
[55] So auch das Urteil von MOSER, Hof-Recht, Bd. 2, S. 786.
[56] Siehe die Anekdote bei WICQUEFORT, L'Ambassadeur, Bd. 1., S. 956f.
[57] Siehe DUCHHARDT, Abschiedsgeschenk, S. 357; ausführlich am Beispiel Preußens FALCKE, Geschenkwesen, passim.
[58] CALLIÈRES, Der staatserfahrene Abgesandte, S. 221; siehe DUCHHARDT, Abschiedsgeschenk, S. 357, Anm. 42.

naire, et on l'excede aussy, selon les occasions."[59] Zeremonienmeister wie Khevenhüller führten gewissenhaft über die Geschenkpraxis Buch und machen damit die hohe Standardisierung der Geschenke deutlich; so waren etwa am Wiener Hof Porträts, Ringe und Tabatièren mit oder ohne Brillanten üblich.

In den Traktaten, die sich mit der Geschenkpraxis des Gesandtschaftswesens befassen, findet sich eine ganze Reihe von Kriterien, nach denen der Wert der Geschenke zu bemessen sei. Dazu gehörten vor allem der Gesandtschaftsrang (also ob es sich um einen *ambassadeur ordinaire* oder *extraordinaire*, einen *envoyé* oder bloßen Residenten handelte), dann – damit verbunden – der Rang der beiden beteiligten Höfe (also Kronen, „bloße" Republiken oder ungekrönte Potentaten), aber auch die Person des Gesandten selbst, sein Geburtsrang und seine Verdienste, und schließlich die Bedeutung und der Erfolg des Geschäfts, das er zu besorgen hatte, und die politischen Absichten, die der Schenkende verfolgte.[60] Sehr deutlich wurde zwischen „notwendigen" und „freiwilligen", d.h. zwischen geradezu völkerrechtlich gebotenen und darüber hinausgehenden Leistungen unterschieden. Was die „notwendigen" Geschenke betraf, so wurde an den großen Höfen im 18. Jahrhundert deren materieller Wert, gestaffelt nach Rang der Gesandten, exakt vorgeschrieben. So hieß es etwa in einer Verordnung Friedrichs II. von Preußen von 1747, daß die Abschiedsgeschenke „vor das künfftige, nach dem Fuß, wie solches in Frankreich, Engellandt, Hollandt und bey anderen Puissancen mehr gebräuchlich ist, ein vor alle mahl auf ein gewißes zu determiniren und festzusetzen", nämlich auf 1200 Rthl.[61] Darüber hinaus blieb allerdings der Spielraum für freiwillige und außergewöhnliche Gnadengaben nach wie vor groß.

Der sehr präzise Standard für Abschiedsgeschenke hatte aber den Vorteil, daß jede Abweichung nach oben oder nach unten sofort als solche erkennbar und damit als Botschaft lesbar wurde.[62] So erzählt Khenvenhüller zum Beispiel, daß das Abschiedsgeschenk für einen Gesandten „mit Fleiß sehr mediocre" gewählt worden sei, weil der Wiener Gesandte an dem betreffenden Hof umgekehrt auch nur sehr „pauvrement" beschenkt worden war.[63] Die exakte Normierung nach festem Geldwert machte es zumindest ansatzweise möglich, zwischen dem Amt des Gesandten und seiner Person zu differenzieren: Die standardisierte Gabe galt dem Amt und war für jeden entsprechend seiner Funktion gleich. Was im Wert darunter blieb, brachte Verstimmung zum Ausdruck; was darüber hinausging, war Zeichen persönlicher Wertschätzung und begründete eine persönliche Verpflichtung.

*

---

59 Wicquefort, L'Ambassadeur, Bd. 1, S. 957.

60 Zu den Bemessungskriterien Moser, Hof-Recht, Bd. 2, S. 781ff.; ders., Kleine Schriften, Bd. 1, S. 130; Wicquefort, L'Ambassadeur, Bd. 1, S. 947 u. 957. Beispiele für die Beförderung bestimmter politischer Absichten finden sich zuhauf; siehe etwa Duchhardt, Abschiedsgeschenk, S. 358ff.; Falcke, Geschenkwesen, passim.

61 Ebd., S. 202f. (Friedrich II., Erlaß vom 11. Okt. 1747, siehe schon Friedrichs I. Erlaß vom 14. Juli 1711 mit Abstufung nach Gesandtenrang).

62 Siehe Beispiele für besondere Auszeichnungen bei Moser, Kleine Schriften, Bd. 1, S. 124ff. u. 132; Wicquefort, L'Ambassadeur, S. 955; siehe auch Falcke, Geschenkwesen, S. 211f., 218f.

63 Khevenhüller-Metsch, Tagebuch, Bd. 2, S. 168; weitere Beispiele für demonstrativ geringfügige Geschenke bei Wicquefort, L'Ambassadeur, S. 958.

Damit komme ich zu den Anekdoten vom Anfang zurück. Wieder zeigt sich: Die Standardisierung der Gabenpraxis durch das Medium des Geldwertes entlastete diese von der Rücksicht auf persönliche Bindungen; sie wirkte egalisierend und entpersonalisierend – ob es sich nun um Geld als Bemessungsgrundlage für Gesandtengeschenke (Teil II) oder um Geld als Grundlage einer regulären Beamtenbesoldung handelte (Teil I). In beiden Fällen diente die feste Bemessung mittels Geldwert dazu, den Gaben ihren *persönlichen* Verpflichtungscharakter zu nehmen.

Ob man das als Vor- oder Nachteil ansah, war allerdings eine Frage des Standpunktes. Kritiker der höfischen Gabenpraxis beriefen sich – in beiden untersuchten Bereichen ist das festzustellen – auf die Opposition privat vs. öffentlich, *particulier* vs. *public*. Das, was ein Geschenk nach höfischem Verständnis auszeichnete – seine Freiwilligkeit, seine Unbemessenheit, sein Charakter als Gnadengabe und seine Wirkung, den Empfänger in diffuser und allgemeiner Weise gegenüber dem Schenkenden zu verpflichten – war gerade das, was es in den Augen seiner Kritiker delegitimierte. Geschenke erschienen aus dieser Perspektive als etwas Privates in dem Sinne, daß sie den Partikularinteressen von Privatleuten dienten – und Partikularinteressen standen grundsätzlich im Verdacht, zum Gemeinwohl in Gegensatz zu stehen. Die mangelnde Berechenbarkeit von Leistung und Gegenleistung, die Geschenke auszeichnete, erschien nun als Einfallstor für Willkür und despotische Macht statt als Ausdruck von adeliger Großzügigkeit und fürstlicher Gnade. Eine exakt definierte Verpflichtung gegenüber dem überpersönlichen allgemeinen Wohl, wie sie von einem öffentlichen Funktionsträger erwartet wurde, ließ sich auf solchen schwankenden Boden nicht gründen; dazu bedurfte es der Fixierung von Leistung und Gegenleistung, und zwar mittels Geld. Das Geschenk hatte als etwas Privates im Staat nichts mehr zu suchen.

Zwischen Erfolg und Mißerfolg

Caspar Ehlers

„Prout imperialem decuit maiestatem procedens in magna Gloria" – Reisekönigtum und materielle Hofkultur im 12. und 13. Jahrhundert

In der vermutlich zeitgenössischen Eberbacher Fortsetzung zur Chronik Gottfrieds von Viterbo findet sich eine bekannte und vielzitierte Beschreibung des Erscheinens Kaiser Friedrichs II. Ende Juni des Jahres 1235 auf seinem Weg nach Wimpfen um seinen Sohn, König Heinrich (VII.), der Herrschaft zu entheben.[1] Sie setzt das Reisekönigtum in einer geradezu verstörend-überhöhenden Art und Weise ins Bild:

> Festinavit quantum potuit ad Reni confinia multisque principibus ei apud Ratisponam occurrentibus, prout imperialem decuit maiestatem procedens in magna gloria cum quadrigis plurimis auro argentoque onustis, bysso et purpura, gemmis atque preciosa suppellectili, cum camelis mulis atque dromedis, Sarracenos quoque multos et Ethyopes diversarum arcium noticiam habentes cum symiis et leopardis, pecunias et thesauros suos custodientes secum adducens, in multitudine copiosa principum et exercitus Winpiam usque pervenit.[2]

In der Übersetzung von Ernst Kantorowicz[3] liest sich die Passage folgendermaßen:

> Wie es der kaiserlichen Erhabenheit ansteht, so zog er daher in großer Glorie und es folgten ihm die vielen Quadrigen mit Gold und mit Silber beladen, mit Byssus und Purpur, mit Gemmen und köstlichem Gerät. Er führte mit sich Kamele, Maultiere und Dromedare, Affen und Leoparden, auch viele Sarazenen und dunkle Äthiopier, die sich auf mancherlei Künste verstanden und als Wachen dienten für Gelder und Schätze.

Es nimmt nicht wunder, daß gerade Ernst Kantorowicz dieser Erzählung Raum in seinem Werk widmete, da er sich ja explizit auf die verklärenden Inszenierungen der eigenen Person durch den letzten Stauferkaiser konzentriert und selbst im Rückblick noch einiges zur mythischen Schau auf Friedrich II. beizutragen hatte.

Im folgenden Beitrag geht es jedoch weniger um moderne Rezeptionsgeschichten von Reisekönigtum und materieller Hofkultur im 12. und 13. Jahrhundert als vielmehr um die Möglichkeiten und Grenzen der Repräsentation im System der ambulanten Herrschaftsausübung im Hochmittelalter. Dazu sollen zunächst die

---

1 Julius Ficker (Hrsg.), Regesta Imperii V. Die Regesten des Kaiserreiches unter Philipp, Otto IV., Friedrich II., Heinrich (VII.), Conrad IV., Heinrich Raspe, Wilhelm und Richard. 1. Abteilung: 1176–1250 (Philipp, Otto IV., Friedrich II.), Innsbruck 1881, Nr. 2098a; vgl. Martina Giese, Die Tierhaltung am Hof Kaiser Friedrichs II, in: Knut Görich, Jan Keupp und Theo Broekmann (Hrsg.), Herrschaftsräume, Herrschaftspraxis und Kommunikation zur Zeit Friedrichs II. (Beiträge zur Geschichte der Ludwig-Maximilians-Universität München, Bd. 2), München 2008, S. 121-171, hier S. 147–149.; Ernst Kantorowicz, Kaiser Friedrich II., Berlin 1927, Sonderausgabe Stuttgart 1987, S. 369–371, und Thomas Curtis van Cleve, The Emperor Frederick II of Hohenstaufen. Immutator Mundi, Oxford 1972, S. 378.

2 Gotifridi Viterbiensis Continuatio Funiacensis et Eberbacensis, hrsg. v. Georg Waitz, in: MGH Scriptores 22, Hannover 1872, S. 342–349, hier S. 348.

3 Kantorowicz, Friedrich II., S. 370.

beiden Seiten der Hofkultur, die immaterielle und die materielle, auf ihre prägenden Faktoren hin untersucht werden.

Die zwei Seiten der Hofkultur

„Wie es der kaiserlichen Erhabenheit ansteht" – die immateriellen Aspekte

Es ist angebracht, zunächst auf die weitgehend immateriell wirkenden Faktoren einzugehen, aus denen die materiellen Teile der speziellen Hofkultur des Reisekönigtums hervorgehen, die sie bedingen oder beeinflussen.[4] Sie sollen als Gegenüberstellungen formuliert und als Ausgang für die Betrachtung einer materiellen Hofkultur des 12. und 13. Jahrhunderts verstanden werden.

Allerdings kann nicht zugleich eine Darstellung der Entwicklung königlicher Hofkulturen in den Nachfolgereichen des Imperiums Karls des Großen oder gar im christlichen Europa geboten werden. Auch ist die Forschung zu diesem Thema hier nicht nachzuzeichnen, die das Phänomen ‚Hof' von römischer Zeit über die Spätantike bis in das Frühmittelalter verfolgt, und beispielsweise diskutiert, inwiefern sich schon bei den Merowingern ein Königshof mit entsprechenden Ämtern, Hierarchien und kulturellen Ausprägungen herausgebildet hat, ob dabei römische mit germanischen Elementen zusammengeflossen sind und in welchen Anteilen.

Für unsere Fragestellung und ihren Zeithorizont ist zunächst der dauerhafte Gegensatz von Mobilität und Immobilität zu erwähnen, der bereits seit dem europäischen Frühmittelalter virulent ist, da Könige in ihrem großen Reich ohne Hauptstädte umherreisen, Bischöfe hingegen Zentren bilden, ohne ihrerseits immobil zu werden. Sie haben ihren – namengebenden – Vorort, während Könige ihre Residenzstädte erst wesentlich später und im deutschen Reich sogar kaum transpersonal ausbilden werden. Das bedeutet, daß sich der König im Reich bewegt und dabei feste Plätze zu repräsentativen Handlungen ansteuert. Diese können ihm gehören, wie die Pfalzen und Königshöfe, oder er nutzt gewissermaßen als Gast die Stätten anderer Großer seines Herrschaftsbereiches, auch wenn deren Rolle als Gastgeber mitnichten stets aus freudiger Freiwilligkeit und Freigiebigkeit gespeist wurde.

Ein zweiter, damit zusammenhängender Punkt ist die Diskrepanz von zeitlicher und räumlicher Kontinuität, die sich aus dem europäischen Reisekönigtum ergibt wegen der gleichzeitigen Begrenztheit des Aufenthaltes des Königshofes (beziehungsweise des an einem Ort kurzfristig verweilenden Herrschers ohne die Begleitung aller Funktionsträger) und der Seßhaftwerdung der Administration an einem anderen. Neben dem die Hierarchien in Welt und Kirche verbindenden Element der Transpersonalität des Amtes ist nochmals hervorzuheben, daß im Gegensatz zum Reisekönigtum zuerst die Bischöfe und später auch Herzöge und

---

[4] Diesen methodischen Ansatz vertritt schon MALCOLM VALE, The Princely Court. Medieval Courts and Culture in North-West Europe, 1270–1380, Oxford 2001, S. 1–3. Vgl. insgesamt WERNER PARAVICINI, Die ritterlich-höfische Kultur des Mittelalters (Enzyklopädie deutscher Geschichte, Bd. 32), 2. Aufl. München 1999, S. 57–71.

Grafen durch Zentren- und Residenzenbildung sowie vor allem durch eine mehr oder weniger ortsfeste Verwaltung eine dauerhafte Verbindung zu einem Ort eingehen. In einigen westeuropäischen Reichen ergreift diese Entwicklung schon im 13. Jahrhundert auch die Könige, im deutschen hingegen nicht oder nur personenbezogen. Territorialisierung beginnt also vermutlich weniger auf der Ebene des Königtums, sondern findet ihre Anfänge in den nachgeordneten Bereichen kirchlicher wie weltlicher Herrschaft, wenn der Raumbezug durch sich herausbildende Strukturen nach einer Anfangsphase der ‚Erschließung' stärker wird.

Damit verbunden ist die Dichotomie von Zentralität und dezentralen Strukturen, die mit zunehmender Größe eines Raumes spürbarer wird. Nordalbingien ist peripherer in der Sicht des ostfränkisch-deutschen Königs als ein Archidiakonat in Randlage der Diözese Verden aus dem Blickwinkel des zuständigen Bischofs. Eine Region ohne oder mit wenigen Königsaufenthalten wie Friesland oder vielleicht das Languedoc entwickelt sich anders als eine Zone, die zumindest in Intervallen den Herrscher empfängt. Allein durch ausgesandte Amtsträger oder Visitatoren läßt sich ein Raum zwar zeitweilig, aber weniger durchdringend als mit regelmäßiger persönlicher Präsenz des Herren erfassen.

Räume – und zwar sowohl geographische wie architektonische – lassen sich darüber hinaus mit dem Gegensatz ‚öffentlich' und ‚privat' charakterisieren. Der oben zitierte Quellenbericht ist ein Beleg für öffentliche Herrschaftsrepräsentation mit einer stark individuellen Note in einem herkömmlichen Kontext. Gerd Althoff[5] und andere haben über den genannten Aspekt gehandelt, so daß hier nur eine Hervorhebung nötig ist: Es ist ein Unterschied zu beachten, der sich aus der Eigenheit einer Quelle ergibt, ob sie nämlich intern oder extern berichtet. Ist der Autor Teilhaber des Geheimnisses oder ist er Beobachter des inszenierten Ablaufes im Sinne eines Zuschauers ohne Zugang zu den inneren Kreisen der Herrschaft, hier im Sinne sowohl der räumlichen Gestaltung und Nutzung von Orten der Herrschaft als auch der personellen Struktur der Macht verstanden?

In scheinbarem Kontrast zu diesen vier Gegenüberstellungen stehen die folgenden, die sich auf die Handlungen selbst beziehen, nicht auf den Raum des Handelns. Damit sind die als vorgegeben erscheinenden Faktoren gemeint, die die Hofkultur prägen und in deren Rahmen sich diese selbst entwickelt.

Zuerst muß an den soeben genannten Unterschied angeknüpft und nochmals auf das Öffentliche und Private zurückgekommen werden, da diese Differenzierung auch außerhalb von ‚Bühnen' möglich ist. Was unmittelbar einleuchtet, da in auf den ersten Blick offenen Räumen heute wie damals nicht immer alle Umstehenden an den Vorgängen beteiligt werden sollen; aus dieser Nähe und Ferne resultiert eine funktionale Hierarchie der Gruppen.

Daneben ist die Dichotomie von fixierten und veränderbaren Handlungsabläufen zu betonen, die nicht immer genügend beachtet erscheint. Die Liturgie ist seit frühchristlichen Zeiten Gegenstand der Vorstellung von einer überzeitlich verstandenen, ‚unveränderbaren' und somit kontinuierlichen Performanz im Himmel

---

[5] Vgl. etwa GERD ALTHOFF, Colloquium familiare, Colloquium secretum, Colloquium publicum. Betrachtung im politischen Leben des frühen Mittelalters, in: Frühmittelalterliche Studien 24 (1990), S. 145–167.

und auf Erden, während Rituale um eine festen Kern herum kreisen und gleichsam aus Elementen gestaltet werden können.[6] Dies spiegelt sich in den Quellen: Wenn es in Annalen etwa heißt, „der König feierte Weihnachten in Magdeburg", dann genügte dieser Hinweis auf Festzeit und Ort dem kundigen Leser, um den vorgegebenen Ablauf der gottesdienstlichen Feiern zu verstehen, während ein ausgeklügeltes Ritual oder ein außergewöhnlicher Auftritt (wie etwa eine damit verbundene Festkrönung[7] oder ein Versöhnungsakt, die ja nicht die Regel waren) meist mehr darstellende Mühe von den Historiographen forderte, wie auch die eingangs zitierte Quelle zeigt.

Unmittelbar damit ist das nächste Gegensatzpaar verbunden, das differenzierter gesehen werden muß: Die Singularität einer Handlung beziehungsweise deren Wiederholbarkeit oder eine gar immer wiederkehrende Gestaltung derselben. Schon genannt wurden Liturgie und Rituale, die *per definitionem* wiederholbar sind wie auch ihre Mischformen beispielsweise aus dem Bereich der Wahlen, Krönungen beziehungsweise Amtseinführungen oder Lehnsübertragungen. Singuläre Ereignisse hingegen sind schwerer zu fassen, dazu gehören Reaktionen der Herrscher auf Schlachten und ihren Ausgang, auf unerwartete (Natur-)Katastrophen oder ähnlich unkalkulierbare Ereignisse. Hier dürften als Reaktion auf die Unvorhersehbarkeit und die daraus resultierende Einzigartigkeit vielleicht eher Inszenierungen eingesetzt worden sein. Diese bedienten sich freilich aus dem Repertoire der zur Verfügung stehenden Handlungsweisen, denn sie mußten von den Augenzeugen, den Berichterstattern und ihren Rezipienten ja auch verstanden – gelesen! – werden.[8] Die Entwicklung des formellen Prozesses der Heiligsprechung als Norm in Abgrenzung zur einfachen Erhebung mit der lokalen, gleichsam Fakten schaffenden Praxis der Verehrung wäre ein Beispiel, wie wildwüchsige Individualität (im Sinne von hierarchisch und institutionell unautorisierten Handlungen) eines europäischen Phänomens aus dem früheren Mittelalter schließlich standardisiert wird.

Dies leitet über zur Ungleichheit des Spielraums bei geplanten (inszenierbaren) und gewissermaßen spontanen Handlungen. Hier kommt es darauf an, ob die nützliche Reaktion auf den Ausgang eines Ablaufes kalkuliert werden kann oder nicht. Im Kern geht es um Gelegenheiten, in denen ein Herrscher auf ein unvorhersehbares Ereignis angemessen reagiert, um Situationen folglich, die naturgemäß in der rückwirkenden Historiographie kaum zu fassen sind. Und wenn doch, dann sind sie oft als Niederlage – wie etwa bei ungehöriger Härte, die nicht das ge-

---

6 Zur Liturgie sei statt vieler verwiesen auf JOSEF ANDREAS JUNGMANN, Missarum Sollemnia. Eine genetische Erklärung der römischen Messe, 2 Bde., Wien 1962. An einem prominenten Beispiel aus der Welt der Rituale zeigte Gerd Althoff deren situationsbezogene Wandelbarkeit und Anpassungsfähigkeit: GERD ALTHOFF, Das Privileg der Deditio. Formen gütlicher Konfliktbeendigung in der mittelalterlichen Adelsgesellschaft, in: Otto Gerhard Oexle und Werner Paravicini (Hrsg.),Nobilitas. Funktion und Repräsentation des Adels in Alteuropa (Veröffentlichungen des Max-Planck-Instituts für Geschichte, Bd. 133), Göttingen 1997, S. 27-52, hier S. 31f.

7 Vgl. schon HANS-WALTER KLEWITZ, Die Festkrönungen der deutschen Könige, in: Zeitschrift der Savigny-Stiftung für Rechtsgeschichte, Kanonistische Abteilung 28 (1939), S. 48-96.

8 Vgl. ALTHOFF, Privileg der Deditio.

wünschte Ergebnis bringt – beziehungsweise als ‚gescheitertes' Ritual überliefert oder werden von späteren Lesern als solche qualifiziert.[9]

Die gemeinsamen Bezüge der Gegensätze liegen auf der Hand: Menschen, Räume und Zeiten. Sie stehen in einem Spannungsfeld zu den materiellen Aspekten einer Hofkultur des 12. und 13. Jahrhunderts, einer Kultur, die gerade erst den Kinderschuhen entwächst[10] und ihre Weiterentwicklung zur Selbsterhaltung und Perpetuierung der einst legitimierten Herrschaftspraxis betreibt und modernisiert.

Nicht berücksichtigt wurden bislang die Ordnungen des Hofes, die zwar in Ansätzen vorhanden sind, sich in den zur Frage stehenden zwei Jahrhunderten aber erst langsam zu dem herausbilden, was für Spätmittelalter und Frühneuzeit als solches erforscht wird.[11] Beachtenswert ist allemal die These Rolf Sprandels, daß gerade hier der Kirche an der Wende zum 12. Jahrhundert eine besondere Rolle zuzukommen scheint, wie er am Beispiel des Begriffes der *humanitas* bei Ivo von Chartres († 1115/16) mit Hinweis auf das sogenannte Hofrecht Bischofs Burchard von Worms († 1025) gezeigt hat,[12] was vor dem Hintergrund der obigen Bemerkungen zu den Anfängen der Territorienbildung auf der hierarchischen Ebene unterhalb des Reisekönigtums nochmals überdacht werden sollte.[13]

„Zog er daher in großer Glorie" – die materiellen Aspekte

Materielle Hofkultur wird oft unter dem Aspekt der Sachkultur[14] verstanden, deren Erforschung für den Zeitraum des 12. und 13. Jahrhunderts sich größtenteils auf Bild- und Schriftquellen sowie die Ergebnisse der Archäologie stützt, die insgesamt eher auf den Alltag der Menschen im allgemeinen und weniger auf den Hof als herausgehobene Gruppe im besonderen umzulegen sind. Im Gegensatz zu späteren und quellenreicheren Epochen ist das frühere Mittelalter naturgemäß ein Randgebiet jener Forschungsrichtung.[15] Die folgenden Gedanken werden diese

[9] Auch Heinrichs (VII.) Fußfall vor seinem kaiserlichen Vater in Wimpfen Ende Juni 1235, vom Quellenzitat nicht erfaßt, blieb übrigens erfolglos, vgl. CHRISTIAN HILLEN, Curia Regis. Untersuchungen zur Hofstruktur Heinrichs (VII.) 1220–1235 nach den Zeugen seiner Urkunden (Europäische Hochschulschriften Reihe 3, Geschichte und ihre Hilfswissenschaften, Bd. 837), Frankfurt a. M. 1999, S. 214–219.

[10] Vgl. zusammenfassend PARAVICINI, Ritterlich-höfische Kultur, S. 19–37.

[11] Vgl. etwa HOLGER KRUSE und WERNER PARAVICINI (Hrsg.), Höfe und Hofordnungen 1200 bis 1600 (Residenzenforschung, Bd. 10), Sigmaringen 1999.

[12] ROLF SPRANDEL, Ivo von Chartres und die Aufwertung einer weltlichen Kultur im Investiturstreit, in: Gert Kaiser und Jan-Dirk Müller (Hrsg.), Höfische Literatur, Hofgesellschaft, Höfische Lebensform um 1200 (Studia Humaniora, Bd. 6), Düsseldorf 1986, S. 57–65.

[13] Vgl. CASPAR EHLERS, Formen der Identitätsstiftung am Beispiel Sachsens in der Historiographie zwischen Karl dem Großen und Heinrich V., in: Rechtsgeschichte 13 (2008), S. 12–24.

[14] Vgl. GERHARD JARITZ, Zur materiellen Kultur des Hofes um 1200, in: Kaiser und Müller (Hrsg.), Höfische Literatur, S. 19–38, sowie die Bände des Institut für mittelalterliche Realienkunde Österreichs in Krems.

[15] Beispielsweise betont BERND SCHÜTTE, König Philipp von Schwaben. Itinerar, Urkundenvergabe und Hof (Monumenta Germaniae Historica Schriften, Bd. 51), Hannover 2002, S. 151–153, noch für die Wende vom 12. zum 13. Jahrhundert das Fehlen von aussagekräftigen Quellen zum Hofe König Philipps. Vgl. auch PARAVICINI, Die ritterlich-höfische Kultur, S. 6.

Realienbezüge zur stillschweigenden Voraussetzung haben, eine detaillierte Betrachtung der Forschungsergebnisse zur Sachkultur ist hier nicht zu leisten.

Der erste und auffälligste Gegensatz der materiellen Hofkultur des Mittelalters ist die Frage, ob der König bei seinen Handlungen Gast oder Gastgeber ist, ob er auf Krongut weilt oder das *servitium regis* in Anspruch nimmt.

Damit in Verbindung steht die Frage nach der Beweglichkeit: Sind die materiellen Bestandteile der Hofkultur mobil oder immobil? Werden bestimmte Gerätschaften, Schriftstücke und andere repräsentative Dinge mitgenommen oder findet der Hof sie vor Ort? Im Falle von Textilien wäre zu fragen, ob Teppiche, Banner oder ähnliches vom reisenden König mitgeführt werden, wie es bei seiner Bekleidung der Fall gewesen sein dürfte. Änderte sich also das Gepräge des Zeremoniells von Ort zu Ort? Welche Personen, deren Funktionen und Handlungen für die Hofkultur wesentlich sind, begleiten den Hof, wie etwa die Hofkapelle als die Essenz der Verwaltung, welche treten zu bestimmten Anlässen hinzu, wie die Inhaber der Hofämter? Inwieweit ist repräsentative oder zeremonielle Begleitung Bestandteil des Reisens selbst? Und schließlich: hängt nicht der Aktionsradius des Reisekönigtums von seinen realen Möglichkeiten ab? Die Itinerarplanung und der tatsächliche Reiseweg können voneinander abweichen, was materielle Gründe – in erster Linie: ökonomische und technische – gehabt haben kann wie immaterielle, beispielsweise regionale Konflikte, die Eingreifen oder Ausweichen erforderten.

Nicht zuletzt hat die wechselnde Zusammensetzung des den König umgebenden Personenkreises, der seinerseits in einen inneren (Kernhof) und äußere Kreise zerfällt,[16] Auswirkungen auf die Wirksamkeit herrscherlicher Handlungen und der Darstellung des Hofes als Herrschaftsinstrument.

Diese Punkte zielten auf das Reisekönigtum und berührten dessen wirtschaftliche Grundlagen wie die Wirksamkeit jener speziellen Form der Herrschaftsausübung. Am Rande sei auf die soeben angedeutete Abwesenheit hingewiesen, deren spezifische Vor- und Nachteile mit der zweckgerechten Seite von Gegenwart und Fernbleiben hier nicht ausführlich dargestellt werden können. Es genüge der Hinweis, daß der abwesende Herrscher durchaus in den Gebäuden der Königshöfe beziehungsweise Königspfalzen mit repräsentativer Ausstattung und ökonomischer wie rechtlicher Zentralfunktion als anwesend gedacht werden konnte.[17] Dies dürfte sogar für einzelne auf das Königtum zurückgehende Gegenstände gelten.[18]

[16] Vgl. die Überlegungen von JOACHIM EHLERS, Der Hof Heinrichs des Löwen, in: Bernd Schneidmüller (Hrsg.), Die Welfen und ihr Braunschweiger Hof im hohen Mittelalter. Vorträge gehalten anläßlich des 33. Wolfenbütteler Symposions vom 16. bis 19. Februar 1993 (Wolfenbütteler Mittelalter-Studien, Bd. 7), Wiesbaden 1995, S. 43–59, vor allem S. 45f., sowie bei SCHÜTTE, Philipp, S. 163–165.

[17] Vgl. CASPAR EHLERS, Having the King, Losing the King, in: Viator. Medieval and Renaissance Studies 33 (2002), S. 1–42, hier S. 9–15 mit weiteren Verweisen.

[18] Dazu etwa HAGEN KELLER, Die Herrscherurkunden. Botschaften des Privilegierungsaktes, in: Comunicare e significare nell'alto medioevo (Settimane di studio del Centro italiano di studi sull'alto medioevo, Bd. 52), Spoleto 2005, S. 231–279; ders. und STEFAN AST, Ostensio cartae. Italienische Gerichtsurkunden des 10. Jahrhunderts zwischen Schriftlichkeit und Performanz, in: Archiv für Diplomatik, Schriftgeschichte, Siegel- und Wappenkunde 53 (2007), S. 99–122.

Komplizierter sind Fragen, die die Interaktion betreffen, beispielsweise den Gunsterweis oder den Gabentausch[19] sowie den Huldentzug, denn sie berühren wieder beide Seiten, die materielle wie die immaterielle. Voraussetzung zur Beurteilung dieses Komplexes mittelalterlicher Praxis sind die sozialen Bindungen und die anerkannten Inszenierungen des Ablaufs einer herrscherlichen Maßnahme, die ihrerseits die Konsequenzen des interaktiven Handelns bestimmen, sowie die zu beachtenden Normen. Hier muß vor allem unterschieden werden zwischen den beiden ausschlaggebenden Sphären der mittelalterlichen Ordnung, Kirche und Welt. Denn die prägenden Bezüge einerseits und die resultierenden Auswirkungen andererseits sind nicht immer kongruent. Die Schenkung eines Prachtevangeliars an ein Kloster ist etwas anderes als die Promotion eines Vasallen. Es dürfte auch ein fundamentaler Unterschied zwischen der Vergabe von Land an ein Kloster und der Verleihung einer Grafschaft bestehen, da jeweils verschiedene Abhängigkeiten, andere Bindungen und unterschiedliche Wirkungsabsichten zu berücksichtigen sind. Diese Differenz dürfte unabhängig davon bestehen, ob ein Kloster die Grafschaft bekommt oder ein Laie. Ferner ist der außerhalb des Tausches liegende Sachverhalt zu würdigen, daß es zur Hofkultur des Mittelalters gehörte, materielle Gaben mit immateriellen Gegenleistungen auszugleichen und umgekehrt. Oft könnte sich gerade dann die erbrachte Vergütung der Wohltat der historiographischen Aufmerksamkeit entzogen haben.[20]

Schließlich dürfen die regionalen oder nationalen Eigenheiten dieser Prozesse nicht vergessen werden. Die Ursachen, die seit der Merowingerzeit zur Bildung einer königlichen Zentrallandschaft im Pariser Becken geführt haben, sind nicht ohne Abstriche mit denen zu vergleichen, die zum Festhalten Heinrichs IV. am Harzraum als seiner Kernregion geführt haben.

Der mit dem Leoparden tanzt

Sind nun die Formen der Repräsentation Friedrichs II. im Jahre 1235, der puren Zurschaustellung von fremdartig anmutender und so den Gegner beiseite drückender Pracht und Macht, wie sie die Eberbacher Quelle beschreibt, selbst repräsentativ für herrscherliche Machtdarstellung im hohen Mittelalter? Sicherlich ist seit frühen Zeiten der Königsschatz Bestandteil der Herrschaft, wenn nicht gar ihre Grundlage,[21] und so bekommt der Auftritt des Staufers plötzlich archaische

[19] Vgl. PATRICK J. GEARY, Gift Exchange and Social Science Modelling. The Limitations of a Construct, in: Gadi Algazi, Valentin Groebner und Bernhard Jussen (Hrsg.), Negotiating the Gift. Pre-modern Figurations of Exchange (Veröffentlichungen des Max-Planck-Instituts für Geschichte, Bd. 188), Göttingen 2003, S. 129–140; WOLFGANG REINHARD, Lebensformen Europas. Eine historische Kulturanthropologie. München 2004, S. 269–271.

[20] Vgl. auch HAGEN KELLER, Hulderweis durch Privilegien. Symbolische Kommunikation innerhalb und jenseits des Textes, in: Frühmittelalterliche Studien 38 (2004), S. 309–321.

[21] Dazu MATTHIAS HARDT, Gold und Herrschaft. Die Schätze europäischer Könige und Fürsten im ersten Jahrtausend (Europa im Mittelalter. Abhandlungen und Beiträge zur historischen Komparatistik, Bd. 6), Berlin 2004. Ders., Art. Königsschatz, in: Reallexikon der Germanischen Altertumskunde, 2. Aufl., Bd. 17, Berlin 2000, S. 134–136.

Züge in einer Zeit, in der man beginnt, diskreter aber ebenso wirkungsvoll seine materielle Stärke zu zeigen. In erster Linie fällt doch der Konnex zwischen dem ‚Exotischen' und dem ‚Gewöhnlichen' im zitierten Bericht ins Auge. Orientalisch ausgestattet reist Friedrich II. durch die etablierten Stätten des deutschen und speziell staufischen Reiches wie seine Vorgänger: Regensburg, Wimpfen und Worms. Es ist anzunehmen, daß der Eberbacher Historiograph eine Verbindung herstellte zwischen dem Wissen über die umwälzenden Ereignisse von 1235 und den im Umlauf befindlichen Erzählungen über die fremdartige sizilische Hofkultur Friedrichs II. So konstruierte er ein Bild, im wahren Wortsinne, von den atemberaubenden Repräsentationsformen und -mitteln, die der Staufer auf seinem althergebrachten Weg zum Einsatz gebracht haben könnte.

Daher ist die Quelle eben doch Spiegel einer materiellen Hofkultur, auch wenn sie vielleicht nicht Tatsachen sondern Imaginationen wiedergibt.[22] Vorstellungen, die im öffentlichen Bewußtsein noch nach anderthalb Generationen präsent waren, wie ein anderes Ereignis ein halbes Jahrhundert später zeigt: Mickrig nachgemachte orientalische Pracht in Form von einigen dunkelhäutigen Begleitern sowie bepackten Eseln nützte einem gewissen Dietrich Holzschuh letztlich zwar nicht, half dem „falschen Friedrich" aber zeitweilig, den großen Herrscher zu personifizieren und die an ihn geknüpften Erwartungen, Sehnsüchte und Phantasien der Menschen zu bedienen, bis er entlarvt und 1285 verbrannt wurde.[23]

Versuch eines Resümees zur materiellen Hofkultur im 12./13. Jahrhundert beim Reisekönigtum deutscher Ausprägung

Im deutschen Reich des Mittelalters war das Reisekönigtum bis in frühmoderne Zeiten gängige Praxis, und im europäischen Kontext gehörte der *travelling court* ebenso seit 1066 zu der Realität des englischen Königtums wie das Reisen zu derjenigen der französischen Monarchie und schließlich ist festzustellen, daß auch die übrigen abendländischen Fürstenhöfe umherzogen.[24] In diesem Zusammenhang muß man letztlich doch einer materiellen Seite des Immateriellen für das Reisekönigtum eine vielleicht prägendere Funktion zuerkennen als es bei einer seßhaften Gesellschaftsstruktur der Fall wäre: Die aus den Orts- und Regionswechseln er-

---

22 Vgl. nun CASPAR EHLERS, Staufische Pfalzen und höfische Repräsentation. Tradition und Innovation, in: KARL-HEINZ RUESS (Hrsg.), Barbarossa und sein Hof (Schriften zur staufischen Geschichte und Kunst, Bd. 28), Göppingen 2009, S. 37–58.

23 OSWALD REDLICH (Hrsg.), Regesta Imperii VI. Die Regesten des Kaiserreiches unter Rudolf I. bis Heinrich VII. (1273–1313), 1. Abteilung: Rudolf I. 1273–1291, Innsbruck 1898, Nr. 1914a, 1915, 1920a und 1921. Vgl. KLAUS SCHREINER, Die Staufer in Sage, Legende und Prophetie, in: Reiner Haussherr (Hrsg.), Die Zeit der Staufer. Geschichte, Kunst, Kultur. Katalog der Ausstellung Stuttgart 1977, 5 Bde., Stuttgart 1977/1979, hier Bd. 3, S. 249–262, vor allem S. 253–255; HANNES MÖHRING, Der Weltkaiser der Endzeit. Entstehung, Wandel und Wirkung einer tausendjährigen Weissagung (Mittelalter-Forschungen, Bd. 3), Stuttgart 2000, S. 229–239, besonders S. 234–237; KANTOROWICZ, Friedrich II., S. 370f.

24 Vgl. den diachronen europäischen Überblick bei VALE, The Princely Court, S. 136–162, der bis in das 20. Jahrhundert reicht und hier nicht referiert werden kann.

zeugte Fluktuation grenzte den längerfristigen oder gar kontinuierlichen Kreis der Höflinge ein und beschränkte somit auch dessen besondere Kultur auf diejenigen, die sich gleichfalls Mobilität leisten konnten, und zwar sowohl materiell als auch immateriell. Es bedurfte eo ipso wirtschaftlicher Leistungsfähigkeit, dem engeren Kern des Königshofs zu folgen, wenn man ihm nicht angehörte, und einer gefestigten Herrschaft, um sich diese Abwesenheit von den eigenen Kreisen erlauben zu können.

Hinzu kommt, daß den Gastgebern des Königs, sofern er nicht auf Eigengut Station machte, eine besondere Bedeutung bei der Ausgestaltung der Aufenthalte zugekommen ist, so daß sich gleichsam Mischformen residierenden und reisenden Hofhaltens bilden konnten. Besonders deutlich wird dies bei herrscherlichen Besuchen in kirchlichen Metropolen, wo dem gastgebenden Bischof durch häufige Präsenz am Königshof auch außerhalb seines eigenen Amtssitzes eine Doppelrolle zukommt, denn er ist Gastgeber und Höfling (*courtier bishop*). Die kirchlichen Magnaten haben eine bedeutende Aufgabe, sie stellen als Gastgeber mit ihrem materiellen Besitz die Beweglichkeit des Königshofes sicher und sie tragen immateriell die Verwaltung desselben zusammen mit der Hofkapelle.[25]

Es konnte ein abwechslungsreiches Bild von der Hofkultur des Reisekönigtums im höheren Mittelalter gezeichnet werden, das unabhängig von besonderen Ausprägungen der Regionen und Zeiten gewisse Gemeinsamkeiten aufzuweisen hat, die als Essenz jener Kultur angesprochen werden können. Was also ist beim rollenden Gehäuse der Macht innerer Perlmutt, was Schmutz an den Wänden, was der äußere Lack des Schneckenhauses, was der Staub der Straßen? Vermutlich ist einzukalkulieren, daß jedes zur Ergänzung des anderen notwendig war, denn das Häßliche erhöht den Glanz des Schönen. Hier greift die Hofkritik Platz, deren Funktion nicht ausschließlich eine ätzende gewesen sein muß und die zunächst ebenfalls – etwa im 1156/59 entstandenen *Policraticus* des Johannes' von Salisbury († 1180) – von der Kirche getragen worden zu sein scheint.[26]

Bei allen Transformationen ist zweierlei bemerkenswert. Erstens ist der enge Zusammenhang zwischen dem Haushalt des Herrschers und seinem Hof[27] für das Reisekönigtum von großer Bedeutung gewesen und zweitens darf die bereits in verschiedenen Zusammenhängen beobachtete Rolle der Kirche bei der Entwicklung der Hofkultur weder übersehen noch unterschätzt werden.[28]

---

[25] Siehe etwa C. STEPHEN JAEGER, The Origins of Courtliness. Civilizing Trends and the Formation of the Courtly Ideals, 939–1210 (The Middle Ages), Philadelphia 1985, S. 20–22, oder die Untersuchungen von Josef Fleckenstein und anderen zur Hofkapelle.

[26] CLAUS UHLIG, Hofkritik im England des Mittelalters und der Renaissance (Quellen und Forschungen zur Sprach- und Kulturgeschichte der germanischen Völker, NF 56, Bd. 180), Berlin und New York 1973, zusammenfassend S. 395–397.

[27] NORBERT ELIAS, Die höfische Gesellschaft. Untersuchungen zur Soziologie des Königtums und der höfischen Aristokratie, Darmstadt und Neuwied 1969; Neuausgabe Frankfurt a. M. 2002 als Band 2 der Gesammelten Schriften von Norbert Elias, unveränderter Nachdruck (Suhrkamp Taschenbuch Wissenschaft, Bd. 423), Frankfurt a. M. 2003, S. 75–77. VALE, The Princely Court, S. 15–17.

[28] So läßt etwa JAEGER, Origins, seine Darstellung mit dem Jahr 939 beginnen, in dem Brun, der Bruder Ottos des Großen, Erzbischof von Köln wurde. Jaeger sieht in jenem Datum den Anfang einer ostfränkisch-deutschen Hofkultur, dies übernimmt ALDO SCAGLIONE,

Wo liegen nun die Möglichkeiten und Grenzen eines im Hochmittelalter auf Repräsentation ausgerichteten Systems von ambulanter Herrschaftsausübung, dessen Erfolg geradezu davon abhing, wie sich König und Hof materiell und immateriell inszenieren und durchsetzen konnten?

Beschränkt man sich auf das deutsche Reich im Hochmittelalter und läßt die Tendenzen zur Zentralisierung von Herrschaft in den französischen und englischen Monarchien im Detail unberücksichtigt, so entsteht ein Bild, daß in erster Linie mit Tradition und erst in zweiter mit Innovation beschrieben werden kann. Eine Neuerung gegenüber frühmittelalterlichen Zeiten stellte nämlich vor allem die örtliche Fixierung des Verwaltungsapparates an den für König und Reich beiderseits zentralen Metropolen dar, wie sie in Paris und London etabliert wurden. Auch in den Nachbarreichen des Imperiums zieht der König noch umher, aber die Großen und Kleinen wissen, wo sie mit ihren Pflichten und Bitten hinkommen müssen, selbst wenn der Monarch nicht erreichbar scheint. Dies gilt auch für das inzwischen staufisch gewordene Sizilien als existierendes Vorbild an der Wende vom 12. zum 13. Jahrhundert.

Gerade innerhalb des deutschen Reiches aber ließen sich solche landfremden Innovationen im und gegen den traditionell ostfränkisch geprägten Herrschaftsverband nicht durchsetzen. Dies gilt, um ein prominentes Beispiel zu nennen, vor allem für die Idee von der Erblichkeit des Reiches – ein in europäischen Monarchien bewährtes Instrument zur Straffung der Herrschaft mit nicht zu unterschätzenden Auswirkungen auf den umgebenden Hof und die Stabilität seiner spezifischen Kultur.

Die Grenzen der Möglichkeiten werden offenbar von den Trägern des Reiches gezogen und nicht unbedingt durch das Unvermögen der Könige. Scheiterten im dritten Viertel des 11. Jahrhunderts die Vorstellungen Heinrichs IV. von ‚traditioneller' Königsherrschaft mit einem aus der Vergangenheit angewachsenen Reichsgut als Grundlage an den inzwischen ‚moderner' denkenden Zwischengewalten, die ihre eigenen territorialen Räume und Ordnungsvorstellungen entwickeln wollten, so mußte Heinrich VI. an der Wende zum 13. Jahrhundert seine das Reich transformierenden ‚modernen' Pläne aufgeben, als der Erbreichsplan in der Folge der Verhandlungen an den ‚traditionellen' Vorstellungen der Fürsten vom Wahlkönigtum zerschellte.[29]

Die hier zu beobachtende, gleichsam im System selbst gründende, Gegenläufigkeit von Norm und Praxis zeigt die Schwerfälligkeit eines Herrschaftssystems, wenn es darum geht, Idee und Wirklichkeit zu erneuern. Das Reisekönigtum fränkisch-deutscher Prägung ist der Rahmen, in dem sich höfische Kultur im Reich

Knights at Court. Courtliness, Chivalry, and Courtesy from Ottonian Germany to the Italian Renaissance, Berkeley 1991, S. 21f.

29 Hier spielte allerdings auch die eigentümliche Verknüpfung von deutschen Königtum und römischer Kaiserwürde sowie dem Papsttum eine Rolle, die sich so nicht bei den anderen Monarchien finden läßt. Vgl. Ludwig Vones, Confirmatio Imperii et Regni. Erbkaisertum, Erbreichsplan und Erbmonarchie in den politischen Zielvorstellungen der letzten Jahre Kaiser Heinrichs VI., in: Stefan Weinfurter (Hrsg.), Stauferreich im Wandel. Ordnungsvorstellungen und Politik in der Zeit Friedrich Barbarossas, (Mittelalter-Forschungen, Bd. 8), Stuttgart 2002, S. 312–334.

entwickeln kann. Selbstverständlich unterschied sich der staufische von dem ottonischen Hof und denen davor. Aber dafür scheinen doch vor allem von außen übernommene und im Inneren weiterentwickelte oder angepaßte Faktoren verantwortlich gewesen zu sein, wie der Gedanke des Rittertums, der höfischen Dichtung und Kultur oder die Interaktion von Tradition und Reform in weltlichen wie religiösen Fragen. Strömungen also, die an den Höfen in ganz Europa im 12. und 13. Jahrhundert wirksam waren. Auf die lange Dauer gesehen, beeinflußte dies auch den deutschen Königshof.

Zusammengefaßt wären drei Punkte für das Reisekönigtum und seine materielle Hofkultur im 12. und 13. Jahrhundert mit Blick auf die deutsche Monarchie hervorzuheben. Erstens darf die Rolle der Kirche bei den verschiedenen Entwicklungstendenzen nicht unbeachtet bleiben. Sie ordnet Räume und Zeiten, etwa durch die vor allen anderen ausgebildeten und europaweit anerkannten territorialen und chronographischen Ordnungsvorstellungen mittels Bistumsorganisation und Festkalender. Greift man darüber hinaus die referierte Beobachtung Rolf Sprandels auf, so gibt die Kirche auch bei der Herausbildung höfischer Ordnungskonzeptionen aber auch bei deren kultureller Ausprägung[30] den Ton an. Und schließlich stammen aus ihren Reihen die wirkmächtigen Kritiker der weltlichen Zustände an den Höfen und politischen Bühnen Europas, wie Johannes von Salisbury.

Als nächster Punkt wäre zu nennen, daß die aus dem Reisekönigtum resultierende Ortsveränderung zwei wesenseigene Besonderheiten dieser Herrschaftspraxis erzeugt: Die Ambulanz des Königs bedeutete sowohl eine grundlegende Veränderung des repräsentativen Rahmens als auch der personalen Zusammensetzung des Hofes, so daß man eher von den Höfen des Reisekönigtums sprechen muß als von dem Hof.

Drittens konnte noch für die Schwelle zum 13. Jahrhundert gezeigt werden, daß für das deutsche Reich eher altfränkische als französische Traditionslinien erkannt werden können. Dies hat nun auch mit der Kirche zu tun. Die durch die Kaiserwürde hergestellte enge Verbindung zwischen dem deutschen Königtum und dem mittelalterlichem Papsttum bremste möglicherweise auf der obersten Ebene Entwicklungen, wie sie sich im Reich des westlichen Nachbarn auf dem gemeinsamen Boden des einstigen Reiches Karls des Großen haben früher vollziehen können.[31] Mit Bezug auf die Pläne der späten Staufer, das Reich faktisch erblich werden zu lassen, zeigt sich jedenfalls, daß die wahlberechtigten Großen im Einklang mit dem Papst ihren traditionell legitimierten Anspruch mit durchdachten Argumenten nicht aufzugeben bereit waren, auch wenn sie selbst seit Jahrzehnten ein wei-

---

30 Schon zu salische Zeiten wurde eine Liedersammlung von dem Wormser Kleriker Ebbo, einem Kapellan der Hofkapelle, angelegt, die den Grundstock der Cambridger Lieder bildete und zum Vortrag bei Hofe gedacht war, vgl. zusammenfassend STEFAN WEINFURTER, Das Jahrhundert der Salier (1024–1125), Ostfildern 2004, S. 100f.

31 Für das deutsche Reich nachzuzeichnen, wie sich bis zur Mitte des 13. Jahrhunderts aus dem einst konstituierenden Element des Bündnisses zwischen den Päpsten und dem fränkisch-ottonischen Königtum des frühen Mittelalters ein auf die Hofkultur als retardierend, beflügelnd oder folgenlos einzuschätzender Faktor entwickelt haben könnte, kann freilich in den hier präsentierten, kurz gehaltenen Überlegungen nicht geleistet werden.

tes Stück auf dem Wege zurückgelegt hatten, Dynastien mit Territorien und Höfen aufzubauen und zu modernisieren. Die Landgrafen von Thüringen und die Kölner Erzbischöfe sind nur zwei Beispiele für solche Entwicklungen, die die alten Elemente des früh- und hochmittelalterlichen Reiches der reisenden Könige mit neuen Impulsen seßhafter und transpersonaler Herrschaft verbinden konnten.

Auch der Marsch Friedrichs II. von Italien nach Worms zur Unterwerfung seines Sohnes zeigt diese auf repräsentativer wie realpolitischer Seite wirksame Spannung. Heinrich (VII.) mag nordalpin gedacht und gehandelt haben, wie es ihm seine Umgebung nahelegte, nicht ohne ihren eigenen Vorteil aus den Augen zu verlieren. Friedrich II. hingegen bediente sich alter wie neuer Strategien bei der Unterwerfung seines Sohnes, des deutschen Königs.

Die materielle Hofkultur spielte dabei eine entscheidende, aber vielleicht doch nicht die ausschlaggebende Rolle. Die fiel dem politischen Rahmen zu, mithin den Bezügen stauferzeitlichen Herrschaftsverständnisses, in denen Vater und Sohn sich bewegten. Insofern kann festgehalten werden, daß die höfische Seite des Königtums im deutschen Reich zu diesen Zeiten zwar vorhanden, aber im Vergleich zu den Nachbarreichen wohl aus historisch-traditionellen Gründen nicht derart ausgebildet war, daß König und Fürsten die gleichen Repräsentationsformen entwickeln konnten, die die Voraussetzung einer gemeinsamen Auffassung von Struktur und Kultur eines Hofes gewesen wären.

Karl-Heinz Spieß

Fürstliche Höfe im spätmittelalterlichen Reich zwischen Erfolg und Mißerfolg

Im Mittelpunkt des vorliegenden Tagungsbandes steht das Problem der Funktionalisierung materieller Zuwendungen zum Zwecke der Verbandsbildung und somit letztlich der Herrschaftsintegration im Kontext des mittelalterlichen und frühneuzeitlichen Hofes. Hierzu gehört auch die Frage, ob der Einsatz materieller Hofkultur stets von Erfolg gekrönt war oder auch in Mißerfolg münden konnte. Diese Frage läßt sich viel leichter stellen als beantworten. Sie fordert zudem weitere Fragen heraus. Was bedeutet überhaupt Erfolg für eine Dynastie? Was ist Mißerfolg? Kann man Erfolg messen und somit die erfolgreichen Höfe in eine Reihenfolge bringen?

Bevor die Beantwortung solcher Fragen versucht wird, soll zunächst eine Übersicht über die materielle Hofkultur und das System des Gabentausches an deutschen Fürstenhöfen im Spätmittelalter erfolgen. Deutschland ist in dieser Hinsicht nämlich ein weithin unbeackertes Feld, während die einschlägige Forschung für Frankreich und Burgund bereits reiche Früchte hervorgebracht hat – erinnert sei nur an die kürzlich erschienenen Arbeiten von Simona Slanicka, Petra Ehm, Jan Hirschbiegel und nicht zuletzt Werner Paravicini.[1] Angesichts des Forschungsstandes für das Reich und der Knappheit des Raums kann selbstverständlich keine erschöpfende Übersicht über sämtliche Höfe und alle Aspekte materieller Hofkultur geliefert werden, sondern Beispiele und Sondierungen müssen genügen. Im ersten Teil wird der Gabentausch der Fürsten selbst auf der Ebene von Familie, Verwandtschaft und Fürstengenossen analysiert. Gegenstand des zweiten Teils soll die auf die Hofleute zielende materielle Hofkultur sein, während im dritten und letzten Abschnitt die Frage nach Erfolg und Mißerfolg angeschnitten wird.

---

1 SIMONA SLANIČKA, Krieg der Zeichen: Die visuelle Politik Johanns ohne Furcht und der armagnakisch-burgundische Bürgerkrieg (Veröffentlichungen des Max-Planck-Instituts für Geschichte, Bd. 182), Göttingen 2002, S. 68–72; PETRA EHM, Burgund und das Reich: Spätmittelalterliche Außenpolitik am Beispiel der Regierung Karls des Kühnen (1465–1477) (Pariser Historische Studien, Bd. 61), München 2002, S. 269–285; JAN HIRSCHBIEGEL, Étrennes: Untersuchungen zum höfischen Geschenkverkehr im spätmittelalterlichen Frankreich der Zeit König Karls VI. (1380–1422) (Pariser Historische Studien, Bd. 60), München 2003, S. 133–281; WERNER PARAVICINI, Alltag bei Hofe: Eine Einleitung, in: ders. (Hrsg.), Alltag bei Hofe (Residenzenforschung, Bd. 5), Sigmaringen 1995, S. 9–30, hier S. 18f. Zum Geschenkaustausch zwischen England und dem Papsthof in Avignon vgl. KARSTEN PLÖGER, England and the Avignon Popes. The Practice of Diplomacy in Late Medieval Europe, London 2005, S. 209–218. Allgemein zum Gabentausch GADI ALGAZI, VALENTIN GROEBNER und BERNHARD JUSSEN, Negotiating the Gift: Pre-Modern Figurations of Exchange (Veröffentlichungen des Max-Planck-Instituts für Geschichte, Bd. 188), Göttingen 2003.

Der Austausch von Gaben

Intensität und Materialität des Gabentauschs auf der Ebene von Familie und Verwandtschaft bzw. der Fürstengenossenschaft lassen sich nur schwer abschätzen, da bislang meines Wissens noch keine Ausgabenrechnungen speziell für diese Gegenstände untersucht worden sind. Eine Ausnahme bildet allerdings die Arbeit von Volker Hirsch über den Hof des Basler Bischofs Johann von Venningen.[2] Mustert man gedruckte Rechnungen, die durch Sachregister erschlossen sind, wird man schnell enttäuscht. Die Rechnungen der Mainzer Erzbischöfe im 15. Jahrhundert, die Otto Volk vorzüglich ediert und aufbereitet hat, sagen zwar viel zur materiellen Hofkultur aus, enthalten aber keine Hinweise über erhaltene oder vergebene Geschenke des Erzbischofs.[3] Ebenso werden in den Rechnungen der Grafen von Katzenelnbogen aus dem 15. Jahrhundert nur viermal Geschenke erwähnt, zweimal Geldgeschenke zu Neujahr an Mitglieder der eigenen Familie und das Gesinde[4] sowie zweimal Hochzeitgeschenke an Hofleute.[5]

Daß die Fürsten und Fürstinnen sich untereinander häufig beschenkten, erfahren wir deshalb meist nur aus Bitt- und Dankesbriefen der Fürsten selbst. Wer fürstliche Korrespondenzen des 15. Jahrhunderts durchsieht, stößt immer wieder auf solche Bitt- und Dankschreiben, doch fehlt auch hier eine systematische Auswertung.[6] Allerdings bietet die immer noch unersetzte Sammlung deutscher Privatbriefe von Georg Steinhausen einen guten Einblick. Das Sachregister weist als Objekte des fürstlichen Geschenkverkehrs alle Arten von Kleidern, Schmuck, Federn, Fische, Wildbret, Wein, Pferde, Falken, Hunde und Rüstungen aus.[7]

---

[2] VOLKER HIRSCH, Der Hof des Basler Bischofs Johannes von Venningen (1458–1478): Verwaltung und Kommunikation, Wirtschaftsführung und Konsum (Residenzenforschung, Bd. 16), Ostfildern 2004, S. 86–101.

[3] OTTO VOLK, Die Rechnungen der mainzischen Verwaltung in Oberlahnstein im Spätmittelalter (Veröffentlichungen der Historischen Kommission für Nassau, Bd. XLVII), Wiesbaden 1990.

[4] KARL E. DEMANDT, Regesten der Grafen von Katzenelnbogen 1060–1486, Band III: Rechnungen, Besitzverhältnisse, Steuerlisten und Gerichtsbücher 1295–1486 (Veröffentlichungen der Historischen Kommission für Nassau, Bd. XI), Wiesbaden 1956, Nr. 6080, Abs. 2, S. 1742 (1432); Nr. 6068, S. 1810 (1426).

[5] Ebd., Nr. 6079, Abs. 26, S. 1737 (1410); Nr. 6098, Abs. 8, S. 1903 (1418).

[6] Zum Briefwechsel zwischen Fürsten vgl. CORDULA NOLTE, Pey eytler finster in einem weichen pet geschrieben: Eigenhändige Briefe in der Familienkorrespondenz der Markgrafen von Brandenburg (1470–1530), in: Heinz-Dieter Heimann (Hrsg.), Adelige Welt und familiäre Beziehung: Aspekte der „privaten Welt“ des Adels in böhmischen, polnischen und deutschen Beispielen vom 14. bis zum 16. Jahrhundert (Quellen und Studien zur Geschichte und Kultur Brandenburg-Preußens und des Alten Reiches, Bd. 7), Potsdam 2000, S. 177–202; JÖRG ROGGE, „muterliche liebe mit ganzen truwen allecit“: Familienkorrespondenz in der zweiten Hälfte des 15. Jahrhunderts, in: ebd., S. 203–239; GERHARD FOUQUET, Fürsten unter sich: Privatheit und Öffentlichkeit, Emotionalität und Zeremoniell im Medium des Briefes, in: Cordula Nolte, Karl-Heinz Spieß und Ralf-Gunnar Werlich (Hrsg.), Principes: Dynastien und Höfe im späten Mittelalter (Residenzenforschung, Bd. 14), Stuttgart 2002, S. 171–198; KARL-HEINZ SPIESS, Fürsten und Höfe im Mittelalter, Darmstadt 2008, S. 50–58.

[7] GEORG STEINHAUSEN (Hrsg.), Deutsche Privatbriefe des Mittelalters, Bd. 1: Fürsten und Magnaten, Edle und Ritter, Denkmäler der deutschen Kulturgeschichte, Berlin 1899, Sach-

Ein in mehrfacher Hinsicht aufschlußreiches Beispiel soll an dieser Stelle genügen. Am 17. Dezember 1476 schrieb Kurfürst Albrecht Achilles von Brandenburg an seinen Schwiegersohn Graf Eberhard von Württemberg: „Lieber sone. Wir wollen eurn boten enthalten und eur lieb das eingehurn bey im zuschicken nach euer begerung, wiewol wir sein gar lützel mer haben. Dan wo wir uch lieb und fruntschraft kunnen erzeigen, thun wir gerne". Bei dem Brief lag noch ein Zettel mit folgendem Wortlaut: „Wir schicken auch euer liebe euer begerung nach fünff tuch zu den vierzigk rocken und ein rock. Wie der ist, also sullen die ander gemacht werden. Auch darbey ein ermel, darnach man die ander sticken sol."[8] Indem der Schwiegersohn mit Sohn angeredet wird, wird zunächst der Familienverband auf die Schwiegerverwandten ausgedehnt.[9] Die Kohäsion des Verbandes wird durch die Versendung des überaus wertvollen Einhorns gestärkt, zumal dieses als Schutzmittel gegen Vergiftung galt. Es mag sich um den Stoßzahn eines Narwals oder das Horn eines Nashorns gehandelt haben, das in dem Ruf stand, sich bei einem Kontakt mit Gift zu verfärben und so vor Anschlägen zu warnen.[10] Der materielle und symbolische Wert wird noch durch die Bemerkung gesteigert, daß die Abgabe erfolgt, obwohl Albrecht selbst nur noch einen geringen Vorrat besitzt, aber um Liebe und Freundschaft willen ist er zu dem Verzicht bereit. Die Übersendung des Mustergewands und des Musterärmels nebst Stickerei belegt, daß beide Fürsten demnächst in einheitlicher Kleidung mit ihrem Gefolge den Zusammenhalt öffentlich demonstrieren wollen.[11]

Sämtliche Geschenke differierten in Bezug auf den materiellen Wert und ermöglichten damit dem Geber, unterschiedliche Grade der Beziehung zum Ausdruck zu bringen. Der ideelle Wert von Kleidungsstücken konnte noch dadurch gesteigert werden, daß Fürstinnen sie selbst anfertigten oder verschönerten. Auf diese Weise konnte ein Ehepaar gemeinsam Zuneigung zu einem Fürsten demonstrieren. So schickte Markgraf Friedrich von Brandenburg an Herzog Albrecht von Bayern ein Schwert und kündigte zugleich eine von seiner Frau angefertigte Haube

---

register, siehe Geschenke und weitere Stichwörter. Zu den Hunden vgl. SIMON TEUSCHER, Hunde am Fürstenhof: Köter und „edle wind" als Medien sozialer Beziehungen vom 14. bis 16. Jahrhundert, in: Historische Anthropologie 6 (1998), S. 347–369. Zum Geschenkverkehr der Herzöge von Sachsen mit anderen Fürsten vgl. BRIGITTE STREICH, Zwischen Reiseherrschaft und Residenzbildung: Der wettinische Hof im späten Mittelalter (Mitteldeutsche Forschungen, Bd. 101), Köln und Wien 1989, S. 489–491.

8 STEINHAUSEN (Hrsg.), Deutsche Privatbriefe des Mittelalters, Bd. 1, Nr. 246 (17. 12. 1476).

9 Vgl. hierzu KARL-HEINZ SPIESS, Familie und Verwandtschaft im deutschen Hochadel des Spätmittelalters (13. bis Anfang des 16. Jahrhunderts) (Vierteljahrschrift für Sozial- und Wirtschaftsgeschichte, Beihefte 111), Stuttgart 1993, S. 499f.

10 Vgl. HANS OTTOMEYER und MICHAELA VÖLKEL (Hrsg.), Die öffentliche Tafel: Tafelzeremoniell in Europa 1300–1900, Katalog zur Ausstellung des Deutschen Historischen Museums vom 29. 11. 2002–11. 3. 2003, Wolfratshausen 2002, S. 192. Im Folgebrief, der die Versendung begleitet, drückte Markgraf Albrecht die Hoffnung aus, daß dem Empfänger die Anwendung erspart bleiben möge. Siehe STEINHAUSEN (Hrsg.), Deutsche Privatbriefe des Mittelalters, Bd. 1, Nr. 247 (29. 12. 1476).

11 Zum Auftritt in einheitlicher Kleidung vgl. KARL-HEINZ SPIESS, Kommunikationsformen im Hochadel und am Königshof im Spätmittelalter, in: Gerd Althoff (Hrsg.), Formen und Funktionen öffentlicher Kommunikation im Mittelalter (Vorträge und Forschungen, Bd. 51), Stuttgart 2001, S. 261–290, hier S. 265f.

an, die noch nicht vollendet war.[12] Die Funktion dieser materiellen Zuwendungen liegt auf der Hand. Familienangehörige und Verwandte, wobei der Kreis der Verwandten angesichts der engen Verflechtung durch Heirat faktisch sämtliche Reichsfürsten einschloß, stärkten auf diese Weise ihren standesinternen Zusammenhalt. Anschaulich macht die enge Verflechtung die Begründung Friedrichs des Schönen, er müsse um die Hand der aragonischen Königstochter Elisabeth freien, weil er wegen der nahen Verwandtschaft mit den hiesigen Fürsten keine kanonisch zulässige Ehefrau finden könne:

Insuper sciatis domine Rex quod propter consanguinitatem que est inter eum et principes Alymanie non potest habere uxorem in Alemanya, quia dominus meus et dominus Rex Ungarie sunt auunculi. Item dominus Rex Bohemie filius domini Imperatoris habet materteram domini mei. Item Dux de Pranbunch est filius sororis sue. Item dux de Pretezlauya habet sororem suam. Item Dux Carinthye est frater matris sue. Item Dux de Ludring habet sororem suam. Item Dux de Saxonya est filius matertere sue. Item Dux de Wabaria est suus auunculus. Item Comes de Reno est filius matertere sue.[13]

Der in den Briefen angesprochene Gabenaustausch geschah in der Regel ohne besonderen Anlaß, sieht man einmal von den gelegentlich erwähnten Neujahrsgeschenken ab.[14] Es gab jedoch zu einem bestimmten Zweck eine ganz besonders intensive Darbietung von materiellen Zuwendungen, die man in ihrer Bedeutung für die Integration der Höfe bislang unterschätzt hat. Gemeint ist die Brautausstattung. Während in den Eheverträgen des Hochadels die Mitgift und die sogenannte Widerlage auf den Gulden genau beziffert werden, versprach der Brautvater in der Regel, er werde seine Tochter so ausstatten, wie es der Ehre seines Hauses geziemt. Eine solche ‚Heimfertigung', die wochenlang mit Sorgfalt zusammengestellt wurde, umfaßte vor allem kostbare Kleider, Schmuckstücke und Silbergeschirr. Die Aussteuerverzeichnisse listen penibel jedes Stück auf und spiegeln somit die materielle Hofkultur in ihrer ganzen Vielfalt.[15] Angesichts des weitgehend standesinternen Konnubiums der Reichsfürsten kann die integrative Wirkung dieser Form des Gabentauschs kaum unterschätzt werden. Die Mitgift bestand aus Bargeld, das unter Umständen nur schleppend ausgezahlt wurde und sich schnell wieder verflüchtigte, die Brautausstattung blieb jedoch im Besitz der Eheleute und durfte nach dem Tod des Mannes von der Witwe zusammen mit den Geschenken, die sie von ihrem Mann oder anderen Personen erhalten hatte, auf ihren Witwensitz mitgenommen und auf Lebenszeit genutzt werden. Erst dann fiel sie an die Erben.[16]

---

[12] STEINHAUSEN (Hrsg.), Deutsche Privatbriefe des Mittelalters, Bd. 1, Nr. 394 (29. 8. 1485). Eine Haube wollte auch Elisabeth von Württemberg für ihren Stiefbruder Friedrich von Brandenburg anfertigen und bat ihn deshalb um ein Muster. Ebd., Nr. 428.

[13] Siehe HEINRICH RITTER VON ZEISSBERG, Elisabeth von Aragonien, Gemahlin Friedrich's des Schönen von Oesterreich (1314–1330) (Sitzungsberichte der kaiserlichen Akademie der Wissenschaften in Wien, Bd. 137), Wien 1898, S. 135.

[14] STEINHAUSEN (Hrsg.), Deutsche Privatbriefe des Mittelalters, Bd. 1, im Register S. Neujahrsgeschenke.

[15] Vgl. SPIESS, Familie und Verwandtschaft, S. 125f. u. 144; ders., Internationale Heiraten und Brautschätze im Spätmittelalter, in: Peter Rückert und Sönke Lorenz (Hrsg.), Die Visconti und der deutsche Südwesten (Tübinger Bausteine zur Landesgeschichte, Bd. 11), Ostfildern 2008, S. 115–130, hier S. 119–121.

[16] KARL-HEINZ SPIESS, Witwenversorgung im Hochadel: Rechtlicher Rahmen und praktische Gestaltung im Spätmittelalter und zu Beginn der Frühen Neuzeit, in: Martina

Die integrative Wirkung der Brautausstattung wurde noch durch einen bisher übersehenen Umstand verstärkt. Nicht wenige Teile des Silbergeschirrs waren mit Wappen geschmückt – entweder mit dem Wappen der Brautfamilie oder mit dem Allianzwappen der Eheleute. Kam das Silbergeschirr auf den Tisch oder auf die Kredenz, erinnerten die Wappen an die Heirat und stärkten so das Zusammengehörigkeitsgefühl der Dynastien.[17]

Leider sind viele dieser Silberteile ungeachtet ihres künstlerischen Wertes in Notzeiten wieder eingeschmolzen worden, so daß wir meist nur die Beschreibungen besitzen, aber diese sind aussagekräftig genug. So befand sich 1429 in der Silberkammer Kurfürst Ludwigs III. von der Pfalz, der mit Mechthild von Savoyen verheiratet war, folgendes Gefäß:

> Item ein gulden becher, auch franzoscher forme und ist innewenig darinne ein gegrabener Schild, darinne stet in dem halben Schilde oben ein lewe und unden Beyern und das ander halbe teile des Schildes ist der vorgenanten unser lieben hußfrauwen und gemaheln wappen, und ein gulden deckel darczu, darinne ist auch eyn gegrabener Schild, halbe Pfalcze und Beyern und das ander teile der obgenanten unser lieben hußfrauwen und gemaheln Schild, und ußwenig off dem deckel stet auch unser lieben hußfrauwen und gemaheln Schild zuschen zweyn bustaben L und M.[18]

Der Hinweis auf die französische Form des Bechers belegt, daß die Brautausstattungen bei internationalen Heiraten einen Kulturtransfer beinhaltete und somit ihre integrative Wirkung nicht nur im Reich, sondern in ganz Europa entfalteten. Da dieser Aspekt bereits an anderer Stelle behandelt wurde, muß er hier nicht weiter vertieft werden, doch verdient er angesichts der europäischen Perspektive dieses Bandes zumindest erwähnt zu werden.[19]

Die Brautausstattung wurde bei der Hochzeit übergeben, doch erhielt das Paar weitere materielle Zuwendungen von den Hochzeitsgästen, allen voran die anwesenden Fürsten und Fürstinnen.[20] Bei der Uracher Hochzeit von 1474 wurden eigens zwei Tische für die Geschenke, die offenbar zumeist Silbergeschirr darstell-

---

Schattkowsky (Hrsg.), Witwenschaft in der Frühen Neuzeit: Fürstliche und adlige Witwen zwischen Fremd- und Selbstbestimmung (Schriften zur sächsischen Geschichte und Volkskunde, Bd. 6), Leipzig 2003, S. 87–114, hier S. 96.

[17] KARL-HEINZ SPIESS, Materielle Hofkultur und ihre Erinnerungsfunktion im Mittelalter, in: Carola Fey, Steffen Krieb und Werner Rösener (Hrsg.), Mittelalterliche Fürstenhöfe und ihre Erinnerungskulturen, Göttingen 2007, S. 167–184, mit Abb. S. 325–328 und z. B. die Beschreibungen der Stücke bei WERNER FLEISCHHAUER, Der Kleinodien- und Silberbesitz der württembergischen Grafen im frühen 15. Jahrhundert, in: Zeitschrift für bayerische Landesgeschichte 35 (1972), S. 54–68 und ders., Der Silberschatz des Grafen Eberhard im Bart, in: Zeitschrift für württembergische Landesgeschichte 29 (1970), S. 15–52.

[18] Abgedruckt in FRIEDRICH VON WEECH, Pfälzische Regesten und Urkunden, in: Zeitschrift für die Geschichte des Oberrheins 22 (1869), S. 177–216 u. 361–380, hier S. 372.

[19] KARL-HEINZ SPIESS, Europa heiratet: Kommunikation und Kulturtransfer im Kontext europäischer Königsheiraten des Spätmittelalters, in: Rainer Christoph Schwinges, Christian Hesse und Peter Moraw (Hrsg.), Europa im Spätmittelalter: Politik – Gesellschaft – Kultur (Historische Zeitschrift, Beihefte, Bd. 40), München 2005, S. 433–462.

[20] MAXIMILIAN BUCHNER, Quellen zur Amberger Hochzeit von 1474, in: Archiv für Kulturgeschichte 6 (1908), S. 385–438, hier S. 419f.; SEBASTIAN HIERETH, Herzog Georgs Hochzeit zu Landshut im Jahre 1475: Eine Darstellung aus zeitgenössischen Quellen, Landshut [1959], S. 98.

ten, hergerichtet, wobei zwei Schreiber aufzeichneten, „was ein jeder geschennckt hett, damit dz furehin zu ewiger gedechtnis ingeschriben werden möchte".[21] Ob nun mit Wappen versehen oder nicht, stellen Silbergeschirre als bevorzugte Geschenke im höfischen Austausch einen wesentlichen Aspekt materieller Hofkultur dar. Wie gewichtig im eigentlichen Sinn des Wortes das Tafelgeschirr für die Fürsten war, erkennt man durch die Addition des häufig angegebenen Gewichts. 1429 befanden sich in der Silberkammer Kurfürst Ludwigs von der Pfalz 998 Mark Silber, das sind rund 5 Zentner, während das Geschirr aus reinem Gold rund 4,5 kg wog.[22]

Im Unterschied zu Mitgliedern bürgerlicher und ritterlicher Familien hatten Familienangehörige im fürstlichen Hochadel wegen der großen Entfernung der Höfe relativ selten Gelegenheit zum persönlichen Kontakt. Briefe und Geschenke stellten nur einen unvollkommenen Ersatz dar. Erst mit dem Aufkommen des autonomen Porträts im 15. Jahrhundert wurde es möglich, abwesende Familienangehörige oder Verwandte wenigstens im Bild um sich zu wissen. Über die Funktion und Verbreitung von fürstlichen Porträts im 15. und zu Beginn des 16. Jahrhunderts wissen wir sehr wenig. Etwas Licht in das Dunkel brachte die im Greifswalder Principes-Projekt entstandene Magisterarbeit von Karen Lorenz über hochadlige Porträts.[23] Zunächst ist festzuhalten, daß die Fürstenhöfe und nicht wie bislang angenommen die Städte führend bei dem Anfertigen von Porträts gewesen sind.[24]

Wichtig in unserem Kontext ist, daß die Fürsten Porträts ihrer eigenen Person nicht nur für den persönlichen Gebrauch, sondern auch als Geschenk für entfernt wohnende Familienangehörige und Verwandte malen ließen. So erhielt – um nur ein Beispiel zu nennen – Lukas Cranach der Ältere 1538 seinen Lohn für zehn Porträts von Frauen und Männern des sächsischen Herzogshauses, die sämtlich als Geschenk an den verwandten Herzog Philipp von Pommern-Wolgast gingen.[25]

Die affektive Funktion des Porträts als Ersatz für die reale Präsenz von Mitgliedern des eigenen Hauses wird besonders prägnant erkennbar bei dem fernab weilenden Herzog Albrecht von Preußen. Er erbat Porträts fast aller in Franken lebenden Familienmitglieder einschließlich der Schwägerin und der Nichten, doch verschickte er auch Bilder seiner eigenen Familie.[26]

Eine briefliche Mitteilung Markgraf Georgs von Brandenburg-Ansbach an Albrecht von Preußen, er habe auf dessen Bitte hin seinen jungen Vetter Albrecht von Brandenburg-Kulmbach der Länge nach auf ein Tuch abmalen lassen, welches er

21 GABRIEL ZEILINGER, Die Uracher Hochzeit 1474: Form und Funktion eines höfischen Festes im 15. Jahrhundert (Kieler Werkstücke, Reihe E, Bd. 2), Frankfurt a. M. 2003, S. 166. Die Objekte werden bei FLEISCHHAUER, Der Silberschatz, S. 26ff. aus einem Inventar aufgelistet.

22 WEECH, Pfälzische Regesten und Urkunden, S. 375.

23 KAREN LORENZ, Das deutsche, hochadlige Portrait des Spätmittelalters und der Frühen Neuzeit, Textteil und Tafelteil, Magisterarbeit, Greifswald 2003.

24 Vgl. ebd.

25 CHRISTIAN SCHUCHARDT, Lukas Cranach des Ältern Leben und Werk, Teil 3, Leipzig 1871, S. 283.

26 LORENZ, Das deutsche, hochadlige Portrait, S. 95.

anbei übersendet,[27] lenkt unseren Blick kurz auf technische Aspekte des Porträtgebrauchs. Anfänglich konkurrierten Holztafel und Leinwand miteinander, wobei die Leinwand durchaus auch mit Wasserfarben bemalt wurde. Ein Bild auf Leinwand – bemalt mit Öl- oder Wasserfarben – hatte den unschätzbaren Vorteil, daß es leicht transportiert werden konnte, allerdings war es auch vergänglicher als Holz. Viele Porträts der damaligen Zeit kennen wir deshalb nur aus schriftlichen Quellen, andere sind in zahlreichen Kopien oder Wiederholungen desselben Meisters erhalten.[28] Für die affektive Funktion der Porträts innerhalb des Fürstenverbandes spielte die Frage des Originals, die uns heute so bewegt, allerdings nur eine geringe Rolle.

Schließlich ist noch auf die sogenannten Bildnisserien hinzuweisen. Es handelt sich dabei um die Aufhängung der Porträts von fürstlichen Familienmitgliedern in einem großen Raum nach einem bestimmten Konzept. Eine Bildnisserie darf nicht mit einer Ahnengalerie verwechselt werden,[29] da es sich in der Regel um gleichzeitig lebende Familienmitglieder handelt. Bei den Wittelsbachern machte Bischof Philipp von Freising 1515 mit sechs Tafeln den Anfang, 1530 folgte die 14 Porträts umfassende Serie Wilhelms IV. von Bayern-München und zeitgleich die Porträtgalerie Ottheinrichs von der Pfalz.[30] Fragt man sich, welche Angehörige der Wittelsbacher Dynastie dargestellt sind und vor allem welche nicht, stößt man auf ein komplexes Programm, das auf den Zusammenhalt der bayerischen und pfälzischen Wittelsbacher nach dem Landshuter Erbfolgekrieg zielte.[31]

Ergänzend zu den gemalten Porträts ist auf die um 1500 aufkommenden Porträt-Medaillen zu verweisen. Der erste deutsche Künstler, der sich darauf spezialisierte, war Hans Schwarz aus Augsburg, der 1517 dank des Augsburger Reichstages 25 Aufträge für Porträtmedaillen von deutschen Fürsten erhielt.[32] Damit war ein einfach reproduzierbares, aber immer noch exklusiv-luxuriöses Vergegenwärtigungs- und Erinnerungsmedium entstanden, das die Verbandsbildung der Fürsten unterstützen konnte. Leider wissen wir nur wenig über den Gebrauch der Medaillen, die leicht in andere Hände gelangen konnten und deshalb im Blick auf die ursprüngliche Funktion heute nur noch schwer einschätzbar sind.[33]

---

27 Abgedruckt bei HERMANN EHRENBERG, Die Kunst am Hofe der Herzöge von Preußen, Berlin und Leipzig 1899, Nr. 75a, S. 151.

28 LORENZ, Das deutsche, hochadlige Portrait, S. 62–72.

29 GRAF, Fürstliche Erinnerungskultur, S. 4f. geht nur auf die Ahnengalerien ein.

30 Vgl. SUSANNE WAGINI, Ottheinrichs Porträtgalerie in der ‚Runden Stube' des Schlosses Neuburg an der Donau, München 1987 und LORENZ, Das deutsche, hochadlige Portrait, S. 7ff.

31 Vgl. ebd., S. 81f.

32 HERMANN MAUÉ, Zu den Anfängen der deutschen Renaissance-Medaille: Maximilian I. und Karl V., in: Rainer Albert (Hrsg.), Herrscherporträts in der Numismatik: Festschrift zum Deutschen Numismatiker-Tag (Schriftenreihe der Numismatischen Gesellschaft Speyer e.V., Bd. 25), Speyer 1985, S. 69–90; GRAF, Fürstliche Erinnerungskultur, S. 3f.; JOHANNES MÖTSCH, Die gefürsteten Grafen von Henneberg und ihre fürstlichen Standessymbole, in: Jörg Rogge und Uwe Schirmer (Hrsg.), Hochadelige Herrschaft im mitteldeutschen Raum (1200 bis 1600): Formen – Legitimation – Repräsentation (Quellen und Forschungen zur sächsischen Geschichte, Bd. 23), Leipzig 2003, S. 227–242, hier S. 239f.

33 Vgl. SPIESS, Materielle Hofkultur, S. 183. Zu den Porträtmedaillen treten gleichzeitig noch die Porträtmünzen, die das Bild des Fürsten weiteren Kreisen vor Augen führten. Vgl. GRAF, Fürstliche Erinnerungskultur, S. 4 und die Abbildung eines sächsischen Gulden-

Ziehen wir an dieser Stelle eine kurze Zwischenbilanz. Im Reich gab es eine materielle Geschenkkultur, die offensichtlich darauf zielte, die Integration der fürstlichen Familienangehörigen und Verwandten zu stärken. Eine wichtige Rolle hierbei spielten die Hochzeitsfeiern, da sie zum einen den Fürstinnen und Fürsten Gelegenheit gaben, sich als exklusive Gemeinschaft vor einer großen Zuschauerzahl zu präsentieren, zum anderen mit der Brautausstattung und den Hochzeitsgeschenken einen öffentlichen Höhepunkt im Vergleich zum alltäglichen Geschenkverkehr zu setzen. Da die weitgehend standesinternen Heiratsverbindungen faktisch sämtliche Fürsten einbezogen, bildeten die deutschen Fürsten eine Gemeinschaft, die ihnen half, ihren gesellschaftlichen und politischen Führungsanspruch im Reich durchzusetzen.[34]

Materielle Hofkultur und die Integration des Hofes

Fragen wir nun im zweiten Teil danach, wie die Fürsten die materielle Hofkultur zur Herrschaftsintegration ihres Hofes einsetzten. Zunächst gilt es zu trennen zwischen dem Hofgesinde und dem adeligen Gefolge, dem unser Interesse im folgenden gewidmet sein soll. Materielle Zuwendungen von Seiten des Fürsten erfolgten zunächst einmal in Geld, sei es als Rats- oder Dienstgeld, wobei die Höhe entsprechend dem Stand gestaffelt war.[35] Hinzu kamen die Versorgung einer bestimmten Zahl von Pferden und ein sogenanntes Hofkleid, das ein- oder zweimal jährlich vom Fürsten ausgegeben wurde. Die Qualität und der Wert des Stoffes orientierten sich wiederum am Stand, doch sorgte die einheitliche Farbgebung für die optische Geschlossenheit des fürstlichen Gefolges.[36]

---

groschens aus dem Jahr 1500 mit den Bildnissen des Kurfürsten Friedrich III. von Sachsen und der Herzöge Georg und Johann von Sachsen auf der Vorder- bzw. Rückseite in HANS HOFFMEISTER und VOLKER WAHL (Hrsg.), Die Wettiner in Thüringen (Schriften aus dem Institut für Kunstgeschichte der Universität München, Bd. 20), Arnstadt und Weimar 1999, S. 117.

[34] Vgl. hierzu auch KARL-HEINZ SPIESS, Höfische Feste im Europa des 15. Jahrhunderts, in: Michael Borgolte (Hrsg), Das europäische Mittelalter im Spannungsbogen des Vergleichs. Europa im Mittelalter (Abhandlungen und Beiträge zur historischen Komparatistik, Bd. 1), Berlin 2009, S. 339–357, hier S. 354f.; ders., Fürsten und Höfe, S. 57f.

[35] Vgl. z. B. die Soldlisten für den Innsbrucker Hof bei MICHAIL A. BOJCOV, Sitten und Verhaltensformen am Innsbrucker Hof des 15. Jahrhunderts im Spiegel der Hofordnungen, in: Holger Kruse und Werner Paravicini (Hrsg.), Höfe und Hofordnungen 1200–1600 (Residenzenforschung, Bd. 10), Sigmaringen 1999, S. 243–283, hier S. 263. Weiter Angaben bei STREICH, Zwischen Reiseherrschaft und Residenzbildung, S. 173; PAUL-JOACHIM HEINIG, Theorie und Praxis der „höfischen Ordnung" unter Friedrich III. und Maximilian I., in: Kruse und Paravicini (Hrsg.), Höfe und Hofordnungen 1200–1600, S. 223–242, hier S. 241. Nachweise für ein Dienstgeld von 100 fl jährlich für gräfliche Diener bei KARL-HEINZ SPIESS, Grafen und Herren aus dem Rhein-Main-Gebiet zwischen Königtum und fürstlicher Hegemonie im Spätmittelalter, in: Blätter für deutsche Landesgeschichte 136 (2000), S. 135–163, hier S. 150f.

[36] Vgl. REINHARDT BUTZ, Die Stellung der wettinischen Hofräte nach Ausweis der Hofordnungen des ausgehenden Mittelalters, in: Kruse und Paravicini (Hrsg.), Höfe und Hofordnungen 1200–1600, S. 321–336; CHRISTIAN HESSE, Zwischen Reform und Beschränkung: Die Hofordnungen der Landgrafschaft Hessen aus dem beginnenden 16. Jahrhun-

Es hat den Anschein, als hätte sich die materielle Fürsorge der Fürsten für die adeligen Hofleute mit Sold, Verpflegung und Kleidung erschöpft. Nach Ludwig von Eyb hat Markgraf Friedrich von Brandenburg kurz vor seinem Tod im Jahre 1440 seine Söhne zu sich gerufen und sie ermahnt, die Ritterschaft als den höchsten Schatz in Ehren zu halten: „und das ir eur kuchen und keler offen last stehen gein der Ritterschaft, das ist der Sold, den wir ine geben."[37] Zusätzliche Geschenke an den Adel sind offenbar selten gewesen. Sie hatten einen besonderen Anlaß, wie Neujahr oder Kindtaufe, und lassen jede Systematik vermissen. Volker Hirsch hat für die 20jährige Regierungszeit des Basler Bischofs Johannes von Venningen aus den Rechnungen gerade einmal 25 Geschenke an Adelige ermitteln können, die ganz unterschiedlichen Anlässen entsprangen.[38] Auf das Fehlen von Geschenken in Mainzer und Katzenelnbogener Rechnungen wurde bereits oben hingewiesen. Besonders zu erwähnen ist allerdings die sogenannte Hofgabe, eine Geldsumme, die der Fürst an die Hofdamen seiner Gemahlin bei deren Heirat auszahlte.[39]

Die Fürstenhochzeiten boten einen besonderen Anlaß für einen Geschenkaustausch, der über die bereits behandelten Fürsten weitere Kreise erfaßte. Es war üblich, die Begleiter der Braut und Hofleute der Gäste bei der Heimreise zu beschenken. Für diesen Zweck allein gab man in Landshut mehrere Tausend Gulden aus.[40] Umgekehrt wurde das Brautpaar nicht nur von den Fürstengenossen beschenkt, sondern die zur Hochzeit eingeladenen Vertreter der landesherrlichen Städte und Klöster überbrachten Geschenke und demonstrierten auf diese Weise vor den Hochzeitsgästen den politischen Einfluß und den Untertanenverband ihres Herrn. Die Beschreibung der Uracher Hochzeit hält die Reihenfolge der Schenker fest. Auf die Fürstinnen und Fürsten folgten die Prälaten, die Delegierten der Städte, die Vertreter der Stiftskapitel und der Landstände.[41] Da das übergebene Silbergeschirr häufig mit dem Wappen oder dem Namen des Schenkers versehen war, blieb dieser im Gedächtnis.[42]

Üblich waren weiterhin Legate, d. h. Geschenke, die in Testamenten an vertraute Personen verteilt wurden. So bedachte Erzherzogin Mechthild von Österreich 1481 nicht nur die Familienangehörigen, sondern auch ihr Gefolge, angefangen bei

---

dert, in: ebd., S. 337–360; GERHARD FOUQUET und ULF DIRLMEIER, „weger wer, ich het sie behaltten": Alltäglicher Konsum und persönliche Beziehungen in der Hofhaltung des Basler Bischofs Johannes von Venningen (1458–1478), in: Paravicini (Hrsg.), Alltag bei Hofe, S. 71–196, hier S. 189–194; HIRSCH, Der Hof des Basler Bischofs Johannes von Venningen, S. 196–209.

37 CONSTANTIN HÖFLER (Hrsg.), Ludwig von Eyb: Denkwürdigkeiten brandenburgischer (hohenzollerischer) Fürsten (Quellensammlung für fränkische Geschichte, Bd. 1), Osnabrück 1984 [Neudruck der Ausgabe Bayreuth 1849], S. 119f.

38 HIRSCH, Der Hof des Basler Bischofs Johannes von Venningen, S. 86–101.

39 MARGARETE KÖFLER und SILVIA CARAMELLE, Die beiden Frauen des Erzherzogs Sigmund von Österreich-Tirol (Schlern-Schriften, Bd. 269), Innsbruck 1982, S. 83 u. 197.

40 HIERETH, Hochzeit zu Landshut, S. 86f. u. 116f.

41 Vgl. SPIESS, Kommunikationsformen im Hochadel, S. 273; ZEILINGER, Die Uracher Hochzeit, S. 166.

42 Vgl. die Beschreibung des auf der Uracher Hochzeit geschenkten Silbergeschirrs bei FLEISCHHAUER, Der Silberschatz, S. 26ff. und BOJCOV, Der diskrete Charme der Herrschaft, S. 41.

den adligen Frauen und Männern bis zur Wäscherin.[43] Allerdings beschränkte Pfalzgraf Ruprecht II. 1398 auf dem Totenbett den Kreis der Empfänger auf Familienmitglieder und seine drei Konkubinen.[44]

Stärker als materielle Zuwendungen scheint das soziale Kapital der Nähe zum Fürsten in das Gewicht gefallen zu sein. Es äußerte sich z. B. in der Aufnahme in den vom Fürsten gestifteten Hoforden, dessen Abzeichen man sichtbar trug. Zwei bekannte Beispiel für solche von einem Fürsten initiierte Gesellschaften sind die 1444 von Herzog Gerhard V. von Jülich-Berg gestiftete St. Hubertusgesellschaft und die 1440 von Markgraf Friedrich II. von Brandenburg gegründete Schwanengesellschaft.[45] Weiterhin sind die Teilnahme an der Jagd,[46] die Mitnahme auf der Pilgerfahrt des Fürsten[47] oder auch der gemeinsame Auftritt auf einem Fest zu nennen. Die Einladung eines Fürsten an einen Adeligen, ihn auf die mit großem Prunk gefeierten Hochzeiten zu begleiten, diente nicht nur zur Selbstdarstellung des Fürsten, sondern auch der Selbstvergewisserung des Adels insgesamt.[48]

Über die Hochzeiten hinaus wurden auch andere Gelegenheiten für große Feste genutzt.[49] So beging Kurfürst Friedrich I. von der Pfalz das Weihnachtsfest im Jahr 1458 mit fünf Angehörigen seines Hauses, den Bischöfen von Worms und

---

[43] Vgl. JOACHIM FISCHER, Das Testament der Erzherzogin Mechthild von Österreich vom 1. Oktober 1481, in: Hans-Martin Maurer (Hrsg.), Eberhard und Mechthild: Untersuchungen zu Politik und Kultur im ausgehenden Mittelalter (Lebendige Vergangenheit, Bd. 17), Stuttgart 1994, S. 111–137, hier S. 114–118.

[44] Vgl. ALOIS GERLICH, Seelenheil und Territorium: Testamentsrecht von Fürsten und Grafen im Spätmittelalter, in: Andreas Kraus (Hrsg.), Land und Reich: Stamm und Nation: Probleme und Perspektiven bayerischer Geschichte, Festgabe für Max Spindler zum 90. Geburtstag, Bd. 1 (Schriftenreihe zur Bayerischen Landesgeschichte, Bd. 78), München 1984, S. 395–414, hier S. 413f. (Abdruck des Testaments).

[45] Vgl. HOLGER KRUSE, WERNER PARAVICINI und ANDREAS RANFT (Hrsg.), Ritterorden und Adelsgesellschaften im spätmittelalterlichen Deutschland: Ein systematisches Verzeichnis (Kieler Werkstücke, Reihe D, Bd. 1), Frankfurt a. M. 1991, S. 324–346 u. 352–376. Weiterhin sei auf die von Kurfürst Friedrich II. von Sachsen 1450 gegründete St. Hieronymus-Gesellschaft verwiesen. Ebd., S. 387ff. und STREICH, Zwischen Reiseherrschaft und Residenzbildung, S. 177.

[46] Vgl. STEPHAN SELZER, Jagdszenen aus Sachsen: Die Jagd als höfisches Fest auf einem Tafelgemälde vom ernestinischen Hof (1540), in: Gerhard Fouquet, Harm von Seggern und Gabriel Zeilinger (Hrsg.), Höfische Feste im Spätmittelalter (Mitteilungen der Residenzen-Kommission der Akademie der Wissenschaften zu Göttingen, Sonderheft 6), Kiel 2003, S. 73–90, hier S. 86–88.

[47] Vgl. z. B. die zahlreichen gräflichen und ritterlichen Begleiter Landgraf Wilhelms von Thüringen auf seiner Palästinareise 1461 bei JOHANN GEORG KOHL, Pilgerfahrt des Landgrafen Wilhelm des Tapferen von Thüringen zum heiligen Land im Jahre 1461, Bremen 1868, S. 69ff. und das Verzeichnis der Begleiter des Grafen Eberhard vom Württemberg 1468, in: Gerhard Faix und Folker Reichert (Hrsg.), Eberhard im Bart und die Wallfahrt nach Jerusalem im späten Mittelalter, Lebendige Vergangenheit (Zeugnisse und Erinnerungen, Bd. 20), Stuttgart 1998, S. 142f. Die Fürsten wiederum legten aus Repräsentationsgründen Wert auf eine hochrangige Reisegefolgschaft. Vgl. KARL-HEINZ SPIESS, Reisen deutscher Fürsten und Grafen im Spätmittelalter, in: Werner Paravicini und Rainer Babel (Hrsg.), Grand Tour: Adeliges Reisen und europäische Kultur vom 14. bis zum 18. Jahrhundert (Beihefte der Francia, Bd. 60), Stuttgart 2004, S. 33–51, hier S. 42f.

[48] Vgl. SPIESS, Kommunikationsformen im Hochadel, S. 272–277.

[49] Zu den Fastnachtsfeiern des sächsischen Hofes vgl. STREICH, Zwischen Reiseherrschaft und Residenzbildung, S. 501f.

Speyer, 21 Grafen und ca. 2000 Rittern und Edelknechten. „Und alle die zu dische saßen, die hetten kein andern geschirre dan ydel silbern, da man uß drang und aß; und hette metten in der großen stoben, da die herren aßen, dry schenk, ye einer hoher dan der ander, auch vol selbers ...". Führten die versammelten Adeligen die personellen Ressourcen des Fürsten vor Augen, so symbolisierte das zum Essen benutzte Silbergeschirr, das noch durch drei Silberkredenzen ergänzt wurde, den materiellen Reichtum des Fürsten. Die gemeinschaftsstiftende und herrschaftsintegrierende Funktion des Festes wird in diesem Fall noch betont, wenn man bedenkt, daß der Mainzer Erzbischof als territorialer Konkurrent genau zur selben Zeit eingeladen und ebenfalls zahlreiche Adlige um sich versammelt hatte.[50]

Das Silbergeschirr wurde nicht nur bei den Festen zur Demonstration eingesetzt, sondern diente auch im Alltag dazu, eine exklusive Gruppe von Adligen um den Fürsten auszuzeichnen. So wird in dem bereits erwähnten Silberverzeichnis Kurfürst Ludwigs III. von der Pfalz das von dem Kurfürsten sowie seinen Freunden und Räten zum täglichen Gebrauch vorgesehene Silbergeschirr gesondert beschrieben.[51] Die Zahl der Eßlöffel und Trinkbecher läßt darauf schließen, daß täglich ca. 25 Freunde und Räte gemeinsam mit dem Fürsten speisten.[52] Einige herausragende Stücke waren mit Wappen verziert. Mochte das vergoldete Krautfaß mit dem Wappen von Reich, Pfalz und Bayern die kurfürstliche Position verdeutlichen, so erinnerte das Pendant mit den Wappen von England und Frankreich die Hofgesellschaft an die Bedeutung der Pfalz für die auswärtigen Mächte. Schließlich war Ludwig III. in erster Ehe mit Blanka von England verheiratet gewesen.[53]

Außer den Räten und Dienern zählte der weitere Kreis der adligen Vasallen und Burgmannen zu den Empfängern jährlicher materieller Zuwendungen. Ein Großteil der Lehnsleute wurde z. B. von den Pfalzgrafen nicht mit einem Landlehen versehen, sondern erhielt ein sogenanntes Rentenlehen, das jährlich von einem Zoll oder einer anderen Einkunftsquelle ausgezahlt wurde. Überschlägig berechnet wurden auf diese Weise 2000 fl. im Jahr an den Adel ausgereicht.[54]

Für die Vasallenschaft insgesamt wurden mit den seit 1401 nachweisbaren kurpfälzischen Lehnsbüchern, in denen sämtliche Lehnsleute in hierarchischer Ordnung gemäß ihrem Stand verzeichnet wurden, ein Mittel der Herrschaftsintegration

---

[50] Die Festschilderung findet sich in der Speyerer Chronik abgedruckt bei FRANZ JOSEPH MONE (Hrsg.), Quellensammlung der badischen Landesgeschichte, Band 1, Karlsruhe 1848, S. 423f. Zu den Spannungen zwischen Kurmainz und Kurpfalz vgl. MEINRAD SCHAAB, Geschichte der Kurpfalz, Band 1: Mittelalter, Stuttgart 1988, S. 177–181. Zu den Silberkredenzen vgl. OTTOMEYER, Die öffentliche Tafel, S. 178–187.

[51] WEECH, Pfälzische Regesten und Urkunden, S. 374.

[52] Nach CHRISTOPH FREIHERR VON BRANDENSTEIN, Urkundenwesen und Kanzlei, Rat und Regierungssystem des Pfälzer Kurfürsten Ludwig III. (1410–1436) (Veröffentlichungen des Max-Planck Instituts für Geschichte, Bd. 71), Göttingen 1983, S. 210 weilten üblicherweise nie mehr als 30 Räte in der Umgebung des Kurfürsten.

[53] Vgl. WALTHER HOLTZMANN, Die englische Heirat Pfalzgraf Ludwigs III., in: Zeitschrift für die Geschichte des Oberrheins 82 (1930), S. 1–38.

[54] Vgl. KARL-HEINZ SPIESS, Lehnsrecht, Lehnspolitik und Lehnsverwaltung der Pfalzgrafen bei Rhein im Spätmittelalter (Geschichtliche Landeskunde, Bd. 18), Wiesbaden 1978, S. 152f.

geschaffen, das schon bald über die ursprüngliche Funktion als Kontrollinstrument hinauswuchs.[55] Das älteste Prachtlehnsbuch Kurfürst Friedrichs I. von 1471 stellte zum einen den Pfälzer Kurfürsten in der Eingangsminiatur mit königsgleicher Majestät dar und diente damit der fürstlichen Repräsentation, zum anderen wurden aber die Wappen der rund 400 Vasallen farbig gemalt den Lehnseinträgen beigegeben. Die integrative Funktion dieses überaus prächtigen Beispiels materieller Hofkultur wurde noch zusätzlich dadurch verstärkt, daß jeder Vasall bei der Lehnserneuerung seinen Eid auf dieses Lehnsbuch schwören mußte. Die Pfalzgrafen waren offenbar vom Wert eines solchen Prachtlehnsbuches überzeugt, denn 1540 wurde ein zweites Exemplar dieser Art angefertigt. Der Aufbau ist identisch, aber die künstlerische Ausschmückung noch wertvoller.[56]

Als kurze Zwischenbilanz des zweiten Teils läßt sich festhalten, daß die Fürsten das adlige Gefolge materiell mit Soldzahlungen und Hofkleidern an sich banden, während auf der sozialen Ebene die Nähe zum Fürsten im Alltag und im Fest für Anziehung sorgte. Geschenke wurden nur bei besondern Anlässen ausgetauscht. Bevor im dritten Teil die Frage nach Erfolg und Mißerfolg der Höfe beantwortet werden soll, muß zunächst auf die finanziellen Voraussetzungen für die materielle Hofkultur eingegangen werden. Wer konnte sich wieviel an Ausgaben für den alltäglichen Hof und für Feste leisten?

Die Spannbreite der jährlichen Einnahmen war innerhalb der deutschen Reichsfürsten gewaltig. Spitzenpositionen nahmen die Herzöge von Sachsen vor der Teilung von 1485 mit ca. 80000 bis 137000 fl., Herzog Sigmund von Tirol mit ca. 100000 fl., die Herzöge von Bayern-Landshut mit 65000 fl. und die Pfalzgrafen bei Rhein mit gut 50000 fl. ein.[57] Der Aussagewert dieser Zahlen darf nicht überschätzt werden, denn sie müssen mit den jeweiligen Schulden in Beziehung oder aber – wie im Fall von Bayern-Landshut – um den Staatsschatz in Höhe von mindestens 700000 fl. ergänzt werden.[58] Darüber hinaus konnten die gewöhnlichen Einnahmen durch zusätzliche Steuern fallweise erhöht werden. Andererseits muß berücksichtigt werden, daß eine Teilung, wie z.B. die Leipziger Teilung von

---

55 Vgl. KARL-HEINZ SPIESS, Das älteste Lehnsbuch der Pfalzgrafen bei Rhein vom Jahr 1401 (Veröffentlichungen der Historischen Kommission für Baden-Württemberg, Reihe A, Bd. 30), Stuttgart 1981.

56 Hierzu KONRAD KRIMM, Ein königgleicher Lehenhof: Die Eingangsminiatur im pfälzischen Lehenbuch von 1471, in: Volker Rödel (Hrsg.), Mittelalter: Schloß Heidelberg und die Pfalzgrafschaft bei Rhein bis zur Reformationszeit (Schätze aus unseren Schlössern, Bd. 7), Regensburg 2002, S. 61–74.

57 Einkommensschätzungen und -berechnungen für deutsche Fürstentümer finden sich bei HENRY J. COHN, The Government of the Rhine Palatinate in the Fifteenth Century, London 1965, S. 82–85; WALTER ZIEGLER, Studien zum Staatshaushalt Bayerns in der zweiten Hälfte des 15. Jahrhunderts: Die regulären Kammereinkünfte des Herzogtums Niederbayern 1450–1500, München 1981, S. 264; SPIESS, Familie und Verwandtschaft, S. 393–397; REINHARD STAUBER, Herzog Georg von Bayern-Landshut und seine Reichspolitik: Möglichkeiten und Grenzen reichsfürstlicher Politik im wittelsbachisch-habsburgischen Spannungsfeld zwischen 1470 und 1505 (Münchner Historische Studien, Abteilung Bayerische Geschichte, Bd. 15), Kallmünz 1993, S. 56–58; UWE SCHIRMER, Kursächsische Staatsfinanzen (1456–1656). Strukturen – Verfassung – Funktionseliten (Quellen und Forschungen zur sächsischen Geschichte, Bd. 28), Stuttgart 2006, S. 120–123.

58 Hierzu STAUBER, Herzog Georg von Bayern-Landshut, S. 56f.

1485, den Betrag für den jeweiligen Fürstenhof um die Hälfte reduzierte. Allerdings besaßen der ernestinische und der albertinische Zweig der Herzöge von Sachsen mit rund 70 bis 80 000 fl. Jahreseinnahmen immer noch eine exzellente Finanzbasis.[59] Die Grafen von Württemberg, die sich um Anschluß an den Fürstenstand bemühten, verfügten nach der Wiedervereinigung der beiden Landesteile im Jahr 1482 jährlich über mindestens 45 000 fl., doch hatte sich nach der Teilung von 1442 infolge der doppelten Hofhaltung 1459 bereits allein in Uracher Landesteil ein Schuldenberg von über 220 000 fl. aufgetürmt.[60]

Weit von solchen Einkünften entfernt waren die Bischöfe von Speyer, die ca. 8 400 fl. jährlich einnahmen, aber 12 400 fl. ausgaben, so daß die jährlichen Defizite unter Bischof Raban von Helmstatt (1478–1504) eine Schuldenlast von 156 263 fl. aufgetürmt hatten.[61] Die gefürsteten Grafen von Henneberg-Schleusingen verfügten 1505 über jährliche Geldeinnahmen von rund 5 900 fl., denen 8 000 fl. an Ausgaben gegenüberstanden. Die Schulden des Fürstentums stiegen in den folgenden Jahrzehnten rasant an. Waren es 1530 ca. 12 000 fl., so erreicht man 1535 bereits 56 000 fl. und bald auch 150 000 fl. Angesichts fehlender Einnahmesteigerungsmöglichkeiten rissen die zunehmenden Schuldzinsen immer größere Löcher in den Haushalt.[62] Grobe Vergleichszahlen für die Einkünfte im Grafen und Herrenstand bewegen sich zwischen 2 000 fl. und 20 000 fl. und lassen somit ein Einkommen von ca. 10 000 fl. am unteren Ende des Fürstenstands als wahrscheinlich gelten, wobei Schulden als gängige Begleiterscheinung angesehen werden müssen.[63]

Erfolg und Misserfolg eines Hofes

Der Fürstenstand als Einheit war offenbar nicht nur in politischer Hinsicht eine Fiktion,[64] sondern auch in Bezug auf die finanzielle Leistungsfähigkeit. Was bedeutete vor diesem Hintergrund Erfolg oder Mißerfolg für die fürstlichen Höfe im Reich? Spielte die materielle Hofkultur, d. h. der von einem Hof ausgehende Prunk eine entscheidende Rolle bei dessen Stellung im Reich oder waren nicht doch politische Gründe maßgebend? Oder vermischte sich beides untrennbar miteinander? Es gab jedenfalls keinen deutschen Fürstenhof, der wegen politischer

---

59 Vgl. SCHIRMER, Kursächsische Staatsfinanzen, S. 139–513.

60 Vgl. JOACHIM FISCHER, PETER AMELUNG und WOLFGANG IRTENKAUF (Hrsg.), Württemberg im Spätmittelalter: Ausstellung des Hauptstaatsarchivs Stuttgart und der Württembergischen Landesbibliothek, Stuttgart 1985, S. 84f.

61 Vgl. GERHARD FOUQUET, Kaiser, Kurpfalz, Stift: Die Speyerer Bischofswahl von 1513 und die Affäre Ziegler, in: Mitteilungen des Historischen Vereins der Pfalz 83 (1985), S. 193–271, hier S. 240.

62 Vgl. ECKART HENNING, Die gefürstete Grafschaft Henneberg-Schleusingen im Zeitalter der Reformation (Mitteldeutsche Forschungen, Bd. 88), Köln und Wien 1981, S. 228–237.

63 Vgl. SPIESS, Familie und Verwandtschaft, S. 394–397.

64 Vgl. PETER MORAW, Fürstentum, Königtum und „Reichsreform" im deutschen Spätmittelalter, in: Walter Heinemeyer (Hrsg.), Vom Reichsfürstenstande, Köln und Ulm 1987, S. 117–136, hier S. 119.

Bedeutungslosigkeit oder fehlendem Prunk aus dem Kreis des Standesgenossen ausgeschieden wäre.[65]

Jeder Fürst wußte, daß eine Teilung wegen der daraus resultierenden Verringerung der Einnahmen bei gleichzeitiger Vermehrung der Hofhaltungskosten eine Einschränkung bei der materiellen Hofkultur nach sich ziehen würde, und dennoch behielt man die Teilungspraxis bei. Befragt man die Hausverträge nach den dort geäußerten Zielvorstellungen, so ging es dem Hochadel in erster Linie um die Erhaltung und Erhöhung ihres Stammes und Namens. Damit galt die generative Kontinuität oder genauer die Fortsetzung des regierenden Geschlechts in männlicher Folge als oberstes Ziel. Weiterhin sollten die Teilungen für Eintracht zwischen den erbberechtigten Söhnen sorgen. Herrschaftsteilungen, die immer mit Heiraten und einer Vermehrung der Sohneszahl einhergingen, waren deshalb sinnvoll, auch wenn sie die Einkünfte der einzelnen Regenten und damit deren Möglichkeiten zur Prachtentfaltung drastisch reduzierten.[66]

Wer den Besitz in einer Linie zusammenhielt, konnte im Luxus schwelgen, riskierte aber das Aussterben des Geschlechts. So erging es den Grafen von Katzenelnbogen, die infolge der Wiedervereinigung über ‚fürstliche' Einkünfte von 40–50000 fl. verfügten, aber bald danach ausstarben.[67] Da man den dynastischen Zufall nicht kalkulieren konnte, blieb die Aussicht auf eine Stärkung des Territoriums durch Einheit sehr verlockend. Obwohl er das Beispiel der verwandten Grafen von Katzenelnbogen vor Augen hatte, betrieb Graf Eberhard der Ältere von Württemberg 1482 die Zusammenführung der geteilten Grafschaft und wurde 1495 mit der prestigeträchtigen Herzogswürde belohnt.[68] Anschließend geriet das

---

[65] Zum ‚Überleben' der im Bezug auf materielle Hofkultur und politischen Einfluß am unteren Ende des Fürstenstandes positionierten Fürsten von Anhalt vgl. WERNER FREITAG, Kleine Reichsfürsten im 15. Jahrhundert: Das Beispiel Anhalt, in: Sachsen und Anhalt: Jahrbuch der Historischen Kommission für Sachsen-Anhalt 23 (2001), S. 141–160; ders., Anhalt und die Askanier im Spätmittelalter: Familienbewußtsein, dynastische Vernunft und Herrschaftskonzeptionen, in: Jörg Rogge und Uwe Schirmer (Hrsg.), Hochadelige Herrschaft im mitteldeutschen Raum (1200 bis 1600): Formen – Legitimation – Repräsentation (Quellen und Forschungen zur sächsischen Geschichte, Bd. 23), Leipzig 2003, S. 195–226. Zu den gefürsteten Grafen von Henneberg vgl. HENNING, Die gefürstete Grafschaft Henneberg-Schleusingen.

[66] Vgl. SPIESS, Familie und Verwandtschaft, S. 272ff., für den nichtfürstlichen Hochadel; HANSMARTIN SCHWARZMAIER, „Von der fürsten tailung": Die Entstehung der Unteilbarkeit fürstlicher Territorien und die badischen Teilungen des 15. und 16. Jahrhunderts, in: Blätter für deutsche Landesgeschichte 126 (1990), S. 161–184; JÖRG ROGGE, Herrschaftsweitergabe, Konfliktregelung und Familienorganisation im fürstlichen Hochadel: Das Beispiel der Wettiner von der Mitte des 13. bis zum Beginn des 16. Jahrhunderts (Monographien zur Geschichte des Mittelalters, Bd. 49), Stuttgart 2002, S. 323–333, für den Fürstenstand und KARL-HEINZ SPIESS, Safeguarding Property for the Next Generations: Family Treaties, Marriage Contracts and Wills in German Princely Dynasties in the Later Middle Ages (14th–16th Centuries), in: Simonetta Cavaciocchi (Hrsg.), La famiglia nell' economia Europea secc. XIII–XVIII/The Economic Role of the Family in the European Economy from the 13th to the 18th Centuries, Firenze 2009, S. 23–45.

[67] HEINRICH MAULHARDT, Die wirtschaftlichen Grundlagen der Grafschaft Katzenelnbogen im 14. und 15. Jahrhundert (Quellen und Forschungen zur Hessischen Geschichte, Bd. 39), Darmstadt und Marburg 1980, S. 147. Zur Vereinigung der zuvor in zwei Linien geteilten Grafschaft vgl. SPIESS, Familie und Verwandtschaft, S. 243f.

[68] STEPHAN MOLITOR (Hrsg.), 1495: Württemberg wird Herzogtum, Stuttgart 1995.

Haus Württemberg prompt in eine dynastische Krise, wobei es sich als Glücksfall erwies, daß der ursprünglich für den geistlichen Stand vorgesehene Graf Heinrich doch geheiratet und somit für eine Nachfolge gesorgt hatte.[69] Insofern dürfen Fürsten, die wie die Anhaltiner die Teilungspraxis beibehielten und deshalb verarmten, nicht von vorneherein als erfolglos bezeichnet werden.[70]

Finanziell leistungsstarke Fürsten demonstrierten ihren Erfolg zunächst durch ihre Hofhaltung. In der Literatur wird immer wieder der personelle Umfang der einzelnen Höfe als Maßstab des Prestiges genannt,[71] doch war die Qualität des Gefolges weitaus wichtiger als die Quantität. Dies belegen allein schon die Soldzahlungen. Am Innsbrucker Hof erhielten rund 130 Adlige 23450 fl. jährlich, während die zahlenmäßig entsprechenden nichtadeligen Hofleute von den Doktoren bis zum Stallknecht insgesamt nur 4150 fl. erhielten.[72] Wenn allein die Anzahl eine Rolle gespielt hätte, hätte man sie leicht durch nichtadelige Hofleute vermehren können. Es ging jedoch in erster Linie darum, möglichst viele hochrangige Gefolgsleute um sich zu scharen, d.h. aus der Sicht der Fürsten bemühte man sich, die ebenfalls zum Hochadel gehörenden Grafen und Herren zum Hofdienst zu verpflichten. Bei allen öffentlichen Auftritten, seien es Feste oder Reichstagsbesuche, notieren die Berichterstatter peinlich genau, wie viele Grafen und Herren der jeweilige Fürst im Gefolge mit sich führte. Ihre Abhängigkeit vom Fürsten wurde dadurch demonstriert, daß sie in dessen Hoffarben auftraten und zeremonielle Ehrendienste verrichteten.[73]

Die alltäglichen Kosten für die Hofhaltung erfolgreicher Fürsten lassen sich kaum beziffern, da die vorhandenen Zahlen nur schwer vergleichbar sind. Addierten sich am Innsbrucker Hof allein die Soldzahlungen auf etwa 28000 fl. jährlich,[74] so gaben die Wettiner an der Wende vom 15. zum 16. Jahrhundert jährlich zwischen 20000 und 40000 fl. für ihren Hof aus.[75] Arme Fürsten hatten für diesen Zweck nur 2000 bis 3000 fl. zur Verfügung.[76] Dieser Betrag scheint die untere

---

69 SÖNKE LORENZ (Hrsg.), Das Haus Württemberg: Ein Biographisches Lexikon, Stuttgart u.a. 1997, S. 98–100, 123f.; KLAUS GRAF, Graf Heinrich von Württemberg (†1519) – Aspekte eines ungewöhnlichen Fürstenlebens, in: Sönke Lorenz und Peter Rückert (Hrsg.), Württemberg und Mömpelgard: 600 Jahre Begegnung (Schriften zur südwestdeutschen Landeskunde, Bd. 26), Leinfelden-Echterdingen 1999, S. 107–120.

70 FREITAG, Anhalt und die Askanier, S. 198ff.

71 PARAVICINI, Alltag bei Hofe, hier S. 25; REINHARD SEYBOTH, Reichstadt und fürstliche Residenz: Nürnberg als Versorgungszentrum für die fränkischen Hohenzollernresidenzen im späten Mittelalter, in: Paravicini (Hrsg.), Alltag bei Hofe, 65–81, hier S. 67 und besonders die Zahlenangaben für mehrere Fürstenhöfe bei CHRISTIAN HESSE, Zwischen Reform und Beschränkung: Die Hofordnungen der Landgrafschaft Hessen aus dem beginnenden 16. Jahrhundert, in: Kruse und Paravicini (Hrsg.), Höfe und Hofordnungen 1200–1600, S. 337–360, hier S. 346f.

72 BOJCOV, Sitten und Verhaltensformen am Innsbrucker Hof, S. 263.

73 SPIESS, Grafen und Herren aus dem Rhein-Main-Gebiet, S. 157; DIETER STIEVERMANN, Die Wettiner als Hegemonen im mitteldeutschen Raum um 1500, in: Jörg Rogge und Uwe Schirmer (Hrsg.), Hochadelige Herrschaft im mitteldeutschen Raum (1200 bis 1600): Formen – Legitimation – Repräsentation (Quellen und Forschungen zur sächsischen Geschichte, Bd. 23), Leipzig 2003, S. 379–393, hier S. 383.

74 Vgl. die Addition bei BOJCOV, Sitten und Verhaltensformen am Innsbrucker Hof, S. 263.

75 Vgl. die Angaben für Sachsen bei SCHIRMER, Kursächsische Staatsfinanzen, S. 899, 901.

76 Vgl. FOUQUET und DIRLMEIER, Alltäglicher Konsum, S. 174.

Grenze für einen fürstlichen oder gräflichen Hof darzustellen, der seinem Standesanspruch noch einigermaßen gerecht zu werden suchte. Da man diese Summe nicht unterschreiten konnte, mußte man Schulden machen, falls das Geld nicht zu Verfügung stand.[77] Die Hofkosten sind allerdings nicht einfach zu berechnen. Manchmal werden die beträchtlichen Schuldzinsen dazu gezählt, häufig fehlen dagegen die Leibrenten für die Familienangehörigen.[78]

Als Kriterium für das Sozialprestige einer Dynastie können die Mitgiften dienen, die von den Ehefrauen eingebracht bzw. an die eigenen Töchter ausgegeben wurden. Wer im Fürstenstand sozial mithalten wollte, mußte die bei standesinternen Heiraten üblichen Summen aufbringen können. Wurden im Grafen- und Herrenstand durchschnittlich 4350 fl. gezahlt, so konnte eine Fürstentochter mit einer Mitgift zwischen 10000 fl. und 30000 fl. rechnen.[79]

Mitgiften in der Höhe von 30000 fl. konnte sich aber nur die Spitzengruppe der Fürsten leisten. Der Vergleich von eingenommenen und ausgezahlten Ehegeldern zeigt das Bestreben, die eigenen Töchter mit geringeren Mitgiften zu versorgen, dafür aber die eigenen Söhne möglichst mit sozial höherstehenden und einer hohen Mitgift versehenen Ehefrauen auszustatten. Bei den Grafen von Henneberg ist zu erkennen, daß die seit 1310 gefürstete Linie Schleusingen ein höherwertigeres Konnubium erreichte als die Linie Römhild, die erst in der zweiten Hälfte des 15. Jahrhunderts als fürstengleich galt.[80] Man muß allerdings bedenken, daß die Mannesseite nicht nur die Einnahmen hatte, sondern auch gemäß dem komplexen System der hochadeligen Witwenversorgung, die sich an der Höhe der Mitgift orientierte, im Witwenfall eine entsprechend hohe Rente bezahlen mußte. Eine fürstliche Witwe konnte durchaus 6000 fl. jährlich beanspruchen und das gelegentlich viele Jahre lang.[81] So viel hatte ein armer Fürst noch nicht einmal als Jahreseinkommen für die ganze Herrschaft zur Verfügung.

---

[77] Vgl. HENNING, Die gefürstete Grafschaft Henneberg-Schleusingen, S. 228–237, und WIELAND HELD, Zwischen Hoffnung und Desaster: Die Mühen und Grenzen der Grafen Wilhelm IV. und Georg Ernst von Henneberg-Schleusingen im 16. Jahrhundert bei der Erhaltung des Fürstentums, in: Zeitschrift des Vereins für Thüringische Geschichte 54 (2000), S. 159–187.

[78] Vgl. hierzu SPIESS, Familie und Verwandtschaft, S. 390–393, mit einer idealtypischen Berechnung der Aufwendungen für die „Versorgungsfamilie" eines Grafen in Höhe von ca. 3000 fl. Instruktiv für die Berechnung von Hofkosten ist REGINA SCHÄFER, Die Herren von Eppstein: Herrschaftsausübung, Verwaltung und Besitz eines Hochadelsgeschlechts im Spätmittelalter (Veröffentlichungen der Historischen Kommission für Nassau, Bd. 68), Wiesbaden 2000, S. 227f.

[79] Vgl. SPIESS, Familie und Verwandtschaft, S. 344f.; SPIESS, Witwenversorgung im Hochadel, S. 98f. Eine nicht an der Mitgift, sondern am Rang orientierte Sozialstatistik liefert PETER MORAW, Das Heiratsverhalten im hessischen Landgrafenhaus ca. 1300 bis ca. 1500 – auch vergleichend betrachtet, in: Walter Heinemeyer (Hrsg.), Hundert Jahre Historische Kommission für Hessen 1897–1997 (Veröffentlichungen der Historischen Kommission für Hessen, Bd. 61), Marburg 1997, S. 115–140, hier S. 133–140. Zu den Rangverhältnissen im Fürstenstand siehe jetzt auch SPIESS, Fürsten und Höfe, S. 12–16.

[80] Vgl. zu den beiden Linien MÖTSCH, Die gefürsteten Grafen von Henneberg, S. 228–242. Zur unterschiedlichen Verheiratung von Söhnen und Töchtern vgl. SPIESS, Familie und Verwandtschaft, S. 346–368. und JUDITH J. HURWICH, Marriage Strategy among the German Nobility 1400–1699, in: Journal of Interdisciplinary History 29 (1998), S. 169–195.

[81] SPIESS, Witwenversorgung im Hochadel, S. 99ff.

Wer eine fürstliche oder gar königliche Braut für sich oder den eigenen Sohn erlangt hatte, bemühte sich, auch die Hochzeit gebührend zu feiern und der Braut eine ihrem Stand entsprechende Morgengabe zu überreichen. So bezahlte Herzog Ludwig von Bayern-Landshut 1475 für die Hochzeit seines Sohnes Georg mit der polnischen Königstochter Hedwig über 60000 fl. und überreichte ihr als Morgengabe die im Fürstenstand üblichen 10000 fl. nebst einem kostbaren Halsband. Kurz zuvor hatte er schon 32000 fl. Mitgift für seine mit Philipp von der Pfalz verheiratete Tochter übergeben.[82] Die beiden wettinischen Linien ließen sich 1496 die Hochzeit Herzog Georgs mit Barbara von Polen rund 44000 fl. kosten.[83]

Zu den Ausgaben für die standesgemäße Verheiratung der Kinder kamen die Kosten für die fürstlichen Repräsentationsreisen. Für die Pilgerfahrt ins Heilige Land 1493 wurden von Kurfürst Friedrich von Sachsen rund 15000 fl. aufgewendet, für den Besuch der Reichstage zu Augsburg und Köln 1500 und 1505 nochmals 11700 fl. bzw. 14000 fl.[84]

Solche Zahlungen waren für die gefürsteten Grafen von Henneberg mit ihrem Jahreseinkommen von 8000 fl. utopisch. Graf Wilhelm von Henneberg gab für seinen Besuch des Reichstages zu Worms 1521 gerade einmal 309 fl. aus, aber immerhin erreichte er die zur Sicherung seiner fürstlichen Qualität unverzichtbare direkte Belehnung durch den Kaiser.[85] Es ist bemerkenswert, daß das gräfliche Konnubium der mit nur ca. 5000 fl. ausgestatteten hennebergischen Töchter, die ärmliche Hofhaltung[86] und die hohen Schulden nie die Gefahr einer Standesminderung mit sich brachten. Vielmehr erreichten die gefürsteten Grafen von Henneberg zur selben Zeit für ihre Söhne die Heirat mit ranghohen Töchtern der Kurfürsten von Brandenburg und der Herzöge von Braunschweig.[87] Ähnlich verhält es sich bei den Markgrafen von Baden, denen nach einem stark gräflich bestimmten Konnubium 1447 die Heirat mit Katharina von Habsburg, der Schwester des regierenden Königs Friedrich III., gelang.[88] In beiden Fällen wogen offenbar politische Gründe die fehlenden Mittel auf. König Friedrich III. verpflichtete sich durch die Heirat die Markgrafen von Baden, die den österreichischen Vorlanden benachbart waren, als treue Parteigänger im Reich und am Oberrhein.[89] Die

---

[82] Vgl. STAUBER, Herzog Georg von Bayern-Landshut, S. 71–80, 92f. Zu den Morgengaben vgl. SPIESS, Familie und Verwandtschaft, S. 141ff.

[83] Vgl. SCHIRMER, Kursächsische Staatsfinanzen, S. 175.

[84] Ebd., S. 281ff.

[85] MÖTSCH, Rechnung des Grafen Wilhelm von Henneberg, S. 164.

[86] Vgl. EDUARD AUSFELD, Hof- und Haushaltung der letzten Grafen von Henneberg (Neujahrsblätter der Historischen Commission der Provinz Sachsen, Bd. 25), Halle 1901; ERNST KOCH, Die von Graf Georg Ernst zu Henneberg aufgestellte Ordnung des gräflichen Hofhaltes und der gräflichen Beamtenstellen, in: Zeitschrift des Vereins für Thüringische Geschichte und Altertumskunde, NF 23 (1905), S. 355–386.

[87] DETLEV SCHWENNICKE, Europäische Stammtafeln, NF, 21 Bde., Marburg u. a. 1980–2002.

[88] HEINZ KRIEG, Eine standesgemäße Hochzeit: Die Vermählung Markgraf Karls I. von Baden mit Katharina von Österreich, in: Fouquet, von Seggern und Zeilinger (Hrsg.), Höfische Feste im Spätmittelalter, S. 39–54.

[89] Vgl. KONRAD KRIMM, Baden und Habsburg um die Mitte des 15. Jahrhunderts: Fürstlicher Dienst und Reichsgewalt im späten Mittelalter (Veröffentlichungen der Kommission für geschichtliche Landeskunde in Baden-Württemberg, Reihe B, Bd. 89), Stuttgart 1976, S. 29f. zur Hochzeit.

Hochzeit zwischen Graf Hermann VII. von Henneberg und Elisabeth von Brandenburg, der Tochter des Kurfürsten Albrecht Achilles, wurde im Jahr 1491 in Aschaffenburg, der Residenz des Mainzer Erzbischofs Berthold von Henneberg, gefeiert. Dies läßt darauf schließen, daß der Einfluß des geistlichen Verwandten bei der Eheschließung eine Rolle spielte. Der Ehevertrag wurde allerdings bereits 1482 geschlossen, als Berthold noch nicht Erzbischof, aber als Domdekan faktisch Regent des Erzstifts unter dessen Administrator Adalbert von Sachsen war. Schon 1485 war der nunmehrige Erzbischof eine Erbeinung mit Kurbrandenburg eingegangen. Vermittelt wurde ein Ehevertrag unter anderem von Bertholds Bruder Philipp, der von 1475 bis 1478 Bischof von Bamberg war.[90]

Am Ende läßt sich festhalten, daß der deutsche Fürstenstand zwar eine große Binnendifferenzierung aufwies, aber so weit geschlossen und gefestigt war, daß materielle Defizite nicht den Verlust der Fürstenqualität verursachten. Fehlender Prunk führte auch nicht zur Desintegration des Hofes, sondern nur zu einer Verminderung an Qualität und Quantität,[91] so daß es schwer fällt, von einem direkten Mißerfolg zu sprechen. Mißerfolg hatten nur diejenigen Fürsten, die keine männlichen Nachfolger besaßen und deren Land nach dem Aussterben von der politischen Landkarte verschwand. In dieser Hinsicht waren der reiche Herzog von Bayern-Landshut und der arme gefürstete Graf von Henneberg wieder gleich, denn die Häuser und die Territorien Bayern-Landshut und Henneberg existierten am Ende des 16. Jahrhunderts nicht mehr.[92]

---

[90] Vgl. hierzu ADOLPH FRIEDRICH RIEDEL (Hrsg.), Codex diplomaticus Brandenburgensis, 2:5, Berlin 1848, Nr. 2109, S. 400f. (12. 8. 1482); CHRISTIAN MEYER, Die Vermählung des Grafen Hermann III. von Henneberg mit Elisabeth von Brandenburg, in: Hohenzollerische Forschungen 2 (1894), S. 253–256; WILHELM JUNG (Hrsg.), 1000 Jahre Mainzer Dom (975–1975), Mainz 1975, S. 89; PAUL-JOACHIM HEINIG, Die Mainzer Kirche im Spätmittelalter (1305–1484), in: Friedhelm Jürgensmier (Hrsg.), Handbuch der Mainzer Kirchengeschichte 1, Teil 1 (Beiträge zur Mainzer Kirchengeschichte, Bd. 6), Würzburg 2000, S. 416–554, hier S. 552. Die 1543 geschlossene Ehe zwischen Georg Ernst von Henneberg und Elisabeth von Braunschweig-Calenberg ist im Kontext der Reformation zu sehen. Vgl. DIETER STIEVERMANN, Henneberg im Alten Reich, in: Zeitschrift des Vereins für Thüringische Geschichte 52 (1998), S. 159–174, hier S. 169.

[91] Vgl. die von Graf Georg Ernst von Henneberg vorgeschlagenen Einschränkungen zur Reduktion der Hofkosten bei KOCH, Ordnung, S. 335–386.

[92] Zum Ende des Hauses Henneberg im Mannesstamm 1583 vgl. HENNING, Die gefürstete Grafschaft Henneberg-Schleusingen, S. 20–51; zum Aussterben der Herzöge von Bayern-Landshut in männlicher Linie und dem daraus resultierenden Landshuter Erbfolgekrieg 1504/05 vgl. STAUBER, Herzog Georg von Bayern, S. 739–783.

Nicolas Le Roux

Luxus, Freigebigkeit und Macht in Krisenzeiten: die Politik der Prachtentfaltung am Hof der letzten Valois*

Im Lauf der zweiten Hälfte des 16. Jahrhunderts verstrickte sich das französische Königtum in eine lange religiöse und politische Krise, die es zutiefst schwächte. Der Kampf gegen die protestantischen Rebellen, dann die *Malcontents* und schließlich die Ligisten wurde dabei stets als ein *devoir de révolte* für die Wiederherstellung des Staates dargestellt, gegen die Leidenschaften der schlechten Ratgeber, die die Macht mit Beschlag belegten und ihre Position nutzen, um ihre Vergnügungen auf Kosten des Gemeinwohls zu suchen.[1] In diesem Kontext sahen sich die Monarchen in der Not, sich gleichzeitig als Musterbeispiele an Frömmigkeit und Tugend und als einzige Quelle der Gnade zu präsentieren. So bildete die Schenkung das symbolische Kapital des Fürsten, und man konnte mit Recht sagen, daß „le roi qui ne donne pas n'est plus roi."[2] Der Hof hatte als eine Art exemplarischer Mikrokosmos zu funktionieren, in dessen Schoß der König im ganzen Glanz seiner Majestät strahlen sollte. Die Regie der königlichen Auftritte und der verschwenderischen Ausgaben hatten Teil an dieser Bemühung um politische Restauration, die ebenso als ein Werk der allgemeinen Reform des Königreichs konzipiert wurde wie als Verführung nach außen hin. Es galt, die Verbündeten der Krone zu beruhigen und ihre möglichen Gegner zu beeindrucken.

Der Hof war gleichzeitig Ort der Zurschaustellung von Autorität und Marktplatz der einer Elite vorbehaltenen Gunsterweise. Auch die *grands seigneurs* fanden sich in der Pflicht, ohne genau nachzurechnen großzügige Ausgaben zu machen, um ihre herausragende soziale Stellung zu belegen.[3] Die Erträge aus

---

* Aus dem Französischen übersetzt von Thomas Gruber.

1 Arlette Jouanna, Le Devoir de révolte. La noblesse française et la gestation de l'État moderne, 1559-1661, Paris 1989.

2 Maurice Aymard und Marzio A. Romani (Hrsg.), La Cour comme institution économique, Paris 1998, S. 9. Zur strukturierenden Rolle des Geschenks in der Renaissance-Gesellschaft siehe: Natalie Z. Davis, Essai sur le don dans la France du XVIe siècle, Paris 2003 (Orig.: The Gift in Sixteenth-Century France, Oxford 2000); Alain Guéry, La crise politique des dons royaux au XVIe siècle, in: A. Burguière, J. Goy und M.-J. Tits-Dieuaide (Hrsg.), L'Histoire grande ouverte. Hommages à Emmanuel Le Roy Ladurie, Paris 1997, S. 154–162, und ders., Le roi dépensier: le don, la contrainte, et l'origine du système financier de la monarchie française d'Ancien Régime, in: Annales ESC 39 (1984), S. 1241–1269; Jean Starobinski, Largesse, Paris 1994; Antonio Manuel Hespanha, Les autres raisons de la politique. L'économie de la grâce, in: J.-Fr. Schaub (Hrsg.), Recherche sur l'histoire de l'État dans le monde ibérique, Paris 1993, S. 67–86; Sharon Kettering, Gift-Giving and Patronage in Early Modern France, in: French History 2 (1988), S. 131–151; Linda Levy Peck, „For a King not to be bountiful were a fault": Perspectives on Court Patronage in Early Stuart England, in: Journal of British Studies 35 (1986), S. 31–61.

3 Norbert Elias, La Société de Cour. Paris 1974 (Orig.: Die höfische Gesellschaft. Untersuchungen zur Soziologie des Königtums und der höfischen Aristokratie, Neuwied 1969).

Grund und Boden waren fortan unzureichend, um ihnen einen Lebenswandel zu garantieren, der ihrem Rang entsprach und ihnen erlaubte, sich die Klientel zu erhalten, auf der ihre Macht beruhte. Aus genau diesem Grund war die Konkurrenz um den Zugang zu den Ressourcen des Königs so erbittert und wurden die spektakulären Standeserhöhungen der Günstlinge von den Hochadeligen als Verrat angesehen.

Luxus und Diplomatie als Spiel der Verführung

Die Pflicht zur Freigebigkeit als Kernaufgabe des Regierungshandelns erlegte es dem König auf, die Hochadeligen und besonders verdienstvollen Diener zu belohnen, aber auch die Verbindungen zu den auswärtigen Mächten zu verstärken. So schenkte Heinrich II. 1559, nach der Unterzeichnung des Friedensvertrags von Cateau-Cambrésis mit Spanien, einem der spanischen Unterhändler ein Tafelgeschirr aus vergoldetem Silber im Wert von beinahe 25000 *livres tournois*.[4] Und dies, obwohl sich die königlichen Finanzen in einem sehr schlechten Zustand befanden: 1560 wurden die Schulden der Krone auf 41 Millionen *livres tournois* geschätzt![5]

Trotz wachsender finanzieller Schwierigkeiten nahm auch Katharina von Medici Zuflucht zu Geschenken dieser Größenordnung. 1565, bei den Festlichkeiten anläßlich der Zusammenkunft von Bayonne, setzte sie sich das Ziel, den Vertretern Philipps II. zu beweisen, daß die französische Monarchie ihren Reichtum und ihre Macht ungeachtet aller Schwierigkeiten bei weitem nicht verloren hatte. Beschreibungen der bei den verschiedenen Zeremonien getragenen Kleidungsstücke wurden sogar mit der Absicht verbreitet, einer weiten Öffentlichkeit den Prunk dieser Ereignisse kundzutun.[6] Als *Monsieur*, der zukünftige Heinrich III., sich seiner Schwester, der Königin von Spanien, zum ersten Mal am 9. Juni zeigte, trugen die *grands seigneurs* in seinem Gefolge eine besonders prachtvolle, einheitliche Garnitur: einen Mantelumhang (*casaque*) aus blut- und karmesinrotem Samt abgesetzt mit Silberfransen, ein Wams aus blut- und karmesinrotem Satin, gleichfalls mit Silber abgesetzt, und einen Hut *à la reître* aus rot/karmesinrot abgesetzter Serge. Alle Mitglieder seines Gefolges trugen verschwenderische Gewänder. Während der Lustbarkeiten der folgenden Tage erschienen die Herren erneut in spek-

---

[4] CATHERINE GRODECKI, Documents du Minutier central des notaires de Paris. Histoire de l'art au XVIe siècle (1540-1600), 2 Bde., Paris 1985-1986, Bd. 2., S. 265 (9. Juli 1559).

[5] MARK GREENGRASS, Pieces of the Jigsaw: Making Sense of French Taxation under the Last Valois, 1574-89, in: W. M. Ormrod, M. Bonney und R. Bonney (Hrsg.), Crises, Revolutions and Self-sustained Growth. Essays in European fiscal history, 1130-1830, Stamford 1999, S. 138-169, hier S. 149; PIERRE CHAUNU, L'État, in: ders. und R. Gascon, Histoire économique et sociale de la France, 1450-1660, Bd. 1: L'État et la Ville, Paris 1977, S. 173-175.

[6] Recueil des choses notables qui ont esté faites à Bayonne, à l'entreveuë du Roy Treschrestien Charles neufieme de ce nom, et la Royne sa treshonorée mere, avec la Royne Catholique sa sœur, Paris 1566, in: V. E. Graham und W. Mc Allister Johnson (Hrsg.), The Royal Tour of France by Charles IX and Catherine de'Medici: Festivals and Entries, 1564-6, Toronto 1979, S. 328-380.

takulärem Aufzug. Am 19. Juni fand ein Ringreiten (*course à la bague*) statt, bei der die führenden Edelleute des Hofes sich mit einem Mantelumhang aus Goldtuch auf karmesinroter Seide, abgesetzt mit Goldposament, mit einem Wams aus weißem, goldgestreiftem Taft, mit Beinkleidern aus weißem, ebenfalls goldgestreiftem Satin und mit einem Hut aus karmesinrotem Samt gekleidet hatten. Einige Tage später trugen die *maîtres de camp* zum Turnier von Virtus und Amor einen Mantelumhang mit Tuch aus Golddamast auf gelbem Grund, abgesetzt mit Goldfransen, ein Wams aus blauem, goldgestreiftem Satin, Beinkleider aus dem gleichen Stoff, aber gold- und silbergestreift, einen Hut aus goldgestreiftem und goldbesetztem Samt und einen Gürtel aus blauem Samt. Die Ritter des Königs, die für die Virtus kämpften, besaßen einen Umhang aus karmesinrotem, silberbesetztem Satin, während die Partei von *Monsieur*, der Amor verteidigte, grünen, mit Goldtuch besetzten Samt trugen.

Zur Stärkung der Bündnisse der Monarchie machte die Königinmutter auch auswärtigen Fürsten und Fürstinnen Geschenke. So ließ sie dem Herzog von Alba und dem Fürsten von Eboli, den beiden herausragenden Persönlichkeiten am Hof Philipps II., sowie deren Gattinnen und zahlreichen anderen Herren und Damen Spaniens Ketten und Ringe im Wert von 10150 Écus überreichen.[7] 1571 sandte Katharina ihrem Goldschmied François Dujardin eine große Bestellung von Wertgegenständen. Dem König wollte sie eine mit Perlen versetzte Kette schenken; der Königin von Navarra einen Spiegel, der mit Juwelen geschmückt war, die an einer schwarz emaillierten Kette hingen; der Herzogin von Savoyen einen Rundspiegel, hinter dem ein Porträt angebracht werden konnte; dem Herzog von Savoyen Tafeln zum Anbringen von Porträts; der Herzogin von Lothringen ein Paar Armbänder, an denen Porträts angebracht werden konnten; schließlich dem Herzog von Lothringen ein Hutband mit einem Schild, in dem man das Porträt seiner Frau anbringen konnte. Katherina wandte so viel Sorgfalt bei der Auswahl dieser Geschenke auf, daß sie selbst das Modell der herzustellenden Stücke bereitstellte. Sie verfertigte auch selbst eine kleine Aufstellung, in der sie die Eigenschaften der Gegenstände festhielt, die in ihrem Auftrag einer ihrer engsten Berater, der Graf von Retz, für den König herstellen ließ und in der die Kosten der in Auftrag gegebenen Juwelen mit 19 872 *livres* beziffert wurden.[8]

Ebenfalls in der Absicht, die Macht des Hauses Frankreich herauszustellen, ließ Katharina von Medici zahlreiche Schmuckstücke für die polnischen Edelleute herstellen, die ihren Sohn Heinrich 1573 zum König gewählt hatten. Bei ihrer Ankunft in Frankreich erhielten die Botschafter aus Krakau Goldketten im Wert von je tausend Écus.[9] Die Wagen des neuen Monarchen wurden mit Koffern voller Ringe, Gürtel, Ketten und Halsbänder aus Diamanten und Rubinen beladen, die an die polnischen Notabeln zu verteilen waren. Die Liste von Wertgegenständen,

---

[7] Bibliothèque Nationale de France, Paris (BNF), Manuscrit Français (Ms Fr) 4717, fol. 89 (unter der Rubrik „État de dons à faire").

[8] Archives de l'art français 3 (1853–1855), S. 39–46 (Befehl erteilt in Duretal am 16. November 1571; Aufstellung verfaßt in Amboise am 27. Dezember 1571).

[9] Jacqueline Boucher, Société et mentalités autour de Henri III, 4 Bde., Lille 1981, Bd. 1, S. 338.

die von Pariser Goldschmieden (Guillaume Mallart, Simon Langloix, Joseph Lichany, Claude Doublet) und einem flämischen Händler (Hermant Mezambrich) für den Betrag von 50000 *livres tournois* erworben worden waren, hat sich ebenso erhalten wie die Beschreibung der 57 Goldketten von der Hand Jacques Fourniers im Gesamtwert von 22911 *livres tournois*.[10] Heinrich führte auch sein eigenes Tafelgeschirr aus Silber und Vermeil mit sich, das zum Privatgebrauch (Kapelle, Küche, Kellerei, Brot-, Obst- und königliche Kammer) bestimmt und 35205 *livres tournois* wert war.[11] Die Juwelen befanden sich in der Obhut von René de Villequier, des ersten Kammerherrn des zukünftigen Heinrichs III. Dieser unterhielt zudem engen Kontakt zur Königinmutter, die ihn sogar beauftragte, beim Goldschmied Dujardin verschiedene Diamanten und Rubine fassen zu lassen und eine Aufstellung der Juwelen anzufertigen, die sie erwerben wollte.[12]

Auf dem Rückweg nach Frankreich im Sommer 1574 tätigte Heinrich III. ebenfalls eine gewisse Anzahl von Geschenken und Käufen. Während seines Aufenthalts in Venedig vom 18. zum 27. Juli gab er 43804 Écus aus, davon 13216 für Geschenke und 12000 zur Übersendung nach Wien, um dem Kaiser für seine Gastfreundschaft zu danken.[13] Die Edelleute, die ihn empfingen, erhielten Gnadenketten aus Gold, während die Dienstboten und Musiker Geldgratifikationen bekamen. Zudem wurden dem Maler Tintoretto 50 Écus für drei Bilder gezahlt. Die Summen wurden von Arnaud du Ferrier, Botschafter des Königs, bei den Florentiner Bankiers Strozzi, Guadagni und Carnesecchi sowie beim Lucchesen Balbani geliehen.

---

[10] BNF, Ms Fr 3193, fol. 159–162 (Décharge de monsieur de Vigny, receveur de la ville de Paris, à monseigneur de Villequier pour les bagues données par Charles IX au roi de Pologne, avec l'estimation des bagues par les orfèvres Jehan Marcis et Toutain, Paris, 6. November 1573) und BNF, Ms Fr 3259, fol. 63–67 (Estimation des chaînes faites par Jacques Fournier, maître orfèvre à Paris, pour le roi de Pologne, Paris, 10. November1573; décharge donnée par René de Villequier, grand chambellan du roi de Pologne, Evry, 11. November 1573). Siehe MICHÈLE BIMBENET-PRIVAT, Les Orfèvres parisiens de la Renaissance (1506–1620), Paris 1992.

[11] BNF, Ms Fr 3193, fol. 163–164 (Estimation de la vaisselle d'argent et de vermeil du roi de Pologne). Er brachte auch Wäsche zur Ausstattung von 12 Zimmern mit (Seidenbettücher und Seidenlaken aus Holland) sowie Stoffe aus Holland für Hosen und Hauben: BNF, Ms Fr 4717, fol. 105 (Linge nécessaire pour garnir douze chambres pour le roi de Pologne). Vgl. BNF, Ms Fr 3276, fol. 25 (État du linge ordinaire qu'il faut pour la personne chambre et garde-robe du duc d'Anjou pour l'année 1568) und fol. 31 (État du linge nécessaire pour la personne du duc d'Orléans, frère du roi, 1562).

[12] BNF, Ms Fr 4717, fol. 87 (Note pour une lettre concernant des diamants et des rubis à monter) und fol. 100 („Memoire des bagues et pierreryes que le sieur de Villequier a veues, depuis qu'il est en la ville de Paris, suivant ce que la reyne lui avoit donné charge de faire, incontinant qu'il y seroit arrrivé"). Die Beschreibung der Schmuckstücke und die Rechnungen für die aus Italien georderten Stücke hat sich erhalten: BNF, Ms Fr 4717, fol. 88–89.

[13] BNF, Ms Fr 3321 fol. 19–21 („Compte de la recepte et despence faicte par moy Arnoul du Ferrier, conseiller du Roy en son privé conseil et son ambassadeur à Venize des deniers que la Royne mère du Roy régente m'a envoiez par deçà pour le service de Sa Majesté, et autres que j'ay empruntez par le commandement d'icelle sur son passage et entrée à Venize au mois de juillet 1574", 31. Juli 1574); HECTOR DE LA FERRIÈRE, Amour mondain, amour mystique, Paris 1888, S. 300ff.

Heinrich III. verfolgte zwei Anliegen zur gleichen Zeit: die Wiederherstellung der öffentlichen Ordnung auf Grundlage des Rechts, und die Gestaltung seines Hofes als eine Art Idealgesellschaft, die all seinen Untertanen ein Musterbeispiel an Tugend und Harmonie bieten sollte. Der Hof, ein öffentlicher Raum par excellence, sollte die wiedererlangte Machtstellung des Monarchen verdeutlichen. Er war der Ort von Festlichkeiten und diplomatischer Begegnungen, bei denen es der König unternahm, seine Gäste zu beeindrucken, vor allem, wenn er von ihnen erwartete, daß sie sein Vorgehen unterstützten. 1575 empfing er die venezianischen Gesandten mit unerhörtem Luxus. Einer von ihnen, Giovanni Michiele, hat eine Beschreibung dieser Festlichkeiten hinterlassen, in der er versichert, daß „l'hospitalité était exercée envers nous tous avec une magnificence royale."[14] Er beschreibt im besonderen die Pracht des Appartements, das für ihn im Hôtel de Guise vorbereitet worden war und ein Vorzimmer enthielt, ein Zimmer und ein Kabinett, jeweils mit Gold- und Seidentapisserien ausgestattet. Das Bett allein, das vor Gold und Stickereien glänzte, schien ihm mehrere tausend Écus wert zu sein. Ebenso erstaunte der Reichtum des Tafelgeschirrs: das Geschirr war aus Silber, und die fünf Services waren so ausgestattet, daß sie 50 Personen dienen konnten. Auf den Tellern der Venezianer wechselten sich in Gold aufgewogene Speisen ab: Hecht und Schildkröte während der mageren Tage, Wild und Muscheln während der fetten. Als seine Mission beendet war, erhielt Michiele überdies einen Ring zum Geschenk.[15]

Der Grund dafür, daß Heinrich III. die Gesandten der *Serenissima* so gut behandelte, liegt sicher darin, daß er auf sie zählte, wenn es darum ging, seine Sache bei den Bankiers ihrer Stadt zu unterstützen. Tatsächlich waren die königlichen Finanzen aufgrund des Kriegs in miserablem Zustand. 1576 erreichte die Verschuldung des Königreichs 101 Millionen *livres tournois*, wohingegen die Jahreseinnahmen etwa 15 Millionen nicht überschritten. Der König war gezwungen, beträchtliche Summen zu leihen. Sogar die Kronjuwelen waren 1575 und 1576 in Italien verpfändet. So erhielt der Herzog von Savoyen Ringe im Wert von 50000 Écus, die anschließend nach Venedig überbracht wurden.[16] Der König war zudem höchst verärgert, als er erfuhr, daß sein Botschafter in Venedig einige Stücke in der Levante hatte verkaufen lassen, obwohl er die Absicht gehabt hatte, sie zurückzukaufen.[17] Erst im Herbst 1580 gelang es dem König, gewisse Stücke wiederzuer-

---

[14] Relation de Jean Michiel, ambassadeur de Venise en 1575, in: Niccolo Tommaseo (Hrsg.), Relations des ambassadeurs vénitiens sur les affaires de France au XVIe siècle, 2 Bde., Paris 1838, Bd. 2, S. 213.

[15] Michel François u. a. (Hrsg.), Lettres de Henri III, 6 Bde., Paris 1959–2006, Bd. 4, S. 88 (Heinrich III. an du Ferrier, Fontainebleau, 16. Oktober 1578).

[16] Hector de La Ferrière u. a. (Hrsg.), Lettres de Catherine de Médicis, 12 Bde., Paris 1880–1943, Bd. 5, S. 130 (Katharina an du Ferrier, Paris, 14. August 1575); François u. a. (Hrsg.), Lettres de Henri III, Bd. 2, S. 214 u. 415 (Heinrich III. an du Ferrier, Paris, 14. August 1575 und 6. Mai 1576), Bd 3., S. 112 (Heinrich III. an Ferrier, Blois, 24. Dezember 1576); BNF, Ms Fr 3899, fol. 286 (Instructions à Jacques Faye d'Espesses, maître des requêtes de l'hôtel, envoyé auprès du duc de Savoie pour lui remettre des bagues d'une valeur de 50000 écus, qu'il portera ensuite à Venise).

[17] François u. a. (Hrsg.), Lettres de Henri III, Bd. 3, S. 418 (Heinrich III. an du Ferrier, 2. November 1577).

langen, und dennoch warteten zahlreiche Schmuckstücke im Wert von 40 000 Écus noch beim Kardinal Alexander Farnese.[18]

Auch die Vertreter der Schweizer Kantone wurden von Heinrich III. Ende 1582 in Paris mit Prunk empfangen. Er bedachte sie mit Ketten im Wert von 200 bis 700 Écus, an denen sein eigenes Porträt hing, während ihnen die Stadt jeden Tag Schinkenpastete, Hypokras und Wachsleuchten schenkte.[19] Um diesem glanzvollen Empfang mehr öffentliche Wirkung zu verleihen, verfaßte der König eine Aufstellung seiner Geschenke, die er seinem Botschafter in der Schweiz übersandte.[20] Diese Prachtentfaltung des Staates war dazu gedacht, das Bündnis zwischen dem französischen Königtum und den Schweizern zu besiegeln, das vom König feierlich am 4. Dezember in der Kathedrale von Paris beschworen worden war.

Die guten Beziehungen zur englischen Königin wurden ebenfalls durch Geschenke untermauert. Im Laufe des Sommers 1582 ließ Heinrich III. eine schöne Karosse für sie anfertigen; eine zweite war für die Gräfin von Warwick bestimmt. Auf diese Weise dankte er der Königin für die Tiere, die sie ihm gesandt hatte.[21] Die beiden Kronen hatten 1564 Frieden geschlossen; und der König mochte fürchten, daß sich die Königin auf seiten des Königs von Navarra engagiere. Anfang 1585 sandte Elisabeth dem König den Hosenbandorden. Ihre Botschafter wurden mit einem besonders einstudierten Zeremoniell empfangen.[22] Anderseits war 1577, als sich die Beziehungen zwischen den beiden Monarchen aufgrund des von Heinrich III. wiederaufgenommenen Kampfes gegen die Hugenotten abkühlten, der Geschenkaustausch unterbrochen worden.[23] Ebenso wurden den Fürsten des Heiligen Römischen Reiches je nach Möglichkeit des Königs Geschenke gemacht. So ließ Heinrich III. im Sommer 1580 Kaspar von Schomberg, seinen Agenten in Deutschland, wissen, daß er – entgegen seinen Hoffnungen – nicht über die Mittel verfüge, dem Kurfürsten von Sachsen einen großen Diamant und dessen Gattin eine Kette aus Edelsteinen zu schenken.[24] Aber im folgenden Jahr, als Friede ins Königreich eingekehrt war, verfügte der König schließlich wieder über die nötigen Mittel, um August von Sachsen einen auf 6 000 Écus

---

[18] Heinrich III. entsandte auch Finanzsekretär Jules Gassot nach Italien, um einen Rubin mitzubringen, der einst dem Herzog von Mantua für 3 000 Écus verpfändet worden war: ebd., Bd. 5, S. 101 (Heinrich III. an den Herzog von Mantua und an Alexander Kardinal Farnese, Fontainebleau, 2. Oktober 1580) und S. 142 (Heinrich III. an du Ferrier, Blois, 6. Januar 1581).

[19] LOUIS-RAYMOND LEFÈVRE (Hrsg.), Journal de L'Estoile pour le règne de Henri III (1574–1589), Paris 1943, S. 312 u. 314.

[20] FRANÇOIS u. a. (Hrsg.), Lettres de Henri III, Bd. 5, S. 361 (Henri III an Sieur de Fleury, [Paris], 30. Dezember 1582).

[21] Ebd., S. 320–321 (Henri III an Sieur de Mauvissière, Fontainebleau, 6. August 1582).

[22] La forme et manière qu'on a tenu en la présentation de l'Ordre de la Jarretière au Roi très chrétien de France, de la part de Sa Majesté d'Angleterre, in: A. Hiver de Beauvoir (Hrsg.), Papiers Pot de Rhodes 1529–1648, Paris 1864, S. 100–105. Siehe: ROY C. STRONG, Festivals for the Garter Embassy at the court of Henri III, in: Journal of the Warburg and Courtauld Institutes 22 (1959), S. 60–70.

[23] FRANÇOIS u. a. (Hrsg.), Lettres de Henri III, Bd. 3, S. 389 (Henri III an Mauvissière, Poitiers, 23. September 1577).

[24] Ebd., Bd. 5, S. 63 (Henri III an Schomberg, Saint-Maur-des-Fossés, 8. Juli 1580).

geschätzten Diamanten zu übersenden, als Unterpfand der „unzerbrechlichen Freundschaft“, die sie eine.[25]

Freigebigkeit und Prachtentfaltung sind einem großen Fürsten eigen

Zwar verwandte der französische König einen Teil seiner Mittel darauf, enge Verbindungen zu seinen auswärtigen Verbündeten zu unterhalten, doch der Großteil seiner Ausgaben diente der Wiederherstellung seiner Autorität im Inneren des Reiches. Katharina von Medici hatte ihren Söhnen Karl IX. und Heinrich III. in Erinnerung gerufen, daß sie das Vertrauen des Adels wiederherstellen müßten, indem sie mit ihm eine privilegierte Beziehung erneuerten und damit sein Festhalten am Dienst an der Krone sicherstellten. Sie bestand darauf, daß der König selbst die Edelleute des Königreichs kennen und daß man eine Liste führen müsse, um zu wissen, wem man Ehrenbezeigungen und Positionen bei ihrem Freiwerden übertragen könne. Auf diese Weise bedürfe man nicht der Dienste von Mittelsmännern, die ihre eigenen Klienten empföhlen; und die Nutznießer der königlichen Gunst würden ihre wahren Verpflichteten.[26]

In diesem Geist versuchte Heinrich III. seine Autorität gegenüber dem Adel durch eine Politik der Freigebigkeit durchzusetzen, die ihn als einzige Quelle von Gunst- und Gnadenerweisen erscheinen ließ. Wie er selbst betonte: „la libéralité et magnificence est le propre d'un grand prince.“[27] Anfang August 1574, als er sich noch in Italien und auf dem Rückweg nach Frankreich befand, erhielt er eine von seiner Mutter verfaßte Denkschrift, in der sie ihm eindringlich ins Gedächtnis rief, daß er von sich aus seinen Untergebenen geben müsse und nicht den Wünschen der Bittsteller nachgeben dürfe.[28] Sie fügte hinzu, es wäre gut, wenn er seine Autorität ohne weiteres an den Tag lege, indem er seine Gunst denen verweigere, die ihm die Stirn böten oder ihm „vouldré fayre par fason de conpagnon ou d'estre mal cuntent.“ Im übrigen habe der König seine Hofordnung zu regeln, die Öffnung der Depeschen selbst zu überwachen und die Bittschriften, d.h. die Bitten um Vergünstigungen, selbst in Empfang zu nehmen. Auf diese Weise richte sich der Dank der Empfänger der Gunstbeweise an ihn selbst, und nur an ihn.

Gemäß den Instruktionen seiner Mutter befahl Heinrich III. bei seiner Ankunft in Lyon, daß die Bittgesuche von nun an schriftlich niederzulegen und die Bittschriften den Staatssekretären zu übergeben seien, die davon eine Liste anzufertigen hätten, damit er sie selbst prüfen und beantworten könne. Ebenso sei ein Verzeichnis der pro Monat versandten Geschenke zu führen, damit der König genau

[25] Ebd, S. 163 (Henri III an August von Sachsen, Paris, 14. März 1581).
[26] LA FERRIÈRE (Hrsg.), Lettres de Catherine de Médicis, Bd. 2, S. 94–95.
[27] FRANÇOIS u. a. (Hrsg.), Lettres de Henri III, Bd. 2, S. 133 (Henri III an den Abbé de l'Isle, Paris, 27. April 1575).
[28] LA FERRIÈRE (Hrsg.), Lettres de Catherine de Médicis, Bd. 5, S. 73–75 (Katharina an Cheverny, 8. August 1574).

über Betrag und Art seiner Gaben Bescheid wisse.[29] Um die Macht der adeligen Patrone zu beschneiden, entschied Heinrich III. auch, daß die *grands seigneurs* nicht mehr „pour autres que pour eux" vermittelnd eingreifen könnten, wie der Staatssekretär Villeroy in seinen Memoiren vermerkte.[30] Diese Maßnahmen wurden jedoch nicht richtig durchgeführt – so wenig, daß der König im September 1586 erneut anordnete, daß ein Verzeichnis der Geschenke aufs genaueste und jeweils mit seiner Unterschrift versehen geführt werde, damit er wisse, wem er seine Gunst erwiesen habe.[31] Im September 1588 gab der König zum letzten Mal genaue Anweisungen, wie ihm die Bittschriften zu übergeben seien: Er wolle sie selbst einmal pro Woche, in der Audienz am Samstagnachmittag, in Empfang nehmen und sie dann persönlich beantworten.[32] Tatsächlich prüfte Heinrich III. die ihm übergebenen Bittschriften mit großer Genauigkeit, und beschied sie keinesfalls systematisch positiv. So wurden im am 21. November 1586 abgeschlossenen Verzeichnis der Bittschriften von 378 Anfragen nur 114 genehmigt (30,15%), wohingegen 233 abgelehnt (61,6%) und die anderen zur Begutachtung durch den Staatsrat (*le Conseil*) oder für weitergehende Informationen zurückgestellt.[33] Im Verzeichnis vom 13. Juni 1587 finden sich 91 Ablehnungen bei 115 Genehmigungen.[34] Im Widerspruch zum Reglement von 1574 war übrigens ein Teil dieser Anfragen durch den Hauptfavoriten des Königs, den Herzog von Épernon, vorgebracht worden, der für seine eigenen Klienten eintrat. Ein Verzeichnis der vom Herzog vorgebrachten Bittgesuche hat sich erhalten und zeigt, daß sie in ihrer ganz überwiegenden Mehrheit positiv beschieden wurden (35 von 41, was 85,36 Prozent entspricht).[35]

Indem er sich als die einzige Quelle von Gnadenerweisen darstellte und die Vermittlung durch die Staatssekretäre bei der Prüfung der Bittschriften ablehnte, begab sich der König in eine problematische Situation. Von nun an wurden Negativbescheide als direkter Affront gegenüber den Bittstellern aufgefaßt. Vor längerem schon hatte Machiavelli auf die Gefahren einer Politik der Freigebigkeit hingewiesen. Im 16. Kapitel des *Fürsten* mit dem Titel „Von der Freigebigkeit und der Sparsamkeit" erinnert der Florentiner Staatsmann daran, daß ein Fürst, der nach Renommee durch Großzügigkeit strebt, dazu gezwungen sei, immer mehr auszugeben und im Gegenzug die Steuern zu erhöhen, was ihn am Ende unpopulär machen werde. Weil sich die Großzügigkeit „selbst auffrißt", führe sie immer

---

[29] BNF, Ms Fr 21451, fol. 47–50 (Ordonnance du roi pour le règlement de la cour et du conseil, Lyon, 10. September 1574); NICOLAS LE ROUX, La Cour dans l'espace du palais. L'exemple de Henri III, in: M.-F. Auzepy und J. Cornette (Hrsg.), Palais et Pouvoir, de Constantinople à Versailles, Saint-Denis 2003, S. 229–267, hier S. 264–266.

[30] M. PETITOT (Hrsg.), Mémoires d'Estat par Monsieur de Villeroy, Paris 1824, S. 28.

[31] BNF, Ms Fr 16233, fol. 470v; JEAN NAGLE, Le Droit de marc d'or des offices. Tarifs de 1583, 1704, 1748. Reconnaissance, fidélité, noblesse, Genf 1992, S. 25.

[32] BNF, Ms Fr 18243, fol. 63ff. (Règlement que le roi a fait dresser pour être suivi et observé de point en point par les secrétaires d'État [15. September 1588]).

[33] BNF, Ms 21480, fol. 2–16 v (Rôle des placets arrêté le 21 novembre 1586).

[34] BNF, Ms 21480, fol. 82–104 (Rôle des placets arrêté le 13 juin 1587). Zum Vergleich siehe auch BNF, Ms Fr 16218, fol. 169ff. (Placets adressés au roi, 1576–1582).

[35] BNF, Ms 21480, fol. 82–86 v° (Rôle des placets présentés par le duc d'Épernon accordés le 8 juin 1587).

dazu, daß der Fürst der Mehrheit seiner Untertanen verhaßt sei und dabei nur eine kleine Minderheit der Privilegierten zufriedenstelle. Zudem argumentiert Machiavelli zugunsten des scheinbaren Paradoxons, demzufolge Geiz ein effektiveres Mittel des Regierungshandelns sei als Großzügigkeit, was eindeutig dem traditionellen ritterlichen Ethos widerspricht.

Die Freigebigkeit Heinrichs III. wurde um so weniger wertgeschätzt, als der König in einem äußerst schwierigen Umfeld an die Macht gelangt war. Bei seiner Ankunft in Frankreich setzten die Unruhen im Süden des Königreichs wieder ein, wo sich eine neue konfessionsübergreifende Partei gründete, die *Malcontents*. Die Gewährung von Gunsterweisen und der Zugang zu den königlichen Ressourcen standen im Zentrum der Argumentationslinie der Gegner des Königs. Die zur Rechtfertigung der Waffennahme mobilisierten protestantischen Pamphletisten konzentrierten ihre Aufmerksamkeit auf die angebliche Störung der Praktiken der Freigebigkeit und auf den schlechten Gebrauch der königlichen Gunst. Bereits 1574 erschien ein kleines Büchlein unter dem Titel *Advis et très-humbles remonstrances à tous Princes, Seigneurs, Cours de Parlement et subjects de ce Royaume*, in dem die „injustes usurpateurs du gouvernement" denunziert wurden, die die Prinzen und *grands seigneurs* von der Führung der Angelegenheiten abschnitten.[36] Der König befinde sich in schlechter Gesellschaft und sei sich des Ruins seines Volkes nicht bewußt. Der gesamte Staatsapparat sei zu reformieren, weil er nicht nur durch die Käuflichkeit der Ämter pervertiert sei, sondern auch durch die Übertragung der ehrenvollsten Aufgaben an „gens de basse qualité", sogar an Ausländer, statt an die Vertreter der berühmtesten Häuser Frankreichs. Die Bürgerkriege selbst werden als die bislang am weitesten gehende Erfindung der schlechten Ratgeber des Königs dargestellt, die darauf abzielt, den Adel zu zerstören. Die *Malcontents* nutzten diese Argumente, um die Edelleute der beiden Konfessionen um François d'Alençon, den Bruder des Königs, zu versammeln. Ab 1585 begründeten auch die Ligisten ihre Erhebung auf diese Weise. Erneut wurde dem König vorgehalten, er habe sich der großen Geschlechter entledigen wollen, angefangen mit den Guise, und habe seine Gunst nur den Kleinadeligen zugewandt, die der ihnen übertragenen Aufgaben unwürdig seien.

Sicherlich umgab sich Heinrich III. ständig mit jungen Leuten, die ihm alles verdankten. Aber er bemühte sich ebenso, die größten *seigneurs* um das gleiche religiöse und moralische Ideal zu versammeln. Zu diesem Zweck gründete er einen Ritterorden, der auf eine Elite katholischer Edelleute beschränkt war, die durch ihr vorbildliches Benehmen allen Untertanen als „miroir et exemple" dienen können mußten.[37] Der Orden des Heiligen Geistes wurde am 31. Dezember 1578 gegründet und mit einem Budget ausgestattet, das Staatssekretär Villeroy in seiner Funktion als Großschatzmeister (*grand trésorier*) verwaltete. Das Ordenskapitel,

---

[36] Advis et très-humbles remonstrances à tous Princes, Seigneurs, Cours de Parlement et subjects de ce Royaume, Par un bon et grand nombre de catholiques tant de l'estat eclesiastique, la Noblesse que tiers estat, sur la mauvaise et universelle disposition des affaires, ohne Ort 1574.

[37] FRANÇOIS u. a. (Hrsg.), Lettres de Henri III, Bd. 4, S. 109 (Heinrich III. an Jean d'Aumont, Paris, 30. November 1578). Siehe JACQUELINE BOUCHER, L'ordre du Saint-Esprit dans la pensée politique et religieuse d'Henri III, in: Cahiers d'Histoire 18 (1973), S. 129–142.

bei dem die neuen Ritter aufgenommen wurden, fand am 31. Dezember in der Église des Grands-Augustins statt. Tags darauf, während der Frühmesse und der nachmittäglichen Vesper, trugen der König und die Ritter Trauer. Diese Zeremonien kosteten jedes Jahr um die 60000 Écus.[38] Das Budget wurde teilweise durch das *droit de marc d'or*, auch *droit de serment* genannt, aufgebessert, das im Oktober 1578 eingerichtet wurde. Bei ihrer Aufnahme in den Orden erhielten die Ritter ein großes Goldkollier, das 40 königliche Monogramme und die königlichen Lilien enthielt und beim Tod seines Besitzers dem König zurückerstattet werden mußte. Ebenso mußten sie ein zeremonielles Gewand tragen, dessen Hauptstück – ein großer schwarzer, mit Goldflammen bestickter und mit orangefarbenem Satin gefütterter Samtmantel – zu Lasten der Empfänger ging.[39] Der Orden war auch mit einem Schatz ausgestattet, der verschiedene Goldschmiedearbeiten umfaßte (Amtstab, Becken, Schalen, Wasserkannen, Fläschchen, Weihrauchschiffchen, Weihrauchfaß, Leuchter), die von den Pariser Kaufleuten Pierre Hotman, Richard Toutain und François Dujardin beschafft worden waren.[40] Aufgrund ihres festlichen Charakters beeindruckten die Zeremonien des neuen Ordens die Zeitgenossen zutiefst.

In der Absicht, jene Vereinigung seiner Untertanen mit der königlichen Majestät zu stärken, veranstaltete Heinrich III. auch diverse Festlichkeiten.[41] Die spektakulärsten fanden anläßlich der Heirat des jungen Favoriten des Königs, Anne de Joyeuse, mit Marguerite von Lothringen-Vaudémont, der Halbschwester der Königin, im September 1581 statt.[42] Da sie aus einem jüngeren Zweig des Hauses Lothringen stammte, brachte die Braut keine substantielle Mitgift in die Ehe ein, weswegen der König dem Brautpaar 400000 Écus zahlte. Das Joyeuse anvertraute Geld sollte zum Teil in Grund und Boden investiert und vor allem für ein Darlehen an den Herzog von Lothringen verwendet werden, den mächtigen Cousin der Braut.[43] Diese Verbindung diente also nicht nur dem Eintritt des jungen Mannes in die königliche Familie, sondern auch der Stärkung der Bindungen zum Hause

---

[38] Die Ausgaben des Ordens betrugen 69921 Écus im Jahr 1586 und 62180 Écus im Folgejahr: BNF, Ms Clairambault 1119, fol. 118 (1586) und Clairambault 1123, fol. 86 (1587).

[39] BOUCHER, Société et mentalités, Bd. 1, S. 335. Im Inventar werden die Mäntel auf lediglich 400 bis 600 *livres tournois* geschätzt: BNF, Ms Fr 11424, fol. 14v (Inventaire après décès de Jean de Vivonne, marquis de Pisani, 29. November 1599) und fol. 200v (Inventaire après décès de Nicolas d'Angennes, sieur de Rambouillet, 19. September 1611). Das Ordensgewand eines Ritters des Ordens des Hl. Michael in mit weißer Seide besetztem Goldstoff samt karmesinroter Kappe hingegen wurde auf 100 Écus (300 *livres tournois*) geschätzt: Archives Nationales Minutier Central des notaires de Paris (AN MC), XCIX 96 (Inventaire des biens de Charlotte de Villequier, veuve de François d'O, 12. Juni 1599).

[40] DANIEL ALCOUFFE, À propos de l'orfèvrerie commandée par Henri III pour l'ordre du Saint-Esprit, in: Hommage à Hubert Landais. Art, objets d'art, collections. Études sur l'art du Moyen Âge et de la Renaissance, sur l'histoire du goût et des collections, Paris 1987, S. 135–142.

[41] NICOLAS LE ROUX, The Politics of Festivals at the Court of the Last Valois, in: R. Mulryne und E. Goldring (Hrsg.), Court Festivals of the European Renaissance: Art, politics and performance, Aldershot 2002, S. 101–117.

[42] BNF, Ms Fr 17557, fol. 129–131 (Contrat de mariage d'Anne de Joyeuse et de Marguerite de Lorraine, Kopie).

[43] NICOLAS LE ROUX, La Faveur du roi. Mignons et courtisans au temps des derniers Valois (vers 1547–vers 1589), Seyssel 2001, S. 473f.

Lothringen. Ebenso gab der König zahlreiche Schmuckstücke für die Eheleute und sein Gefolge in Auftrag. Manche Stücke kamen aus Italien, vor allem aus Florenz, wo der Bankier Orazio Ruccellai beauftragt worden war, „certains ouvrages“ anzufertigen zu lassen, die der König im Verlauf des Sommers nach Frankreich bringen ließ.[44] Aber noch sechs Jahre nach der Hochzeit warteten 22 Kaufleute auf ihr Geld – 65 133 Écus –, unter ihnen Charles und François Dujardin sowie Pierre Hotman.[45]

Am Tag der Hochzeit erschienen Heinrich III. und Joyeuse in identischer Kleidung, um die Verwandtschaft zum Ausdruck zu bringen, die sie von nun an einte. Diese Kleider, die mit Stickereien, Perlen und Edelsteinen bedeckt waren, wurden auf 10 000 Écus geschätzt. Die Tragweite dieser Zahl wird klar, wenn man bedenkt, daß sich die normalen Ausgaben der königlichen Schatzkammer (*argenterie*) im Jahr 1581 auf lediglich 25 496 Écus beliefen.[46] Zu den verschiedenen Bällen, Maskeraden, Turnieren und Festessen ließ der König nicht nur die Musiker, Pagen und Knappen einkleiden, sondern auch die *grands seigneurs*, denen er prächtige Kleider schenkte.[47] In seinem Tagebuch erwähnt der Pariser Pierre de L'Estoile die prunkvollen Kleider der Höflinge, die Pracht und den Schmuck der Festlichkeiten und die Fülle goldener und silberner Tuche, wobei er freilich die Verschwendung anprangerte, die durch „semblables folies et superfluités“ hervorgerufen werde. Die beträchtlichen Ausgaben aus Anlaß dieser Festlichkeiten hatten ein offensichtliches politisches Ziel: die Manifestation der Königsmacht und der Wiederherstellung der Eintracht im Königreich, um den endlich wieder erreichten Frieden dauerhaft werden zu lassen. Die Zeitgenossen, die von diesen Festen besonders beeindruckt waren, sahen in ihnen jedoch weniger die politische Bedeutung als die Kosten. Gerüchten zufolge gab der König dafür „douze cent mille écus“ aus, was zweifellos sehr übertrieben war.[48]

Die Rangerhöhung der Günstlinge stellte für den König eine beträchtliche Investition dar. Seit den frühen 1580ern sammelten die Herzöge von Joyeuse und Épernon so viele Würden und Titel an, daß sie in kürzester Zeit bedeutende Vermögen aufbauten. Ende 1586 hatte Épernon schon 400 000 Écus in Geld und ebenso viel in Schmuck angehäuft, während er zehn Jahre zuvor nur ein einfacher, mittelloser Kadett aus der Gascogne gewesen war.[49]

[44] FRANÇOIS u. a. (Hrsg.), Lettres de Henri III, Bd. 5, S. 214 (Heinrich III. an Villeroy, Saint-Germain-en-Laye, 28. August 1581).

[45] BNF, Ms Fr 21475, fol. 141 (État des parties dues pour marchandises d'orfèvrerie fournies au roi pour le mariage du duc de Joyeuse, 1587).

[46] BNF, Ms Fr 26170, fol. 111.

[47] BNF, Ms Fr 26170, fol. 106–107 (Fragments de comptes concernant les festivités des noces de Joyeuse: 1 166 2/3 Écus an den Schneider Guillaume Remoy für die Kleider für den Wettkampf in der Salle de Bourbon und für die Louvre-Maskarade; 30 Écus an die Teppichweber Loys Langlois und Loys Revillon; 1 917 Écus an den Federmacher Michel Noel); JACQUES LAVAUD, Les noces de Joyeuse (Documents inédits), in: Humanisme et Renaissance 2 (1935), S. 44–52.

[48] LEFÈVRE (Hrsg.), Journal de L'Estoile, S. 274.

[49] RENÉ DE LUCINGE, Le Miroir des princes ou grands de la France et un bref discours des trois Estats du Royaume avec les conjectures de ce que doibt estre de luy à l'advenir [1586], in: Annuaire-Bulletin de la Société de l'Histoire de France (1954–1955), S. 127.

Die Ökonomie des Scheins

Die Ökonomie des Scheins verlangte den Kauf von Wertgegenständen und Schmuckstücken, die die Stellung ihres Eigentümers sichtbar, seine Gegenwart fühlbarer und daraus eine wahre „Synthese des Habens und des Seins von Subjekten" machen sollten.[50] Die Analyse der beweglichen Güter, die den Gläubigern des Herzogs von Joyeuse nach dessen Tod als Pfand übergeben wurden, zeigt, daß die Schmuckstücke nahezu 70 Prozent (39405 Écus) des gesamten Inventars (56370 Écus) ausmachten, vor allem aufgrund eines großen Diamanten von 32 Karat, der alleine schon auf 30000 Écus geschätzt wurde.[51] Die Teppiche, Wandteppiche und Stoffe der Einrichtung, vor allem die Betthimmel, waren 13421 Écus (23,8%) wert – eine besonders prächtige Bettgarnitur mit einem Himmel aus schwarzem Samt wurde auf 12000 Écus geschätzt!–; und die Garderobe allein ungefähr 2000 Écus (3,5%). Die Güter, die die Herzogin von Joyeuse behielt, waren insgesamt 15000 Écus wert, wovon die Hälfte aus Juwelen bestand (7449 Écus).[52] Danach kamen Kleider und Wäsche (2855 Écus, d.h. 19%) und das Geschirr (2207 Écus oder 14,71%). Die beweglichen Güter des jüngeren Bruders von Anne de Joyeuse – Henri, Graf von Bouchage und Heinrichs III. *maître de la garderobe* – wurden auf 21028 Écus für das Stadthaus der Familie in der rue du Coq geschätzt und auf 1272 Écus für das kleine Haus in Nachbarschaft zum Kapuzinerkonvent, wohin er sich zurückgezogen hatte, bevor er in den Orden eintrat. Der Wert der Güter des *hôtel* in der rue de Coq verteilte sich wie folgt: 49,75 Prozent auf Schmuck (10463 Écus); 23,75 Prozent auf die Garderobe (4995 Écus); 10,19 Prozent auf Möbel (2143 Écus); 9,79 Prozent auf wertvolles Geschirr (2039 Écus); 6,6 Prozent auf Teppiche und Wandteppiche (1388 Écus). Auch bei den anderen Höflingen waren die Wertgegenstände außerordentlich zahlreich. Jean de Vivonne, Marquis von Pisani und ehemaliger Botschafter in Spanien und in Rom, besaß bei seinem Tod Güter, die insgesamt auf 11934 Écus geschätzt wurden und von denen das wertvolle Geschirr und die Schmuckstücke 33 Prozent (3950 Écus) bzw. 28,7 Prozent (3426 Écus) ausmachten.[53]

Die öffentliche Bestätigung des Status eines Höflings beruhte auf oft beträchtlichen Ausgaben. Aus diesem Grund lebten die Favoriten des Königs (*mignons*) trotz der substantiellen, von der königlichen Gunst verheißenen Wohltaten auf Kredit. Das Leben in der Hauptstadt veranlaßte die Edelleute dazu, in eine besonders belastende Ökonomie des Scheins zu investieren. So verschuldeten sich die jungen Leute im Gefolge Heinrichs III. in der Begeisterung der ersten Monate am Hof enorm, um ein Leben in Übereinstimmung mit ihrem neuen Sozialstatus führen zu können. 1575 schuldete François d'O, der noch lediglich einfacher Kammerherr (*gentilhomme ordinaire de la chambre du roi*) war, dem Tuchhändler Gabriel de Flesselles, dem Hoflieferanten Jean Dugué, einem Pferdehändler, einem

[50] GEORG SIMMEL, Sociologie. Études sur les formes de la socialization, Paris 1999, S.374. (Orig.: Soziologie. Untersuchungen über die Formen der Vergesellschaftung, Leipzig 1908).
[51] AN MC, XC, 150 (16. Oktober 1588).
[52] AN MC, XC, 157 (11. Oktober 1588).
[53] BNF, Ms Fr 11424, fol.2-39 (Inventaire après décès de Jean de Vivonne, marquis de Pisani, 29. November 1599).

Juwelier und einem Posamentier Geld.[54] Zu diesen verschwenderischen Ausgaben kam der tägliche Unterhalt einer Hausgemeinschaft mehrerer Personen (Kämmerer, Sekretär, *maître d'hôtel*, Koch, Kammerdiener, Lakai ...) und nicht selten die Zahlung von Miete. Die Ausgaben der Höflinge lassen sich am Beispiel des jungen César de Bellegarde studieren, des Sohns eines in Ungnade gefallenen Günstlings. 1578 war er mit gerade einmal 16 Jahren bereits *gentilhomme ordinaire de la chambre du roi*. Aufgrund von ihm unterschriebener Schuldanerkenntnisse aus dem Jahr 1579 lassen sich seine monatlichen Aufwendungen für Nahrungsmittel auf ungefähr 160 *livres tournois* schätzen.[55] In einem *quartier*, d.h. einem Trimester der Anwesenheit bei Hofe, gab er – in Übereinstimmung mit seinen Verpflichtungen als Amtsträger des königlichen Haushalts – ungefähr 480 *livres tournois* für nichts anderes aus als die Ernährung seiner Hausgemeinschaft, und das, obwohl seine jährlichen Bezüge lediglich 600 *livres tournois* ausmachten. Es muß sich um ein besonders aufwendiges Leben gehandelt haben, beliefen sich die monatlichen Ausgaben eines Höflings in Paris einer Schätzung Jacqueline Bouchers zufolge doch auf ca. 75 *livres tournois*.[56] Zur Versorgung ihrer Hausgemeinschaft schlossen die *grands seigneurs* Verträge mit Kaufleuten ab, die sich verpflichteten, ihnen auf Dauer Fleisch und Fisch zu liefern. Diese Verträge waren denen des Königs mit den Hoflieferanten nachgebildet. Der Preis der Lebensmittel war über die gesamte Laufzeit des Vertrags fixiert, aber verdoppelte sich, wenn der Kunde in Krieg oder ins Ausland zog. Außerdem erhielt der Kaufmann für seine Dienste einen Pauschalbetrag, der 3 000 *livres tournois* (1 000 Écus) pro Jahr erreichen konnte. Manche schlossen mehrere Verträge. Jehan de Laistre, der seinen Sitz in der rue Saint-Thomas-du-Louvre hatte, belieferte gleichermaßen Albert de Gondi (Erster Kammerherr und Maréchal de Retz) und François d'O[57], während der Metzger Claude Girardeau Verträge mit Anne de Joyeuse, François du Plessis-Richelieu und Philibert de Gramont hatte.[58] Manche Höflinge waren geradezu berühmt für ihre Nahrungsmittelausgaben. So berichtete man vom Ersten Kammerherrn René de Villequier er habe bei Hofe die Mode der mit zerstoßenen Perlen bestreuten Omelettes eingeführt![59]

---

[54] AN MC, XC, 124 (20. Januar, 9. Juli, 20. August, 8. September 1575).

[55] Diese Verbindlichkeiten umfaßten 223 l. 4 s.t. für Schlachtfleisch (*viande de boucherie*) für ca. sechs Monate, 103 *livres tournois* für Bratfleisch (*viande de rôtisserie*) für ca. vier Monate, 213 l.t. für Brotwaren für sechs Monate und 638 l. 15 S. für Wein, Essig, Kerzen, Flaschen, Gläser, Töpfe mit Erde und Salz für 10 Monate. AN MC XC, 130 (12. und 29. März 1579).

[56] Nämlich 49 *livres tournois* für Nahrungsmittel, 13 l. 10 S. für die Pferdehaltung, 7 l. 10 S. t. für Beleuchtung, 2 l. t. für die Wäscherei, 2 l.t. für Wasser, 2 l. 12 S. 2 d.t. für die Heizung und zwischen 15 und 30 l.t. für die Unterkunft: BOUCHER, Société et mentalités, Bd. 1, S. 315.

[57] Vertrag unter dem Namen von Albert de Gondi-Retz: AN MC XC, 131 (15. Juli 1579) und 137 (27. Juni 1582). Vertrag unter dem Namen von François d'O: AN MC XC, 127 (Akte vom 22. Mai 1578).

[58] AN MC XC, 132 (Vertrag unter dem Namen von Anne de Joyeuse am 31. Oktober 1579 und von François du Plessis-Richelieu am 18 November 1579) und 134 (Vertrag mit Philibert de Gramont vom 11. Juli 1580).

[59] BNF, Ms Fr 32866, S. 399.

Auswärtige Beobachter gaben oft ihrem Erstaunen Ausdruck angesichts der Pracht der Kostüme und der schillernden Farbigkeit am französischen Hof, wo doch in Spanien und Italien dunkle Farben dominierten.[60] In seinen *Essais* stellt sich Montaigne die Frage nach der Funktion des Sich-Bekleidens und vermerkt, daß die Franzosen insgesamt die Gepflogenheit des „Sich-Bunt-Musterns" („se bigarrer") besäßen, während er sich mit schwarzen oder weißen Kleidungsstücken begnüge.[61] Nach seiner Rückkehr aus Venedig Ende 1579 schreibt der Botschafter Lippomano in seinen *Relations*, die französischen Edelleute besäßen mindestens 25 bis 30 verschiedene Garnituren, um ihre Position zu sichern, und manche Accessoires, wie etwa das Barett, seien ihnen vorbeihalten.[62]

Zweifellos stellte die Kleidung ein wesentliches soziales Unterscheidungsmerkmal dar, das aus dem Hof eine eigene Welt machte. Während ein kleiner Amtsträger im Haushalt des Königs nur einige Wämser besaß (im Wert schwankend zwischen einem Écu für ein Taft- oder Stoffwams und acht Écus für ein Seidenwams), konnten die Kostüme der *grands seigneurs* einige Hundert *livres tournois* kosten.[63] So verzeichnet das Inventar der Güter des Herzogs von Joyeuse 14 Garnituren, die Wams, Absatzschuhe und manchmal auch den Umhang umfaßten.[64] Vier dieser Garnituren kosteten je 150 Écus, und zwei andere 120 Écus. Es handelte sich um bestickte Kleider, die mit *canons* versehen waren, d.h. tailliert mit Goldstoff oder mit Seide, die ihrerseits mit Gold- oder Silberstoff gefüttert war. Die Lieblingsfarbe dieses Günstlings Heinrichs III. scheint blutrot gewesen zu sein, aber er besaß ebenso schwarze, taubenblaue, gelbe und orangefarbene Kleider.

Die Hofleute bestellten ihre Ausstattungen bei besonderen Händlern, vor allem bei den großen Seidenhändlern André de Toulouse und Gabriel de Flesselles. Anne de Joyeuse war Kunde des ersteren, während Flesselles unter anderem Vertragsbeziehungen mit zwei bedeutenden *capitains* und Staatsräten besaß (Jean d'Aumont und Jean de Léaumont-Puygaillard), sowie mit dem Ersten Kammerherrn François d'O, mit dem Großquartiermeister Méry de Barbezières, und noch mit den Kapitänen der Leibwache Charles de Balsac de Clermont und Jean d'O-Manou. Da der Großteil dieser Einkäufe auf Kredit erfolgte, waren die Händler Bestandteil eines Kreislaufs der Schuldverschreibungen, der aus ihnen wahre Hofbankiers machte. Der Tuchhändler Flesselles ist eines der besten Beispiele für diese

---

[60] JACQUELINE BOUCHER, Le vêtement à la cour des derniers Valois, in: 112e Congrès national des sociétés savantes, Histoire moderne et contemporaine, Bd. 1: Textile, production et modes, Lyon 1987, S. 333–347. Für den Forschungsstand zur Entwicklung des Kostüms siehe: MONIQUE DEPRAETIÈRE-DARGERY, Le vêtement de luxe et le vêtement populaire, in: Aspects méconnus de la Renaissance en Île-de-France, Paris 1998, S. 208–212.

[61] MONTAIGNE, Essais (I, 36), in: Œuvres complètes, hrsg. v. A. Thibaudet und M. Rat, Paris 1962, S. 223.

[62] TOMMASEO, Relations des ambassadeurs vénitiens, Bd. 2, S. 557.

[63] AN MC XC, 156 (Inventaire après décès d'Urban Pinart, maître d'hôtel des valets de chambre du roi, 9. Juni 1586). Zum Preis der Kleidung und Gegenstände, die in den Pariser Inventaren erfaßt sind, siehe: LAURENT BOURQUIN, Les objets de la vie quotidienne dans la première moitié du XVIe siècle à travers cent inventaires après décès parisiens, in: Revue d'Histoire Moderne et Contemporaine 36 (1989), S. 463–475.

[64] AN MC XC, 150 (16. Oktober 1588).

marchands financiers. Der Schneider Barthélemy de La Femas, im übrigen Kammerdiener des Königs von Navarra, verkaufte ebenfalls teures Tuch an Höflinge, wobei er ihnen jeweils das Geld vorschoß. Im Juni 1578 erkannte ihm gegenüber einer der Favoriten (*mignons*) Heinrichs III., Philibert de Gramont aus dem Béarn, eine Schuld von 2400 *livres tournois* für den Kauf von Seidentuch und die Konfektion von Kleidung an, aber auch für ein Darlehen, um Pferde zu kaufen.[65]

Zahlreiche Zeitgenossen empörten sich über die Prunksucht der Adeligen, während das Königreich sich in der Krise befand. Für den Priester Claude Haton gab es keinerlei Zweifel, daß Gott durch das Schauspiel all dieser Hoffärtigen erzürnt war, die allzu sehr damit beschäftigt waren, ihr *charogne* (Aas) zu schmücken. Die Züchtigung des Königreichs war Folge dieser Unbescheidenheit und der Verachtung gegenüber den vormaligen Kleidersitten.[66] Die Könige hatten zusätzlich dafür zu sorgen, daß der Gebrauch der kostbaren Tuche und Schmuckstücke eingeschränkt wurde; nicht nur, um die Importe einzuschränken, sondern auch, um durch die Kleidung die soziale Ordnung sichtbar zu machen. So veröffentlichten die Renaissance-Könige neun Gesetze gegen übertriebenen Luxus (1485, 1543, 1547, 1549, 1561, 1565, 1573, 1576 und 1583).[67] Die Anordnung vom Juli 1549 verurteilt in besonderem Maße „telles excessives superfluitez d'habillemens et accoustremens", die die Stände der Menschen verschwimmen ließen: Männer und Frauen, Leute der Kirche und der Justiz, Edelmänner, Damen und Jungfrauen. Jeder müsse sich seinem Sozialstatus und seiner Funktion gemäß kleiden: Verboten ist das Tragen von Gold- oder Silberstoffen; die Seide ist den Adeligen vorbehalten, aber nur die Höchstadeligen durften zwei Lagen Seidenkleider übereinander tragen; schließlich ist die karmesinrote Seide das Privileg der Prinzen und Prinzessinnen. Dennoch wurde die königliche und ritterliche Prachtentfaltung nicht in Frage gestellt: Angehörige des königlichen Haushalts waren von den Einschränkungen nicht betroffen; und auf Kriegspferden durften Gold- und Silberstoffe zur Schau getragen werden.

Die zur Zeit der Religionskriege veröffentlichten Edikte nahmen diese Verfügungen wieder auf und variierten sie leicht: 1561 wurde den Prinzen und Herzögen erlaubt, Gold- oder Silbertuch zu verwenden. Das Edikt vom März 1583 versuchte erneut, anhand der Verzierungen zwischen den Ständen der Gesellschaft zu unterscheiden: Perlen und Edelsteine sind der königlichen Familie und den *grands seigneurs* vorbehalten, ebenso wie den Frauen der Räte des Königs; Goldgarnituren den Adeligen; Glasperlen den Nichtadeligen.[68] Obwohl die königlichen Entscheidungen keine konkrete Wirkung zeigten, versuchte Heinrich III. seinen

---

65 Ebd., 127 (23. Mai und 2. Juni 1578).

66 LAURENT BOURQUIN (Hrsg.), Mémoires de Claude Haton, 4 Bde., Paris 2001–2007, Bd. 1, S. 148 f.

67 NEITHARD BULST, La legislazione suntuaria in Francia (secoli XIII–XVIII), in: M. G. Muzzarelli und A. Campanini (Hrsg.), Disciplinare il lusso. La legislazione suntuaria in Italia e in Europe tra Medioevo ed Età moderna, Bari 2003, S. 121–136; MICHÈLE FOGEL, Modèle d'État et modèle social de dépense: les lois somptuaires en France de 1485 à 1660, in: J.-Ph. Genet und M. Le Mené (Hrsg.), Genèse de l'État moderne: prélèvement et redistribution, Paris 1987, S. 227–325.

68 BNF, actes royaux, F 46875 (12).

Edikten Geltung zu verschaffen. Im November desselben Jahres zögerte er nicht, in Paris etwa 50 Damen festnehmen zu lassen, die vom Edikt verbotene Kleider und Schmuckstücke getragen hatten, was zu lautstarken Protesten führte.[69]

Die von Heinrich III. einführte Politik der Gunstbezeigung beruhte auf einer zurückhaltenden Gnadenpolitik. Da sie keinen Zugang zu den Ressourcen des Staates hatten, fühlten sich die Prinzen des lothringischen Hauses besonders gedemütigt durch den spektakulären Aufstieg junger Leute, denen der König seine Gunst zeigen wollte. Heinrich III. sicherte sich somit nicht die Loyalität des Adels. Aber er verärgerte nicht nur die *grands seigneurs*, die sich von der königlichen Gunst verdrängt sahen, sondern auch die Bürger, die die finanziellen Belastungen und das Nicht-Bezahlen ihrer Anleihen in einer Zeit schlecht aufnahmen, in der die jungen Edelleute Gunstbezeigungen anhäuften.[70] Ende 1583, als der König eine Versammlung von Fürsten und hohen Beamten nach Saint-Germain-en-Laye zum Zweck einer großen Justizreform einberief, erklärte er, nie Akte von Freigebigkeit begangen zu haben, außer gegenüber den großen Fürsten seines Reichs.[71] Und dennoch wurde Heinrich III. einige Jahre später, als die Liga explodierte, als ein verschwenderischer Tyrann angesehen. Machiavellis Voraussagen über die Gefahren der Freigebigkeit hatten sich bewahrheitet.

[69] Lefèvre, Journal de L'Estoile, S. 340.

[70] 1588 hatten sich die Einnahmen theoretisch effektiv verdoppelt und erreichten nunmehr 28 Millionen *livres*. Aber die Schulden überstiegen 133 Millionen *livres*. Die Steuerbelastung traf vor allem die Nichtadeligen: die Last der direkten Abgaben stieg von 7,1 Millionen im Jahr 1576 auf 17,9 Millionen im Jahr 1588 an.

[71] BNF, Ms Dupuy 87, fol. 151v; Nagle, Le Droit de marc d'or, S. 25.

Ronald G. Asch

Monarchische Repräsentation und politische Kultur in England im 17. Jahrhundert: Mangel an höfischem Luxus oder Defizit sakraler Legitimation?

I

Wenn man spätmittelalterliche und frühneuzeitliche Höfe unter der Fragestellung betrachtet, wie erfolgreich sie als Instrument politischer Integration, aber auch als Bühne für eine überzeugende Selbstdarstellung des Herrschers waren, dann wird man den englischen Hof im 17. Jahrhundert nicht ohne weiteres zu jenen Herrschaftszentren rechnen, die eine positive Erfolgsbilanz aufzuweisen hatten. Im Vergleich zu Versailles, aber auch zu anderen Höfen wie etwa Wien oder Madrid, schien der Hof der Stuarts mit politischen, konfessionellen und kulturellen Rahmenbedingungen konfrontiert zu sein, die es ihm erschwerten, eine politische Wirkung zu entfalten, die der Autorität des Monarchen nachhaltig zu Gute kam. Freilich ist diese in der einschlägigen Literatur weit verbreitete Einschätzung ein Urteil, das stark auf einer ex post-Perspektive beruht. Wer auf die Hinrichtung Karls I. oder den Sturz Jakobs II. blickt, der wird letztlich zu keiner sehr positiven Bewertung der Rolle des königlichen Hofes im 17. Jahrhundert kommen können. Es gab aber durchaus Phasen in der Geschichte des 17. Jahrhunderts, in denen der englische Hof nicht nur einen gewissen Glanz entfaltete, sondern auch die Autorität der Monarchie leidlich gefestigt zu sein schien, wie z. B. gegen Ende der Herrschaft Karls II. in der ersten Hälfte der 1680er Jahre – eine Tatsache, die gerne vergessen wird – oder auch mit gewissen Abstrichen und trotz aller Probleme unter Jakob I. zumindest vor 1618, ja sogar während der ersten Jahre des persönlichen Regimentes Karls I. nach 1629. Allerdings war selbst in diesen Phasen die Wirkung des Hofes schon dadurch begrenzt, daß der Monarchie meist nur begrenzte Mittel für die Finanzierung des Hofstaates und der monarchischen Repräsentation zur Verfügung standen.[1] Diese Mittel mochten ausreichen, um zeitweilig Aufträge an führende europäische Künstler, man denke an Rubens, zu vergeben, oder bedeutende Kunstwerke auf dem Kontinent zu kaufen, wie dies unter Karl I. geschah.[2] Auch konnte ein allerdings eher kleiner Teil des hohen englischen und

---

1 Einen Überblick über die Bedeutung des Hofes in der politischen Kultur Englands gibt R. MALCOLM SMUTS, Culture and Power in England 1585-1685, Basingstoke 1999, bes. S. 78-80. Speziell zum Thema des Luxus im frühen 17. Jahrhundert siehe jüngst LINDA LEVY PECK, Consuming Splendour: Society and Culture in Seventeenth-Century England, Cambridge 2005. Ich konnte dieses Buch leider nicht mehr konsultieren. – Die Anmerkungen zu diesem Beitrag sind mit Rücksicht auf den Umfang auf ein absolutes Minimum beschränkt.

2 ARTHUR MACGREGOR (Hrsg.), The Late King's Goods: Collections, Possessions and Patronage of Charles I in the Light of the Commonwealth Sale Inventories, Oxford 1989.

schottischen Adels durch Pensionen und Vergünstigungen der unterschiedlichsten Art von der Beteiligung an den Zollpachten bis hin zu Handelsmonopolen an den Hof gebunden werden. Aber für wirklich groß angelegte Bauprojekte, die man mit den Bauten Ludwigs XIV. in Frankreich nach 1660 hätte vergleichen können, fehlte nach der Mitte des 16. Jahrhunderts, als man kein Kirchenland mehr in großem Stil konfiszieren konnte, meist das Geld, sie blieben im Planungsstadium stecken, vor 1640 ebenso wie nach 1660. Man begnügte sich meist damit, bestehende Paläste um Anbauten zu ergänzen, wie im Falle Whitehalls in den 1620er Jahren, oder im Falle von Greenwich (wo vor 1640 eine zwar elegante, aber recht bescheidene königliche Nebenresidenz entstanden war), von Windsor und von Hampton Court unter Karl II., oder sie den veränderten Bedürfnissen der Hofhaltung durch Umbauten anzupassen.[3]

Wenn man am englischen Hofe im 17. Jahrhundert und namentlich vor 1640 von Luxus oder gar von Verschwendung reden kann, dann wird sich eine solche Aussage vor allem auf die Ausgaben beziehen, die dadurch entstanden, daß man Hunderte von Personen – rechnet man die Diener der Amtsträger hinzu, handelte es sich in den 1630er Jahren um bis zu 2500 Höflinge beiderlei Geschlechts[4] – in großzügiger Weise mit Nahrung und Kleidung versorgte. Luxus manifestierte sich in einer gut gefüllten Tafel, in der Kleidung der Höflinge (die Dimensionen werden deutlich, wenn man bedenkt, daß schon die Livree eines Soldaten der königlichen Garde 1200 Pfund kostete und Elisabeth Stuart bei ihrer Hochzeit ein Kleid trug, dessen Gold- und Silberstickereien allein schon 1700 Pfund gekostet hatten) und in manchen allerdings eher ephemeren Festen. Diese konnten freilich, wenn es sich um Staatsakte von politischer Bedeutung wie Fürstenhochzeiten oder Begräbnisse handelte, spektakulär teuer sein. So kosteten die Hochzeitsfeierlichkeiten Elisabeth Stuarts, die 1613 Friedrich V. von der Pfalz heiratete, fast 100000 Pfund und die Beerdigung Jakob I. 1625 40000 Pfund.[5] Wenn man bedenkt, daß die Hauptzollfarm 1611 jährliche Pachteinnahmen von nur 136000 Pfund erbrachte, wird deutlich, um welche ungeheure Summen es sich hier handelte.[6] Selbst in den frühen 1630er Jahren betrugen die gesamten regulären Einnahmen der Krone nicht mehr als 618000 Pfund, auch wenn die Tendenz steigend war, vor 1625 waren sie noch deutlich niedriger gewesen.[7] Auch für Geschenke und Juwelen wurden erhebliche Summen ausgegeben. Allein während seines Aufenthaltes in Madrid 1623 gab Kronprinz Charles über 18000 Pfund für Juwelen aus, die er seinen

---

[3] Siehe dazu SIMON THURLEY, Whitehall Palace: An Architectural History of the Royal Apartments, 1240–1698, New Haven 1999, S. 75–77; ders., Hampton Court: A Social and Architectural History, New Haven 2004, bes. S. 136–140, zum späteren 17. Jahrhundert vgl. auch ders., A Country Seat Fit for a King: Charles II, Greenwich and Winchester, in: Eveline Cruickshanks (Hrsg.), The Stuart Courts, Stroud 2000, S. 214–239.

[4] RONALD G. ASCH, Der Hof Karls I. von England, Köln 1993, S. 147.

[5] R. MALCOLM SMUTS, Art and the Material Culture of Majesty in Early Stuart England, in: ders. (Hrsg.), The Stuart Court and Europe, Cambridge 1996, S. 86–112, hier S. 92f., dort auch die Angaben zu Elizabeth Stuart und zur königlichen Garde.

[6] JOHN CRAMSIE, Kingship and Crown Finance under James VI and I, 1603–1625, Woodbridge 2002, S. 125.

[7] ASCH, Hof, S. 149.

Gastgebern schenkte.[8] Hierin mag man allerdings auch eine Art Lösegeld sehen, aber auch später waren Geschenke im Wert von 1000 oder 2000 Pfund an ausländische Botschafter nicht ganz selten. Eine fast bis zum Absurden luxuriöse Kleidung kennzeichnete im übrigen vor allem die Regierungszeit Jakobs I., als die Mode Juwelen als Schmuck der Kleidung auch bei Männern favorisierte und die eklektizistische Kombination unterschiedlicher oft widersprüchlicher Stilelemente, die vor allem den Zweck erfüllen sollten, durch den zur Schau getragenen Reichtum, den Status des Trägers oder der Trägerin zu betonen, einen Höhepunkt erreichte, während nach 1625 sich ein deutlich zurückhaltenderer Modestil durchsetzte.[9] Da Jakob I. anders als seine geschickter haushaltende Vorgängerin weniger damit rechnen konnte, bei jeder Gelegenheit Juwelen und ähnliche Luxusgegenstände als Geschenke seiner Höflinge und des Adels respektive – ein bei Elisabeth I. besonders wichtiger Punkt – von wagemutigen in- und ausländischen Heiratskandidaten zu erhalten,[10] belastete dieser Prunk die Staatskassen erheblich.[11] Angesicht der hohen Summen, die einerseits für ephemere Feste und andererseits für die laufenden Kosten des Hofstaates ausgegeben wurden, blieb für großangelegte Residenz-Neubauten und verwandte Investitionen, die längerfristig zum Ansehen der Monarchie hätten beitragen können, insgesamt im 17. Jahrhundert nicht mehr allzuviel übrig. Es erscheint schon bemerkenswert, daß Karl I. 1627 in Kriegszeiten die Kunstsammlung der Herzöge von Mantua für rund 16000 Pfund kaufte, nachdem er im Jahr zuvor die Krönungsfeierlichkeiten, die sicher mehr als das doppelte gekostet hätten, abgesagt hatte.[12] Nach 1660 mußten dann allerdings die laufenden Kosten des Hofstaates notgedrungen erheblich gesenkt werden, was unter anderem zur weitgehenden Abschaffung der Versorgung des Hofstaates mit Nahrungsmitteln in natura führte, eine Entscheidung, die es dann wiederum erlaubte, Personal der Küche und verwandter Stäbe des Hofstaates erheblich zu reduzieren.[13] Doch der finanzielle Spielraum wurde damit angesichts der sehr problematischen Finanzlage insgesamt nicht sehr viel größer.

Indes können die finanziellen Probleme, mit denen die Stuart-Monarchen, mit Ausnahme einiger Jahrzehnte, insbesondere der 1680er Jahre, konfrontiert waren, nicht allein dafür verantwortlich gemacht werden, daß der englische Hof nie den Glanz und die Ausstrahlung von Madrid oder Versailles erreichte, wobei freilich

8 SMUTS, Material Culture, S. 91.

9 VALERIE CUMMING, Some Clothing and Furs of Tudor and Stuart Royalty, in: MacGregor (Hrsg.), Goods, S. 322–350, hier S. 334. Vgl. RONALD LIGHTBOWN, The King's Regalia, Insignia and Jewellery, in: ebd., S. 257–275, hier S. 269f.

10 Dazu DIANA SCARISBRICK, Elizabeth's Jewellery, in: David Starkey und Susan Doran (Hrsg.), Elizabeth: The Exhibition at the National Maritime Museum, London 2003, S. 183–188.

11 Zu den Finanzen unter Jakob I. siehe CRAMSIE, Kingship, und MENNA PRESTWICH, Cranfield: Politics and Profits under the Early Stuarts, Oxford 1966, sowie FREDERICK C. DIETZ, English Public Finance 1558–1641, New York 1932, 2. Aufl. 1964.

12 SMUTS, Material Culture, S. 102.

13 ANDREW BARCLAY, Charles II's Failed Restoration: Administrative Reform Below Stairs, 1660–4, in: Cruickshanks (Hrsg.), The Stuart Courts, S. 158–170, hier S. 165–167. Zu den Folgen dieser Reorganisation für die Raumnutzung in den königlichen Residenzen siehe THURLEY, Hampton Court, S. 135.

auch nicht zu übersehen war, daß auch der französische Hof in den Jahren nach 1610 oder während der Fronde sehr viel kritischere Zeiten gesehen hatte. Es gilt jedoch auch das soziale und politische Umfeld des Hofes zu beachten, das ganz anders war als in Frankreich. Einerseits fehlte in England im 17. Jahrhundert weitgehend jene Schicht von Hochadligen, die auf Grund einer engen Verwandtschaft mit der königlichen Dynastie, also als Prinzen von Geblüt, oder auf Grund dynastischer Verbindungen zu souveränen oder halbsouveränen Herrschern im Ausland eine Sonderstellung innerhalb der Adelshierarchie einnahmen. Sie hatten in Frankreich während der Religionskriege, aber auch noch in der 1. Hälfte des 17. Jahrhunderts nicht selten eine erhebliche Bedrohung für die politische Stabilität des Landes dargestellt, aber als es nach 1660 gelang, diese Familien und die übrigen *ducs et pairs* politisch über Armee und Hof weitgehend zu integrieren und zufriedenzustellen, trug ihre immer noch bedeutende soziale Position eher dazu bei, den von Paris und Versailles aus betriebenen politischen Zentralisierungsprozeß zu fördern. Zugleich stärkte ihre Präsenz bei Hofe dessen Gewicht und Glanz.[14] Das Aussterben der Tudors und die relative Kinderarmut mancher Stuarts (die durch eine hohe Zahl von Bastarden nach 1660 kaum kompensiert werden konnte) sorgten dafür, daß Prinzen von Geblüt in der englischen Adelshierarchie im 17. Jahrhundert keine prominente Rolle spielten. Jakob II. als Herzog von York wurde 1685 nach langen Kontroversen der Nachfolger seines Bruders als König. Karl Ludwig von der Pfalz, der über seine Mutter Elisabeth ein Abkömmling Jakobs I. war und sich wie sein Bruder Rupert längere Zeit in England aufgehalten hatte, zog sich nach 1648 nach Deutschland zurück – andernfalls wäre er vielleicht als Prätendent auf den vakanten englischen Thron in Frage gekommen. Lediglich Wilhelm III. von Oranien, der bis dahin freilich ein anderes Land regiert hatte, griff in die englische Politik ein und machte am Ende gegen seinen Schwiegervater erfolgreich Ansprüche auf die Krone geltend, nachdem der Duke of Monmouth, ein natürlicher Sohn Karls II., vorher mit ähnlichen Absichten gescheitert war.

Aber auch in anderer Hinsicht unterschied sich der englische Hochadel vom französischen. Das Nobilitierungsrecht lag zwar ausschließlich bei der Krone, aber Ehre und Status eines Adligen wurden dennoch im 17. Jahrhundert weniger stark als in Frankreich über die Position in der höfischen Gesellschaft oder über militärische Kommandopositionen, die ja auch von der Krone vergeben wurden, definiert. Das Militärische spielte für den englischen Adel seit der Wende zum 17. Jahrhundert generell eine geringere Rolle als für den französischen Adel. Status ließ sich auch durch politischen Einfluß im Parlament, durch aufwendige Landhäuser und Stadtpalais und überhaupt den gesamten Lebensstil demonstrieren. Letzteres war natürlich auch auf dem Kontinent wichtig, aber die Maßstäbe für das, was als elegant und aristokratisch galt, wurden in England nur zum Teil am Hofe gesetzt, sicherlich weniger als in Frankreich in der Epoche Ludwigs XIV.[15]

---

[14] Zum französischen Hof siehe jetzt JEROEN DUINDAM, Vienna and Versailles. The Courts of Europe's Dynastic Rivals, 1550–1780, Cambridge 2003.

[15] Siehe hierzu RONALD G. ASCH, Honour in all parts of Europe will be ever like itself. Ehre, adlige Standeskultur und Staatsbildung in England und Frankreich im späten 16. und im 17. Jahrhundert: Disziplinierung oder Aushandeln von Statusansprüchen?, in:

Das Ideal des Landedelmannes behauptete sich erfolgreich neben dem des Höflings und die demonstrative sexuelle Libertinage etwa, die Karl II. und seine Höflinge pflegten, stieß auch in maßgeblichen Kreisen der englischen Führungsschicht auf Vorbehalte, vor allem dort, wo das Erbe des Puritanismus noch lebendig war. Überhaupt erwies es sich für den englische Hof als Problem, daß er sich in einer Gesellschaft positionieren mußte, die durch scharfe, aber zugleich nicht immer leicht definierbare konfessionelle und damit implizit auch kulturelle Gegensätze gekennzeichnet war. Während die Kultur des französischen Hofes seit Ludwig XIII. respektive seit Maria de Medici durchweg durch den Katholizismus, den Glauben der großen Mehrheit der Bevölkerung, geprägt war, auch wenn die unterschiedlichen Richtungen, die innerhalb dieses Glaubens miteinander um die Vormachtstellung rangen, die Monarchie nicht selten vor schwierige Entscheidungen stellten (man denke an das Problem des Jansenismus), hatte der englische Hof schon unter den frühen Stuarts eine gewisse Tendenz entwickelt, konfessionelle Strömungen zu begünstigen, die außerhalb des Hofes auf erhebliche Antipathien stießen. Das galt für den Arminianismus des frühen 17. Jahrhunderts ebenso wie für den höfischen Katholizismus, der sich unter Jakob I. eher versteckt, unter seinem Sohn hingegen recht offen zeigte.

Schließlich gilt es ein weiteres Problem zu bedenken. In England hatte sich in Folge des Bürgerkrieges eine politische Kultur entwickelt, die durchaus auch durch republikanische Werte und Tendenzen geprägt war und im Namen der Bürgertugend das höfische Milieu und seinen die Sitten korrumpierenden Luxus bekämpfte. Manche Historiker glauben diese republikanische politische Kultur sogar schon im 16. Jahrhundert unter Elisabeth I. zu erkennen, auch wenn hier eine gewisse Skepsis angebracht ist. Nicht jeder Leser von Cicero oder Tacitus war ein heimlicher Republikaner.[16] In jedem Fall boten aber sowohl der ambivalente Charakter der englischen Reformation als auch die Normen und Werte der politischen Kultur Englands, für die höfische Kultur und die monarchische Repräsentation komplizierte und nicht immer günstige Rahmenbedingungen. Da überdies die finanziellen Mittel, diese Defizite dauerhaft durch Luxus und äußeren Glanz zu kompensieren, in unserer Epoche meist fehlten, kam es um so mehr darauf an, mit vergleichsweise geringem, aber zielgerichtetem Aufwand der monarchischen Herrschaft dennoch Ausstrahlung, Legitimität und die Aura des Sakralen zu verleihen. Einzelnen Monarchen, wie Elisabeth I. vor 1603 und auf paradoxe Weise Karl I. – diesem allerdings nachhaltig erst postum als königlichem Märtyrer –, gelang dies auch, in anderen Epochen hingegen war die Bilanz weitaus weniger günstig. Wie

---

ders. und Dagmar Freist (Hrsg.), Staatsbildung als kultureller Prozeß. Strukturwandel und Legitimation von Herrschaft in der Frühen Neuzeit, Köln 2005, S. 353–379.

16 Zum Problem des Republikanismus siehe Markku Peltonen, Citizenship and Republicanism in Elizabethan England, in: Martin van Gelderen und Quentin Skinner (Hrsg.), Republicanism: A Shared European Heritage, 2 Bde., Cambridge 2002, Bd. I, S. 85–106; John Guy, Monarchy and Counsel: Models of the State, in: Patrick Collinson (Hrsg.), The Sixteenth Century (The Short Oxford History of the British Isles), Oxford 2002, S. 113–144, hier S. 138–141, und Malcolm Smuts, Court-Centred Politics and the Uses of Roman Historians, ca. 1590–1640, in: Kevin Sharpe und Peter Lake (Hrsg.), Culture and Politics in Early Stuart England, Basingstoke 1994, S. 24–43.

sich die Selbstdarstellung der englischen Monarchie als eines vergleichsweise armen Königtums, das sich höfischen Luxus immer nur punktuell leisten konnte, unter diesen Bedingungen zwischen dem späten 16. Jahrhundert und 1688 entfaltete, diese Frage soll im folgenden im Mittelpunkt stehen. Dabei wird freilich nicht die materielle Hofkultur als solche das eigentliche Thema bilden, sondern das Bild der Monarchie, für das diese Hofkultur das Fundament bildete. Dahinter steht allerdings auch die Überzeugung, daß bloßer Luxus selten per se integrierend gewirkt haben wird – allenfalls schwächte er vielleicht die ökonomische Fähigkeit der höfischen Aristokratie zur Opposition durch den ruinösen Zwang zum Konsum – sondern nur kulturelle Investitionen, die über die vermittelte Botschaft der Kunstwerke, Zeremonien, Schauspiele und Feste die Herrschaft des Monarchen legitimierten und potentiell politischen Konsens schufen, wirksam sein konnten. Auf diese Botschaft gilt es also zu blicken, oder zumindest auch zu blicken.

Nur am Rande sei darauf hingewiesen, daß durch den Rückgriff auf gedruckte Publikationen (*Eikon Basilike*, die Passionsgeschichte Karls I. wäre dafür ein Beispiel) in dieser Epoche mehr als in der Vergangenheit eine relativ preisgünstige – dem höfischen „Luxus" und den spektakulär inszenierten Festen geradezu entgegengesetzte – Form der monarchischen Repräsentation an Bedeutung gewann, deren Verbreitung freilich die Folge hatte, Darstellungen des Monarchen auch zu einer Ware werden zu lassen, die auf dem Markt mit anderen Druckerzeugnissen konkurrierte, und dadurch einem Rezeptionsprozeß ausgesetzt waren, der sich von der Krone selber und ihren Vertretern letztlich trotz Zensur nicht mehr kontrollieren ließ.[17]

II

Als Jakob I. als erster Stuart den englischen Thron bestieg, tat er dies als Erbe einer Monarchin, die ihm zwar eine ganze Reihe von Problemen hinterließ, jedoch in ihrer Selbstdarstellung erfolgreich gewesen war wie wenige Monarchen vor oder nach ihr. Die monarchische Repräsentation umgab die Herrscherin schon zu Lebzeiten mit der Aura einer protestantischen Heldin. Dem hatten die Nachfolger Elisabeths nichts Vergleichbares entgegenzusetzen. Neuere Arbeiten haben allerdings eher die Widersprüche und Diskontinuitäten in der Darstellung Elisabeths I. betont. Zwar gab es bestimmte bildliche Präsentationen ihrer Person, die Elisabeth bewußt zu unterdrücken oder zu marginalisieren suchte, bis zuletzt blieb sie etwa gegenüber Porträts empfindlich, die ihr wahres Alter allzu deutlich erkennen ließen, aber insgesamt waren die vergleichsweise zahlreichen (insgesamt aber nicht

---

[17] Diesen Punkt betont KEVIN SHARPE, Representations and Negotiations: Texts, Images and Authority in Early Stuart England, in: Historical Journal 42 (1999), S. 853–881, hier bes. S. 879. Dieser Aufsatz ist wieder abgedruckt in: ders., Remapping Early Modern England. The Culture of Seventeenth-Century Politics, Cambridge 2000, S. 415–459. Vgl. in ähnlicher Perspektive zu den Schriften Jakobs I. JOSEPH MARSHALL, Reading and Misreading King James 1622–1642: Responses to the Letters and Directions Touching Preaching and Preachers, in: Daniel Fischlin und Mark Fortier (Hrsg.), Royal Subjects. Essays on the Writings of James VI and I, Detroit 2002, S. 476–511.

mehr als ca. 135) Abbildungen Elisabeths selten im unmittelbaren Auftrag der Herrscherin entstanden, eher entstammten sie dem Umkreis der Hofes oder der Aristokratie, oder waren im Falle der preisgünstigen druckgraphischen Porträts auch schlichtweg politische Propaganda, zum Teil auch kontinentaleuropäischen, etwa niederländischen Ursprungs.[18]

Porträts, aber auch Predigten oder Flugschriften, versuchten häufig das Lob der gottesfürchtigen Herrscherin, der „English Deborah“, mit einem Appell an die Monarchin zu verbinden, die ihr bestimmte Rolle der protestantischen Heldin auch wirklich auszufüllen. Oft genug schien sich Elisabeth diesem Appell zu entziehen, wenn sie sich etwa der konsequenten, über das *Settlement* von 1558–1559 hinausgehenden Reform der Kirche widersetzte, wenn sie mit dem Gedanken spielte, einen katholischen Fürsten zu heiraten oder sich noch im Vorfeld des Endkampfes gegen Spanien der Hinrichtung Maria Stuarts entgegenstellte. Aber es gelang der Königin dann doch immer wieder, den an sie herangetragenen Rollenerwartungen gerade so weit zu entsprechen, daß diese ihre Glaubwürdigkeit behielten. Dabei sah sie oft bewußt in geschickt dosierter herrscherlicher Toleranz über die Kritik an ihrer Politik hinweg, wie sie etwa auch die späteren Ausgaben der in hoher Auflage verbreiteten einflußreichen *Acts and Monuments* von John Foxe enthielten, und gab vor, daß das Loblied, das ihre Dichter, Höflinge und Theologen sangen, wirklich ganz ernst gemeint sei und keine Hintergedanken enthalte.[19]

Trotz gelegentlicher Strafmaßnahmen gegen mißliebige Mahner nutzte die Königin das Bedürfnis der Aristokratie nach Selbstdarstellung geschickt für ihre eigenen Zwecke, auch wenn dies mit Zugeständnissen an Wertvorstellungen verbunden war, die nicht immer die der Herrscherin selbst waren. Ein Gutteil der höfischen Kultur war faktisch eine aristokratische Kultur, die sich im Umfeld des Hofes oder bei Festen zu Ehren der Königin manifestierte, die Königin selber also wenig oder nichts kostete. Anlässe wie die Turniere am Tage der Thronbesteigung der Monarchin konnten dann allerdings auch genutzt werden, nicht nur um die Herrscherin zu verherrlichen, sondern auch um adlige Ansprüche auf Geltung und Prestige mit dem notwendigen materiellen Aufwand zu formulieren oder ihre Anerkennung durch die Königin einzufordern.[20] Faktisch ließ dies den Hof und sein Umfeld zu einem Orte des Aushandelns und des stets neuen Austarierens von

---

[18] Dazu SUSAN DORAN, Virginity, Divinity and Power: The Portraits of Elizabeth I, in: dies. und Thomas Freeman (Hrsg.), The Myth of Elizabeth, Basingstoke 2003, S. 171–199. Zum Verhältnis der Hofkultur des frühen 17. Jahrhunderts zum elisabethanischen Erbe siehe auch CURTIS PERRY, The Making of Jacobean Culture: James I and the Negotiation of Elizabethan Literary Practice, Cambridge 1997, bes. S. 161–163.

[19] THOMAS S. FREEMAN, Providence and Prescription: The Account of Elizabeth in Foxe's „Book of Martyrs“, in: Doran und Freeman (Hrsg.), Myth, S. 27-55, bes. S. 44–46; Vgl. PETER E. MCCULLOUGH, Out of Egypt: Richard Fletcher's Sermon before Elizabeth I on the Execution of Mary Queen of Scots, in: Julia M. Walker (Hrsg.), Dissing Elizabeth. Negative Representations of Gloriana, Durham, N. C. 1998, S. 118–149.

[20] Zur Hofkultur Elisabeths siehe jüngst auch WILLIAM LEAHY, Elizabethan Triumphal Processions, Aldershot 2005. Vgl. ferner zur elisabethanischen Epoche CAROLE LEVIN u. a. (Hrsg.), Elizabeth I: Always her Own Free Woman, Aldershot 2003, und MARY HILL COLE, The Portable Queen: Elizabeth I and the Politics of Ceremony, Amherst 1999.

Ansprüchen auf Status und Macht werden. Die Königin verstand es jedoch, Herrin der Bühne und des Geschehens zu bleiben, erst in ihrem letzten Regierungsjahrzehnt drohte sie von jüngeren Höflingen, wie namentlich dem Earl of Essex (hingerichtet 1601) übertrumpft und an die Wand gespielt zu werden.[21] Zuvor war es ihr gelungen, selbst noch Kritiker ihrer Politik soweit politisch zu integrieren, daß sie durch ihre militärischen Leistungen, ihr Prestige oder in einzelnen Fällen auch durch ihr beispielhaftes Leben und ihr intellektuelles Schaffen zum Ruhme der Herrscherin beitrugen.[22]

Elisabeth respektive ihre Berater und Anhänger zeigten ein besonderes Talent, aus den potentiellen Schwächen ihrer Herrschaft Stärken werden zu lassen. Elisabeth hatte im übrigen schon selber bei Ihrer Thronbesteigung darauf hingewiesen, daß sie zwar eine Frau sei, aber die Rechtspersönlichkeit des Monarchen der *body politic* von ihrer Person zu unterscheiden sei und sie schon kraft dieser Tatsache dieselbe Autorität ausüben könne wie ein männlicher Herrscher. Dies war ein durchaus wirksames, aber keineswegs ganz ungefährliches Argument, denn die Trennung zwischen der natürlichen und der Rechtsperson des Monarchen konnte auch von jenen für ihre Zwecke genutzt werden, die im Namen des *body politic* Kritik am König oder der Königin als individueller Person übten.[23]

Für Jakob VI. von Schottland, der 1603 als Jakob I. von England die Nachfolge Elisabeths antrat, war diese Trennung zwischen dem Monarchen als Mensch und dem Königtum als Institution Anathema; die Erziehung, die ihm einer der führenden Monarchomachen der Zeit, Buchanan, hatte zuteil werden lassen, ließ ihn vollends zum Gegner jener werden, die den Monarchen für etwaige Fehler schon in dieser Welt zur Verantwortung ziehen wollten.[24]

Es gab freilich noch andere Gründe, die ihn nötigten, seine Rolle als Monarch deutlich anders zu verstehen als seine Vorgängerin. Anders als Elisabeth mußte er sich der Aufgabe stellen, als Herrscher über ein dynastisches Großreich drei ganz unterschiedliche Königreiche zu regieren. Die Erwartungen, die seine schottischen Untertanen an ihn richteten, waren deutlich andere als diejenigen Vorstellungen,

---

21 Siehe PAUL E. J. HAMMER, Upstaging the Queen: The Earl of Essex, France Bacon and the Accession Day Celebration of 1595, in: David Bevington und Peter Holbrook (Hrsg.), The Politics of the Stuart Court Masque, Cambridge 1998, S. 41–66.

22 Dies galt etwa für Philip Sidney, dessen Beerdigung in St. Paul's in großem Stil inszeniert wurde, obwohl er der Politik der Königin lange Zeit eher kritisch gegenüber gestanden hatte. Siehe J. F. R. DAY, Death be Very Proud: Sidney, Subversion, and Elizabethan Heraldic Funerals, in: Dale Hoak (Hrsg.), Tudor Political Culture, Cambridge 1995, S. 179–203; und SANDER BOS, MARIANNE LANGE-MEYERS und JEANINE SIX, Sidney's Funeral Portrayed, in: Jan van Dorsten u. a. (Hrsg.), Sir Philip Sidney, 1586 and the Creation of a Legend, Leiden 1986, S. 38–61, sowie BLAIR WORDEN, The Sound of Virtue: Philip Sidney's Arcadia and Elizabethan Politics, New Haven,1996.

23 A. N. MCLAREN, Political Culture in the Reign of Elizabeth I: Queen and Commonwealth 1558–1585, Cambridge 1999, S. 102f; HELEN HACKETT, Virgin Mother, Maiden Queen: Elizabeth I and the Cult of the Virgin Mary, Basingstoke 1995, S. 40.

24 Zu Jakob VI. und I. siehe jetzt RONALD G. ASCH, Jakob I. (1566–1625): König von England und Schottland. Herrscher des Friedens im Zeitalter der Religionskriege, Stuttgart 2005, und ALAN STEWART, The Cradle King. A Life of James VI and I London 2004. Zur Hofkultur grundlegend LINDA LEVY PECK (Hrsg.), The Mental World of the Jacobean Court, Cambridge 1991.

denen ein König in England entsprechen mußte. Ein Zweites kam hinzu. Jakob I. war weder gewillt noch wirklich dazu in der Lage, die Rolle des heroischen Kämpfers für den protestantischen Glauben zu spielen. Dem eigenen Glaubensbekenntnis nach Calvinist vergaß er doch nie, daß er auch der Sohn Maria Stuarts war, die in katholischen Kreisen als Märtyrerin betrachtet wurde.

Jakob I. hatte in seiner Selbstdarstellung keineswegs immer eine sehr glückliche Hand, obgleich er deutlich mehr für seinen Hof ausgab als seine Vorgängerin, auch um seine schottischen Höflinge zu alimentieren, die ohne Zuwendungen von Seiten des Königs in England kaum standesgemäß auftreten konnten.[25] Das allgemeine Chaos, das den Alltag des Hoflebens nicht selten kennzeichnete, und die Skandale jedweder Art bis hin zum Giftmord hoben sein Ansehen nicht.[26] Sein Versuch, selber als politischer Theoretiker hervorzutreten,[27] hatte zwar den Vorteil, daß ein solches Unternehmen sehr viel kostengünstiger war als z.B. aufwendige Bauprojekte, mußte aber in England stärker als in Schottland, wo die literarische Szene so klein war, daß ein König, der bereit war mit eigenen Werken als Poet, Theologe und Staatstheoretiker zugleich aufzutreten, sie durchaus dominieren konnte, eher befremdlich wirken, denn hier war man nicht daran gewöhnt, daß der König wie ein höfischer Dichter um Beifall warb.[28] Auch in England freilich versuchte der König zeitweilig ihm ergebene Autoren zu fördern und mit seinen eigenen Werken den Anstoß für eine literarische Produktion zu geben, die das Bild, das er von seiner Herrschaft vermitteln wollte, stützte. Wie in der Forschung betont worden ist, war dies jedoch zumindest zum Teil kontraproduktiv, denn die Werke, die für Jakob oder in seinem Auftrag geschrieben wurden, waren oft gar nicht geeignet dazu, auf ein größeres Publikum zu wirken, zum Teil schon deshalb, weil sie wie die *Annales* William Camdens, ein Geschichtswerk über die elisabethanische Zeit, in Latein geschrieben waren (um auf diese Weise auch ein europäisches Publikum zu erreichen, das dem König besonders wichtig war), zum Teil auch, weil der Geschmack des Königs eben nicht der einer breiteren Öffentlichkeit war. Unter Elisabeth war die Hofkultur stärker von einer größeren Zahl miteinander rivalisierender aristokratischer Patrone dominiert worden, deren Schützlinge zugleich für ihre Auftraggeber, für die Öffentlichkeit und für die Königin arbeiteten, und deshalb eine breitere Wirkung erzielten, die den Poeten und Schriftstellern, die nach 1603 den König verherrlichten, oft verwehrt blieb.[29]

Freilich sah sich Jakob I. auch mit dem Problem konfrontiert, daß ältere Formen der monarchischen Repräsentation obsolet geworden waren und Alternativen erst noch entwickelt werden mußten. Die von einem wiederbelebten Rittertum geprägte aristokratische Kultur der elisabethanischen Zeit war kaum noch zeitgemäß, ihr Niedergang schuf jedoch ein Vakuum, das sich nicht leicht füllen ließ. Elisabeth hatte ihre persönlichen Defizite, ihr Geschlecht, später auch ihr Alter

---

[25] Zur Steigerung der Ausgaben namentlich für Pensionen – die meisten Empfänger solcher Zahlungen waren Höflinge – siehe DIETZ, Government Finance, S. 35. Vgl. zu den allgemeinen Ausgaben auch CRAMSIE, Kingship, S. 69.
[26] Hierzu und zum Folgenden ASCH, Jakob I., S. 86–113.
[27] Zu den Schriften des Königs siehe jetzt FISCHLIN und FORTIER (Hrsg.), Royal Subjects.
[28] PERRY, Making of Jacobean Culture, S. 161–163.
[29] Ebd., S. 164.

und nicht zuletzt ihre Finanzprobleme durch eine Repräsentation ihrer Person kompensieren lassen, die ein Idealbild und nicht den realen Menschen darstellte. Diesen Weg ging Jakob I. nicht in gleicher Weise, auch wenn er sich etwa zu Anfang seiner Regierungszeit auf Münzen als römischer Imperator darstellen ließ, eine Rolle, auf die auch die antikisierenden Maskenspiele Ben Jonsons, die nun nach italienischem Vorbild zu einem festen Bestandteil der Hofkultur wurden, zum Teil Bezug nahmen. Dieses römische Kostüm gestattete es ihm implizit auch, die Divinität der antiken Imperatoren zu beanspruchen.[30] Dennoch wies die Selbstdarstellung Jakobs I. manche Defizite auf und man könnte meinen, daß unter Jakob I. die Favoriten des Königs auch die Aufgabe hatten, dem Hof jenen Glanz zu verleihen, den der König ihm nicht geben konnte. Was immer man insbesondere über den Herzog von Buckingham (ermordet 1628) sagen konnte, er war ohne Zweifel eine strahlende Erscheinung, jener jugendliche Held, der der Monarch nie gewesen war. Daß dies auch Widerspruch erregen mußte, lag allerdings auf der Hand, zumal jetzt ein einzelner Vertrauter ausschließlich für sich die Rolle des Freundes des Königs, des *amicus principis* beanspruchte, in der sich unter Elisabeth noch alle Ratgeber der Monarchin gesehen hatten. Überdies war ein Favorit, der aus dem niederen Adel stammte, in der Tat genötigt, durch den Aufwand der Lebensführung und durch ostentativen Luxus eine letztlich vom König subventionierte demonstrative Verschwendung zu betreiben, zu der etwa Elisabeth I. als legitime Herrscherin nicht in gleicher Weise genötigt gewesen war. Bezeichnenderweise erhielt Buckingham nach seinem Tode auch ein aufwendiges Grabmal, das höchsten ästhetischen Ansprüchen entsprach, während Jakob I. selber einfach in der Gruft Heinrichs VII. in der Westminster Abtei bestattet wurde.[31]

Im übrigen bot die prominente Rolle, die die Favoriten des Herrschers am Hof und in der monarchischen Präsentation spielten, kaum eine Antwort auf die Frage nach der sakralen Legitimation seiner Herrschaft. Als Jakob I. noch als Jakob VI. in Edinburgh geherrscht hatte, war ihm von den Geistlichen der presbyterianischen Kirche namentlich während der Konflikte der 1590er Jahre die Berechtigung bestritten worden, überhaupt ein Kirchenregiment auszuüben. Die strikten Presbyterianer bestritten letztlich jede eigenständige geistliche Kompetenz des Königs. Die starke Betonung seines Gottesgnadentums durch Jakob VI. und I. richtete sich zunächst dezidiert gegen diese Kritiker, weniger gegen das Parlament, das in Schottland kein sonderliches Problem dargestellt hatte. Um so wichtiger war es jedoch für ihn, die sakrale Würde seiner Herrschaft zu unterstreichen.

---

[30] JONATHAN GOLDBERG, James I and the Politics of Literature. Jonson, Shakespeare, Donne and their Contemporaries, Baltimore 1983, hier bes. das Kapitel ‚The Style of Gods', S. 28–54.

[31] Zu Buckingham ROGER LOCKYER, Buckingham. The Life and Political Career of George Villiers, First Duke of Buckingham 1592–1628, London 1981; vgl. aber MICHAEL B. YOUNG, King James VI and the Politics of Homosexuality, Iowa 1999, S. 103–105, und THOMAS COGSWELL, The People's Love: The Duke of Buckingham and Popularity, in: ders. u. a. (Hrsg.), Politics Religion and Popularity in Early Stuart Britain, Cambridge 2002, S. 211–234; zum Grabmal DAVID HOWARTH, Images of Rule: Art and Politics in the English Renaissance, 1485–1649, Basingstoke 1997, S. 178–183.

Seine englische Vorgängerin hatte ihre Position nicht zuletzt dadurch legitimiert, daß sie von Gott dazu berufen schien, die Anhänger des wahren Glaubens im Kampf gegen die Mächte der Finsternis zu führen. Trotz innerer Vorbehalte gegen manche Forderungen des radikalen Protestantismus hatte sie in kritischen Momenten ihre Rolle als heroische gottesfürchtige Herrscherin doch überzeugend genug gespielt. Diese Rolle lehnte Jakob I. dezidiert ab, allenfalls mit der Feder wollte er den Endkampf gegen das Papsttum führen.

Auch mit Rücksicht auf diese gesamteuropäische Konstellation, die sich seit 1603 deutlich gewandelt hatte, legte Jakob I. Wert darauf, sich weniger als Kämpfer gegen den Antichrist, denn als ein neuer Konstantin darzustellen, ein Einiger nicht nur der unterschiedlichen Kirchen seiner eigenen Reiche, und der reformierten Kirchen in ganz Europa, sondern langfristig potentiell auch der gesamten christlichen Kirche. Man kann diesen Anspruch sogar mit der Selbststilisierung des Herrschers als *Imperator Magnae Britanniae*, die nach 1603 z.B. auftauchte, in Zusammenhang bringen. Die als Herrscher über drei Königreiche in Anspruch genommene kaiserähnliche Stellung – ein protestantisches Kaisertum, das implizit dem katholischen der Habsburger entgegengestellt wurde – schien Jakob I. jedenfalls dafür zu prädestinieren, als Schirmherr eines neuen ökumenischen Konzils aufzutreten.[32]

Das Muster monarchischer Herrschaft, an dem sich Jakob I. orientierte, boten ihm neben Konstantin dem Großen der biblische König Salomon, der in seiner Selbstdarstellung schon in Schottland eine gewisse Rolle gespielt hatte, und als Friedensfürst besonders geeignet war, die Vision Jakobs von einer Aussöhnung der Konfessionen und Dynastien in Europa zu verkörpern. So erschien in der offiziellen Ausgabe der Werke des Königs von 1616 ein Bild des Herrschers, das ihn in vollem Ornat mit Krone und Reichsinsignien auf seinem Thron sitzend darstellte. Im Hintergrund sah man ein Schwert auf einer Bibel liegen, ein traditionelles Symbol der zugleich geistlichen und weltlichen Herrschaftsgewalt der englischen Monarchie seit der Reformation, das auch in den offiziellen Porträts Elisabeths präsent geblieben war.[33] Bei Jakob freilich spielte es nur noch eine untergeordnete Rolle, und die kämpferischen antipäpstlichen Konnotationen die sich mit dem Bild des Schwertes verbanden, waren kam noch spürbar.[34] Statt dessen sah man über dem König auf der Rückwand des Thrones das Motto *Beati pacifici* – Selig sind die Friedfertigen – und die ganze Abbildung war durch ein vierzeiliges Gedicht erklärt:

Crownes have their compasse, length of dayes their date
Triumphes their tombes, felicitie her fate.
Of more than earth, can earth make none partaker
But Knowledge makes the KING most like his maker.[35]

---

[32] Siehe dazu W. BROWN PATTERSON, King James VI and I and the Reunion of Christendom, Cambridge 1997, und LORI A. FERRELL, Government by Polemic. James I, the King's Preachers and the Rhetoric of Conformity, Stanford 1998.

[33] Siehe dazu JOHN N. KING, The Royal Image, 1535–1603, in: Hoak (Hrsg.), Political Culture, S. 104–132, hier bes. S. 107 und 127–131.

[34] GRAHAM PARRY, The Golden Age Restored, Manchester 1981, S. 28–29; vgl. KING, Royal Image, S. 204–232; ders., Tudor Royal Iconography: Literature and Art in an Age of Religious Crisis, Princeton 1989.

[35] PARRY, Golden Age, S. 28f.

Deutlicher konnte der Anspruch des Königs durch seine Weisheit – die in seinen Werken ihren Ausdruck fand – eine gottgleiche Stellung einzunehmen, kaum formuliert werden. Der neben der salomonischen Rhetorik stark präsente Bezug auf Konstantin den Großen, den ersten christlichen Kaiser, der in England geboren war, war dagegen ambivalent. Konstantin hatte Konzilien einberufen, um die Kirche zu einigen, und stand auch für den Anspruch christlicher Monarchen gegen theokratische Tendenzen selber die Kirche zu lenken, aber er war für das 17. Jahrhundert in protestantischer Perspektive auch eine Symbolfigur des Kampfes gegen den Antichrist und die römische Hure Babylon. In diesem Sinne konnte noch 1617, als Jakob seine Heimat besuchte, ein schottischer Redner die Ankunft eines zweiten Konstantin heraufbeschwören „to support Sions second daughter … to deplume the eagle … and to strype the strumpet of Rome stark naked."[36] Diese Assoziationen konnten Jakob I. trotz der anti-päpstlichen Rhetorik, die er kultivierte, namentlich nach 1618, als er gegen starke Widerstände an seiner Neutralitätspolitik festhielt, kaum nach willkommen sein, weshalb auch am Ende das Bild des salomonischen Königs dominierte. Ihm war auch die offizielle Predigt gewidmet, die bei der Trauerfeier für Jakob 1625 von Bischof Williams von Lincoln gehalten wurde.[37]

Dennoch schien der Bezug auf Konstantin unter Jakob I. eine Rückkehr zur Idee eines *imperial kingship* anzudeuten, wie sie erstmals unter Heinrich VIII. dezidiert entwickelt worden war.[38] Allerdings war der theologische und politische Kontext nun ein anderer, denn unter Jakob I. trat erstmals der Gedanke in den Vordergrund, daß Königtum und bischöfliche Amtsgewalt so eng miteinander verbunden seien, daß sie gemeinsam stehen oder fallen mußten. Hatte Elisabeth I. bei aller Abneigung gegen eine synodale oder presbyterianische Kirchenverfassung ihre Bischöfe noch mit oft unverhohlener Geringschätzung behandelt – nur die Bischöfe des letzten Regierungsjahrzehntes, besonders Whitgift, bildeten hier eine Ausnahme – so deutete sich nun eine Aufwertung des bischöflichen Amtes an, die auch der berühmte Ausspruch Jakobs I. „No bishop no King" erkennen ließ.[39]

III

Diese Tendenz sollte sich unter Karl I. verstärkt fortsetzen. Schon seine Krönung betonte noch stärker als dies unter seinem Vater der Fall gewesen war, die sakralen Elemente seines Königtums. So wurden Bestandteile des Krönungszeremoniells wieder reaktiviert, die zuletzt bei der Krönung Heinrichs VIII., also vor der Re-

[36] JAMES DOLEMAN, King James I and the Religious Culture of England, Cambridge 2000, S. 80; Zitat nach JOHN ADAMSON, The Muses Welcome, Edinburgh 1618, S. 138. Mit „the Strumpet of Rome" war die Hure Babylon, also das Papsttum gemeint; der Adler konnte als Symbol des Hauses Habsburg gedeutet werden.

[37] ROBERT ASHTON (Hrsg.), James I by his Contemporaries, London 1969, S. 19–21.

[38] Zur Selbstdarstellung Heinrichs VIII. im Kontext der Reformation und den langfristigen Wirkungen der einschlägigen Ikonographie siehe KING, Royal Image, S. 204–232; ders., Tudor Royal Iconography: Literature and Art in an Age of Religious Crisis, Princeton 1989. Zur Idee der „imperial kingship" siehe GUY, Monarchy and Counsel, S. 117–121.

[39] ASCH, Jakob I., S. 143–146.

formation, eine Rolle gespielt hatten, wie etwa ein Gebet, das den König nicht mit Moses, sondern eher mit Aaron, dem alttestamentarischen Priester und geistlichen Führer seines Volkes implizit gleichsetzte.[40] Karl I. setzte dezidiert auf das Bündnis mit einer Kirche, deren Bischöfe die eigene Würde und die Autorität des geistlichen Amtes nachdrücklich verteidigten, so nachdrücklich, daß damit implizit eigentlich auch die *royal supremacy* in ihre Schranken verwiesen wurde, wie die Kritiker der offiziellen Kirchenpolitik nicht müde wurden zu betonen. Karls Erzbischof Laud sollte 1645 als Hochverräter hingerichtet werden, weil er die Herrschaft der Krone über die Kirche angegriffen habe.[41]

Im konkreten politischen Kontext der späten 1620er und der 1630er Jahre richtete sich der neue Klerikalismus allerdings sehr viel eher gegen den Anspruch des Parlaments auf ein Mitspracherecht in kirchlichen Angelegenheiten. Als *persona mixta* hatte der König, der durch Amt und Salbung selber eine sakrale Würde besaß, wie ja nicht zuletzt die Wunderheilungen, die er vollzog, zeigten, durchaus ein Anrecht auf die Lenkung der Kirche, solange er deren Rechte nicht verletzte, nicht aber das nur aus reinen Laien bestehende Parlament. Daß diese Konzeption eines *imperial kingship* auf ihre Weise doch ganz anders war als diejenige Heinrichs VIII., mit der sie auf den ersten Blick verwandt erschien,[42] zeigt sich freilich darin, daß die Kirchenpolitik dieses Herrschers von königstreuen Theologen nun dezidiert kritisch gesehen wurde. Schon 1630 veröffentlichte der protestantische Geistliche Edward Brouncker eine Predigt, die den Titel trug *The Curse of Sacriledge*, in der die Enteignung kirchlicher Besitzungen unter Heinrich VIII. in düstersten Farben geschildet wurde. Dort wurde die Frage gestellt, „whether our forefathers, who lived before Hen. the 8. dayes might not have been more assured of their salvations, though dying Papists, than any Puritan Church-Robbers can bee if so dying?" Daß das Parlament die Enteignung der Klöster abgesichert habe, besage wenig, denn „Let no man hoode-winke himself with a conceit of the infallibility of a state met in a Parliament, as if their decrees were Sybillae Folia, meere oracles, especially when feare and covetousness are the speakers, as they usually were in Henry the 8. his Parliaments."[43] Brouncker betonte zwar, wer die Priester

[40] Siehe dazu LAURA LUNGER KNOPPERS, Constructing Cromwell: Ceremony, Portrait, and Print 1645–1661, Cambridge 2000, S. 110. Zur Krönung Karls I. siehe auch DOUGAL SHAW, The Coronation and Monarchical Culture in Stuart Britain and Ireland, 1603–1661, Ph. D. thesis (Univ. Cambridge 2002), ungedruckt.

[41] Zur Regierungszeit Karls I. und seiner Konfessionspolitik siehe RICHARD CUST, Charles I: A Political Life, Harlow 2005, S. 82–84 und 133–135.

[42] Zur Deutung des königlichen Kirchenregiments siehe RONALD G. ASCH, No bishop no king oder cuius regio eius religio. Die Deutung und Legitimation des fürstlichen Kirchenregiments und ihre Implikationen für die Genese des „Absolutismus" in England und im protestantischen Deutschland, in: ders. und Heinz Duchhardt (Hrsg.), Der Absolutismus – ein Mythos? Strukturwandel monarchischer Herrschaft ca. 1550–1700, Köln 1996, S. 79–124. Vgl. zu den ekklesiologischen Diskussionen des frühen 17. Jahrhunderts auch ANTHONY MILTON, Catholic and Reformed. The Roman and Protestant Churches in English Protestant Thought, 1600–1640, Cambridge 1995, und CHARLES W. A. PRIOR, Defining the Jacobean Church, Cambridge 2005.

[43] EDWARD BROUNCKER, The Curse of Sacriledge, London 1630, S. 222 und Anhang, A catalogue of such Queries as are submitted by the author ..., Frage 3.

der Kirche zwinge zu betteln, greife auch die königliche Prärogative an, aber es war dennoch klar, daß zumindest Heinrich VIII. und die von ihm vertretene Version des königlichen Kirchenregimentes in dieser Darstellung der Dinge nicht gut abschnitten. Dennoch besaßen solche Positionen vor 1640 die Unterstützung des Königs. Wer demonstrieren wollte, daß er dem König ergeben war, und seine kirchenpolitischen Auffassungen teilte, der gab freiwillig Zehnt- und Patronatsrechte oder auch Ländereien an die Kirche zurück.[44]

Die Herrschaft Heinrichs VIII. und seiner protestantischen Nachfolger war durch den Kampf gegen das Papsttum legitimiert worden, allerdings auch durch die Zustimmung, die das Parlament der Kirchenpolitik gab. Schon bei Jakob I. verschoben sich die Gewichte, die sakrale Legitimation seiner Autorität bezog er eher aus dem Anspruch, über den konfessionellen Parteien zu stehen und zwischen den Gegensätzen, zwischen Genf und Rom, vermitteln zu können. Dies war freilich nicht ganz die Rolle, in der sein Sohn sich sah oder mitten im 30jährigen Krieg sehen konnte, er bedurfte namentlich nach der Zuspitzung der Konflikte mit dem Parlament einer anderen Legitimation seiner Herrschaft; die arminianisch gesinnten Bischöfe und Geistlichen seiner Kirche schienen sie ihm zu bieten, indem sie zum Gehorsam gegenüber dem gesalbten Herrscher aufriefen und jedes Widerstandsrecht verwarfen.[45] Aber nur eine kirchliche Hierarchie, die ein gewisses Maß unabhängiger Autorität und entsprechendes Selbstbewußtsein besaß, die nicht nur die Kreatur des Königs war, konnte der Monarchie jene sakrale Autorität verleihen, derer sie bedurfte. Deshalb war es folgerichtig, daß Karl I. seine eigene Herrschaftsgewalt über die Kirche und die antiklerikale Politik seiner Vorgänger zumindest partiell relativierte und zugleich dezidiert auf eine bessere materielle Ausstattung der Pfarreien und Bistümer Wert legte. Nur so ließ sich auch in der Liturgie des Gottesdienstes jene „Beauty of Holiness" entfalten, die durchaus Teil der Legitimation der Monarchie sein sollte, und Karl I. vielleicht wirkungsvoller zu sein schien, als eine verschwenderische Hofhaltung, die er ohnehin nicht finanzieren konnte. Die These besitzt eine gewisse Plausibilität, daß die materielle Kultur der Kirche – in Gestalt sorgfältig renovierter und neu ausgestatteter Kirchenbauten etwa, für die St. Paul's in London nur ein Beispiel war, aber auch in Gestalt aufwendiger liturgischer Gewänder und einer erneuten Ausschmückung der Kirchenräume mit religiösen Bildnissen – die des Hofes, die oft unzureichend erschien und selten über Whitehall hinaus wirkte, ergänzen sollte.[46] Dies wäre in katholischen Monarchien, man denke an die Habsburgermonarchie, nicht ungewöhnlich gewesen, im protestantischen England mußte es kontrovers sein. Doch war die Symbiose zwischen höfischer und aristokratisch-ritterlicher Kultur, die die elisabethanische Epoche gekennzeichnet hatte, brüchig geworden, und die

---

[44] Dazu IAN ATHERTON, Ambition and Failure in Stuart England, Manchester 1999, S. 59–79.

[45] ASCH, Jakob I., S. 151–155.

[46] Zu den Kirchenbauten der Zeit siehe JOHN NEWMAN, Laudian Literature and the Interpretation of Caroline Churches in London, in: David Howarth (Hrsg.), Art and Patronage in the Caroline Courts, Cambridge 1993, S. 168–188. Generell zu diesen Aspekten der Kirchenpolitik auch JULIAN DAVIES, The Caroline Captivity of the Church: Charles I and the Remoulding of Anglicanism, Oxford 1992.

Verbindung zwischen monarchischer Repräsentation und jener Form aristokratischer Selbstdarstellung, wie sie zwischen 1612 und 1628 sukzessive zwei mächtige Favoriten als Verkörperung eines königstreuen höfischen Adels entfalteten, war ebenfalls allzu problematisch, wie sich gezeigt hatte. So schien die Verbindung zwischen der höfischen Kultur und einem erneuerten „sakralen Luxus" in der kirchlichen Kunst und Kultur durchaus konsequent. Heinrich VIII. hatte einst durch die Enteignung der Klöster weitgehend die Basis für die materielle Hofkultur der Tudors und Stuarts gelegt, jedenfalls was ihren räumlichen Rahmen, die Paläste und Schlösser betraf, die erst nach 1688 in größerem Stil durch neue Residenzen ergänzt oder ersetzt wurden – jetzt wurde das Rad zurückgedreht und eine starke und wohlhabende Kirche sollte die Monarchie stützen.[47]

Obwohl Karl I. während des Bürgerkrieges einen Kompromiß mit den Presbyterianern ernsthaft erwogen hatte, starb er in seinem eigenen Bewußtsein und dem vieler seiner Anhänger als Märtyrer für die Kirche, deren Oberhaupt er war und erlangte damit im Tode vollends jene sakrale Würde, die ihm im Leben von seinen Kritikern bestritten worden war.[48] Der Preis für diesen Triumph war freilich hoch, aus der Sicht seines lebensfrohen Nachfolgers bei weitem zu hoch. Karl II. vertrat daher eine dezidiert andere Herrschaftsauffassung. Dies wurde schon bei seiner Krönung deutlich. Am 23. April 1661, am St. Georgstag, wurde er in der Westminsterabtei zum englischen König gekrönt, damit wurde die Wiederherstellung der englischen Monarchie, die sich nach dem Tode Cromwells 1658 schrittweise vollzogen hatte, vollendet. Allem Anschein nach ordnete sich die Krönung Karls II. in die lange Tradition englischer Königkrönungen ein und knüpfte insbesondere an die Krönung seines Vaters im Februar 1626 an, die bis in die Details nachvollzogen wurde.[49] Dennoch, nach der Periode des Bürgerkrieges und dem 11-jährigen königslosen Interregnum hatte sich der Charakter der englischen Monarchie tiefgreifend gewandelt. Insbesondere hatte der auf dem Rechtswege vollzogene Königsmord von 1649 ihren sakralen Charakter fundamental in Frage gestellt. Wie immer man die politischen Intentionen Karls II. einschätzen mag, die Wiederherstellung der Sakralität der Monarchie gehörte ganz offensichtlich nicht wirklich zu seinen Prioritäten. Schon sein persönlicher Lebensstil, der in seiner Ungehemmtheit selbst nach den Maßstäben der Zeit kaum mit der Rolle eines gottesfürchtigen und frommen Monarchen vereinbar war, ließ ihn ungeeignet erscheinen, die Rolle eines Herrschers zu spielen, der nach den Idealen der anglikanischen Kirche lebte, auch wenn der König eine auffällig hohe Zahl von Wunderheilungen vollzog und manche Historiker meinen, die Verbindung monarchischer

---

[47] Zu den Königsresidenzen des 16. Jahrhunderts siehe SIMON THURLEY, The Royal Palaces of Tudor England, New Haven 1993.

[48] ANDREW LACEY, The Cult of King Charles the Martyr, Woodbridge 2003. Vgl. ELIZABETH S. WHEELER, Eikon Basilike and the Rhetoric of Self-Representation, in: Thomas N. Corns (Hrsg.), The Royal Image: Representations of Charles I, Cambridge 1999, S. 122–140.

[49] LORRAINE MADWAY, The Most Conspicuous Solemnity: The Coronation of Charles II, in: Cruickshanks (Hrsg.), The Stuart Courts, S. 141–157; vgl. auch HEINZ DUCHHARDT, Krönungszüge. Ein Versuch zur „negativen Integration", in: ders. und Gert Melville (Hrsg.), Im Spannungsfeld von Recht und Ritual. Soziale Kommunikation in Mittelalter und Früher Neuzeit, Köln 1997, S. 291–304, hier S. 297 zur Krönung Jakobs II.

Würde mit einem ungezwungenen, ja ungehemmten Auftreten habe den König durchaus populär gemacht, zumal der Klatsch über seine vielen Affären das Publikum von den wichtigeren politischen Problemen abgelenkt habe.[50] Da sich Karl II. keinen Palast im Stile von Versailles oder des Louvre leisten konnte, mochte es dafür auch zeitweilig Planungen geben, wollte er sich offenbar zumindest einen Harem halten, der mit dem anderer Monarchen konkurrieren konnte; auch eine Form des höfischen, erotischen Luxus wenn man so will, in der manche Panegyriker und königstreue Dichter sogar ein Symbol der Fruchtbarkeit und des erhofften Wohlstandes des Königreiches sahen.[51]

Festzuhalten bleibt, daß Karl II. zögerte, sich in seiner Herrschaft ausschließlich auf ein Bündnis mit jenen Kräften zu stützen, die ihre Treue zur Monarchie mit einer ausgeprägten Intoleranz gegenüber allen Nichtanglikanern, seien sie nun Presbyterianer, Angehörige protestantischer Sekten oder Katholiken, verbanden. Zu sehr blieb er sich bewußt, daß er seine Rückkehr in sein angestammtes Königreich weniger der zwar tiefempfundenen, aber nach 1649 weitgehend passiven Loyalität der anglikanischen Royalisten verdankte, sondern eher der Bereitschaft enttäuschter Anhänger des *Covenant* in Schottland und des Parlaments in England, mit ihm zusammenzuarbeiten.[52]

IV

Die Krönung von 1661 betonte trotz des traditionellen Zeremoniells im Krönungsgottesdienst selber daher im Umzug und in der Festarchitektur stärker den rein weltlichen Sieg der Kräfte der Ordnung und des Rechtes, aber auch der beharrlichen Anstrengungen des jungen Monarchen über den Aufruhr und das Chaos als die Rückkehr zu einer durchweg sakral legitimierten Herrschaft.

Der sakrale Aspekt der monarchischen Herrschaft fand auf den Triumphbögen, die für die Krönungsprozession errichtet worden waren, kaum Ausdruck, sie stellten vielmehr neben der Wiederherstellung der Monarchie die Macht Englands zur See, das Ideal der Einigkeit und den Wohlstand dar, kaum Ideen, die unmittelbar mit der Botschaft der zu erneuernden anglikanischen Staatskirche verbunden waren, auch wenn manche Betrachter die Bilder der Triumphbögen anders ver-

---

[50] ROBERT L. WOODS, Charles II, and the Politics of Sex and Scandal, in: Charles Carlton u.a. (Hrsg.), State, Sovereigns and Society in Early Modern England, Stroud 1998, S. 119–136; zu den Wunderheilungen vgl. HAROLD M. WEBER, Paper Bullets: Print and Kingship under Charles II, Louisville 1996, S. 50–87.

[51] S. ZWICKER, Lines of Authority: Politics and English Literary Culture, 1649–1689, Ithaca 1993, Kap. 4.

[52] Zur religiösen Haltung des Königs siehe RONALD HUTTON, The Religion of Charles II, in: Smuts (Hrsg.), Stuart Court, S. 228–246. Zu den religiösen Aspekten seines Bildes in der Öffentlichkeit siehe auch P. HAMMOND, The King's Two Bodies: Representations of Charles II, in: Jeremy Black und J. Gregory (Hrsg.), Culture, Politics and Society in Britain, 1660–1800, Manchester 1991, S. 13–48. Zu den konfessionellen Problemen der Zeit nach 1660 siehe auch TIM HARRIS (Hrsg.), The Politics of Religion in Restoration England, Cambridge 1990, und ders., Restoration: Charles II and his Kingdoms, London 2005.

standen.[53] Insgesamt verdankte das Bild der wiederhergestellten Monarchie dem bewußt aufgenommenen Vorbild des Cromwellschen Herrscherkultes, der in der Bestattung des Reichsverwesers in der Westminsterabtei – dem aufwendigsten mit vollem heraldischem Zeremoniell zelebrierten Staatsbegräbnis des 17. Jahrhunderts – seinen letzten großen Ausdruck gefunden hatte,[54] mindestens ebenso viele Anregungen wie der Verehrung für den königlichen Märtyrer, der 1649 hingerichtet worden war, der jedoch nie jenes große Mausoleum erhielt, für das das Parlament noch in den 1670er Jahren 70000 Pfund bewilligt hatte. Die zu diesem Zeitpunkt sich zuspitzende Eskalation der *Exclusion Crisis* ließ derartige Pläne unrealistisch werden.[55] Der von Wren geschaffene Denkmalsentwurf stellte den hingerichteten Monarchen in einer Pose dar, die an bekannte Darstellungen Christi etwa in Bildern des Jüngsten Gerichts erinnerte. Daß die Figur Karls I. von den Tugenden auf einem Schild in die Höhe gehoben wurde, konnte allerdings auch gedeutet werden als Hinweis auf die notwendige Zustimmung des Volkes oder doch seiner geborenen Führer zur Herrschaft eines Monarchen, ein Gedanke, der auch den royalistischen Anglikanern nicht fremd war. Aber dieses Mausoleum wurde, wie gesagt, nie gebaut. Eher orientierte sich die monarchische Selbstdarstellung nun bis zu einem gewissen Grade am Vorbild Cromwells', der sich legitimiert hatte als militärischer Führer, als moderner Heros und als Werkzeug einer radikal protestantisch gedeuteten göttlichen Vorsehung gegen die Mächte der Finsternis, jedoch gewiß nicht als eine Art Priesterkönig.[56]

Karl II., der schon bei seiner Krönung eine eher weltliche Herrschaftsauffassung propagierte, ließ sich in seiner keineswegs gradlinigen Kirchenpolitik oft genug von taktischen und rein pragmatischen Erwägungen leiten. Sein Bruder schließlich vollzog mit dem Übertritt zum Katholizismus einen Schritt, der ihn politisch in England isolieren mußte, der ihm freilich nun auch in der Tat die sakrale Legitimation durch eine unabhängige geistliche Instanz versprach, die ihm

[53] MADWAY, Solemnity, S. 148–152.

[54] Zur Bestattung Cromwells siehe JENNIFER WOODWARD, The Theatre of Death: The Ritual Management of Royal Funerals in Renaissance England, 1570–1635, Woodbridge 1997, S. 199–201.

[55] Zu den Plänen für ein Mausoleum Karls I.: J. DOUGLAS STEWART, A Militant, Stoic Monument: The Wren-Cibber-Gibbons Charles I Mausoleum Project: its Authors, Sources, Meaning and Influence, in: W. Gerald Marshall (Hrsg.), The Restoration Mind, London 1997, S. 21–64, und R. A. BEDDARD, Wren's Mausoleum for Charles I and the Cult of the Royal Martyr, in: Architectural History 27 (1984), S. 36–47. Siehe auch LACEY, The Cult, S. 168–171.

[56] Zur Selbstdarstellung Cromwells siehe KNOPPERS, Constructing Cromwell, hier bes. S. 124. Zur Anlehnung der monarchischen Repräsentation nach 1660 an das von Cromwell geschaffene Vorbild siehe ebd., S. 169: „Carolean panegyric does not so much ignore or erase Cromwell as approriate and revise distinctively Cromwellian martial forms to legitimate the Stuart king.... Brome [ein zeitgenössischer Autor] explicitly contrasts Charles's new king of heroism with the illicit victories of Cromwell". Generell zur politischen Kultur der 1650er Jahre auch KEVIN SHARPE, „An Image Doting Rabble": The Failure of Republican Culture in Seventeenth-Century England, in: ders., Remapping, S. 223–265. Zur Zeit vor der Errichtung des Protektorates SEAN KELSEY, Inventing a Republic: The Political Culture of the English Commonwealth, 1649–1653, Stanford 1997.

eine innerlich zerrissene und von Krone und Parlament weitgehend abhängige Kirche wie die Church of England in seinen Augen nicht zu geben vermochte.

Am Schicksal der englischen Monarchie nach der Reformation zeigt sich in gewisser Weise, wie problematisch der sakrale Charakter eines protestantischen Königtums mit imperialem Anspruch generell sein mußte, ein Problem, das sich in England mit besonderer Schärfe stellte, da unter den protestantischen Fürsten Europas nur der König von England ein gesalbter Herrscher war, der für sich bis zu Beginn des 18. Jahrhunderts die Fähigkeit in Anspruch nahm, Wunderheilungen zu vollbringen. Der Caesaropapismus Heinrichs VIII. war auf Dauer nicht tragfähig und verdankte sich der Ausnahmesituation der 1530er Jahre. Der Nimbus Elisabeths I. beruhte auf einer längerfristig höchst gefährlichen Konfrontation mit der Vormacht des katholischen Europa, die sie eigentlich bis zum letzten Moment zu vermeiden versucht hatte, und der Anspruch Jakobs I. als konstantinischer Einiger der geteilten Christenheit aufzutreten, war realpolitisch illusorisch. Karl I. gelang es tatsächlich, zum ersten und einzigen Heiligen der Kirche zu werden, deren Oberhaupt er war, und so eine sakrale Würde wie kaum ein anderer protestantischer Monarch der frühen Neuzeit zu erlangen, aber die Voraussetzung dafür waren sein politisches Scheitern und sein gewaltsamer Tod. Die Säkularisierung und Desakralisierung der Monarchie, die sich auf dramatische Weise 1649 vollzog, 1660 nur partiell revidiert wurde, und sich nach 1714 deutlich verstärkte, hat daher ihre Wurzeln keineswegs nur in republikanischen Bestrebungen und – später – der Aufklärung, sondern in gewisser Weise bereits in der Reformation selber und war auch die verspätete Antwort auf die Widersprüche in Legitimation und Selbstverständnis des englischen Königtums im 16. und frühen 17. Jahrhundert, das überdies in seiner Selbstdarstellung nach der Mitte des 16. Jahrhunderts immer wieder mit eher bescheidenen Mitteln, die auf dem Kontinent oft kaum als „Luxus“ betrachtet worden wären, auskommen mußte.

Schluß

Werner Paravicini

Von materieller Attraktion, adligem Dienst und politischer Macht.

Über den tieferen Sinn höfischer Lebensführung: Eine Zusammenfassung

1. Fragen

Am Ende unseres Kolloquiums sollten wir uns daran erinnern, was wir eigentlich wissen wollten. Der Titel der Tagung „Luxus und Integration. Materielle Hofkultur Westeuropas vom 12. bis zum 18. Jahrhundert“ nahm Werner Sombarts provokative These auf, daß etwas ‚Verwerfliches‘ eben Luxus, hier erotischer, zu Modernisierung führen und damit (vermeintlich) positive Folgen haben könne.[1] Es ist einzuräumen, daß diese Perspektive in unseren Diskussionen kaum eine Rolle gespielt hat. Die Grundfrage war und ist vielmehr, weshalb die hohen Aufwandsnormen bei Hofe notwendig waren, weshalb sie sich steigerten, ob damit ein Erfolg erzielt wurde, und wenn ja, welcher.

Das verwendete Wort ‚Luxus‘ setzt dabei voraus, daß die Entfaltung gehobener, herrenmäßiger Lebensführung nicht einfach die Erfüllung der „Sehnsucht nach schönerem Leben“ (Johan Huizinga)[2] darstellte, sondern eine soziale Funktion hatte, unter bestimmten Voraussetzungen sogar eine Notwendigkeit war. Insbesondere sollte festgestellt werden, ob dem Aufwand eine bedeutende Rolle bei der Durchsetzung und Konsolidierung der schließlich fast überall siegreichen Fürstenherrschaft zukommt.

‚Integration‘ macht dabei sogleich einen Interpretationsvorschlag: Es sollte vom Hohen Mittelalter bis zum Ende des Ancien Régime anhand englischer, französischer, deutscher, polnischer Beispiele beobachtet werden, ob und wie der Alltag bei Hofe, der auch das Fest einbeschließt,[3] sich in Integration von Untergeordneten, Gleichgeordneten, Übergeordneten umsetzt und zu politischer Macht und Ordnung führt – oder auch nicht.

---

1 Werner Sombart, Liebe, Luxus und Kapitalismus. Über die Entstehung der modernen Welt aus dem Geist der Verschwendung, München 1913.

2 Johan Huizinga, Herbst des Mittelalters. Studien über Lebens- und Geistesformen des 14. und 15. Jahrhunderts in Frankreich und in den Niederlanden, München 1924 (Orig.: 1919), Titel von Kap. II.

3 Vgl. Werner Paravicini (Hrsg.), Alltag bei Hofe (Residenzenforschung, Bd. 5), Sigmaringen 1995.

2. Definitionen

Dabei waren zunächst die Begriffe zu klären:

Hof sollte jeder herrenmäßige Haushalts sein, der eine organisierte Ausweitung um öffentliche Regierungs- und Verwaltungsfunktionen erhalten hat, wobei man verschiedene quantitative und qualitative Grenzen setzen kann, z. B. die fürstliche Standesqualität, die ihrerseits verschieden definiert werden kann. Der Hof hat im Haushalt einen festen Kern, um den sich bei gewissen Gelegenheiten weitere Ringe lagern: interne Herrschaftsträger, Verwandte und auswärtige Besucher, Unterhaltungspersonal, Kaufleute, Spezialisten jeder Art.

Materielle Hofkultur ist derjenige Bereich herrenmäßiger Existenz, der sich auf Gegenstände oder Gaben mit schließlich materiellem Wert oder materieller Erscheinungsform bezieht, also alle Arten von Zahlungen, Geschenken und Repräsentationsausgaben. Es geht somit um Patronage in vielfachem Sinn: Klientelschaft und Mäzenatentum, Gönnertum und Nepotismus. Dabei ist besonders wertvoll das Rare, Wertvolle, Fremde, Neue – oder das ganz Alte.

Luxus konnten wir mit Hilfe von Ulf Christian Ewert und Jan Hirschbiegel als dasjenige Gut definieren, das aufgrund seines Prestigewerts je teuerer desto attraktiver wird. Dabei kommt es in europäischen Gesellschaften auch in extremen Konkurrenzsituationen in der Regel nicht zur Gütervernichtung und anscheinend kaum zur materiellen Beschämung von Konkurrenten (Wolfgang Reinhard in der Diskussion).

Integration kann von drei Seiten betrachtet werden:

Intern von oben, d. h. von Seiten des Fürsten als die Herstellung von asymetrischen, zu seinen Gunsten stabilen Machtverhältnissen, insbesondere durch tragende oder wenigstens neutralisierende Einbeziehung von potentiellen Konkurrenten. Intern von unten als profitable Sicherung des eigenen Standes und Teilhabe an der Verteilung der Güter, über die der Herr im Idealfall monopolistisch verfügt. Extern schließlich als bestandssichernde Anerkennung von Rang und möglichst auch Besitz durch die Ranggleichen und den legitimierenden Oberherrn. Integration heißt aber immer auch Exklusion: Die Höfische Kultur schafft nicht nur das Bild des Ritters, sondern auch dasjenige des *vilain*. Wenn die Ausgeschlossenen zu mächtig werden, steht das System Hof in Gefahr abzustürzen, jedenfalls zeitweilig, und stets ist es der Exponent der Gunst, der Günstling, der zuerst fällt.[4]

[4] Siehe Der Fall des Günstlings: JAN HIRSCHBIEGEL und WERNER PARAVICINI (Hrsg.), Hofparteien in Europa vom 13. bis zum 17. Jahrhundert (Residenzenforschung, Bd. 17), Stuttgart 2004, und weitere Lit. bei ANDREAS BIHRER, Curia non sufficit. Vergangene, aktuelle und zukünftige Wege der Erforschung von Höfen im Mittelalter und in der Frühen Neuzeit, in: Zeitschrift für Historische Forschung 35 (2008), S. 235–272, hier S. 256, Anm. 79.

3. Vorgehensweise

Wir haben versucht, die Befunde in vier Anläufen zu erheben: Wir frugen zuerst nach *Dienst, Fest und Zeitvertreib*, wollten also wissen, wie die gehobene Daseinsform organisiert und erlebt wurde, als Dienst, der als persönliche Bindung in jenen Zeiten noch einen viel umfassenderen Sinn hatte als heute; als Fest (zu dem ja tatsächlich das Dasein bei Hofe tendenziell werden sollte), schließlich als Zeitvertreib angesichts des in einer von Handarbeit befreiten Lebensweise von Langeweile bedrohten Daseins.[5] Denn einerseits sind Leute bei Hofe Hochleistungsathleten an Geistesgegenwart, Gedächtnis und Geschicklichkeit, andererseits nehmen die Repräsentationsaufgaben zu, das einfache Dabeisein, weshalb denn auch *inventivité* und *créativité* so hoch geschätzt wurden (Katia Béguin).

Wir wollten dann wissen, wie eigentlich entlohnt wurde: mit *Dotation, Salär, symbolischem und realem Kapital*. Wir waren uns von vorneherein dessen bewußt, daß die Münze, in der gezahlt wurde, ganz verschiedene Prägung haben konnte, und wollten wissen, wann, warum und in welcher Weise in dieser und nicht in jener Währung entgolten wurde.

Damit war drittens die Frage gestellt nach *Ökonomie und Ehre*, nach der Ökonomie *der* Ehre,[6] deren grundlegende Bedeutung wir natürlich ahnten.

Schließlich wurde nach *Erfolg und Mißerfolg* jener Investition in materielle Hofkultur gefragt. Die Antworten, denen wir uns nun zuwenden, fielen sehr verschieden aus, je nach Ort und Zeit und Perspektive.

4. Antworten

4.1 Schlichtheit und Pracht

Zunächst stellte sich die Frage, ob die Aufwandssteigerung überall zu beobachten ist und ob sie somit schon des Systems wegen notwendig war. Diese Frage konnte verneint werden. Zunächst theoretisch: Ulf Christian Ewert hat uns gezeigt, daß man wohl zwischen *parading* und *not parading* wählen konnte. Am Beispiel König Ludwigs XI. habe ich ehemals dargelegt und Jean-François Lassalmonie hat es untermauernd bestätigt, daß auch im repräsentationswütigen westeuropäischen 15. Jahrhundert wenigstens *ein* Herrscher sich für *not parading* entschieden hat und damit einen kaum zu überbietenden Erfolg hatte. Allerdings, und das scheint die Voraussetzung für jede Schlichtheit zu sein, war er als *Erbmonarch* und Angehöriger einer der ältesten Königsdynastien Europas im Besitz einer konkurrenzlosen Legitimität; an die Stelle höfischen Aufwands traten ein ausgedehntes

---

[5] Das Thema höfischer Langeweile hat noch keine umfassende Darstellung gefunden. Vgl. u. a. ANNETTE WEBER-MÖCKL, Langeweile als Adelsprivileg. Melancholie in der höfischen Gesellschaft, in: Journal für Geschichte 1 (1987), S. 31–37.

[6] ANDREAS PEČAR, Die Ökonomie der Ehre. Der höfische Adel am Kaiserhof Karls VI. (1711–1740), Darmstadt 2003.

System von Pensionen, ständige Jagd und maßlose Kirchenstiftungen.[7] Ein späteres Beispiel ist die Auflösung jeder nennenswerten Hofhaltung durch Friedrich Wilhelm I. von Preußen nach der Königskrönung, die noch bis zum Tode des Königs und Kaisers Wilhelm I. nachwirkte.[8] Schließlich kann in einer echten *Wahlmonarchie* eine nennenswerte Hofbildung unterbleiben, wenn der König nichts zu verteilen hat und die Adelsoligarchie darauf sieht, daß er nichts zu verteilen bekommt: Almut Bues hat uns den polnischen Fall eindrücklich vor Augen geführt. Hofbildung beruht ohne jeden Zweifel auf Gunst, Gunst wird aber erst attraktiv, wenn sie Güter zu vergeben hat. So schwach war der polnische König im 14. Jahrhundert nicht gewesen,[9] vielmehr hatte sich die Verteilung der Macht zu seinem Nachteil verschoben, die wichtigen Festereignisse waren nun nicht mehr Geburt, Hochzeit und Begräbnis, sondern Wahl und Krönung. Die Prachtentfaltung wurde jetzt nicht mehr vom König bezahlt, sondern vom Adel, der damit seinen eigenen Stand bestätigte. Der königliche Hof war reiner Haushalt, der Adel verschmähte die Hofämter. Wir müssen uns dieses Gegenbeispiel immer vor Augen halten, wenn wir die verteilenden Hof für eine Selbstverständlichkeit halten, dürfen aber auch nicht vergessen, daß die Eidgenossenschaft und die Niederlande im Zeitalter der Monarchien Gegenbeispiele republikanischer Verfassung boten, in den Niederlanden monarchisch verbrämt. In England kam es zu ähnlichen Phänomenen wie in Polen: Der Adel hatte seine eigene Kultur und bildete im Parlament sein eigenes politisches Forum aus (Ronald G. Asch).

4.2 Gespaltener Konsum

Bei der Entscheidung für Schlichtheit ist indes immer danach zu fragen, ob nicht gespaltener Konsum vorliegt, d.h. alltägliche Sparsamkeit und gleichwohl festlicher Aufwand bei besonderen Anlässen. So verfuhr auch Ludwig XI. Der Haushalt des Fürstbischofs von Basel Johann von Venningen im selben 15. Jahrhundert ist für dieses Verhalten ein besonders schönes Beispiel,[10] in anderer Weise aber

---

[7] WERNER PARAVICINI, Schlichtheit und Pracht: Über König Ludwig XI. von Frankreich und Herzog Karl den Kühnen von Burgund, in: Cordula Nolte u.a. (Hrsg.), Principes. Dynastien und Höfe im späten Mittelalter, (Residenzenforschung, Bd. 14), Stuttgart 2002, S. 63–86; JEAN-FRANÇOIS LASSALMONIE, Le prince a-t-il besoin d'une cour? Le cas de Louis XI, roi de France (1461–1483), in: Gerhard Fouquet, Jan Hirschbiegel und Werner Paravicini (Hrsg.), Hofwirtschaft. Ein ökonomischer Blick auf Hof und Residenz in Spätmittelalter und Früher Neuzeit (Residenzenforschung, Bd. 21), Ostfildern 2008, S. 123–139.

[8] WOLFGANG NEUGEBAUER, Funktion und Deutung des „Kaiserpalais". Zur Residenzstruktur Preußens in der Zeit Wilhelms I., in: Forschungen zur Brandenburg-Preußischen Geschichte NF 18 (2008), S. 67–95.

[9] MARC LÖWENER (Hrsg.), Die „Blüte" der Staaten des östlichen Europa im 14. Jahrhundert, (Deutsches Historisches Institut Warschau, Quellen und Studien, Bd. 14), Wiesbaden 2004, hier auf S. 107–142 der Beitrag von JANUSZ KURTYKA, Das wiedervereinigte Königreich Polen unter Ladislaus Ellenlang (1304/5–1333) und Kasimir dem Großen (1333–1370).

[10] VOLKER HIRSCH, Der Hof des Basler Bischofs Johannes von Venningen (1458–1478). Verwaltung und Kommunikation, Wirtschaftsführung und Konsum (Residenzenforschung, Bd. 16). Ostfildern 2004; GERHARD FOUQUET und ULF DIRLMEIER, „weger wer,

auch derjenige des Fürstbischofs von Augsburg und des Markgrafen von Ansbach-Bayreuth 300 Jahre später, wie sie uns Wolfgang Wüst vorgeführt hat. Diese kleinen Höfe sind selbst für die landsässigen Diener wenig attraktiv und setzen sich, wie derjenige des Kurfürsten von Köln, gerne aus Fremden zusammen.[11]

Es sei auch daran erinnert, daß Aufwandsvermeidung Mode werden konnte, so das einfache spanische Schwarz, bereits seit 1419 am Hof Philipp dem Guten von Burgund – allerdings aus Stoffen bester Qualität.[12] Unter Ludwig XIII. werden auch für den Hof Kleiderordnungen erlassen, was den aus Tours stammenden Radierer Abraham Bosse dazu veranlaßte, einen Höfling darzustellen, der, schon in der neuen, einfacheren Tracht gekleidet, seinem Bediensteten das abgelegte kostbare Gewand übergibt, damit er es zum Altkleiderhändler trage.[13]

4.3 Die Gesetze des Gütertausches

„Am Hof ist alles Gabe" (Gert Melville in der Diskussion, ausführlich Beatrix Bastl), er ist auch der Ort des Prestigekampfes. Zwar konnte man ohne Schaden aus dem Wettbewerb aussteigen (Karl-Heinz Spieß), aber nur wenige wollten oder konnte sich dies leisten: Es war eine Frage des Stellung und des Lebensalters. Je instabiler die Hierarchien waren, desto weniger war die Entfernung zu wagen (Ulf Christian Ewert). Königsnähe wurde im 17. Jahrhundert geradezu monetarisiert in Form des Kaufs von Hofchargen, für die zuweilen astronomischen Summen aufzubringen waren, z. B. 1,2 Millionen Livres, die dann aber auch in den Familienbesitz übergingen, ohne doch als *charge* derart vererblich zu sein wie die *offices* (Leonhard Horowski).

Die Nähe konnte auch Formen der Freundschaft annehmen (Ronald G. Asch) oder des Mignon (Nicolas Le Roux), was einen besonders engen Kreis immer noch asymmetrischer Beziehungen schuf.

Es gab Normen des Verhaltens und eine berechtigte Erwartung auf Lohn, aber auch zeitliche Verzögerung, nicht nur um den Schein der Gabe aufrecht zu erhalten, sondern auch, um aus der Verpflichtung zu warten zeitlich Nutzen zu ziehen: Die verzögerte Gegengabe wird Anreiz zu weiterem Dienst. Asymetrische Reziprozität war die Regel.

---

ich het sie behalten". Alltäglicher Konsum und persönliche Beziehungen in der Hofhaltung des Basler Bischofs Johannes von Venningen (1458–1478), in: Paravicini (Hrsg.), Alltag bei Hofe, S. 171–196; Volker Hirsch und Gerhard Fouquet (Hrsg.), Das Haushaltsbuch des Basler Bischofs Johannes von Venningen (1458–1478) (Basler Chroniken, Bd. 12), Basel 2009.

11 Vgl. Aloys Winterling, Der Hof der Kurfürsten von Köln 1688–1794. Eine Fallstudie zur Bedeutung „absolutistischer" Hofhaltung, Bonn 1986.

12 Gerrit Jasper Schenk, Zeremoniell und Politik. Herrschereinzüge im spätmittelalterlichen Reich (Regesta Imperii, Beiheft 21), Köln 2003, S. 294 f., Anm. 273.

13 Sophie Join-Lambert und Maxime Préaud (Hrsg.), Abraham Bosse, savant graveur. Tours, vers 1604–1676, Paris, [Kat.] Paris und Tours 2004, hier S. 130–133, Nr. 87–89: „Le courtisan suivant le dernier édit" (siehe das Titelbild des gegenwärtigen Bandes), „La dame reformée", „Un laquais range des habits dans une malle"; königliche Edikte gegen den Kleiderluxus datieren von 1620, 1629, 1633.

Die typischen Anlässe für Geschenke waren im Lebenslauf: Heirat, Taufe, Lösegeld; andere gab es im Jahreslauf. Stereotypierung sorgte schon im 15. Jahrhundert für Übersicht.

Höchstes Gut war bei Hofe die Gunst, wobei ein Gunst- oder Patronagemarkt entsteht, der komplizierter ist, als es zunächst den Anschein hat (Wolfgang Reinhard in der Diskussion):[14] Zuweilen verursachen Kaskaden von Gunstmaklern beträchtliche Transaktionskosten. Der Fürst ist nur begrenzt der Gunstmonopolist. Machtmakelei dürfte die einträglichste Einkommensform bei Hofe dargestellt haben, auf allen Ebenen, weit vor den Gagen und Dienstgeldern.[15]

Durch Zugangsbeschränkung wird ein begrenztes Spielfeld geschaffen, aus dem keiner der Hauptakteure freiwillig ausscheidet (Leonhard Horowski), weil die Mannschaften sich unablässig neu mischen, der ehemalige Gegner zum Verbündeten werden kann.

Eine eigenartige Rolle spielt das Geschenk *an* den Fürsten: in sparsamen Verhältnissen durchaus eine Form von Steuer (Wolfgang Wüst, Hans Ottomeyer), in opulenteren höfischen eher eine Aufforderung, fürstlich, also vermehrt zurückzuschenken.[16]

4.4 Materielle Güter, immaterielle Güter

Von Anfang an begegnet das Kostbare: Seide, Gold- und Silbergeschirr, sowie einheitliche Kleidung der Gefolgschaft (Werner Rösener): Hofkleid,[17] *restor des chevaux* (Pferdeersatz)[18] – also ganz handgreifliches Gut mit sozusagen hohem spezifischem Gewicht.

Stets aber sind Geschenke Zeichen, Bestätigung, zuweilen auch Versprechen, zugleich reales Kapital und symbolisches (Ulf Christian Ewert und Jan Hirschbiegel, Beatrix Bastl): sei es, daß das Ehrengeschenk (ein kostbares Tuch, ein andalusischer Mohr) verkauft werden kann und verkauft wird,[19] sei es daß ein „Gesell-

---

[14] Vgl. zuletzt aus der Schule von Wolfgang Reinhard GUIDO METZLER, Französische Mikropolitik in Rom unter Papst Paul V. Borghese (1605–1621), Heidelberg 2008.

[15] Vgl. ROBERT STEIN (Hrsg.), Powerbrokers in the Late Middle Ages. The Burgundian Low Countries in a European Context (Burgundica, Bd. 4), Turnhout 2001. Ein Beispiel: WERNER PARAVICINI, Guy de Brimeu (Pariser Historische Studien, Bd. 12), Bonn 1975, S. 404–424.

[16] Das Beispiel Nikolaus von Popplau und der Kfst. v. d. Pfalz s. bei WERNER PARAVICINI, Der Fremde am Hof: Nikolaus von Popplau auf Europareise 1483–1486, in: Thomas Zotz (Hrsg.), Fürstenhöfe und ihre Außenwelt. Aspekte gesellschaftlicher und kultureller Identität im deutschen Spätmittelalter (Identitäten und Alteritäten, Bd. 16), Würzburg 2004, S. 291–337, hier S. 318f., 320f. Allgemein: FOUQUET, HIRSCHBIEGEL und PARAVICINI (Hrsg.), Hofwirtschaft; GADI ALGAZI u. a. (Hrsg.), Negotiating the Gift. Pre-Modern Figurations of Exchange (Veröffentlichungen des Max-Planck-Instituts für Geschichte, Bd. 188), Göttingen 2003.

[17] Hierzu demnächst STEPHAN SELZER, Die Farbe Blau. Farbstoffproduktion, Farbstoffhandel und Farbkonsum im spätmittelalterlichen Reich (ca. 1300–1530). Habilitationsschrift Halle-Wittenberg 2006 (im Druck in den Beiheften der VSWG).

[18] PHILIPPE CONTAMINE, Guerre, État et société à la fin du Moyen Âge. Étude sur les armées des rois de France 1337–1494, Paris und Den Haag 1972, S. 103–106.

[19] Nikolaus von Popplau diene erneut als Beispiel, PARAVICINI, Der Fremde, S. 317–321.

schaftszeichen" auch einen materiellen Wert in Gold und Silber hat oder eine Ehrzuweisung eines Hofamtes *ad honores* unterwegs reelle Exspektanzen zu Hause eröffnet. Geschenk ist in jedem Fall vornehmer als Salär (auch wenn die Grenzen fließend sind, wie Beatrix Bastl zeigt), Erbe als Kauf: „Only old money is good money", wie mir im Jahre 1958 ein alter Lehrer des Faches „Social Problems" in der West-Highschool von Green Bay, Wisconsin, erläuterte.

Hans Ottomeyer hat die Diskussion bereichert durch den Hinweis auf den Regalcharakter vieler, vielleicht aller frühneuzeitlicher fürstlicher Geschenke (im Mittelalter gibt es noch keine monopolistische Manufakturen) und auf die erstaunlichen Geschenkketten, die sich durch das Abendland und darüber hinaus ziehen: Entgegen unserer heutigen Norm darf das kostbare Geschenk durchaus unter Hinweis auf seine vornehme Provenienz und gerade deswegen weiterverschenkt werden.[20]

Unter Fürsten stärkt ein unablässiger Kreislauf von Briefen und Geschenken aller Art und insbesondere von Porträts die Familien und den Fürstenstand an sich (Karl-Heinz Spieß). Finanzkraft fördert politischen Einfluß, konstituiert aber nicht den Rang an sich: Auch am unteren Rand bleibt man zweifelsfrei Fürst. Die Bevorzugung des Immateriellen geht sogar soweit, daß die Erbteilung trotz steter Minderung der Teile beibehalten wird, um das Überleben der Dynastie zu sichern – wobei sich doch die Frage stellt, ob hier nicht noch andere Faktoren mitgewirkt haben, denn das Überleben hätte sich wohl auch durch ein eingeschränktes Erbrecht sichern lassen.

4.5 Haushalt, Hof und Verwaltung

Es wurde sehr zu Recht darauf hingewiesen, daß der Hof (genauer: die Höfe, die einen Gesamthof ausmachen) zunächst und vor allem Haushalte sind. Nur ein Kern ist fest angestellt. Ihm kommt tendenziell die Luxusentfaltung und extensive Geschenkpraxis weniger zugute als den Höhergestellten und vor allem den Fremden, die Gestalt und Rang des empfangenden Hofes nach Außen weitergeben.[21] Gagen waren relativ gering, wurden spät oder gar nicht bezahlt, wurden soweit erkennbar im spätmittelalterlichen Reich auch kaum durch außergewöhnliche Geschenke über Hofkleid und Dienstgeld hinaus vermehrt.

4.6 Chronologie und Geographie

Nicht ohne Grund greift die Tagung vom Hochmittelalter bis zum Ende des Ancien Régime. Sowohl im 12. als im 18. Jahrhundert werden gerne Grenzen gesetzt und Stufen erkannt, obwohl manches früher begann und länger wirkte. Die

20 Vgl. ders., Tiere aus dem Norden, in: Deutsches Archiv zur Erforschung des Mittelalters 59 (2003), S. 559–591.

21 Siehe L'étranger au Moyen Âge. XXXe Congrès de la congrès de la Société des Historiens Médiévistes de l'Enseignement Supérieur Public (Göttingen, juin 1999), Paris 2000; Les étrangers à la cour des ducs de Bourgogne: statut, identité, fonctions = Revue du Nord 84 (2002), Nr. 345–346.

Binnenkontinuität scheint sehr groß gewesen zu sein, und doch würde ein Anglonormanne vom Hof Heinrichs II. sich kaum im Versailler Höfling Ludwigs XVI. wiedererkannt haben. In den Kontinuitäten sind die Brüche verborgen. Was äußerlich vergleichbar scheint, ist im Kern ganz anders. Es werden nicht einfach Konzepte und Verfahren übernommen, sondern Menschen und Gruppen suchen sich die ihnen adäquaten Formen. Die Entstehung eines gesamteuropäischen höfischen Raums,[22] sicherlich vom gemeinrömischem Hintergrund ausgehend, wäre zu untersuchen. Die reisenden Edelleute des 15. Jahrhunderts jedenfalls fanden sich an allen Höfen zurecht, wenngleich hier Schande sein konnte, was dort Ehre bedeutete.[23] Kulturgefälle und Akkulturationen sind wenig in unseren Gesichtskreis getreten.[24] Manche Länder und Höfe sind nicht in den Blick genommen worden, Italien, Spanien, Südosteuropa, Rußland. Das polnische Beispiel hat gezeigt, wie wichtig es für die Erkenntnis ist, das Andersartige zu sehen. Zwar wurde die avignonesische Kurie behandelt (Stefan Weiß), aber nicht die römische, die uns Wolfgang Reinhard schließlich als aller Höfe Mutter und einzigartiges Observatorium besonders ans Herz gelegt hat. Geistliche Höfe haben ihre eigenen Bedingungen und Formen und sollten deshalb eigens betrachtet werden.[25]

4.7 Der Hof als „inszenierter Handlungsraum"

Die Ehre bleibt neben der Gunst, aus der sie hervorgeht, das höchste Gut und der Hof ist ihre Bühne, weil die Präsenz vieler sie taxiert und bestätigt, wobei die reisenden Herolde eine wichtige Rolle spielen. Erst jetzt tritt diese für die ritterlich-höfische Kultur so bezeichnende Figur aus dem Schatten des Vergessens.[26] Der

[22] Siehe den Art. „Höfischer Raum" in: Gert Melville und Martial Staub (Hrsg.), Enzyklopädie des Mittelalters, Darmstadt 2008, Bd. 2, S. 285–292, 480f. (Lit.). Auch: Werner Paravicini, Gab es eine einheitliche Adelskultur Europas im späten Mittelalter?, in: Rainer C. Schwinges u. a. (Hrsg.), Europa im späten Mittelalter (Historische Zeitschrift, Beihefte, NF Bd. 40), München 2006, S. 401–434.

[23] So Nikolaus von Popplau, s. Paravicini, Der Fremde, S. 309f. Künftig: ders., Schriftlichkeit der Adelsreise (in Vorbereitung).

[24] Weiterhin anregend bleibt: Peter Moraw, Über Entwicklungsunterschiede und Entwicklungsausgleich im deutschen und europäischen Mittelalter. Ein Versuch, in: U. Bestmann, F. Irsigler und J. Schneider (Hrsg.), Hochfinanz, Wirtschaftsräume, Innovationen. Festschrift für Wolfgang von Stromer, Bd. 2, Trier 1987, S. 583–622. Vgl. Werner Paravicini, Deutsche Adelskultur und der Westen im späten Mittelalter. Eine Spurensuche am Beispiel der Wittelsbacher, in: Joachim Ehlers (Hrsg.), Deutschland und der Westen Europas im Mittelalter (Vorträge und Forschungen, Bd. 56), Stuttgart 2002, S. 457–506; ders., Von Schlesien nach Frankreich, England, Spanien und zurück. Über die Ausbreitung adliger Kultur im späten Mittelalter, in: Matthias Weber und Jan Harasimowicz (Hrsg.), Adel in Schlesien, Paderborn 2009 (im Druck).

[25] Siehe unten Anm. 36.

[26] Torsten Hiltmann, Herolde und die Kommunikation zwischen den europäischen Höfen im 14.–16. Jahrhundert, in: Jan Hirschbiegel und Werner Paravicini (Hrsg.), Vorbild, Austausch, Konkurrenz. Höfe und Residenzen in der gegenseitigen Wahrnehmung (Residenzenforschung, Bd. 22), Ostfildern 2010 (im Druck). Vgl. Le héraut d'armes, figure européenne (XIVe–XVIe siècle) = Revue du Nord 86 (2006), Nr. 366–367; Gert Melville, „Un bel office". Zum Heroldswesen in der spätmittelalterlichen Welt des Adels, der Höfe und der Fürsten, in: Peter Moraw (Hrsg.), Deutscher Königshof, Hoftag und Reichstag im späteren Mittelalter (Vorträge und Forschungen, Bd. 48), Stuttgart 2002, S. 291–321.

Fremde bildet aber die ständige Bezugsperson, in Versailles ebenso wie in Dillingen, wohin die Kavaliere eilig reiten und fahren mußten, um bei Besuch den geziemenden Umstand zu bilden (Wolfgang Wüst). Der entsandte Fremde ist zugleich eine besondere Informationsquelle: So wie der Blick immer auf den anderen Hof geht, so bezieht sich auch die Hofökonomie immer auf die anderen Höfe (Barbara Stollberg-Rilinger).

4.8 Largesse: eine Ansichtssache

Innerhalb dieser Ökonomie spielt die Freigebigkeit eine entscheidende Rolle, denn Fürst ist nur, wer geben kann und tatsächlich gibt. Nur dadurch vermag er andere Menschen an sich zu binden. Äußeres Anzeichen ist seine *magnificentia*. So wie seine Geschenke den Höflingen ihren Stand darstellen und zu erhalten erlauben (*maintenir son estat* lautet oft die Begründung solcher Gaben am burgundischen Hof), so muß auch er den eigenen zur Anschauung bringen und vermehren. Daß der Freigebigkeit Grenzen gesetzt sind, liegt auf der Hand. Verschwendung gilt als Dummheit und als verwerfliches Tun. Zudem unterliegt sie der kirchlichen Sittenrüge, die allerdings zwischen geistlicher *caritas* und weltlicher *liberalitas* unterscheidet, sie zwischen Tugend und Laster einordnet, zwischen *avaritia* und *superbia* bzw. *luxuria* (Frédérique Lachaud), wobei die *avaritia* zunehmend die *superbia* als häufigste Todsünde entthront. Die Nähe zur *luxuria* ist zumal dann gegeben, wenn es skandalös erotische Verhältnisse bei Hofe gibt, wie etwa bei Albrecht Achilles von Brandenburg und Jakob I. von Schottland und England, denen beiden man einen Harem zugesprochen hat (Ronald G. Asch).[27] Die Moral ist in der Tat eine Frage der Perspektive: „Es gibt keine Ontologie des Luxus" (Ulf Christian Ewert und Jan Hirschbiegel). Man kann zwar feststellen, daß eine Ware unverhältnismäßig teuer ist oder daß einer mehr ausgibt als er hat. Aber diese zu ermittelnden Zahlen und Verhältnisse können kein Urteil über die metaökonomische Rationalität der Ausgabe fällen. *Eine* Relation aber wurde deutlich: Höfischer Luxus und Kriegführung waren grundsätzlich Alternativen. Stefan Weiß und Jeroen Duindam haben dies statistisch erwiesen.

4.9 Die Rationalität des (ökonomisch) Irrationalen

Müssen wir diese fremde Vernunft blind rekonstruieren? Haben die Zeitgenossen sie gesehen? Haben sie sich über Zwecke geäußert? Sehr wohl im 17. und 18. Jahrhundert: Wiquefort, Moser und von Rohr taten es (Barbara Stollberg-Rilinger). Aber auch im 15., wo eine Hofordnung Eduards IV. ausdrücklich zwischen „do-

---

27 Zu Albrecht Achilles 1474/75, entweder sexueller Aktivist oder obszöner Scherzbold (oder beides?) vgl. PETER MORAW, Der Harem des Kurfürsten Albrecht Achilles von Brandenburg-Ansbach (+ 1486), und CORDULA NOLTE, Verbalerotiesche Kommunikation, *gut schwenck*, oder: Worüber lachte man bei Hofe? Einige Thesen zum Briefwechsel des Kurfürstenpaares Albrecht und Anna von Brandenburg-Ansbach 1474/75, in: Jan Hirschbiegel und Werner Paravicini (Hrsg.), Das Frauenzimmer. Die Frau bei Hofe in Spätmittelalter und früher Neuzeit (Residenzenforschung, Bd. 11), Stuttgart 2000, S. 439–448 und 449–461.

mus regiae providentiae" und „domus regiae magnificentiae", „above stairs" und „below stairs" unterschied.[28] Luxus und Gabe bei Hofe haben ihre eigene Rationalität und Logik, die allerdings an den Grenzen des Kreises der Beteiligten haltmacht.

Damit erhebt sich die Frage nach alternativen Rationalitäten und Logiken. Die „moralische Ökonomie" des Schenkens (Barbara Stollberg-Rilinger) beruht auf einer asymmetrischen, unausgesprochenen Selbstverpflichtung von Herrn und Diener auf die Norm von Dienst und Dankbarkeit, „Zuvorkommenheit" und lohnende Gabe, die aber im Unterschied zum Salär ein Element der Gnade enthält. Dieses wird im 18. Jahrhundert dann als staatliche Zwecken unangemessen erachtet, Großzügigkeit und Gemeinwohl trennen sich voneinander, Dienst scheidet sich von „Liebe und Ehre". Den Abstand kann man messen, wenn man rein ökonomische Beziehungen zu Kaufleuten in die Betrachtung einbezieht. Hier war nur die Kreditwürdigkeit das Regulativ, nicht die Ehre. So hat es in England zwar 1345 einen Staatsbankrott gegeben, aber keinen Bankrott der Ehre.[29]

4.10 Wer schafft den Hof?

Weshalb kommt der Adel zu Hof? Es gibt freiwillige und unfreiwillige Präsenz. Ein Fürst muß über Grafen und Herzöge herrschen und dies durch deren Präsenz zeigen. Die Höflinge sind selber daran interessiert, daß die Hierarchien erhalten bleiben, damit der Fürst als Güterverteiler und die eigenen Patronatsverhältnisse erhalten bleiben (Ulf Christian Ewert und Jan Hirschbiegel). Krisensituationen vermehren den Hof: Während es in Versailles im 17. Jahrhundert gelingt, die Zahlen zu stabilisieren, steigen sie in Wien weiter an, nicht durch den Willen des Herrschers (der sich auf die Schaffung von Ehrenchargen begrenzt), sondern durch die gleichsam legitimierte Klientel des Adels (Jeroen Duindam).

4.11 Gegen Elias: Domestizierung des Adels, Gewalt und Zivilisationsfortschritt

Wenn auch die Rede von der Entmachtung des Adels durch ruinösen Luxus[30] schon zeitgenössisch ist (Ronald G. Asch), haben die Beiträge von Katia Béguin und Leonhard Horowski gleichwohl gezeigt, daß wenigstens im Grand Siècle von einer einseitigen Beherrschung des Adels durch den König keine Rede sein kann. Vielmehr scheint eine dichte Interessengemeinschaft bestanden zu haben, die zwar auf der Gunst des Königs beruhte, diese Gunstbeweise aber derart einrahmte, daß gleichsam ein Spielfeld entstand, auf dem nach gemeinsamen Regeln in begrenzter

---

[28] A.R. MYERS, The Household of Edward IV. The Black Book [1471/72] and the Ordinance of 1478, Manchester 1959, S. 15, Abb. S. 76f. und 142f. Vgl. STEFAN WEISS, Der königliche Kaufmann oder wie man ein Königreich saniert, Darmstadt 2006, S. 63–65 und 72f. (mit den Abb.).

[29] Ruiniert waren die florentinischen Bankhäuser, nicht der König, dem das Parlament gegen vermehrte Mitwirkung aus der Finanzkrise half. Vgl. ARMANDO SAPORI, La crisi delle compagie mercantili dei Bardi e dei Peruzzi, Florenz 1926.

[30] Die Diskussionsliteratur um die These von Norbert Elias stellt zusammen: BIHRER, Curia, S. 249, Anm. 53.

Mannschaft gespielt, gewonnen und verloren wurde. Niemand bittet für sich selbst, sondern immer über einen anderen. Die Summen, um die es ging, waren so hoch, daß das dysfunktional gewordene System schließlich aus Finanzmangel nicht mehr reformierbar war. Die Zentralisierung spielte einer kleinen Gruppe von Hochadligen in die Hand, die dabei enorm gewann, so wie der Landadel zugleich enorm verlor (Leonhard Horowski).

4.12 Die Frage des Erfolges und die Frage der Gewalt

Schließlich die Kernfrage: Hat der Aufwand genützt, und wem?

(a) Luxus bei Hofe erschien nicht als Mittel zur Schaffung neuer sozialer oder politischer Beziehungen, sonder als Bestätigung bestehender (Wolfgang Reinhard in der Diskussion). Die Gabe ist immer zunächst Anerkennung des Ranges, zumal sie Reziprozität voraussetzt. Die Vorstellung von Korruption ist unangemessen bei Dienstverhältnissen, in deren Rahmen das eigene Vermögen eingesetzt werden mußte. Der Morawsche Begriff des Mit- „Unternehmertums"[31] ist hier hilfreicher.

(b) Prachtentfaltung und Förderung von Luxus ist, wie Stefan Weiß zeigte, nützlich nach Innen (Kurie), aber schädlich nach Außen (Halsbandaffaire[32]), und zwar durch den eintretenden Legitimitätsverlust. König Heinrich III. scheitert mit seinem Versuch, durch höfischen Aufwand die Lage des Königtums in Frankreich zu stabilisieren (Nicolas Le Roux). Auffälligerweise stimmen diese Feststellungen mit der eher theoretischen und allgemeinen Beobachtung von Ulf Christian Ewert und Jan Hirschbiegel überein, die Effektivität im Innenverhältnis, aber Ineffektivität im Außenverhältnis konstatiert. Mit Hilfe des Modells des „Gefangenendilemmas", wo Verhandlung aufgrund von fehlender Kommunikation nicht zu befriedigender Lösung führen kann,[33] wird deutlich, daß noch Institutionen der Konfliktregelung fehlen. Sie entstehen mit der modernen Diplomatie.[34] Wichtiger als Luxus ist und bleibt Legitimität bzw. deren Anerkennung.

(c) Die nichtintendierten Folgen und Funktionen der Höfe können indes beträchtlich sein: Der Hof ist Transaktionszentrum für allen familiären Aufstieg; Vorbild für die Kunst in Langzeitperspektive; durch Bauten und Verbrauch ein wirtschaftliches Verteilerzentrum mit möglicherweise auch negativen Folgen für die Gesamtökonomie (Wolfgang Reinhard in der Diskussion).

---

31 MORAW, Über König und Reich, hier u. a. S. 4f. („Kanzleiunternehmer", „Unternehmerfunktion"), 105f. („Mitherrschaft", „Generalunternehmer").

32 Von 1785/86 am frz. Hof, vgl. JEAN-CLAUDE FAUVEAU, Le prince Louis cardinal de Rohan-Guéméné ou les diamants du roi, Paris 2007.

33 ULF CHRISTIAN EWERT, Die Spieltheorie als Modell zur Erklärung außenpolitischer Konstellationen. Dargestellt anhand der Trierer Verhandlungen Kaiser Friedrichs III. mit Karl dem Kühnen im Jahre 1473, in: Mitteillungen der Residenzen-Kommission 6 (1996), Nr. 2, S. 27–38.

34 Vgl. LUCIEN BÉLY (Hrsg.), L'invention de la diplomatie. Moyen Âge – Temps modernes, Paris 1998. Im Gange ist das Forschungsunternehmen zur „Art de négocier", das Jean-Claude Waquet (EPHE Paris) in Zusammenarbeit mit den Deutschen Historischen Instituten Paris und Rom und anderen Partnern betreibt.

(d) Ein mindermächtiger Hof kann in seinem Mangel um den Preis der Ständebildung eine Symbiose mit dem Land schaffen: So geschah es im Fürstbistum Augsburg und in Ansbach, wo das Land das neue Schloß finanzierte, nicht der Fürst (Wolfgang Wüst). Das erinnert an das von den Bourbon-Condé geschaffene Ständegebäude in Dijon, das zugleich ein Monument ihrer stellvertretenden Größe ist.

(e) Es hat den Anschein, als wären manche Höfe (Iberia, England) im späteren Mittelalter gewalttätiger geworden als zuvor, bis hin zum eigenhändigen Morden der Könige, so als ob der Zivilisationsprozeß rückläufig geworden sei (John Gillingham, Malcolm Vale). Hierzu ist kritisch anzumerken, daß die Zivilisation der Höfe stets nur Ideal und dünner Firnis gewesen ist. Jähzorn und kaum gebändigte Mordlust sind bis in den hochgeregelten burgundischen Hof hinein erkennbar. Wir dürfen uns die Verhältnisse nicht zu harmonisch vorstellen. Forschung über die dunkle Seite all dieser Kulturzentren tut not.[35]

5. Ungelöste Probleme

Da wissenschaftlicher Fortschritt doch nur das Ersteigen weniger Stufen einer unendlichen Treppe ist, bleiben nach dem Ende ehrlicher Mühen stets viele Fragen offen. Einige seien hier angeführt.

Ein unüberwindliches Hindernis stellt die Natur unser Quellen dar: Die mündliche Kommunikation, die doch das Meiste ausmachte, die körperliche Präsenz, die Gesten, die Blicke, sie sind für immer verloren. Zwar nimmt die Schriftlichkeit zu, bis im 15. Jahrhundert spätestens auch nördlich der Alpen das Aktenzeitalter beginnt. Aber selbst so begehrte und reiche Quellen wie die Rechnungen sind nicht das, was wir gerne hätten, objektive Spiegel der gesuchten Realität, sondern personenbezogene Aufzeichnungen, deren Entstehungsgrund erst einmal ermittelt werden muß, bevor es ans Auswerten gehen kann (Frédérique Lauchaud).

Wir suchen Strukturen, Regeln, ja Gesetze, und treffen auf Zufälle und unterschiedliche Begabungen. Der Tod des Erben, der Leichtsinn des Thronfolgers, der Ehrgeiz hier, die Friedfertigkeit dort, das alles läßt sich schwerlich systematisieren und muß es doch, eingefangen in einem weitmaschigeren Netz der Erkenntnis.

Wenig haben wir vom Unterschied zwischen geistlichen und weltlichen Höfen gesprochen, der zumal im Reich mit seinen zahlreichen Hochstiften und Reichsabteien beachtet werden müssen. Tote Hand und Wahlmonarchie, natürlicher Mittelpunkt in der jeweiligen Kirche, Mitherrschaft der Kapitel und Konvente, große Kontinuität und langes Gedächtnis, all dies hebt die geistlichen Herrschaften hervor.[36]

---

[35] Vgl. La face noire de la splendeur : crimes, violences, malheurs et trahisons à la cour de Bourgogne = Revue du Nord 2009 (im Druck), und L'envers du decor. Espionnage, complot, trahison, vengeance et violence en pays bourguignons et liégois = Publications du Centre européen d'études bourguignonnes 48 (2008).

[36] Siehe Werner Rösener und Carola Fey (Hrsg.), Fürstenhof und Sakralkultur im Spätmittelalter (Formen der Erinnerung, Bd. 35), Göttingen 2008. In Vorbereitung sind die Akten des Salzburger, Kolloquiums „Höfe und Residenzen geistlicher Fürsten" vom 19. Februar 2009, hrsg. von Gerhard Ammerer (Reihe Residenzenforschung). Allg. zum

Von dort ist es nur ein Schritt zur stärkeren Beachtung der geistig-geistlichen Elemente bei Hofe, zumal es sich gerade im Reich um denselben adligen Personenkreis handelt, der hier die Ritter, dort die Domherren stellt. Jugend und Alter verhalten sich verschieden angesichts des Rätsels des Todes.[37] Der Hof und seine kämpferische Laienkultur wird zwar von klerikaler Seite unablässig kritisiert, aber andererseits ist er ohne religiöse Praxis und nachahmende Sakralität gar nicht denkbar. Es gibt keinen Hof, es gibt keine Residenz ohne Kirche, auch wenn das höfische Fest sich ihr weitgehend entzieht.[38]

Wieder einen Schritt weiter stellt sich die Frage nach der Wirksamkeit der ritterlich-höfischen Kultur als effektiver Verhaltensnorm. Wie kommen höfische Lebensfreude und Sorge um das Seelenheil zusammen? Weil Kleriker schreiben können, wissen wir zunächst mehr über die geistliche Sicht auf das adelige Leben. Erst allmählich können wir aus vermehrter Laienschriftlichkeit die andere Seite erkennen. Wann setzt die Säkularisierung ein, die gegenwärtig die Kirchen verödet? Wann die Privatisierung der Frömmigkeit? Es bleibt für immer denkwürdig, daß die gewaltigen fürstlichen Reliquiensammlungen in ihren kostbaren Behältern zu Halle und Wittenberg gleichsam von einem Tag auf den anderen ihren spirituellen Wert verloren und die Gehäuse als Edelmetall eingeschmolzen wurden.[39] Hier wandelte die Frömmigkeit ihre Form, ohne an Intensität abzunehmen; ja die neue reformatorische Form gab erst die Kraft, sich von der Materie des Heiligen zu lösen.

Bekanntlich kommt der reisende Hof im Spätmittelalter zur Ruhe, bzw. er konzentriert sich auf wenige Residenzen, die der Fürst im Jahreslauf aufsucht, und eine davon ist in der Regel die Residenz an sich; so wird der Pfalzgraf bei Rhein zum Herzog von Heidelberg.[40] Zugleich verstädtert der seßhaftere Hof.[41] Wissen wir wirklich schon, welche Folgen für die Hofkultur, aber auch für die Stadt, dieser langgestreckte Wandel hatte?

Warum kann das „régime de la faveur“ (Frédérique Lachaud), kann ein Handeln, in dem „schlechthin alles […] ganz ausgesprochenermaßen auf ‚Ansehen der

---

Desiderat: BIHRER, Curia, S. 238, 259f., und jüngst THERESE BRUGISSER-LANKER, Krönungsritus und sakrales Herrschertum: Zeremonie und Symbolik, in: Edgar Bierende u. a. (Hrsg.), Riten, Gesten, Zeremonien, Berlin 2008, S. 289–320.

37 Hinweis hierauf bei BIHRER, Curia, S. 262.

38 Siehe JAN HIRSCHBIEGEL, Religiosität und Fest an den weltlichen Fürstenhöfen des späten Mittelalters, in: Rösener und Fey (Hrsg.), Fürstenhof und Sakralkultur, S. 141–157 und (Abb.) S. 344–346.

39 Die illustrierten Bestandsverzeichnisse datieren von 1509 (Wittenberg, Druck) und 1520 (Halle, Hs.); Vgl. Das Halle'sche Heiltum. Reliquienkult und Goldschmiedekunst der Frührenaissance in Deutschland, hrsg. v. Haus der Bayerischen Geschichte, Stuttgart 2002; CAROLA FEY, Beobachtungen zu Reliquienschätzen deutscher Fürsten im Spätmittelalter, in: Andreas Tacke (Hrsg.), „Ich armer sundiger mensch“. Heiligen- und Reliquienkult am Übergang zum konfessionellen Zeitalter, Göttingen 2006, S. 11–36.

40 JOHANN KOLB, Heidelberg. Die Entstehung einer landesfürstlichen Residenz im 14. Jahrhundert (Residenzenforschung, Bd. 8), Sigmaringen 1999.

41 JÖRG WETTLAUFER UND WERNER PARAVICINI (Hrsg.), Der Hof und die Stadt. Konfrontation, Koexistenz und Integration in Spätmittelalter und Früher Neuzeit, (Residenzenforschung, Bd. 20), Ostfildern 2006. BIHRER, Curia, S. 265 (mit weiterer Literatur).

Person'" beruht (Max Weber),[42] sich gegen die massive Kritik so lange halten? Die Theorie einer Gerechtigkeit „ohne Ansehen der Person" ist vorhanden, das Christentum fordert sie ohnehin; aber die Praxis folgt ihr keineswegs, nur als Argument und Instrument bei Sturz und Huldentzug taucht sie regelmäßig auf.

Weshalb hält die institutionalisierte Verschleierung der Gabe sich so lange? Es stimmt ja nicht, daß »Adel und Zahl« kein Verhältnis zueinander gehabt hätten.[43] Aber stets blieb es dabei, »daß es eines einen vornehmen Mannes zwar würdig sei, Geld auszugeben, aber nicht, es zu verdienen«, wie Werner Sombart formuliert hat.[44]

Wenn es also nicht der höfische Aufwand ist, der die wesentliche Integrationsleistung erbringt, was tut es dann? Weniger das Geschenk als der tägliche Hof mit Kirchgang, Audienz, öffentlicher Tafel und wöchentlicher Cour im Hofgarten (so Hans Ottomeyer)? Wirken Städte, Kirche, Landadel integrierender für ein »Land« oder einen Personenverband? Ist nicht überhaupt der ständische Dualismus stärker zu beachten, wenn wir uns dem Hofe nähern? „Curia non sufficit" wurde unlängst als Formel in die Diskussion geworfen.[45] Längst wissen wir, daß alle Positionen bei Hofe Repräsentanten außerhöfischer Interessen sind oder dazu gemacht werden, daß jeder Höfling seine Ämter und Klienten in der Provinz hat, daß unablässig gezahlt wird, um das Netzwerk des Einflusses funktionsfähig zu erhalten.[46] Der Hof lebt nicht im Elfenbeinturm, sondern mitten in der Konkurrenz starker Kräfte, wenigstens solange, wie an ihm Wichtiges zugeteilt wird.

Damit stoßen wir erneut auf die Frage, weshalb Höfe immer wieder neu entstehen und weshalb es, wenigstens im Reich, ihrer so viele sind. Wäre ihre Funktion eine ganz oder teilweise andere als die hier vermutete des Verteilerzentrums? Wären sie Machtzentrum, weil sie Stätte gehobener Lebensführung sind? Wie stellt sich ein Edelmann das »wahre« Leben vor? Und wenn wir uns hierauf einlassen, was ist dann aber Macht und worauf beruht sie?

Wir haben einen Strang aus dem Knäuel der Faktoren ausgewählt und entdecken nun, daß es nicht der rote Faden ist. Den aber müssen wir noch finden, wenn es ihn überhaupt gibt und nicht alles in Bezug und Verhältnis aufgeht.

---

[42] MAX WEBER, Wirtschaft und Gesellschaft. Grundriß der verstehenden Soziologie, hrsg. von Johannes Winckelmann, 5. Aufl., Tübingen 1972, S. 604.

[43] HARM V. SEGGERN und GERHARD FOUQUET (Hrsg.), Adel und Zahl. Studien zum adligen Rechnen und Haushalten in Spätmittelalter und früher Neuzeit, Ubstadt-Weiher 2000. Siehe auch MARK MERSIOWSKY, Finanzverwaltung und Finanzkontrolle am spätmittelalterlichen Hofe; BERND FUHRMANN, Die Rolle von Krediten für das Wirtschaften Konrads von Weinsberg; und DETLEV KRAACK, Der Aufstieg der Rantzaus von regionalen Geldgebern in Nordelbien zu Financiers der europäischen Politik im 15. und 16. Jahrhundert. Adel und Königtum an der Wende zur Neuzeit im Spiegel von Schuldbuch, Verschreibung und Kredit, alle drei in: Fouquet, Hirschbiegel und Paravicini. (Hrsg.), Hofwirtschaft, S. 171–190, 339–360 und 381–540.

[44] SOMBART, Liebe, Luxus und Kapitalismus.

[45] BIHRER, Curia.

[46] STEIN (Hrsg.), Powerbrokers in the Late Middle Ages.

Autorenverzeichnis

Ronald G. Asch, Jahrgang 1953, Professor für Neuere Geschichte an der Albert-Ludwigs-Universität Freiburg.
Beatrix Bastl, Jahrgang 1954, Direktorin der Universitätsbibliothek und des Universitätsarchives der Akademie der bildenden Künste Wien.
Almut Bues, Jahrgang 1953, wissenschaftliche Mitarbeiterin am Deutschen Historischen Institut Warschau.
Katia Béguin, Jahrgang 1966, Maître de conférences an der Universität Paris I Panthéon-Sorbonne.
Caspar Ehlers, Jahrgang 1964, wissenschaftlicher Referent am Max-Planck-Institut für europäische Rechtsgeschichte in Frankfurt am Main.
Joachim Ehlers, Jahrgang 1936, Universitäts-Professor. a. D. am Friedrich-Meinecke-Institut der Freien Universität Berlin
Ulf Christian Ewert, Jahrgang 1966, Lehrkraft für besondere Aufgaben an der Fakultät für Geistes- und Sozialwissenschaften der Helmut-Schmidt Universität/ Universität der Bundeswehr Hamburg.
John Gillingham, Jahrgang 1940, Professor emeritus für Mittelalterliche Geschichte an der London School of Economics and Political Science und Fellow der British Academy.
Jan Hirschbiegel, Jahrgang 1959, wissenschaftlicher Mitarbeiter der Residenzen-Kommission der Akademie der Wissenschaften zu Göttingen.
Frédérique Lauchaud, Jahrgang 1961, Maître de conférences an der Université de Paris-Sorbonne (Paris IV).
Nicolas Le Roux, Jahrgang 1970, Professor für Neuere Geschichte an der Université Lumière-Lyon 2.
Hans Ottomeyer, Jahrgang 1946, Generaldirektor des Deutschen Historischen Museums in Berlin und Honorarprofessor an der an der Humboldt-Universität Berlin.
Werner Paravicini, Jahrgang 1942, von 1993 bis 2007 Direktor des Deutschen Historischen Instituts Paris, seit 2004 Honorarprofessor an der Christian-Albrechts-Universität zu Kiel.
Werner Rösener, Jahrgang 1944, Professor für Mittlere und Neuere Geschichte an der Universität Gießen.
Karl-Heinz Spieß, Jahrgang 1948, Professor für Allgemeine Geschichte des Mittelalters und Historische Hilfswissenschaften an der Universität Greifswald.
Barbara Stollberg-Rilinger, Jahrgang 1955, Professorin für Geschichte der Frühen Neuzeit an der Westfälischen Wilhelms-Universität in Münster.
Stefan Weiß, Jahrgang 1960, Privatdozent für Mittelalterliche Geschichte an der Universität Augsburg.
Wolfgang Wüst, Jahrgang 1953, Professor für Bayerische und Fränkische Landesgeschichte an der Universität Erlangen-Nürnberg.

www.ingramcontent.com/pod-product-compliance
Lightning Source LLC
LaVergne TN
LVHW102230300926
849160LV00006B/84